C O F I O
HEDD WYN

C O F I O
HEDD WYN

Atgofion Cyfeillion a Detholiad o'i Gerddi

R O B I N   G W Y N D A F

Argraffiad cyntaf: 2017
Ail argraffiad: 2018

Dymuna'r cyhoeddwyr gydnabod cymorth ariannol
Cyngor Llyfrau Cymru

Cynllun y clawr: Y Lolfa
Llun Hedd Wyn: o Gasgliad Yr Ysgwrn
Llun Pentre'r Bont, Trawsfynydd: trwy garedigrwydd Keith O'Brien

Diwyg a dylunio: Y Lolfa, mewn cydweithrediad â'r awdur.

Rhif Llyfr Rhyngwladol:
978 1 78461 531 4 (clawr meddal)
978 1 78461 434 8 (clawr caled)

Cyhoeddwyd, rhwymwyd ac argraffwyd yng Nghymru gan
Y Lolfa Cyf., Talybont, Ceredigion SY24 5HE
gwefan *www.ylolfa.com*
e-bost ylolfa@ylolfa.com
ffôn 01970 832 304
ffacs 832 782

Cyflwynir y gyfrol hon gyda diolch o galon :

Er cof am dri o gyfeillion Hedd Wyn y cafwyd y fraint o gofnodi eu hatgofion ar dâp (cedwir yn Amgueddfa Werin Cymru), ac i'w teuluoedd:

Jacob Jones (1880-1969), Trawsfynydd, brodor o Uwchaled;

Simon Jones (1893-1982), Blaen Plwyf Uchaf, Aberangell, brodor o Gwm Cynllwyd, Plwyf Llanuwchllyn;

Y Parchg William Morris (1889-1979), gynt o'r Manod, Blaenau Ffestiniog.

★ ★ ★ ★ ★

I **Gerald Williams** (g. 6 Chwefror 1929) a'r diweddar **Ellis Williams** (1927-1998), meibion Ann, chwaer Hedd Wyn, am gadw drws Yr Ysgwrn yn agored ac estyn croeso mor gynnes i fyrdd o ymwelwyr ar hyd y blynyddoedd.

★ ★ ★ ★ ★

I'r **Athro Alan Llwyd** am ei lafur cariad yn rhoi inni gofiant i Hedd Wyn (*Gwae Fi Fy Myw*, 1991) sy'n drysor, a pharatoi sgript ffilm ardderchog am y bardd.

★ ★ ★ ★ ★

I **blant, athrawon a rhieni Ysgol Bro Hedd Wyn**, Trawsfynydd, a phob bro yng Nghymru, gyda diolch am drosglwyddo'r etifeddiaeth.

★ ★ ★ ★ ★

Cyflwynir y gyfrol hefyd gyda chanmil diolch i'r noddwyr, y gwelir eu henwau ar y tudalennau ôl, ac i bawb heddiw sy'n gweithio'n ddiarbed i hyrwyddo cyfiawnder a heddwch, tangnefedd a sancteiddrwydd bywyd.

Ar ei ôl bydd hir alar - a gofid,
O roi addewid mor fawr i'r ddaear.

      Barlwydon ('Hedd Wyn')

Pa werth na thry yn wawd
Pan laddo dyn ei frawd?

      Waldo ('Brawdoliaeth')

Taenu trais ar drais yn drwch
Yw lladd i ennill heddwch.

      John Penry Jones (1914-89),
      Y Foel, Dyffryn Banw

Cyflwynir unrhyw elw o'r gyfrol hon, trwy garedigrwydd y noddwyr,
yn rhodd gan Eleri a minnau, fel cyfraniad tuag at sefydlu
Academi Heddwch i Gymru. (Robin Gwyndaf)

Cynnwys

Rhagair

Er ei bod yn ganmlwyddiant marw Hedd Wyn, teg gofyn: paham cyhoeddi cyfrol arall amdano? A oes perygl i'w or-ddelfrydu? A oes temtasiwn i roi rhagor o sylw i fab enwog Trawsfynydd ar draul y miloedd o fechgyn ifanc o'r un genhedlaeth ag ef a aberthwyd yn y Rhyfel Mawr?

Cyfeillion yn cofio Hedd Wyn

Oes, y mae perygl. Oes, y mae temtasiwn. Ond y mae hefyd, yn fy marn i, o leiaf bedwar prif reswm paham cyhoeddi'r gyfrol hon.

Yn gyntaf, er mwyn cyflwyno rhagor o dystiolaeth o lygad y ffynnon am y bardd ei hun, ei fywyd a'i farddoniaeth. A hynny er mwyn dod i'w adnabod yn well; i wybod mwy am y gymdeithas yr oedd ef yn rhan mor annatod ohoni, a hefyd yr oes yr oedd yn byw ynddi.

Braint amheuthun iawn yw cael treulio rhan dda o fywyd yn ymgydnabod fwyfwy â diwylliant gwerin Cymru, a chael cyfle i roi agweddau ar y diwylliant hwnnw ar gof a chadw. Yna, wedi'r cofnodi, rhannu. Ceisio dal ar bob cyfle i gyflwyno'r trysor i eraill, drwy gyfrwng llythyr ac e-bost, sgwrs a darlith, ysgrif a chyfrol, tâp a gwefan. Dyna'r fraint nodedig a ddaeth i'm rhan i er pan oeddwn yn ifanc, yn enwedig wedi imi ymuno â staff Amgueddfa Werin Cymru, Sain Ffagan, ym mis Hydref, 1964. A mawr fy niolch.

Ymhlith y 450 a mwy o unigolion y cofnodwyd eu tystiolaeth lafar ar dâp, yr oedd tri pherson oedd yn gyfeillion agos i Ellis Humphrey Evans, mab cyntafanedig Yr Ysgwrn: Jacob Jones (1880-1969), Trawsfynydd, brodor o Uwchaled; y Parchg William Morris (1889-1979), genedigol o'r Manod, Blaenau Ffestiniog; a Simon Jones (1893-1982), Blaen Plwyf Uchaf, Aberangell, brodor o Gwm Cynllwyd, plwyf Llanuwchllyn. Ymunodd ef â'r

Fyddin yr un diwrnod â Hedd Wyn, ac fe'i gwelodd yn 'syrthio' ar Esgair Pilkem ym mrwydr fawr Passchendaele, yn Fflandrys, 31 Gorffennaf 1917.

Yn ogystal â'u hatgofion am Hedd Wyn, cyflwynwyd cryn lawer o wybodaeth am deuluoedd y tri pherson. Yn fwriadol y gwnaed hynny. Er pwysiced y testun (hynny yw, yr atgofion), pwysig iawn hefyd yw'r cyd-destun. Pwy oedd y tri hyn yr oedd mab Yr Ysgwrn mor hoff ohonynt? Ym mha fodd yr oedd y tri yn cynrychioli'r ystod eang o gyfeillion a chefnogwyr y bardd? Pwy, felly, oedd y tri?

Dyna **Jacob Jones**, y Craswr, yn yr odyn yn Nhrawsfynydd, yn ymgolli mewn sgwrs, rhigwm, a chlec cynghanedd, gan ysbrydoli yr 'Hen Hedd' yntau i lunio ambell gwpled ac englyn yn y fan a'r lle; Jacob Jones: gŵr y galon fawr, hwyliog a chroesawus, a fynegodd ei edmygedd o Hedd Wyn yn un ffrwd fyrlymus, neu fel ffynnon yn goferu, gan adrodd ar ei gof rannau o'r bryddest 'Cyfrinach Duw' mor ddwys a diffuant nes bod dagrau yn ei lygaid. (Gweler pennod 4.)

Dyna **William Morris** (y Prifardd William Morris wedi hynny), yr efrydydd llengar a fu'n cyd-drafod cerdd dafod gydag Ellis, Yr Ysgwrn, gan wneud defnydd o nodiadau diweddar John Morris Jones; William Morris a roes fenthyg llyfrau i'r mab fferm talentog, yn cynnwys cerddi rhai o feirdd Lloegr; a'r myfyriwr diwinyddol a dderbyniodd wahoddiad un dydd gan yr hwyliog Hedd Wyn i ddod gydag ef i ymweld â gwraig yn 'Stryd Fain', Trawsfynydd, oedd yn aml yn gwisgo clamp o goban nos fawr wedi'i gwneud o hen fag blawd, ac arno'n ysgrifenedig eiriau Saesneg awgrymog iawn! (Gweler pennod 5.)

A dyna **Simon Jones**, y trydydd person y cafwyd y fraint o'i recordio; Simon Jones, y mab fferm o gwm cymdogol Cynllwyd a'i draddodiad diwylliannol cyfoethog; Simon Jones a roes inni ddisgrifiad byw o'i gyd-filwr: y bardd a'r mab fferm hawddgar, heb elyn yn y byd, a'i feddwl ar brydiau yn bell − ef o bawb yn cael ei hyfforddi i ladd ei frawd; Simon Jones a fu ei hunan yng nghanol y brwydro gwaedlyd ym Mrwydr Passchendaele, ond a ddaeth yn fyw o'r gyflafan fawr, eto, yr un pryd, yn cyfeirio gyda dwyster arbennig at ei gefnder o'r un ardal ag ef: David Thomas Jones, 'Dei Bach', Ty'n-cae, Cwm Cynllwyd, yn cael ei ladd: 'mi farwodd yn dweud 'i bader yn Gymraeg'. (Gweler pennod 10.)

Yn y gyfrol hon cynhwysir hefyd un bennod gyfan o dystiolaeth werthfawr y **Parchg John Dyer Richards**. Yr oedd ef wedi dilyn Dyfnallt fel gweinidog ar gapeli Annibynnol Trawsfynydd (1902–17), gan gynnwys Eglwys Ebenezer lle roedd teulu'r Ysgwrn yn aelodau, a Hedd Wyn am gyfnod yn athro Ysgol Sul. Fel ei weinidog, roedd yn ei adnabod yn dda. Roedd yntau'n barddoni, a rhoes ddisgrifiad byw inni o'r seiadau hwyrol yng nghartref y cwmnïwr diddan o'r Traws, a beirdd a barddoniaeth, geiriau a'u gwerth, yn brif destun y sgyrsiau difyr ac addysgiadol hynny.

★ ★ ★ ★ ★

Dyn pobl oedd Hedd Wyn – pobl a'u hwyl a'u helynt; pobl a'u 'pethe', chwedl Llwyd o'r Bryn. Cyfeirir yn yr ail, y bumed a'r chweched bennod, er enghraifft, at rai o wŷr llên y fro y cafodd eu cwmni a'u cefnogaeth. Pobl megis J D Davies, Golygydd *Y Rhedegydd*, a roes rwydd hynt i'r bardd ifanc gyhoeddi ei gerddi yn gyson yn y cyfnodolyn poblogaidd hwn. Dyna hefyd John Lloyd Jones, Prif Lyfrgellydd y Llyfrgell gyhoeddus arderchog oedd ym Mlaenau Ffestiniog yr adeg hynny. Ef a gyfarchodd fab Yr Ysgwrn fel hyn pan gerddodd yn ddigon swil i'r Llyfrgell un dydd Sadwrn yn fuan wedi'i urddo â'i enw barddol: 'Hylô, dyma "Hedd Wyn" ', a'r mab amryddawn yn ateb yr un mor sydyn: 'Ie, Hedd Wyn, y dyn barddonol'.

Cwmni gwŷr llengar, ond hefyd, afraid dweud, cwmni 'hogia'r' fro. Bechgyn megis Ifan Price, 'Ifan y Wern', oedd yn cofio Hedd Wyn yn arwain côr lleol o'r enw y 'Coming Stars'! A bechgyn megis ei gyfaill mynwesol, Morris Davies, 'Moi Plas', mab Plas Capten, fferm yn ffinio â'r Ysgwrn. Cyfeirir yr un modd at 'Griw'r Groesffordd' (Croesffordd Ty'n Coed tua milltir o'r pentref), ac 'Elsyn', neu'r 'Hen Hedd' yn un ohonynt. Ym mhennod 12, adran 12: 'Yr awen barod ar waith: rhigymau a cherddi hwyliog a difyr', adroddir hanesyn am yr hogia un noson wedi bod yn creu ychydig gormod o dwrw yng ngwesty'r Baltig ym Mlaenau Ffestiniog a'r dafarnwraig yn bygwth eu gyrru allan, ond meddai perchennog llawen yr awen rydd:

Rhyfedd yw na rôi'r Duw dig
Beltan i wraig y Baltig!

Cynhwyswyd sawl atgof, profiad a hanes er mwyn i'r portread o Hedd Wyn a'i fro fod mor gyflawn ag oedd modd. Eto i gyd, rhaid prysuro i ddweud bod mwy nag un agwedd ar fywyd y bardd na roddwyd sylw manwl iddynt. Er enghraifft, prin yw'r sylw a roddwyd i awdl 'Yr Arwr' a'i fuddugoliaeth fawr yn Eisteddfod Penbedw, 'Eisteddfod y Gadair Ddu', nac i'w gerddi eisteddfodol a'r cadeiriau a enillodd. Yr ydym, fodd bynnag, yn ffodus iawn fod gennym eisoes gofiant cynhwysfawr, un o gofiannau gorau'r Gymraeg, wedi'i sgrifennu i Hedd Wyn, sef *Gwae Fi Fy Myw*, gan yr Athro Alan Llwyd (Barddas, 1991), a'r argraffiad newydd, ychydig yn llai ei faint, ond yn cynnwys gwybodaeth newydd, *Cofiant Hedd Wyn, 1887-1917* (Y Lolfa, 2014). Cyfeiriaf yn gyson at y cyhoeddiadau ardderchog hyn, yn arbennig *Gwae Fi Fy Myw*. Gorau oll os gellir darllen y gyfrol bresennol hefyd yng nghyd-destun y nifer sylweddol o lyfrau a gyhoeddwyd am y Rhyfel Byd Cyntaf. Yr un modd, cyfrol werthfawr ddiweddar Haf Llewelyn, *I Wyneb y Ddrycin: Hedd Wyn, Yr Ysgwrn, a'r Rhyfel Mawr* (Barddas, 2017). (Gweler yr adran 'Darllen Ychwanegol' yng nghefn y gyfrol bresennol.)

Detholiad o gerddi Hedd Wyn

Yn 1918 cyhoeddwyd *Cerddi'r Bugail: Cyfrol Goffa Hedd Wyn*, wedi'i golygu gan J J Williams. Yn 1931 cafwyd argraffiad newydd gan Wasg Hughes a'i Fab, Wrecsam, ac argraffiad newydd eto gan yr un wasg yn 1994, yn cynnwys rhagymadrodd ac 'Atodiad' gan Alan Llwyd. Yna eleni (2017), yn y gyfres 'Celc Cymru – Compact Wales', cyhoeddodd Myrddin ap Dafydd a Gwasg Carreg Gwalch bedair cyfrol hardd ac arbennig o werthfawr, mewn pedair iaith: Cymraeg, Saesneg, Ffrangeg ac Iseldireg. Y mae'r cyfrolau unigryw hyn yn cynnwys detholiad, wedi'i olygu gan Gruffydd Antur, o'r farddoniaeth a gynhwyswyd yn yr argraffiadau blaenorol o *Cerddi'r Bugail*, gyda lluniau ardderchog gan Keith O'Brien, a'r cerddi wedi'u trosi a'u haddasu i'r Saesneg gan Howard Huws. (Gweler 'Darllen Ychwanegol'.)

Adnodd ardderchog yw pob argraffiad o *Cerddi'r Bugail*, a diolchwn amdanynt. Fodd bynnag, er mor werthfawr ydynt, cyfyngedig yw'r detholiad o gerddi a gynhwyswyd ynddynt. Meddai William Morris yn ei gyflwyniad i *Cerddi'r Bugail* (argraffiad Hughes a'i Fab, 1931):

'Cofir o hyd am rai o'i ddiddanion oddi ar lwyfan y neuadd newydd yn y Traws. Cyfansoddodd aml englyn a chân chwareus ac ymgollai mewn direidi iach cystal â neb.'

Cyfeiria William Morris at rai o'r penillion a'r cerddi 'chwareus' hyn yn ei gofiant byr *Hedd Wyn* (Llyfrfa'r Methodistiaid Calfinaidd, Caernarfon, 1969). Fodd bynnag, ymhob argraffiad o *Cerddi'r Bugail* ni chynhwyswyd ond ychydig iawn o gerddi, penillion a rhigymau o'r fath.

I raddau, gellir deall y prif reswm am hynny. Bu, ysywaeth, yn hen arfer gan olygyddion blodeugerddi i ddiystyru corff helaeth o ganeuon a phenillion achlysurol eu natur, rhai wedi'u cyfansoddi, efallai, yn fyrfyfyr mewn arddull ffwrdd-â-hi, a rhai bellach, o bosibl, yn perthyn i'r traddodiad llafar yn unig. Y rheswm a roddir, gan amlaf, dros wrthod cerddi o'r fath yw am nad oes iddynt, o angenrheidrwydd, werth llenyddol.

A dyna ail brif amcan cyhoeddi'r gyfrol bresennol: rhoi cyfle i'r darllenwyr weld bod i gerddi o'r fath o eiddo Hedd Wyn werth arbennig: gwerth gwahanol; gwerth amgenach, sef gwerth cymdeithasol. Cyfle i weld eu bod o bwys fel drych sy'n rhoi inni ddarlun llawnach o fardd ifanc Yr Ysgwrn: ei bersonoliaeth a'i gymeriad; ei hawddgarwch a'i garedigrwydd; ei ddiddordebau a'i hoffter o ddifyrrwch, digrifwch a chwmni diddan; ei ymateb i hynt a helynt bywyd bob dydd; ei fydolwg a'i gredoau. A darlun llawnach o'r gymdeithas gymdogol, ddiwylliannol yr oedd ef mor falch o gael bod yn rhan ohoni.

Dyma un rheswm am gamp cofiant Alan Llwyd, *Gwae Fi Fy Myw*. Cyfeiriodd yr awdur yn gyson at gerddi cymdeithasol eu natur o eiddo'r bardd, gan ddyfynnu'n helaeth ohonynt.

Ym mhennod 4 y gyfrol bresennol, felly (sgwrs Jacob Jones, y Craswr, yng nghwmni Hedd Wyn), ac yn arbennig yn ail ran y gyfrol (pennod 12), cyflwynir detholiad pur helaeth o gerddi – cerddi lled fyrion i gyd – a llawer ohonynt heb eu cynnwys cyn hyn yn yr unig flodeugerdd o farddoniaeth Hedd Wyn, sef *Cerddi'r Bugail*.

Cyfeiriwyd eisoes at y demtasiwn i dra-dyrchafu Hedd Wyn ac i or-ganmol ei gerddi eisteddfodol cadeiriol, gan gynnwys ei awdl, 'Yr Arwr'. Rhaid cofio mai bardd ar ei dyfiant ydoedd. Petai wedi cael byw, teg yw gofyn: a fyddai llai o ôl ymdrech ar y mynegiant yn yr awdl enwog hon? Y bardd yn cofio bod gwir gelfyddyd yn cuddio'r gelfyddyd. Yn cofio hefyd eiriau oesol Simwnt Fychan, y dyfynnir hwy eto yn y gyfrol hon: 'Ni wnaed cerdd ond er melyster i'r glust ac o'r glust i'r galon.' (*Pum Llyfr Cerddwriaeth*, c. 1570.) Er dweud hyn, nac anghofiwn gamp ryfeddol y mab fferm di-goleg o Drawsfynydd yn cyfansoddi awdl mor uchelgeisiol a phwysig â'r 'Arwr'.

Camp fawr. Ond prif gyfraniad Hedd Wyn, fodd bynnag, yn fy marn i, yw fel awdur nifer o gerddi byrion a fydd byw tra pery'r iaith Gymraeg, megis ei gerddi i ryfel a'r llu mawr o gerddi i bobl ei fro. Bardd bro o'r iawn ryw ydoedd. Bardd ei bobl. A 'bardd bro' a ddywedaf. Llawer gwell disgrifiad (eto yn fy marn i) na'r term camarweiniol 'bardd gwlad'. Gwyddai trigolion ei fro o'r gorau am ei ddawn naturiol. Câi wahoddiad yn gyson i arwain cyngherddau a chyfarfodydd llenyddol, neu gystadleuol. Daliai yntau ar y cyfle i gyfarch y cadeirydd, neu'r llywydd, ar gân. Byddai hefyd yn ymateb i geisiadau fyrdd am bwt o bennill, neu englyn. Yna, yn aml, byddai yntau yn cyhoeddi'r cyfansoddiadau hynny yn y papurau newyddion lleol, er mwyn rhannu'r cerddi ag eraill.

Meddai ar bersonoliaeth radlon, gymwynasgar. Rhwydd oedd i bobl y fro ofyn iddo am gân. Anodd oedd iddo yntau wrthod. Bardd yr awen barod, rydd, ydoedd. Nid awen y dduwies deg yn ei gwisg o sidan a'i pharlwr crand oedd ei awen ef, ond awen y forwyn deg yn ei gwisg gymen bob dydd, o hyd yn brysur gyda'i gwaith.

Amcan y gyfrol hon oedd adlewyrchu hynny. Dyna paham, er enghraifft, y cynhwyswyd amrywiaeth o gerddi – yn rhigymau, penillion, englynion a chaneuon, difyr a dwys, i gyfarch pobl, yn blant ac oedolion: cerddi ar achlysur priodas; cerddi i'w gariadon; cerddi i rai o fechgyn hoff Trawsfynydd ymhell o'u bro yn y rhyfel; a cherddi coffa. Hefyd un neu ddau rigwm doniol, hwyliog braf, yn Gymraeg a Saesneg, yn ei ddisgrifio ei hun.

Byddai darllenwyr *Cerddi'r Bugail* wedi bod yn gyfarwydd, er enghraifft, â'i farddoniaeth yn mynegi ei ymateb i gyfoeth byd natur, megis yn yr englyn ardderchog hwn, 'Haul ar Fynydd':

Cerddais fin pêr aberoedd – yn nhwrf swil
Nerfus wynt y ffriddoedd;
A braich wen yr heulwen oedd
Am hen wddw'r mynyddoedd.

Ond yr oeddwn hefyd am roi cyfle i'r darllenwyr wybod sut y bu i'r llanc llengar o Drawsfynydd ymateb, yn fyrfyfyr, o bosibl, i olygfa wahanol iawn a welodd un diwrnod, sef gweld y cymeriad, y bardd a'r llyfrgarwr, Robert Evans, 'Cybi', Llangybi, yn cerdded strydoedd Cricieth a hongliaid o lyfrau i'w gwerthu. Fel hyn y mynegodd ei ymateb, yn gryno a chofiadwy iawn:

Cebyst o ddyn yw Cybi,
E lwybrai'r hewl fel librarî!

Dyna hefyd paham y cynhwyswyd yn y gyfrol hon gerddi difyr, megis y gân grefftus 'Ffair y Llan'. Dyma'r math o gân a fyddai'n apelio'n fawr, hyd yn oed heddiw, dybiwn i, at gynulleidfa pe bai rhai o'n cantorion a'n llefarwyr cyfoes yn ei chyflwyno ar lafar.

★ ★ ★ ★ ★

Bardd ei bobl; bardd ei fro oedd Hedd Wyn. Ond hefyd, bardd ei genedl a'i gyd-ddyn. Bardd cydwybod. Canodd am ddioddefaint pob rhyfel. Mewn cerddi eisteddfodol lled faith, megis 'Gloywach Nen', 'Fy Ngwynfa Goll', a 'Cyfrinach Duw', mynegodd ei ddyhead am weld gwell byd. Dyna yw 'Merch y Drycinoedd' yn awdl 'Yr Arwr', delwedd o'r Oes Aur – o'r baradwys draw. Roedd dylanwad rhai o feirdd rhamantaidd Lloegr – a Shelley yn arbennig – a dylanwad chwedloniaeth Gwlad Groeg, yn drwm arno. O ddarllen yr awdl hon, y cerddi sydd newydd eu henwi, a rhai o'i gerddi i fyd natur, gellid disgrifio Hedd Wyn, yntau, fel bardd rhamantaidd (er bod angen gofal rhag rhoi diffiniad rhy gyfyngedig i'r term penagored hwn).

Y pennawd a roddwyd i'r adran olaf ym mhennod 12 y gyfrol bresennol sy'n cyflwyno cerddi Hedd Wyn yw ' "Tyrd gyda mi dros y tonnau": cerdd y bardd rhamantaidd'. Dyfyniad o linell gyntaf cerdd fer o'i eiddo, 'Y Gwahodd', yw'r geiriau yn rhan gyntaf y pennawd hwn: 'Tyrd gyda mi dros y tonnau'. Cerdd yw hon na roddwyd, hyd y gwn i, fawr ddim sylw iddi gan feirniaid llên. A dyna un rheswm paham y trafodir hi yn lled fanwl yn y gyfrol hon yn awr. Y rheswm arall yw oherwydd ei phwysigrwydd. Cyfeirir yn y drafodaeth, er enghraifft, at y tebygrwydd yn thema'r gerdd i'r olygfa arbennig yn awdl T Gwynn Jones, 'Ymadawiad Arthur' (un o hoff awdlau Hedd Wyn), yr olygfa o'r Brenin Arthur yn cael ei gludo mewn llong gan dair morwyn deg i 'Ynys Afallon': 'I sanctaidd Ynys Ienctyd', i wella o'i glwyfau. Cyfeirir hefyd at y '*Kalevala*', epig genedlaethol y Ffindir, a phwysigrwydd y cwch rhwyfo fel un o'r prif ddelweddau yn y farddoniaeth lafar gynnar o Karelia a'r Gogledd Pell sy'n sail i'r gerdd ryfeddol hon.

★ ★ ★ ★ ★

Yn rhan o brif deitlau penodau 1 a 2 defnyddiwyd y geiriau 'Coleg yr Aelwyd' a 'Choleg y Fro'. Ar wahân i gyfeirio yn gryno yn y bennod gyntaf at aelodau'r teulu a hynafiaid, prif bwrpas y penodau hyn yw nodi rhai ystyriaethau sy'n ein cynorthwyo i ddeall yn well pa ddylanwadau a fu ar Hedd Wyn. Pam y bu iddo ymddiddori mor ifanc mewn barddoniaeth? Sut y bu iddo fynd ati â'r fath ymroddiad i farddoni ac i fireinio'i grefft? Dyma rai o'r ystyriaethau y cyfeiriwyd atynt: gallu cynhenid, talent a chof arbennig; cefnogaeth gyson ei rieni (ei dad, er enghraifft - a oedd yn brydydd ei hunan - yn prynu copi i'r llanc ifanc o'r *Ysgol Farddol*, Dafydd Morganwg); y diddordeb mewn llên a llyfrau ymhlith rhai aelodau o'i deulu, megis David Morris, 'Morgrugyn Eden', ei daid, tad ei fam; traddodiad barddonol cyfoethog bro ei febyd; y bwrlwm o weithgarwch diwylliannol oedd yn y cylch yn ystod oes Hedd Wyn, ac yntau yn rhan mor ganolog ohono; cystadlu yn gyson mewn eisteddfodau a manteisio ar feirniadaeth; cwmni a chefnogaeth barod beirdd a llenorion y fro.

'I ba beth y bu'r golled hon?'

Dyna, felly, ail brif amcan y gyfrol: darparu cyflwyniad i Hedd Wyn y bardd; agor cil y drws ar ei gerddi yn eu cyfanrwydd, o rigwm hwyliog, ysgyfala, i gerdd mewn cynghanedd grefftus. Ond y mae i'r gyfrol hefyd ddau brif amcan arall. Y mae'n gyfrol am fardd ifanc dawnus, ymroddgar, a laddwyd mor drist yn y Rhyfel Mawr ac a ddaeth yn union wedyn i fri cenedlaethol ac yn eilun cenedl. **Ond y mae'r mab fferm o'r Ysgwrn, Trawsfynydd, yn cynrychioli hefyd bob mab a laddwyd, neu a anafwyd, mewn rhyfel drwy Gymru gyfan ac, yn wir, drwy'r byd i gyd.** Y mae torcalon ei rieni, Mary ac Evan Evans, yn cynrychioli hiraeth dwys pob tad a mam a gollodd eu meibion hoff yn y brwydro mawr.

' "Ar ei ôl mae hir alar": cerddi i gofio Hedd Wyn' yw pennawd y drydedd bennod ar ddeg yn y gyfrol bresennol. Ond y mae'r cerddi hyn hefyd yn fynegiant o 'hir alar' teuluoedd ledled Cymru a fu'n hiraethu ar ôl eu hanwyliaid – yn union fel y mae englyn ardderchog R Williams Parry, 'Ar Gofadail' (ym Mhenygroes, Arfon, a Bethesda), yn englyn y gellid ei osod ar bob un cofadail sy'n bod:

> O gofadail gofidiau – tad a mam,
> Tydi mwy drwy'r oesau
> Ddysgi ffordd i ddwys goffáu
> Y rhwyg o golli'r hogiau.

Cyfrol yw hon, felly, i gofio Hedd Wyn, ond, yn anuniongyrchol, cyfrol hefyd i gofio'r holl wŷr ifanc ym mro Hedd Wyn, a phob bro yng Nghymru, a anfonwyd fel ŵyn i'r lladdfa.

> A gwaedd y bechgyn lond y gwynt,
> A'u gwaed yn gymysg efo'r glaw.

A chofio, yr un modd, am ofid a galar eu teuluoedd.

Ond cyfrol ydyw yn ogystal i'n sobreiddio; i'n hatgoffa, o'r newydd, am y 'blotyn du' yn hanes dynoliaeth. A mwy na hynny, i'n hatgoffa o'r gwarth; ein hatgoffa o'r bobl barchus ac enwog yng Nghymru, yn rhy hen i fynd i ymladd eu hunain, ond, o gludwch a diogelwch eu cartrefi, a fu'n brysur yn annog bechgyn ifanc yn eu cannoedd i 'fynd i'r rhyfel'.

Dyna paham y cynhwyswyd un bennod fer yn y gyfrol hon (pennod 8) yn cyflwyno lluniau rhai o hyrwyddwyr rhyfel. Wrth gynllunio'r bennod a meddwl yn arbennig am un o'r gwŷr hyn, y Parchg Gyrnol John Williams, Brynsiencyn, daeth y geiriau a ganlyn i'm meddwl:

Treuliaist dy oes yn pregethu Crist,
Tywysog Tangnefedd. Ond, O, mor drist,
Anfonaist fechgyn hoff dy wlad
I'w lladd, fel cwningod, ar faes y gad.

A meddyliais hefyd am Elfed. Elfed, yr ydym mor gyfarwydd â chanu rhai o'i emynau niferus, megis 'Cofia'n gwlad, benllywydd tirion ...'. Pwy a ddychmygai y gallai ef gyhoeddi yn rhifyn Ionawr 1918 o'r *Geninen* yr hir a thoddaid a ganlyn yn mawr glodfori'r rhyfel a thywallt gwaed? Ie, Ionawr 1918, ac yntau'n gwybod o'r gorau erbyn hynny am y miloedd o fechgyn ifanc ei wlad oedd eisoes wedi'u lladd.

Gwladgarwch ar Faes y Gad

Heb waed yn borffor ar fil allorau,
Ni cha Gwladgarwch ei golud gorau.
Er mwyn eu tad, er mwyn gwlad eu tadau,
Rhuthra cedyrn i ryferthwy'r cadau;
Dwylaw y dewrion fu'n dal y dorau;
Ym mwg a niwl y magnelau – pybyr
Daw o boen arwyr glod y banerau.

Elfed

Dwyn i gof gefnogwyr y Rhyfel – ond cofio hefyd, gyda diolch, am y gwŷr a'r gwragedd dewr hynny – y bodau ·'llariaidd mewn byd lloerig' a wrthwynebodd y Rhyfel. (Gweler y lluniau ym mhennod 11.)

★ ★ ★ ★ ★

Profiad dwys i mi oedd paratoi'r gyfrol hon. Fe'i hysgrifennwyd ar adeg drist iawn. Yn ystod y misoedd o ymchwilio meddyliwn am y geiriau a fynegwyd gan y Parchg J Dyer Richards wrth ddisgrifio torcalon Mary Evans, mam Hedd Wyn: 'I ba beth y bu'r golled hon?' Ond yna, ar yr union adeg y dechreuwyd ysgrifennu'r bennod gyntaf, digwyddodd trasiedi fawr yn ein teulu a barodd i'r cwestiwn a ofynnwn gynt beri mwy fyth o loes. Loes tu hwnt i eiriau, oherwydd ar yr ail ar hugain o fis Hydref 2016 fe laddwyd ein mab yng nghyfraith hoff, Eifion Gwynne, oedd fel mab annwyl i ni. Ei daro gan gerbyd yn Sbaen ac yntau wedi mynd i'r wlad honno i dalu'r gymwynas olaf i gyfaill; Eifion Gwynne, priod Nia, ein merch, a thad cariadus Mabli, Modlen ac Idris; Eifion Gwynne, y caredicaf o blant dynion; y trydanwr, a'i wên yn goleuo'r ystafell. 'I ba beth y bu'r golled hon?' Yng nghanol y tristwch hwn, nid anodd i mi oedd amgyffred galar tad a mam Hedd Wyn, a thad a mam pob mab annwyl a laddwyd yn y Rhyfel.

A dyna ni wedi nodi trydydd prif amcan ysgrifennu'r gyfrol hon. Cyfrol i gofio Hedd Wyn – a chyfrol i'n hatgoffa o'r newydd am wallgofrwydd, oferedd a dioddefaint annirnadadwy pob rhyfel; cofio galar a gofid pob marw dianghenraid.

Academi Heddwch i Gymru

Yn lled fuan wedi diwedd yr Ail Ryfel Byd rhoddwyd tasg arbennig i'r cystadleuwyr yn un o eisteddfodau Gogledd Cymru, sef cyfansoddi llinell olaf limrig berthnasol iawn. Ni chofiaf bellach pa eisteddfod ydoedd, na phwy oedd y beirniad, nac awdur gweddill y pennill. (Ai Emrys Cleaver?) Ond fy nhad, John Hugh Jones (1902-66), Llangwm, Uwchaled, a enillodd y gystadleuaeth gyda'r llinell glo a ganlyn:

> Caed hedd o ryw fath i deyrnasu;
> Rhoed y fidog a'r fagnel o'r neilltu;
>   Ond mae llawer trwy'r byd
>   Yn holi o hyd:
> *Gaed iawn digon drud am y gwaedu?*

Na, ni chafwyd 'iawn digon drud'. Y mae trais a rhyfela yn parhau mor amlwg ag erioed mewn llawer rhan o'r byd. A dyma finnau'n ychwanegu un amcan pellach paham cyhoeddi'r gyfrol bresennol. Cyfrol i gofio Hedd Wyn – ond cyfrol hefyd i'n hysbrydoli ninnau oll o'r newydd i ddyblu a threblu ein hymroddiad i roi diwedd am byth ar ryfel. Ymrwymo o'r newydd i hyrwyddo cyfiawnder a heddwch, tangnefedd a sancteiddrwydd bywyd. A dyna paham y bydd unrhyw elw a ddeillia o'r nawdd a dderbynnir gan gyfeillion y gyfrol hon yn cael ei gyflwyno fel cyfraniad tuag at sefydlu Academi Heddwch i Gymru.

Diolch am ddarllen, a phob bendith a dymuniad da.

Robin Gwyndaf
2 Mehefin 2017

Gair o Ddiolch

Hyfrydwch arbennig iawn i mi oedd cael cyfle i ysgrifennu'r gyfrol hon. Gwaith caled, afraid dweud (ac unig ar brydiau) yw paratoi llyfr o'r fath. Ond mor fendithiol yw cael caredigion a chyfeillion fyrdd yn gwmni ar y daith. Arial i'r galon. A dyna fy mhrofiad innau unwaith yn rhagor. Derbyniais gan unigolion a sefydliadau niferus gymorth a chefnogaeth gwir werthfawr, a phleser o'r mwyaf yw cael cydnabod hynny yn awr. Canmil diolch.

Y Noddwyr. Y nod ym mlwyddyn cofio canmlwyddiant marw Hedd Wyn oedd cyhoeddi cyfrol a fyddai, o ran cynnwys a diwyg, yn deilwng o'i goffadwriaeth. Yr oeddwn yn awyddus iawn hefyd i gadw'r pris mor isel ag oedd modd, er mwyn hyrwyddo'r cylchrediad a sicrhau bod y gyfrol ar gael i'w darllen yng nghartrefi, ysgolion, a llyfrgelloedd Cymru. Y mae fy niolch, felly, i'r noddwyr caredig y gwelir eu henwau yng nghefn y llyfr hwn yn ddifesur – cyfeillion sydd eisoes yn barod eu cefnogaeth i achosion da.

Cyfeiriwyd at **Gerald Williams, Yr Ysgwrn**, wrth gyflwyno'r gyfrol iddo. Mor felys a gwerthfawr fu pob sgwrs a gawsom erioed.

Cyfeiriwyd hefyd droeon (yn y cyflwyniadau, yn y Rhagair, ac yng nghorff y gyfrol) at yr **Athro Alan Llwyd**. Mawr fy nyled iddo.

Mwyn iawn bob amser i mi oedd y croeso a'r seiadu ar **aelwyd Blaen Plwyf Uchaf, Aberangell**, yng nghwmni **Eurwen Wyn Jones** a'r diweddar annwyl, **Dafydd Wyn** (1924-2015). Hyfryd yw'r cof amdano ef a'i dad, **Simon Jones**, y cefais y fraint o gofnodi ei atgofion ar dâp. Diolchaf yn ddiffuant hefyd i blant Eurwen a Dafydd, sef **Menna Wyn Blake**, Cwmlline, a **Geraint Wyn Jones**, Caerdydd, ac i'r teulu oll am bob cefnogaeth a'r lluniau gwerthfawr y cafwyd eu benthyg.

Yr un modd, cefais fenthyg lluniau a derbyn llawer o wybodaeth gan **Mali Rowlands**, Yr Eglwys Newydd, Caerdydd, wyres y **Parchg William Morris** y bûm yn sgwrsio ag ef. Pleser yw cael mynegi fy ngwerthfawrogiad.

Felly, yn ogystal, derbyniais gan **Olwen Jones**, Ty'n Pistyll, Trawsfynydd, groeso cynnes a phob cymorth i olrhain lluniau a hanes y teulu. Y mae hi yn wyres i chwaer **Jacob Jones**, y Craswr, y trydydd person y cefais gyfle i'w recordio ar dâp.

★ ★ ★ ★ ★

Wrth baratoi'r gyfrol hon bûm yn eithriadol o ffodus i gael cynhorthwy amhrisiadwy, o'r dechrau i'r diwedd, gan ddau berson sy'n fwynglawdd o wybodaeth am eu gwahanol fröydd. A dau sydd mor barod i rannu'u gwybodaeth yn hael ag eraill. Gan **Beryl H Griffiths**, Nant-y-llyn, Cwm Cynllwyd, derbyniais luniau a deunyddiau digidol lawer am deulu Simon Jones, Blaen Plwyf Uchaf, gynt o Gwm Cynllwyd, ac am deulu David Thomas Jones, 'Dei Bach', Ty'n-cae, eto o Gwm Cynllwyd (cefnder i Simon Jones). Bu farw yn y Rhyfel.

Yr un modd, cafwyd gan **Keith O'Brien**, Cilmeri, Trawsfynydd, gruglwyth o luniau a hanesion gwerthfawr am Hedd Wyn a'i fro sydd, heb amheuaeth, wedi cyfoethogi'r gyfrol yn fawr iawn. Y mae'r lluniau niferus a gynhwyswyd hwnt ac yma yn y llyfr (160 ohonynt) yn rhan annatod o'r stori, a mawr yw fy niolch i Keith O'Brien a phawb arall am ddarparu copïau digidol, neu roi printiau ar fenthyg imi.

Am oddeutu deng mlynedd ar hugain bellach bu'r **Dr Anne Elizabeth** a **Howard Williams**, Hengwm, Clynnog Fawr, yn testuno tapiau imi, yn teipio, yn golygu, ac yn paratoi erthyglau a chyfrolau i'r wasg. Bu eu cyfraniad yn un cwbl nodedig. Y tro hwn eto, paratoes Howard Williams fersiwn ddigidol o'r gyfrol gyfan gyda'r un gofal ardderchog arferol.

★ ★ ★ ★ ★

Y mae gennym yng Nghymru nifer helaeth o **lyfrgelloedd, archifdai, a sefydliadau diwylliannol ac addysgol** sy'n cynnwys chwarel o ddeunyddiau cyfoethog at wasanaeth ymchwilwyr. Wrth baratoi'r gyfrol hon, *Cofio Hedd Wyn*, derbyniais innau bob cyfarwyddyd a chymorth, a phleser yw cael enwi rhai o'r sefydliadau hyn.

Awdurdod Parc Cenedlaethol Eryri, Casgliad Yr Ysgwrn. Nid oedd ball ar garedigrwydd y staff a fu yn fy nghynorthwyo: **Naomi Jones**, **Sian Griffiths**, **a Jessica Enston**. Atebodd Naomi a Jessica gant a mil o gwestiynau, a chafwyd cyfle i fwrw golwg ar dros 500 o ddogfennau ac i ddethol nifer helaeth o luniau a chofnodion i'w cyhoeddi. Y mae gennym ddyled fawr i Awdurdod Parc Cenedlaethol Eryri am ddiogelu'r Ysgwrn i'r genedl a rhoi pob cyfleuster i ymchwilwyr sy'n ymddiddori yn hanes y cartref a'r teulu nodedig hwn.

Llyfrgell Genedlaethol Cymru. Yn ôl yr arfer, cafwyd pob rhwyddineb i ddethol lluniau a llawysgrifau. Diolch yn ddiffuant i'r holl staff, yn cynnwys Rhydian Davies ac Iwan ap Dafydd.

Sain Ffagan, Amgueddfa Werin Cymru. Prin fod angen imi gyfeirio at y gefnogaeth a dderbyniaf bob amser gan fy nghydweithwyr, ond braf yw cael enwi yn arbennig y tro hwn (cymorth i ddethol lluniau): Richard Edwards, Lowri Jenkins, Pascal Lafargue, Elen Phillips, a Meinwen Ruddock-Jones.

Comisiwn Brenhinol Henebion Cymru. (Lluniau o'r Ysgwrn. Cymorth Richard Suggett a Penny Icke.)

Yr Amgueddfa Ryfel Ymerodrol – Imperial War Museum, Llundain.

Archif Prifysgol Bangor (Elen Wyn Simpson).

Archifdy Meirionnydd, Dolgellau, ac **Archifdy Gwynedd**, Caernarfon.

Llys Ednowain, Trawsfynydd (Siôn Thomas).

Suomalaisen Kirjallisuuden Seura (SKS) (Cymdeithas Lenyddiaeth y Ffindir), Helsinki. (Lluniau perthynol i'r *Kalevala*, epig genedlaethol y Ffindir.)

★ ★ ★ ★ ★

Cafwyd hefyd nifer o luniau drwy gydweithrediad caredig **gweisg argraffu a chyhoeddwyr**. Yr un yw'r gwerthfawrogiad.

Y Lolfa.

Barddas (Elena Gruffudd a Iola Wyn).

Gwasg Dinefwr (Emyr Nicholas a Steven John).

Cyhoeddiadau Modern Cymreig (D Ben Rees).

Merched y Wawr, Cangen Trawsfynydd, a **Trawsnewid**, Trawsfynydd.

Gwasg Prifysgol Cymru.

Gwasg Carreg Gwalch.

Gwasg Gwynedd.

Llyfrfa'r Methodistiaid Calfinaidd, Caernarfon.

★ ★ ★ ★ ★

Cyfeiriwyd yng nghorff y gyfrol, yn y nodiadau, ac yn y disgrifiadau o'r lluniau at garedigrwydd llu mawr o **unigolion y cafwyd cymorth parod a gwerthfawr ganddynt**. Hyfrydwch yw cael eu henwi yn awr a diolch o galon iddynt.

Y Parchg Guto Prys ap Gwynfor: lluniau prin teulu Simon Jones, gynt o Gwm Cynllwyd (yr un teulu â theulu'i fam, Rhiannon Prys, a'i brawd, Dewi Prys Thomas, y pensaer).

Steffan ab Owain, Blaenau Ffestiniog. Fel droeon cyn hyn, manteisiais unwaith eto ar ei wybodaeth eang o ddiwylliant gwerin Cymru, ac yn arbennig am ardaloedd Blaenau Ffestiniog a Thrawsfynydd.

Enid Wyn Baines, Penygroes. Hi, rai blynyddoedd yn ôl bellach, a baratoes adysgrifau o'r tapiau yn Amgueddfa Werin Cymru yn cynnwys atgofion Jacob Jones, Simon Jones, a William Morris.

Geraint Dyfnallt, Amwythig: llun o'i daid, y Parchg John Dyfnallt Owen, 'Dyfnallt', gydag Evan Evans, tad Hedd Wyn, a'r Gadair Ddu.

Y Parchg W J Edwards, Bowstreet: gwybodaeth am John Buckland Thomas (yn y Fyddin gyda Hedd Wyn), ac am Ellen Roberts, 'Nel Feidiog', un o gariadon Hedd Wyn.

Eirlys Gruffydd-Evans: map o Gwm Cynllwyd, gan Ken Lloyd Gruffydd.

Dr Irma-Riitta Järvinen, Helsinki: gwybodaeth am y *Kalevala*.

Dwynwen Jones, Llangadfan: gwybodaeth am John Penry Jones, Y Foel, Dyffryn Banw.

Elizabeth Jones,★ Tal-ardd, Cwm Cynllwyd, Llanuwchllyn: teulu David Thomas Jones, 'Dei Bach', Ty'n-cae, Cwm Cynllwyd.

Gwladys a Huw Elfryn Jones, Penrhyndeudraeth: llun a gwybodaeth am William Williams, Tremadog, bu f. 1917 (taid HEJ).

Heulwen Hydref Jones a chyd-athrawesau Ysgol Bro Hedd Wyn: gwybodaeth a rhodd o wisg yr ysgol.

John Gruffydd Jones, Abergele: darlun E Meirion Roberts, 'Cwymp Hedd Wyn'.

Elin Wyn Meredith, Caernarfon, a'i thad, **David Wyn Meredith**, Cwm Cynllwyd: copïau o ddau lythyr Simon Jones, Cwm Cynllwyd, pan oedd yn y Fyddin.

Gwennant Pyrs, Bangor: gwybodaeth am ei nain, Grace Williams, Llanycil. (Bu'n briod yn gyntaf â David Thomas Jones, 'Dei Bach', Ty'n-cae, Cwm Cynllwyd, a laddwyd yn y Rhyfel Mawr.)

Y Parchg Ddr D Ben Rees, Lerpwl: sawl cymwynas, gan gynnwys gwybodaeth am Eisteddfod y Golomen Wen.

Enid Roberts, Bangor. Bu hen nain Enid Roberts ar ochr ei thad (Annie Roberts, Trawsfynydd, mam ei nain, Mary Ellen), yn forwyn yn Yr Ysgwrn. Pan oedd Hedd Wyn wedi bod gyda'r hogia y noson cynt ac yn hwyr yn dod adre, byddai Annie, y forwyn, yn mynd â brecwast iddo i'w lofft y bore wedyn, yn slei bach, heb i'r teulu wybod! Yna, wedi bwyta'r brecwast, fe sleifiai Hedd Wyn yntau allan drwy ffenest y llofft, heb i'r teulu, fe obeithiai, ei weld!

Roedd Mary Ellen, nain Enid Roberts, wedi hoffi'r enw 'Enid' (enw ar un o chwiorydd Hedd Wyn), a dyna paham y cafodd hithau'r enw Enid.

Brawd i daid Enid Roberts, ar ochr ei mam, oedd Morris Williams, a fu'n athro ar Hedd Wyn yn Ysgol Trawsfynydd.

[Daeth yr wybodaeth uchod gan Enid Roberts, a rhagor o atgofion gwerthfawr am deulu'r Ysgwrn, yn rhy hwyr i'w gynnwys yng nghorff y gyfrol.]

Nans Rowlands, Trawsfynydd: gwybodaeth am ei mam, Mary Puw Rowlands, awdur *Hen Bethau Anghofiedig* (1963).

Delwyn Tibbott, Llandaf. Darllenodd y proflenni gyda'i drylwyredd arferol.

Hywel Williams, Llandaf, fy nghymydog cymwynasgar: cymorth cyson gyda dyrys faterion cyfrifiadurol (o leiaf, dyrys i mi!).

★ ★ ★ ★ ★

Teulu Cwm Eithin, Llandaf: Unwaith yn rhagor, y mae gennyf ddyled tu hwnt i eiriau i'm teulu hoff. Diolch i Nia, fy merch, a Llyr, fy mab, am gymorth cyfrifiadurol. Ac i Eleri. Darllenodd hi y gyfrol gyfan mewn teipysgrif a phroflen. Diolch arbennig iddi hefyd am ganiatáu eto i'r meudwy fod cyhyd yn ei gell!

Cyngor Llyfrau Cymru: Diolch yn ddiffuant iawn am y gefnogaeth ariannol. Mawr werthfawrogi.

Gwasg Y Lolfa: Ni allai neb gael gwell cydweithrediad. Roedd cydweithio gyda Lefi Gruffydd, y Golygydd Cyffredinol, ac Alan Thomas, y Cysodydd, fel bob amser, yn bleser pur. Mawr fy ngwerthfawrogiad hefyd o gymorth ardderchog Paul Williams, Robat Trefor, a Fflur Arwel. Myrdd o ddiolch.

★ *Bu farw Elizabeth Jones, 21 Mehefin 2017. Cofiwn yn annwyl iawn amdani hi a'r teulu.*

1

Hynafiaid a Theulu a Choleg yr Aelwyd

Tyner yw'r lleuad heno – tros fawnog
Trawsfynydd yn dringo;
Tithau'n drist a than dy ro
Ger y ffos ddu'n gorffwyso.

Dyna, afraid dweud, un o englynion coffa cofiadwy R Williams Parry i Hedd Wyn. Y mae'n un o englynion mwyaf cyfarwydd yr iaith Gymraeg, a Thrawsfynydd, pentref mebyd y bardd, sy'n cael ei goffáu ynddo, yn un o bentrefi enwocaf Cymru. Ar ddechrau'r bennod gyntaf hon, felly, dyma wahoddiad cynnes ichwi ddod gyda mi i un o strydoedd Trawsfynydd, sef Stryd Penygarreg.

Yn y stryd hon, mewn tŷ clwm heb fod yn fawr, o'r enw Pen-lan, y ganed Ellis Humphrey Evans (Hedd Wyn), 13 Ionawr 1887. Digwyddodd hynny lai na deufis wedi i'w rieni, Mary ac Evan Evans, briodi yng Nghapel Gilgal, Maentwrog, 16 Tachwedd 1886. Ar yr aelwyd hon hefyd y bedyddiwyd y mab cyntaf-anedig yn nechrau mis Mawrth, 1887, gan y Parchg Bennet Jones.

Teulu mam Hedd Wyn

Pen-lan oedd cartref rhieni **Mary Morris, mam Hedd Wyn**. Eu henwau hwy oedd Catherine a David Morris. Roedd Mary, cyn priodi, yn forwyn yng Nghae'n y Coed, Maentwrog, a bron yn ddeuddeng mlynedd yn iau na'i phriod, Evan Evans. Fe'i ganed, 22 Awst 1864. Bu farw drwy ddamwain (syrthio yn ei chartref), 2 Ionawr 1950. Ganed Evan Evans, tad Hedd Wyn, 3 Medi 1852. Bu farw, 20 Mai 1942.

Gerald Williams: 'Croeso i'r Ysgwrn'.
Llun o gasgliad Yr Ysgwrn (Awdurdod Parc
Cenedlaethol Eryri: APCE).

Stryd Penygarreg,
Trawsfynydd. Nodwyd Pen-lan,
y tŷ lle ganed Ellis Humphrey
Evans, 'Hedd Wyn', â chroes.
Llun: Llyfrgell Genedlaethol Cymru.

Pen-lan, Stryd
Penygarreg,
Trawsfynydd, lle
ganed Hedd Wyn,
13 Ionawr 1887.

Llun gan yr awdur.

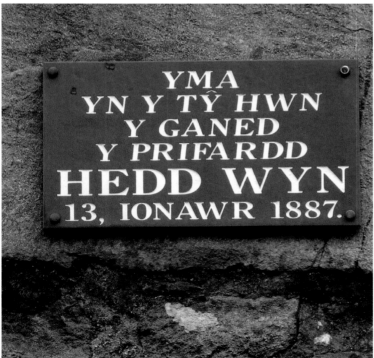

Llechen ar du
blaen tŷ Pen-lan,
Stryd Penygarreg,
Trawsfynydd.

Llun gan yr awdur.

Er mai gofaniaeth oedd crefft draddodiadol teulu mam Hedd Wyn – 'Gofaint Pen-stryd' y'u gelwid hwy – gweithio yn y chwareli yn ardal Ffestiniog a wnâi David Morris (1830-1900), taid Hedd Wyn. Fel eraill o chwarelwyr Trawsfynydd cyn dyfodiad y trên, yn y barics, neu'r 'baricsod', y lletyai yntau yn ystod yr wythnos. Rhoes gynnig ar lunio rhigwm neu ddau i'w gartref dros dro, a dyma'r cyfansoddiad hwnnw, beth bynnag am ei werth llenyddol:

> Tŷ heb gath, heb iâr i ddodwy;
> Tŷ heb wraig i wau a nyddu;
> Tŷ, mewn gair, sydd gwbl aflan,
> Heb ofalaeth glanwaith feinwan.
>
> Ond er hynny, ceir y Barics,
> Er yn llwyd, yn lle cysurus;
> Ceir llonyddwch tawel ynddo
> I'r lluddedig i orffwyso.

Ymddiddorai David Morris mewn llenyddiaeth a hynafiaethau, ac yr oedd ganddo enw barddol cofiadwy iawn, sef 'Morgrugyn Eden'. Bu'n cystadlu mewn eisteddfodau ac yn ysgrifennu i'r *Rhedegydd*, un o'r papurau newydd lleol. Ef hefyd oedd awdur y traethawd a ddaeth â chlod arbennig iddo: 'Ystyron enwau a hynafiaethau lleoedd ym mhlwyf Trawsfynydd'. Cyhoeddwyd ysgrif goffa iddo gan E Isfryn Williams, Ponciau, Rhosllannerchrugog, yn *Cymru*.[1]

Yr oedd pymtheg o blant gan Humphrey Morris (m. 1870, yn 85 ml. oed) ac Ann Morris (m. 1888, yn 98 ml. oed), rhieni 'Morgrugyn Eden', a hen daid a nain Hedd Wyn, ar ochr ei fam. A phlant galluog iawn oeddynt hefyd, yn ôl pob tystiolaeth. Mewn erthygl yn *Y Cymro* gan Morris Davies, 'Moi Plas', Trawsfynydd, disgrifiwyd un o'r meibion, Robert Humphrey Morris (m. 31 Hydref 1902, yn 88 ml. oed) fel 'y gof enwog o'r Traws'. Roedd, meddai'r awdur, yn 'ysgolhaig campus, a gallai siarad, ysgrifennu a darllen Groeg, Lladin, Ffrangeg, Saesneg a Chymraeg yn rhwydd.'[2] Ymddiddorai yr un modd mewn cerddoriaeth, barddoniaeth ac ystyron geiriau.

Gŵr enwog hefyd am ei gryfder oedd 'Robin Gof', fel y gelwid ef yn aml gan ei gyfeillion a'i gyfoedion, ac adroddir storïau amdano hyd heddiw ar lafar gwlad. Ceir un hanesyn, er enghraifft, yn sôn fel y byddai'n arfer clymu darn o liain, neu linyn cryf, am yr eingion ac yna'n ei chodi gyda'i ddannedd.

Roedd William, un arall o feibion Ann a Humphrey Morris (yntau'n of a symudodd i gyffiniau'r Bala), yn ffidlwr dawnus. Chwaer i Robert ('Robin Gof'), William a David Morris, 'Morgrugyn Eden', oedd Anne Humphries Jones, a fu farw ym Mhenmachno. Roedd hithau'n enwog am ysgrifennu a chyhoeddi traethodau ysgrythurol. Chwaer arall oedd Elin, mam John Davies, 'Y Bardd Glas' (1845-1921), o Lanuwchllyn.

Priododd David Morris, 'Morgrugyn Eden', â Catherine Hughes (nain Hedd Wyn). Merch 22 mlwydd oed Humphrey Hughes, chwarelwr, a Mary Williams, Ty'n Carleg, Trawsfynydd, oedd Catherine. Buont yn byw wedyn hefyd yn Nhy'n Pistyll, Trawsfynydd.

Roedd gan Catherine Morris chwaer o'r enw Jane Hughes. Hi oedd mam Rowland Wyn Edwards, 'Rolant Wyn' (1865-1946). Roedd ef a Mary, mam Hedd Wyn, felly, yn gefnder a chyfnither. Pan oedd yn ddeuddeg oed aeth Rolant i weithio yn Chwarel y Llechwedd, Blaenau Ffestiniog. Bu yno am un mlynedd ar ddeg cyn symud i weithio yn Lerpwl. Yr oedd yn flaenor yn Eglwys Parkfield, Penbedw (Birkenhead), ac ef oedd Ysgrifennydd Gorsedd y Beirdd pan gynhaliwyd Eisteddfod y Gadair Ddu ar Fryn Canon (Canon Hill), ym Mharc Penbedw, 5-6 Medi 1917. Ef hefyd oedd yn cynrychioli Teulu'r Ysgwrn yn yr Eisteddfod enwog honno.

Yr oedd Rolant Wyn yn fardd parod ei awen. Ar 17 Tachwedd 1898 lladdwyd ei frawd, Robert R Edwards, yn fachgen ifanc mewn damwain yn Chwarel y Rhiw, mynydd yr Allt Fawr. Cyfansoddodd Rolant Wyn bryddest faith er cof amdano, ac fe'i cyhoeddwyd mewn llyfryn o'r enw *Cofeb fy Mrawd* (1914). Ar dudalennau blaen y gyfrol cynhwyswyd nifer o gerddi coffa i'w frawd, Robert, gan feirdd eraill, ac yn eu plith ddau englyn gan Hedd Wyn (21 Mawrth 1914):

I gof y gerdd adgyfyd – ŵr gwylaidd
    O ddirgelwch gweryd;
    A'i oes fer drwyddi sieryd
    O gloiau'r bedd ar glyw'r byd.

Hiraeth gwlad o darth y glyn, – a su nos
    Yn ei waith a'i delyn;
    Yn ddistaw am y gerdd estyn
    Arlant o aur i Rolant Wyn.

Robert Humphrey Morris, 'Robin Gof', brawd David Morris, ' Morgrugyn Eden', taid Hedd Wyn (tad ei fam). Roedd yn enwog am ei gryfder a'i wybodaeth o ieithoedd.

O gasgliad Yr Ysgwrn (APCE).

Rowland Wyn Edwards, 'Rolant Wyn', Penbedw (Birkenhead), mab i Jane Hughes, chwaer i nain Hedd Wyn (mam ei fam). Bardd, cyfaill teulu'r Ysgwrn, ac Ysgrifennydd Gorsedd y Beirdd yn Eisteddfod y Gadair Ddu, 1917.

O gasgliad Yr Ysgwrn (APCE).

Teulu tad Hedd Wyn

Dyma drem yn awr ar deulu bardd Yr Ysgwrn ar ochr ei dad, **Evan Evans**. Dechreuwn gyda hen, hen daid a nain Hedd Wyn, sef Robert William, ac Ann, ei briod. Mab iddynt hwy oedd Evan William(s), (bedyddiwyd 21 Tachwedd 1784), ac enw ei briod yntau oedd Sarah Lewis, sef hen daid a nain Hedd Wyn. Mab iddynt hwy oedd Lewis Evans, taid Hedd Wyn. Cyfeirid ato hefyd fel Lewis Evan a Lewis ab Ifan. Fe'i ganed ef yn Yr Wyddor, neu 'Rwyddor (Yr Erwddwr, Yr Erwddwfr, Arwydd y Dŵr?), Trawsfynydd, a'i fedyddio, 15 Gorffennaf 1810. Bu farw 22 Gorffennaf 1893.

Priododd Lewis Evans â Mary Humphreys (31 Rhagfyr 1815 – 3 Mehefin 1887), merch Ellis a Mary Humphreys, Pandy Bach, Plwyf Maentwrog, hen daid a nain Hedd Wyn ar ochr ei dad. Symudodd y teulu yn ddiweddarach i Goed-cae-du, Trawsfynydd.

Roedd Ellis Humphreys yn fab i Ellis Humphrey Ellis ac Elinor Ellis (hen, hen daid a nain Hedd Wyn). A dyna esbonio, yn rhannol, bid siŵr, paham y dewiswyd Ellis Humphrey yn enw ar Hedd Wyn.

Priododd Mary a Lewis Evans, 22 Medi 1838, a bu iddynt naw o blant. Ond profodd y teulu lu o brofedigaethau. Bu farw Sarah, eu plentyn cyntaf-anedig, o'r frech goch, yn yr Erwddwr, cyn bod yn ddwyflwydd oed. Eu hail blentyn oedd Ellis, ond fe'i lladdwyd yntau ar drothwy ei 24 mlwydd oed yn Chwarel yr Oakeley, Blaenau Ffestiniog – carreg yn cwympo ac yn taro'i ben. Yn yr Erwddwr yr oedd y teulu yn byw pan aned Lewis, eu trydydd plentyn.

Yna, yn 1849, symudodd Mary a Lewis Evans i fferm Yr Ysgwrn, Trawsfynydd. Yno y ganed Edmund (neu Emwnt, fel y'i gelwid ef), 10 Tachwedd 1850. Enwau y gweddill o'r plant ydoedd: Evan, tad Hedd Wyn (g. 3 Medi 1852); Morris (g. 20 Hydref 1855, ond bu farw yn nawmlwydd oed); a Robert (g. 27 Mai 1858). Yn ogystal â Sarah, y plentyn cyntaf-anedig a enwyd uchod, fe aned dwy ferch fach arall i daid a nain Hedd Wyn, ond, yn drist iawn, bu hwythau farw yn ifanc o'r dwymyn goch: Sarah (marw yn bedair oed, 4 Mawrth 1850), a Mary (marw yn bymtheg mis oed, dair wythnos yn ddiweddarach, 25 Mawrth 1850).

Yn *Y Cronicl* (Ebrill 1888)[3] talwyd teyrnged uchel iawn gan 'MJ' i Mary Evans, nain Hedd Wyn. Disgrifiwyd hi fel gwraig grefyddol iawn, caredig dros ben yn ei bro, a gofalus o'i theulu. Er ei holl ofidiau personol, roedd Duw a chrefydd iddi hi, fel i'w phriod, yn 'noddfa ac yn nerth'. Addolent yn Ebeneser, Eglwys yr Annibynwyr. Yr un modd, rhoes eu gweinidog, y Parchg J Dyer Richards, deyrnged hael i Lewis Evans, ei phriod, fel y cawn sylwi eto yn y gyfrol hon (pennod 6).

O Ben-lan i fferm Yr Ysgwrn

Awn yn ôl yn awr i Ben-lan, cartref Mary Morris, mam Hedd Wyn. Cofiwn mai yno y'i ganed, 13 Ionawr 1887, a rhoi iddo'r enw, o barch i'w hynafiaid: Ellis Humphrey. Ond pan oedd ef oddeutu pedwar mis oed symudodd ei rieni, Mary ac Evan Evans, gyda'u plentyn cyntaf-anedig i fferm Yr Ysgwrn. Symud i fyw at Mary a Lewis Evans, rhieni Evan Evans, tad Hedd Wyn. Roedd y ddau yn mynd i oed, ac iechyd Mary Evans yn fregus. Bu hi farw yn fuan wedyn, 3 Mehefin 1887. Ond cafodd Lewis Evans fyw hyd 22 Gorffennaf 1893, ac Ellis, yr ŵyr, erbyn hynny yn hogyn chwe blwydd oed. Cawn ddarllen eto (pennod 6) yr hyn a ddywedwyd gan y Parchg J Dyer Richards am y dylanwad posibl a gafodd y taid ar ei ŵyr.

A dylanwad hefyd ewythrod Hedd Wyn, brodyr ei dad. Roedd dau ohonynt yn grefyddol a diwylliedig iawn: Lewis Evans ('Lewis Cefngellgwm'), ac Edmund Evans (Emwnt). Ond ei hoff ewythr oedd 'Dewyrth Rhobert' (Rhobet, Rhobart, neu Rhobat). Bu Hedd Wyn yn was priodas iddo, 30 Ionawr 1912, a chyfarchodd ef fel hyn mewn englyn gyda'r pennawd 'Eldorado':

> Tir hud yw Eldorado, – a'n Rhobert,
> Ŵr hybarch, aeth yno;
> A Mair wen, ei gymar o,
> Yw bronfraith y bêr wenfro.[4]

Gwnaed cymwynas gan Robert Evans drwy gofnodi peth o hynt a helynt teulu'r Ysgwrn mewn llyfr nodiadau bychan, digon bregus bellach pan welais ef ddechrau Ebrill, 2017. Y mae ar hyn o bryd (fel y gweddill o ddogfennau'r Ysgwrn) yng ngofal Parc Cenedlaethol Eryri a chyfeirir ato fel 'Llyfr Cronicl yr Ysgwrn'. Ceir ynddo hefyd fanylion rhent y fferm. Meddai'r cofnodydd llengar am y flwyddyn 1893:

Yr Ysgwrn

O gasgliad Yr Ysgwrn (APCE), a chyfrol William Morris, *Hedd Wyn*, Llyfrfa'r Methodistiaid Calfinaidd, Caernarfon, 1969.

Yr Ysgwrn (2014)

Llun gan Gomisiwn Brenhinol Henebion Cymru.

Cegin Yr Ysgwrn (2014)
Llun gan Gomisiwn Brenhinol Henebion Cymru.

Hedd Wyn, gyda'i chwaer, Mary, ar ddydd priodas Robert Evans, 'Dewyrth Rhobert', brawd i'w tad, 30 Ionawr 1912. (Roedd Hedd Wyn yn was priodas.)

Llun: Archifdy Meirionnydd.

'Blwyddyn hynod ar lawer cyfrif. Yn 1af ar gyfrif ei ffoethter. Yn ail am ei chynharwch. Y ddaear yn y gwanwyn wedi blodeuo megis gardd Paradwys. Y gwair yn gynar. Yr yd wedi ei dori oll yma Awst 24, 1893. Hefyd yn y flwyddyn hon mae masnach yn taro ei thanau iselaf. Y gwartheg a'r defaid yn hynod felly. Y moch yn myned yn dda er hyny.

Ysgwrn   Robert Evans

Hefyd casglwyd y cyfan or ŷd i ddiddosrwydd Awst yr 28. 1893. mewn cyflwr rhagorol.'

A dyma ran o'i sylw am 'Auaf 1895':

'Ni welwyd gauaf mor galed Ers deugain mlynedd. Yn eira a rhew mawr o ddechreu Ionawr hyd ddiwedd Chwefror...'[5]

Ewythr arall yr oedd Hedd Wyn yn hoff iawn ohono oedd Humphrey Morris, Pen-lan, brawd i'w fam, a chawn gyfeirio ato ef eto ym mhennod 6.

Clawr 'Llyfr Rhent', neu, 'Lyfr Cronicl', Yr Ysgwrn.
L[ewis] Evans (ei enw ar glawr y llyfr) oedd taid
Hedd Wyn, tad ei dad.
O gasgliad Yr Ysgwrn (APCE).

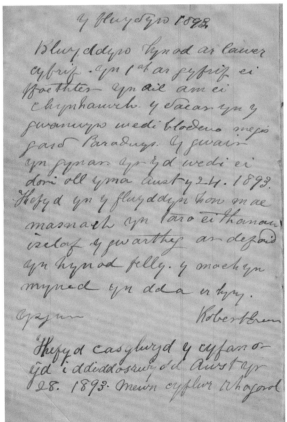

Cofnod am y flwyddyn 1893
yn llaw Robert Evans, 'Dewyrth
Rhobert', yn 'Llyfr Cronicl' Yr
Ysgwrn.
O gasgliad Yr Ysgwrn (APCE).

Drws beudy'r Ysgwrn a llythrennau cyntaf enw Hedd Wyn wedi'u cerfio arno: E.H.E.
O gasgliad Yr Ysgwrn (APCE).

Cynhaeaf gwair ar fferm Yr Ysgwrn, a llwyth llawn ar y car llusg. Yn dal eu cribiniau, o'r chwith: Evan Evans, tad; Evan Morris, mab; a Bob, mab. Ar y dde: Dewyrth Wmffra Morris, brawd i fam Hedd Wyn.
O gasgliad Yr Ysgwrn (APCE).

Cynhaeaf ŷd ar fferm Yr Ysgwrn.
Evan Evans, y tad (chwith) ac
Evan Morris, y mab, yn gafra
(rhwymo'r ysgubau).
O gasgliad Yr Ysgwrn (APCE).

Evan Morris, brawd Hedd Wyn, a'i
gi defaid, ar fferm Yr Ysgwrn.
O gasgliad Yr Ysgwrn (APCE).

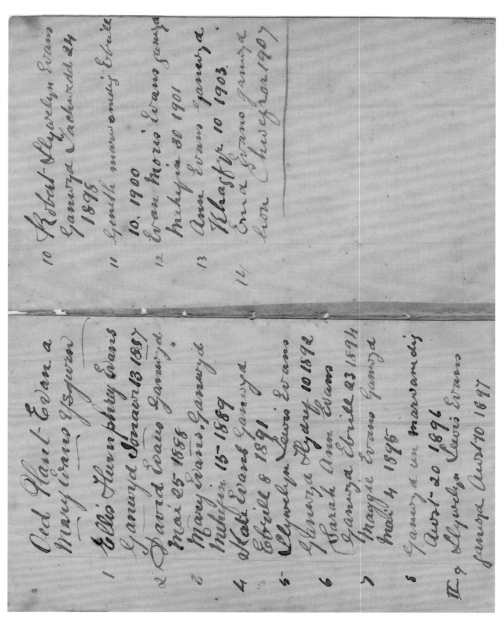

Enwau plant Mary ac Evan Evans, Yr Ysgwrn. Cofnod yn 'Llyfr Rhent', neu 'Lyfr Cronicl' Yr Ysgwrn.

O gasgliad Yr Ysgwrn (APCE).

Fferm 166 acer ym mhlwyf Trawsfynydd oedd Yr Ysgwrn, yn eiddo i Charles A Jones, Caernarfon. Ar wahân i dri neu bedwar mis 'yn y Sowth' (ardal Abercynon), ddechrau 1908 (lletyai yn rhif 46 Glancynon Terrace), dyma, mae'n debyg, fu cartref Hedd Wyn hyd nes y bu iddo orfod gadael am faes y gad.

Dylid, fodd bynnag, yn y fan hon, gyfeirio at un darganfyddiad a wnaed yn ddiweddar gan Jessica M Enston, Swyddog Datblygu Cynulleidfa'r Ysgwrn, Parc Cenedlaethol Eryri. Drwy ei gofal a'i diwydrwydd hi, daeth i'r fei Lyfr Yswiriant Ellis Humphrey, mab hynaf Yr Ysgwrn, wedi'i ddyddio 1912 yn Bootle, Lerpwl. Gwyddom fod Mary, ei chwaer iau, ar y pryd yn forwyn yn Hope Street. Nid yw hyn mewn unrhyw fodd, wrth gwrs, yn awgrymu i Hedd Wyn fod yn byw nac yn gweithio am gyfnod yn Lerpwl, ond y mae'n werth ymchwilio ymhellach.

Teulu'r Ysgwrn. Rhes ôl, o'r chwith: Ellis; Kate (Cati); Maggie; Dafydd; Mary.
Rhes flaen: Mary Evans, y fam, gydag Enid ar ei glin; Evan; Ann; Bob; Evan Evans, y tad.
O gasgliad Yr Ysgwrn (APCE).

Chwiorydd a brodyr Hedd Wyn

Nodwedd gyffredin, bryd hynny, fel y gwyddom, oedd teuluoedd mawr, ac yr oedd Ellis Humhrey yn un o bedwar ar ddeg o blant. Ond er cymaint y gorfoledd ar aelwyd Yr Ysgwrn yng nghwmni'r teulu, daeth i Mary ac Evan Evans, y rhieni, fwy na'u cyfran o boen a gofid. Nid marwolaeth drist eu henwog fab, Ellis, oedd eu hunig golled. Dyma yn awr, felly, enwau y pedwar ar ddeg o blant Yr Ysgwrn yn nhrefn eu geni, a chyfeiriad hefyd at farwolaeth saith ohonynt.

1. Ellis Humphrey, 'Hedd Wyn'; g. 13 Ionawr 1887; bu f. 31 Gorffennaf 1917.
2. David (Dafydd); g. 25 Mai 1888; bu f. 1918, o'r ffliw, yn Seland Newydd. Aeth yno i weithio, wedi ymfudo gyntaf i Awstralia.
3. Mary; g. 15 Mehefin 1889.
4. Kate (Cati); g. 8 Ebrill 1891.
5. Llywelyn Lewis; g. 10 Hydref 1892; bu f. 31 Awst 1897, cyn bod yn bumlwydd oed.
6. Sarah Ann; g. 23 Ebrill 1894; bu f. 2 Medi 1897, yn brin ddwyflwydd a hanner oed, ymhen deuddydd wedi marw ei brawd Llywelyn.
7. Maggie (Magi); g. 4 Mai 1895.
8. Plentyn marwanedig; g. 20 Awst 1896.
9. Llywelyn Lewis; g. 10 Awst 1897. (Bu farw yn faban.)
10. Robert Llywelyn (Bob); g. 24 Tachwedd 1898.
11. Merch marwanedig; g. 10 Ebrill 1900.
12. Evan Morris; g. 30 Mehefin 1901.
13. Ann; g. 10 Rhagfyr 1903.
14. Enid; g. 10 Chwefror 1907.

Bu'n arfer gan awduron a fu'n sgrifennu hanes Hedd Wyn i gyfeirio at 13 yn unig o blant Yr Ysgwrn ac i beidio ag enwi'r nawfed plentyn, sef Llywelyn Lewis. Fel y nodwyd uchod, fe'i ganed ef, 10 Awst 1897, a rhoddwyd iddo yr un enw â'r pumed plentyn, a aned 10 Hydref 1892, ond a fu farw 31 Awst 1897. Ceir rhestr o holl blant Yr Ysgwrn ym Meibl y Teulu ac yn 'Llyfr Cronicl' Yr Ysgwrn (yn llaw Robert Evans ('Dewyrth Rhobert'). Cyfeiriodd Evan Evans, tad Hedd Wyn, yng Nghyfrifiad 1911 hefyd at dri phlentyn a fu farw: Sarah Ann a'r ddau Lywelyn. Oherwydd iddo gael ei enwi, y mae'n dra thebyg nad plentyn marwanedig oedd yr ail Lywelyn, ond, hyd yn hyn, ni wyddom ddyddiad ei farw cynnar, dyddiad ei gladdu, nac ym mha fedd a mynwent y claddwyd ef. Y mae hefyd un dirgelwch pellach. Os ganwyd yr ail Lywelyn, 10 Awst 1897, roedd hynny 21 diwrnod cyn marw y Llywelyn cyntaf, 31 Awst 1897. A oes yma, felly, awgrym mai wedi marw y plentyn cyntaf o'r enw Llywelyn Lewis y rhoddwyd yr un enw yn swyddogol i'r ail Lywelyn, er ei fod erbyn hynny yn 21 diwrnod oed?

★ ★ ★ ★ ★

Hyd y gwyddom, ar wahân i Hedd Wyn ei hun, un yn unig o blant Yr Ysgwrn a fentrodd roi cynnig ar brydyddu. Evan Morris, y deuddegfed plentyn, oedd hwnnw. Dyma enghraifft brin o'i awen (yr unig un sydd ar glawr?): telyneg ddiffuant yn gynnil ei mynegiant, i 'Dryweryn'. Bu'r gerdd yn fuddugol yn un o gyrddau cystadleuol y capeli yn Nhrawsfynydd.[6]

Dafydd, brawd Hedd Wyn. Ganed 25 Mai 1888. Bu farw o'r ffliw yn Seland Newydd, 1918.
O gasgliad Yr Ysgwrn (APCE).

Robert Llywelyn (Bob), brawd Hedd Wyn, yn lifrai'r Fyddin.
O gasgliad Yr Ysgwrn (APCE).

Tryweryn

Llon oedd ymdeithgan
    Dy loyw li
Yn oriau gwynion
    Fy more i.

Ond heddiw ni chlywaf
    Ond aethus gŵyn,
Lle bu diddanwch
    Rhwng y grug a'r brwyn.

Daeth cysgod yr estron
    Yn awr ar dy li,
A'i fariaeth yn fwrn
    Ar fy nghalon i.

'Sgwennaf, barddonaf yn ddel ...': y llanc llengar o'r Ysgwrn, a'r awen ar waith yn ifanc iawn

Diau i Evan Evans, y tad, roi pob anogaeth i'w fab, Evan Morris, awdur y delyneg i Dryweryn, fel y gwnaeth i'w frawd hŷn, Ellis. Roedd y tad, yntau, yn ymddiddori mewn llên a chân, ac, fel cymaint o wŷr a gwragedd y fro, roedd ganddo ei enw barddol, sef 'Morfryn Glas'. Prin yw'r enghreifftiau o'i waith sydd wedi goroesi, ond dyma un enghraifft: y pennill agoriadol o'i gerdd: 'Dymuniad y Cristion'. Cynhwysir y gerdd yn gyflawn yng nghasgliad gwerthfawr Morris Davies, 'Moi Plas', 'Diliau fy Mro: Gweithiau Rhai o Feirdd Trawsfynydd', ar gadw yn Llyfrgell Genedlaethol Cymru.[7]

Dyn a'i lond o garedigrwydd
    Yw y Cristion ar y llawr;
Edrych mae ar fyd ysbrydol
    Yn bryderus ar bob awr;

Mary

Ann (mam Ellis a Gerald Williams).

Kate (Cati)

Chwiorydd Hedd Wyn o gasgliad Yr Ysgwrn (APCE).

Enid

Evan Evans, Yr Ysgwrn; Gerald, ei ŵyr, ac Enid, ei ferch. Yn y tu blaen (chwith):
Ellis (brawd Gerald), a ffrind.
O gasgliad Yr Ysgwrn (APCE).

Cariad Iesu sydd yn llosgi
   Yn ei fynwes ef o hyd,
Methu mae â bod yn esmwyth
   Nes ein dwyn i'w gadarn fryd.

Dyma yn awr sylw gan y Parchg William Morris, un o gyfeillion bore oes
Hedd Wyn, o'r gyfrol a ysgrifennodd i gofio amdano.

'Dechreuodd Ellis Yr Ysgwrn brydyddu yn gynnar iawn. Gallai lunio
englyn yn weddol gywir pan oedd tua deuddeg oed. Clywodd ei dad a'i
ewyrth Rhobat – a oedd yn byw gyda'r teulu am flynyddoedd cyn priodi
– yn trafod gweithiau'r beirdd ar yr aelwyd fin nos; ac yr oedd ganddo
yntau yn ifanc grap go dda ar bethau. At hynny, pan oedd yn 11 oed,
prynodd ei dad *Yr Ysgol Farddol* (Dafydd Morganwg) iddo, a phydrodd
yntau arni hi i geisio meistroli'r cynganeddion.'[8]

Wedi ysgrifennu'r geiriau uchod, aeth William Morris rhagddo i sôn am un o englynion enwocaf Hedd Wyn a luniwyd ganddo yn y cyfnod cynnar hwn:

'Un diwrnod, yn y fawnog, llwyddodd i lunio englyn wrth gario'r mawn i'r das:

> O bob cwr bawb yn cario, – i'w godi
> Yn gadarn a chryno;
> Yn hwylus cadd ei heilio,
> Yn dyn[n] o fawn, dyna fo.

A dyna fô'i englyn cyntaf.'[9]

Ymhen amser adroddwyd mwy nag un stori wahanol am union amgylchiadau cyfansoddi yr englyn cyntaf hwn, ond dangosodd Alan Llwyd mai tad Ellis a 'osododd y Das Fawn yn destun englyn i'w fab', ac y mae'n dyfynnu rhan o lythyr a anfonwyd gan Evan Evans at R Silyn Roberts, 19 Mehefin 1918, sy'n egluro hynny.[10]

'... rhoddais y Das yn destyn Englyn ... ar y ramod i minau hefyd wneud un, ond nid oeddwn wedi gwneud dim ... chwi welwch fod gwall bychan yn y llinell gyntaf, ond dyna oedd yn dda yr oedd yn gwybod hynu ei hynan. A mi synais yn arw ei fod wedi dealld y Cynghanedd mor gyflym.'

Wedi i William Morris ddyfynnu'r englyn i'r das fawn, cyflwynodd un o englynion byrfyfyr eraill Hedd Wyn, englyn diddorol dros ben ar destun cwbl annisgwyl, ac achlysur ei gyfansoddi yn fwy diddorol fyth.

'Gwelais englyn arall o'i waith, a wnaed ganddo ychydig ar ôl hynny. Mewn hen gopi o'i eiddo y gwelais y pennill. Anfonodd at Elfyn, golygydd *Y Glorian* ar y pryd:

"Garedig Syr,

Dymunaf arnoch gyhoeddi fy nhri englyn yn *Y Glorian*, os teilyngant hynny. Os na wnant byddaf yn foddlon ar ddistawrwydd y fasged – fy hen gydnabod yw hi. Dyma englyn iddi:

Gan wŷr y wasg mae basged, – paradwys
    Y prydydd anaddfed;
    Yn hon fe aeth llawer Ned
    I'w wely heb ei weled." ' [11]

Y mae'r englyn hwn a'r sylw a wnaed ynglŷn â pham y lluniwyd ef yn agor cil y drws ar ymroddiad cwbl nodedig y llanc llengar o'r Ysgwrn a'i benderfyniad diwyro, er yn gynnar iawn, i feistroli dirgelion yr awen, doed a ddelo. Y mae hefyd yn cyfleu yn amlwg iawn mor eiddgar, mor benderfynol, yn wir, yr oedd i ddal ati i ymarfer ei ddawn, i wella a datblygu fel bardd. A dyma un rheswm hefyd paham y dechreuodd gystadlu mewn eisteddfodau.

Dyma, ymhellach, ddau englyn o'i eiddo, eto wedi'u llunio pan oedd yn ifanc iawn, a'r tro hwn ar destun pur anghyffredin. Englynion oedd y rhain i declyn newydd a oedd yn eithriadol o ddefnyddiol i unrhyw un â'r ysfa ynddo ef neu hi i ysgrifennu, sef *'fountain pen'*. O dan un o'r englynion ysgrifennwyd y geiriau hyn ganddo yn ei lawysgrifen ei hun, ac yn Saesneg Cymro bach oedd yn ymlafnio i ddysgu'r iaith estronol honno: *'buyed at Liverpool at the half day trip'*.

Mor glên yw fy 'Fountain' ffel – a gefais
    Gan gyfaill mwyn, tawel;
    Sgwennaf, barddonaf yn ddel
    Heb bwtio trwy geg potel!

Pin hardd yw fy 'Fountain Pen' i, – ni raid
    Wrth yr inc i'w drochi;
    Deil frol celfyddydol fri
    Wawdio hylif poteli. [12]

Yn y bennod agoriadol hon dyna ni wedi ceisio nodi yn gryno ychydig wybodaeth am hynafiaid a phrif aelodau teulu niferus, amlganghennog Hedd Wyn. Cyfeiriwyd at ddiddordebau llenyddol rhai ohonynt, yn cynnwys diddordeb amlwg Evan Evans, y tad. Y mae gwybod hyn oll yn gymorth nid bychan, dybiaf i, i egluro'n rhannol sut y daeth mab hynaf Yr Ysgwrn i ymgolli'n llwyr, a hynny mor ifanc, mewn barddoni. Nid camp fechan oedd

Ellis Williams, brawd Gerald, a
mab Ann, chwaer Hedd Wyn, yn
edmygu'r Gadair Ddu.
O gasgliad Yr Ysgwrn (APCE).

Gerald Williams a'r Gadair Ddu.
Llun o'r gyfrol Hanes Bro Trawsfynydd,
Merched y Wawr a Trawsnewid, 2012

dysgu cynganeddu erbyn bod yn ddeuddeg oed, er iddo ef ei hun gydnabod yn wylaidd nad oedd eto wedi llwyr feistroli'r myrdd a mwy o reolau.

Un peth sy'n amlwg, tystiolaeth y rhai oedd wedi'i adnabod yn dda yw iddo dderbyn pob anogaeth a chymorth gan ei rieni – cyn iddo ymadael â'r ysgol ac wedi hynny. Sawl tad fyddai wedi ymdrafferthu i brynu cyfrol megis *Yr Ysgol Farddol*, Dafydd Morganwg, i'w blant er mwyn hyrwyddo ymhellach eu diddordebau llenyddol? Gallai person mor alluog â Hedd Wyn yn rhwydd fod wedi mynychu coleg. Nid felly y bu. Ond ar aelwyd Yr Ysgwrn ac (fel y cawn weld yn y bennod nesaf) yng nghwmni cyfeillion llên ym mro ei febyd, cafodd ysgol a choleg y bu'n fythol ddiolchgar amdanynt.

2

'Fy Annwyl Hen Drawsfynydd':
Beirdd a Choleg y Fro; Cyfeillion Llên
a Chwmni'r Hogia

William Davies, 'Ehedydd Meirion' (1854-86) piau'r geiriau 'Cartref llawen 'rawen rydd'. Y maent yn disgrifio Trawsfynydd yng nghyfnod Hedd Wyn i'r dim. Bardd a ymfudodd i America yn 1883 oedd Ehedydd Meirion a bu farw yn ifanc yn fuan wedyn. Digwydd yr englyn mewn awdl o'i eiddo i goffáu bardd arall o'r fro, sef Owen Jones, 'Owain Prysor' (1806-81). Dyma'r englyn yn gyfan:

> Fy annwyl hen Drawsfynydd – eneiniwyd
> Gan anian ysblennydd;
> Cartref llawen 'rawen rydd
> Fu i gewri'n fagwyrydd.[1]

Llawfeddyg hunanhyfforddedig, fel ei dad, oedd Owain Prysor. Dyma englyn o'i eiddo ar y testun 'Profiad':

> Blino ers pedair blynedd – yr ydwyf
> Wrth rodio ac eistedd;
> Yn fuan, fuan, caf fedd
> I aros yno i orwedd.[2]

Y bont dros Afon Prysor yn Nhrawsfynydd. Gwelir hen dai gwyngalchog 'Pentre'r Bont' ar y dde. Nid ydynt yno mwyach.
Llun trwy garedigrwydd Keith O'Brien.

Prin fod unrhyw ardal yng Nghymru yn enwocach am nifer lluosog ei beirdd yn ystod y bedwaredd ganrif ar bymtheg a dechrau'r ugeinfed ganrif na chylch Trawsfynydd a Ffestiniog. Cefais i fy magu yn Uwchaled a Bro Hiraethog, gan ymhyfrydu yn ifanc yn nhraddodiad barddol cyfoethog yr ardal. Dod yn fuan hefyd i edmygu fwyfwy gyfoeth y traddodiad barddol mewn broydd eraill lled gyfagos ym Mhenllyn a Meirion.

Yna, ac yn arbennig ar gyfer paratoi'r gyfrol hon, cael cyfle i fwrw cipolwg manylach ar y mwynglawdd o ddeunydd barddonol sydd wedi'i ddiogelu o ardal Trawsfynydd a'r cyffiniau, mewn llawysgrifau a chyfrwng printiedig. Gallwn nodi papurau newyddion (*Y Rhedegydd* a'r *Glorian*), a chylchgronau, megis *Y Geninen*, *Y Brython* a *Cymru*. Yn rhifyn Ebrill 1918 o *Cymru*, er enghraifft, ychydig fisoedd wedi marw Hedd Wyn, cyhoeddwyd erthygl gan David Davies, 'Dewi Eden': 'Beirdd Trawsfynydd'.[3] Yn Llyfrgell Prifysgol Bangor, ac yn arbennig yn Llyfrgell Genedlaethol Cymru, Aberystwyth, ceir chwarel o ddeunyddiau llawysgrifol yn cofnodi cerddi rhai o feirdd niferus Trawsfynydd a'r cyffiniau. O blith y casgliadau pwysicaf gellir nodi'r llyfrau a gofnodwyd gan Morris Davies, 'Moi Plas' (1891-1961), cyfaill a chymydog agos i fab Yr Ysgwrn: 'Cerddi fy Mro' (1956);[4] 'Diliau fy Mro' (1957);[5] a 'Gemau fy Mro' (1957).[6]

'O Gwm Blaen Lliw i ben Cwm Moch': cerddi bro a phobl

Ceir bron ymhob ardal benillion – llawer ohonynt a'u hawduron bellach yn anhysbys – sy'n cyfeirio at rai o enwau lleoedd yr ardal honno. Dyma bennill felly yn nodi ffiniau bro Trawsfynydd:

O'r aber bach ger Hendre'r Mur
    At dafarn bur Gwybedyn;
O Gwm Blaen Lliw i ben Cwm Moch
    I olwg cloch Llandecwyn;
I'r Prysor Gwm, os nad yn uwch,
    Os na bydd lluwch o eira,
Ac os yn glir y bydd y nen,
    Ceir gweled pen yr Wyddfa.

Yr hen Ffatri Wlân / y Pandy, Trawsfynydd, a'r rhyd i groesi Afon Prysor.
Llun o'r gyfrol *Hanes Bro Trawsfynydd*, Merched y Wawr a Trawsnewid, 2012.

Ceir hefyd mewn sawl ardal benillion a cherddi lleol sydd oherwydd eu crefft, neu'r cynnwys, wedi magu adenydd, croesi ffiniau, a dod yn y man yn rhan o dreftadaeth lenyddol cenedl gyfan. Y mae amryw enghreifftiau o benillion a cherddi felly sydd wedi cychwyn ar eu taith o Drawsfynydd a'r fro, ond yna wedi dod yn adnabyddus y tu hwnt i'r fro honno. Cerdd felly, yn sicr, yw'r tri phennill hyfryd, gyda'u tinc o gynghanedd, a ganodd Absalom Roberts (1780?–1864) i Drawsfynydd. Crydd crwydrol o Drefriw oedd ef a ymsefydlodd yn Eglwys Bach ac yna yn Llanrwst. Bu'n casglu hen benillion a chyhoeddwyd cyfrol werthfawr ohonynt: *Lloches Mwyneidd-dra* (1845). O'r gyfrol honno y daw'r gân hon:

Mi hoffais Wynedd berffaith gain,
    Ei chedyrn fain a'i choedydd;
Ar gangau'r gwŷdd fe ganai'r gog,
    Uwch serchog ddeiliog ddolydd;
Os doeth yw sôn, mi deithiais i
    Dros Fanod i Drawsfynydd.

Cês yno ddynion dewrion da
    Am elwa ar y moelydd;
Cês beraidd ddwfr mewn amryw ffos,
    Man agos i'w mawnogydd;
Cês fir a chig, cês fara a chaws,
    Cês fwyniant yn Nhrawsfynydd.

Mae mynych sôn (nis gwn ai gwir)
    Am rannu tir Meirionnydd;
Os caf fi gornel fach i'w thrin,
    Boed honno ym min y mynydd;
Fel na bo boen fy nwyn i bant
    Y fynwant yn Nhrawsfynydd.

Perthyn i Gymru gyfan bellach hefyd y mae englyn rhagorol David Jones, 'Dewi Fwnwr', neu 'Dewi Callestr', gŵr a fu'n gweithio yng ngwaith mwyn neu waith aur Gwynfynydd. Englyn ydyw i'w nith, Elizabeth Jones, a fu farw,

15 Mawrth 1820. Yr oedd yn chwaer i Owain Prysor, y bardd y cyfeiriwyd ato eisoes. Cerfiwyd yr englyn ar ei charreg fedd ym Mynwent Eglwys Sant Madryn, Trawsfynydd.

> Gwael wy'n nawr. Os geilw neb – fi adref,
>> Ni fedraf ei ateb;
>> Mae du, oer, lom daear wleb
>> Trawsfynydd tros fy wyneb.[7]

Dewi Fwnwr hefyd yw awdur yr englyn coffa hwn i fam a'i merch a gladdwyd yn yr un bedd:

> Llwch yn llwch, dan lech yn llechu, – mae'r fam
>> A'r ferch dra mwyneidd-gu;
>> O dan y gwys eu dwy'n gu
>> A wasgwyd i gyd-gysgu.[8]

Stryd Maengwyn, neu 'Ffordd Groes', Trawsfynydd: hen elusendai.
Llun o'r gyfrol *Hanes Bro Trawsfynydd*, Merched y Wawr a Trawsnewid, 2012.

Yn sicr un o'r englynion beddargraffiadol mwyaf adnabyddus yn y Gymraeg yw'r un a ganlyn sydd i'w weld yn aml ar gerrig beddi mewn mynwentydd. Englyn ydyw gan Robert Edwards, 'Robin Ddu o Feirion' (1775-1805), bardd a hynafiaethydd o Drawsfynydd a fu farw, fel Hedd Wyn, yn ddeg ar hugain mlwydd oed.

> Wele orweddle ireiddlanc, – daear
> Yw diwedd dyn ifanc;
> Pob hoenus, olygus lanc
> Yno ddaw, ac ni ddianc.

Y mae cerddi marwnadol, ac yn arbennig englynion beddargraff, yn ffurfio corff helaeth o waith beirdd Trawsfynydd a'r cylch. Dyna, er enghraifft, yr englynion coffa gan y gŵr diwylliedig hwnnw, Thomas Evans, 'Thomas ab Ieuan' (1837-94), megis ei englyn i goffáu Robert Owen, bardd arall o'r fro a fu farw yn ddeg ar hugain mlwydd oed. Thomas ab Ieuan hefyd yw awdur yr englyn rhybuddiol a ganlyn ar garreg fedd Jane Jones, Doldinas (bu farw, 21 Rhagfyr 1869):

> I'r lle hwn, O ddarllenydd, – y deuthum;
> Doi dithau ryw nawnddydd;
> Cod dy lef am wir grefydd,
> Yn y Farn, da iawn a fydd.[9]

Y mae'r englynion coffa y buwyd yn eu dyfynnu yn y bennod hon yn ein hatgoffa yn amlwg iawn fod i grefydd le canolog ym mywydau a chredoau'r trigolion. Dyna a welir hefyd mewn nifer o gerddi yn y mesur rhydd, megis yng nghân boblogaidd Dafydd Roberts (1816-92), Ty'n Capel, Trawsfynydd, ar y testun 'Y Ffigysbren Ddiffrwyth'. Dyma'r pennill cyntaf:

> Aeth Iesu o Bethania,
> Ar fore teg y wawr,
> Ac arno eisiau ymborth,
> Fel pawb o blant y llawr.

Hen gapel Pen-stryd, Trawsfynydd.
Llun o'r gyfrol *Hanes Bro Trawsfynydd*, Merched y Wawr a Trawsnewid, 2012.

Côr ger y Rheithordy, Trawsfynydd.
Llun o'r gyfrol *Hanes Bro Trawsfynydd*, Merched y Wawr a Trawsnewid, 2012.

> Wrth ganfod gwych ffigysbren
> A'i harddwch yn ddi–ail,
> Aeth ato i gasglu ffigys,
> Ond chafodd ddim ond dail.
> Dail, dail,
> Ni chafodd ddim ond dail;
> Er chwilio'n gu am ffigys,
> Ni chafodd ddim ond dail.[10]

Cyfeilles agos i Hedd Wyn, er ei bod yn iau nag ef o ddeg mlynedd, oedd Mary Catherine Hughes (1897-1976), athrawes anhyfforddedig yn Ysgol y Cyngor, Trawsfynydd. Brawd iddi oedd Owen Hughes, 'Glasgoed' (1879-1947). Fe'i ganed yn Y Glasgoed, Cwm Prysor, ond yn 1906 ymfudodd i Ganada, ac yno y bu farw, er iddo fod yn byw hefyd yn America. Enillodd amryw gadeiriau mewn eisteddfodau yn y ddwy wlad, ac, fel y nododd Alan Llwyd, yr oedd ganddo ar adegau ddawn i fynegi'n gynnil mewn cwpledi epigramatig, fel yn ei awdl 'Yr Heuwr':

> O bur rawn bore einioes
> Mwynheir y wledd ddiwedd oes.
>
> Nid da yw aur i wneud hedd,
> Heb uno gwreng a bonedd.[11]

Y mae'n werth dyfynnu hefyd ei englyn ar y testun 'Nos Bywyd':

> O'r trwst a'r afar tristaf, – yn y bedd
> Cyn bo hir y llechaf;
> A'i glog oer o glai a gaf,
> Yn wely fy hun olaf.[12]

Y mae'r englyn hwn yn ei gyfnod yn bur nodedig, nid yn gymaint oherwydd uniongyrchedd a llyfnder y mynegiant, ond, yn bennaf oherwydd ei gynnwys. Mor wahanol ydyw i'r mwyafrif mawr o englynion beddargraffiadol yr oes yr oedd Hedd Wyn yn byw ynddi. Dim sôn am atgyfodiad y meirw ar Ddydd y Farn. Dim sôn am y 'ddwylath o weryd' fel cartref dros dro, a'r enaid ar daith i baradwys.

Eisoes dyfynnwyd o waith nifer o feirdd cylch Trawsfynydd a Ffestiniog. Enwau rhai o feirdd eraill y fro yw: John Rowlands, 'Ioan Glan Prysor' (1819-97); William Williams, 'Gwilym Eden'; y Canon Richard Evans (1854-1941); Evan Richard Williams, 'Ianto' (1861-1940); a William Williams, 'Prysor' (1888-1945).

Yn y fro hon, fel mewn cymaint o ardaloedd eraill, sylwn ar un nodwedd. O'i gymharu â nifer o ddynion, ychydig iawn o wragedd oedd yn barddoni. Cofiwn am enwau megis Anne Williams, 'Edena' (1865-1934), awdur, er enghraifft, y gerdd 'Cyfarchiad i Blant Trawsfynydd'.[13] Ond prinnach fyth oedd y gwragedd a fentrodd i fyd y gynghanedd. Un ohonynt oedd Margaret Davies, prydyddes o'r ddeunawfed ganrif a aned yng Nghoed-cae-du, Trawsfynydd. Dyma englyn o'i heiddo a luniwyd yn 1776 ac sy'n weddi ddwys:

> Fy Arglwydd hylwydd haeledd – yn dirion
> Dyro dy drugaredd,
> A dewis fi'n y diwedd,
> F'annwyl Dad, i'th wlad a'th wledd.[14]

Yn drist iawn bu i nifer fawr o fechgyn ifanc Trawsfynydd gael eu lladd, neu eu hanafu, yn y Rhyfel Mawr. Un ohonynt oedd R R Owen. Yr oedd ef yr un oed â Hedd Wyn, a bu farw o'i glwyfau yn Ffrainc, dri mis ar ei ôl, 29 Hydref 1917. Prin fod neb ym mro ei febyd yn ei ystyried yn fardd, ond pan oedd yn Ffrainc cyfansoddodd y gerdd a ganlyn. Cynhwysir hi yn y bennod hon nid oherwydd fod ynddi werth llenyddol, fel y cyfryw, ond oherwydd ei bod yn gofnod o feddyliau gŵr ifanc yng nghanol rhyfel, ymhell o'i gartref dedwydd, diogel, yng Nghymru, ac yn mynegi'r meddyliau hynny yn naturiol, yn syml, ac yn ddiffuant iawn ar ffurf odl a chân. Bu'n hen arfer, afraid dweud, i feirdd anfon aderyn yn llatai, ond yn y gerdd hon fe sylwn nad anfon yr aderyn ar neges a wna'r bardd, ond derbyn neges, ac yna'r bardd ei hun yn dehongli'r neges honno.

Hiraeth y Milwr

Fe ganodd aderyn i minnau un bore,
   A hwyrach mai brawd
   Oedd ef ar ei rawd
Yn alltud, yn canu ei ore.

Meddyliais yn siŵr mai Cymro oedd ef,
   Mor beraidd ei gân,
   A'i nodau mor lân,
Yn seinio mor glir tua'r nef.

A dyma y neges a gefais i ganddo:
   Nad gwahaniaeth gan Dduw
   Lle byddwn yn byw –
Gall Ef ei hunan fod yno.

Mae neges gan bopeth i enaid mewn cyni,
   Ond gwrando yn iawn
   Daw cysur yn llawn:
'Rôl brwydro â'r nos, daw goleuni.

Mae Duw yn siarad y nos yn y seren,
   A'i feddwl mawr
   Yn cyrhaedd y llawr
Mewn cân aderyn pig felen.[15]

Diwylliant ar waith: Hedd Wyn, parod ei awen, at wasanaeth ei fro

Meddai William Morris am ardal Trawsfynydd yn ei gyfrol *Hedd Wyn*:

'Cymdeithas glós ydoedd, a mân lenorion a phrydyddion amryw yn
perthyn iddi. ... Yn y cyfnod hwnnw, tua throad y ganrif bresennol [yr
20fed g.] ac wedyn, hawdd fai dyfod ar draws gwerin wedi'i thrwytho
yn yr hyn a elwir heddiw yn 'ddiwylliant cefn gwlad'. Ardal felly oedd
Trawsfynydd.'[16]

Dyma ninnau yn rhan gyntaf y bennod hon yn gryno iawn wedi cyflwyno enwau nifer o feirdd a oedd yn gynrychiolwyr teilwng o'r 'diwylliant cefn gwlad' hwn (er y dylid ychwanegu y gall yr union derm 'diwylliant cefn gwlad' fod, yn fy marn i, yn derm camarweiniol iawn, oherwydd y mae'r un cyfoeth diwylliannol i'w gael hefyd yn aml mewn trefi ac ardaloedd diwydiannol). Bid a fo am hynny, un peth sy'n sicr: yr oedd Hedd Wyn yn ymhyfrydu yng ngherddi beirdd ei fro. Mor niferus oeddynt, ac mor werthfawr yng ngolwg y llanc ifanc oedd wedi gadael yr ysgol yn bedair ar ddeg oed ac yn ymlafnio beunydd beunos i ddatblygu fel bardd ei hunan – i feistroli'r gynghanedd ac i fireinio'i grefft, yn y canu rhydd a'r canu caeth. Y traddodiad barddol hwn a ddaeth yn rhan annatod o'i gynhysgaeth lenyddol.

Nid meudwy yn ei gell ydoedd. Gartref yn Yr Ysgwrn cafodd goleg yr aelwyd, ond yng nghwmni beirdd a llenorion y Traws a'r cyffiniau a chynnyrch eu hawen cafodd goleg y fro. A choleg heb ei ail oedd hwnnw. Ymgollodd yn llwyr yn y bwrlwm o ddiwylliant oedd o'i amgylch. Diwylliant ar waith ydoedd. Cyfarfodydd mynych mewn capel a chymdeithas, cyngerdd ac eisteddfod. Manteisiodd yntau i'r eithaf ar bob cyfle, yn arbennig i gystadlu yng nghyfarfodydd llenyddol y capeli: Ebenezer, Llawr-y-plwyf, Pen-stryd, a chylchwyl lenyddol Moriah. Yr un modd, i gystadlu yn yr eisteddfodau lleol cyfagos niferus oedd bryd hynny mewn bri. Derbyn cyngor buddiol drwy wrando ar feirniadaeth. Cael ei ysbrydoli o'r newydd pan enillai.

Yn ifanc iawn daeth Hedd Wyn, Ellis Humphrey, mab Yr Ysgwrn, yntau yn un o'r beirdd yr oedd galw cyson am ei wasanaeth. Fel y cyfeirid at rai o Feirdd yr Uchelwyr fel 'bardd teulu', meddylid am Hedd Wyn fel 'bardd bro' (llawer gwell term, fe ellid dadlau, na 'bardd gwlad'). Bardd oedd yn perthyn yn llwyr i'w gymdeithas ydoedd. Bardd parod ei awen. Bardd parod hefyd ei ymateb pan oedd achlysur arbennig yn galw am gerdd. A gŵr ifanc llawen a charedig y teimlai aelodau'r gymdeithas y gallent yn rhwydd ofyn iddo am bwt o gân, boed englyn, boed gerdd rydd, boed bennill neu rigwm byrfyfyr.

Beth oedd cynnwys yr awen barod hon? Cerddi i gyfarch llu mawr o'i gyfeillion a'i gydnabod; cerddi i ddathlu priodas; cerddi i gofio'r marw. Yr oedd yn lladmerydd i hynt a helynt pobl ei fro, neu, fel y dywedodd T H Parry-Williams amdano, yr oedd yn un a oedd yn 'canu i bawb a phopeth o fewn cylch ei ardal'.[17] Hyn oll, yn ychwanegol at y cerddi mwy personol yn ymateb i'w brofiadau a'i deimladau ef ei hun. Ac yn ychwanegol hefyd, wrth gwrs, at y cerddi meithach eisteddfodol. Er pwysiced yr awdlau a'r pryddestau eisteddfodol hynny, tueddwn i anghofio mai'r cerddi achlysurol, llai ffurfiol a llawer byrrach, oedd corff helaeth barddoniaeth Hedd Wyn. Cerddi cwbl wahanol i'r awdlau a'r pryddestau. Canu llawer haws ei ddeall. Canu oedd yn nes at ddant y mwyafrif o aelodau'r gymdeithas. A chanu gwir werthfawr, nid, o angenrheidrwydd, oherwydd fod iddo bob amser werth llenyddol, ond oherwydd fod iddo swyddogaeth gymdeithasol bwysig a phenodol. Dyma'r 'cynnyrch cartref'; 'bwyd llwy' y bobl. Detholiad o'r cerddi hyn a gynhwysir yn rhan olaf y gyfrol hon.

Y pennawd a roes Alan Llwyd i ail bennod gynhwysfawr argraffiad 1991 ei Gofiant ydoedd: 'Tir Fu yn Gartref Awen', llinell o eiddo Hedd Wyn ei hun. Ni ellid cael gwell pennawd. Amhosibl fyddai i'r awdur fod wedi rhoi inni bortread mor gywir a chyflawn o fab Yr Ysgwrn heb roi'r sylw dyladwy i'r traddodiad barddol cyfoethog a ddaeth yn rhan mor anwahanadwy o'i gynhysgaeth lenyddol. Nac ychwaith heb fod wedi ystyried fel y bu i'r bardd ifanc hwn ddatblygu'i grefft drwy fod â rhan mor amlwg ei hunan yn yr union ddiwylliant yr oedd wedi'i etifeddu, megis drwy gystadlu mewn eisteddfodau ac ymateb i geisiadau lu am gerdd neu bennill oddi wrth ei bobl ei hun.

Cwmni cyfeillion llengar, parod eu cyngor a'u cymwynas

Yn ôl pob sôn, yr oedd Hedd Wyn yn gwmnïwr diddan dros ben ac yn mwynhau cwmni pobl o bob gradd, y werin gyffredin a phersonau oedd wedi cael mwy o addysg na'r rhelyw. Er ei fod yn wylaidd yng nghwmni rhai o wŷr llên ei fro, gwerthfawrogai'n fawr eu cyfeillgarwch a'u parodrwydd caredig i'w gynorthwyo. Gallwn yn hawdd gredu mai beirdd a barddoniaeth, fel arfer, oedd prif destun y seiat, ac yntau'n dal ar bob cyfle, fel disgybl da, i wrando a dysgu mwy.

Er mai digon prin i fab fferm oedd y cyfle i ymweld â llyfrgell, ceisiai Hedd Wyn fynd i'r Llyfrgell yn y Blaenau mor aml â phosibl. Yno byddai'n cyfarfod â nifer o unigolion diwylliedig, llengar. Un ohonynt oedd John Jones, 'Ioan Brothen' (1868-1940), o Lanfrothen. Ef a ysgrifennodd at J W

Jones, Tanygrisiau, 26 Chwefror 1917, gan ddweud hyn am Hedd Wyn a oedd erbyn hynny wedi gadael Yr Ysgwrn, ym mis Ionawr, am y ganolfan hyfforddi yn Litherland – byddai yn fuan wedyn ar ei ffordd i Ffrainc:

> 'Bardd gobeithiol ydyw Hedd, mae anadl bywyd yn ei waith, ac os
> dihanga rhag bwledi'r Ellmyn, fe glywir mwy o sôn amdano cyn hir.
> Gellid meddwl ei fod yn barddoni wrth anadlu.'[18]

Yn y Llyfrgell ym Mlaenau Ffestiniog câi Hedd Wyn gwmni pobl megis Evan Williams, 'Glyn Myfyr' (1865-1937). Brodor o Lanfihangel Glyn Myfyr, Bro Hiraethog, oedd ef, fferyllydd diwylliedig a bardd, awdur y cyfrolau *Briallu'r Glyn* (1896); *Meillion y Glyn* (1897); *Rhosynnau'r Glyn* (1901); *Awdl a Chân* (1931); a *Deimwnt Du a Rhai Caniadau* (1917). Fel hyn, yn fyw ac yn fanwl iawn, y disgrifiodd Glyn Myfyr y bardd ifanc o'r Ysgwrn:

> 'Rhannai ei wallt toreithiog fwy neu lai yn annhrefnus, ei aeliau yn
> tueddu at fod yn drymion, ac yn taflu cysgod gwlad Hud dieithr dros
> ei lygaid annwyl; ei wefus uchaf yn eithriadol gul o'r ffroen i'r genau,
> yn fwy felly na neb ag y mae gennym gof sylwi arno; ei drwyn yn fain,
> ac fel yn gwyro ychydig at y rudd dde, a phan ymgomiai, yn enwedig
> os byddai'r ymgom â gŵr feddai gyd-ymdeimlad â'i fyd, hawdd fyddai
> ganddo gymryd gafael yn ei drwyn, gan ei droi i'r cyfeiriad a nodwyd.
> ... Ymwisgai yn bur agos i fod yn aflêr fel un fuasai wedi ymddilladu
> mewn ffwdan. Llanc cymharol eiddil ydoedd yn ei gorff, o daldra
> cyffredin, ychydig uwchlaw pum troedfedd; nid oedd iddo rymuster corff
> amaethwr, eithr yn hytrach eiddilwch corff yr efrydydd.'[19]

Yn y Llyfrgell ym Mlaenau Ffestiniog câi Hedd Wyn aml sgwrs, bid siŵr, â'r Llyfrgellydd, Hugh Lloyd. Ef oedd tad y Parchg O M Lloyd (1910-80), y bardd crefftus a'r ymrysonwr brwd. Yn y Blaenau hefyd y byddai'n cyfarfod â'r bardd a'r cymeriad diddan, William Thomas Edwards, 'Gwilym Deudraeth' (1863-1940). Bu ef yn gweithio yn Chwarel yr Oakeley ac wedi hynny ar Reilffordd Ffestiniog. Dau gyfaill arall i Hedd Wyn a oedd yn gysylltiedig â'r rheilffordd, ac y cawn gyfeirio atynt eto yn ysgrif y Parchg J D Richards (pennod 6) oedd Lewis Jones, 'Glan Edog' ac Islyn.

Cyfaill arbennig y cafodd Hedd Wyn lawer o'i gwmni oedd y bardd cenedlaethol a'r gweinidog R Silyn Roberts, 'Silyn' (1871-1930). Mor agos oedd eu cyfeillgarwch, bu'r ddau yn cyd-bysgota. Daeth Silyn o Lundain yn 1905 i weinidogaethu yn ardal Tanygrisiau, a bu yno hyd y flwyddyn 1913. Gŵr arall o Danygrisiau a fu'n cwmnïa llawer gyda Hedd Wyn ac a wnaeth gymwynas fawr yn casglu a diogelu ei farddoniaeth oedd J W Jones, 'Joni Bardd'.[20]

Arferai Hedd Wyn a J W Jones gwrdd yn aml yng nghartref Robert Owen Hughes, 'Elfyn' (1859-1919). Brodor o Lanrwst oedd ef. Bardd a newyddiadurwr. Wedi cyfnod yn gweithio ar bapurau newyddion yng nghylch Bae Colwyn a Bangor symudodd i Flaenau Ffestiniog yn 1888 yn Olygydd *Y Rhedegydd*. Yn 1899 penodwyd ef yn Olygydd *Y Glorian*, ac yntau erbyn hyn wedi symud i fyw i Lan Ffestiniog. Bu yn ei swydd, a dyfynnu O Trevor Roberts, 'Llanowain', 'am rai blynyddoedd, nes i afiechyd ei atal.' Meddai Llanowain ymhellach yn ei gyfrol *Elfyn a'i Waith*:

Robert Owen Hughes, 'Elfyn'.
Bargyfreithiwr, Golygydd *Y Glorian*, a chyfaill i Hedd Wyn.

Llun o'r gyfrol *Elfyn a'i Waith*, gan O Trevor Roberts, 'Llanowain', Gwasg Carreg Gwalch, 1993.

Y Parchg R Silyn Roberts, 'Silyn', Tanygrisiau, cyfaill agos i Hedd Wyn a theulu'r Ysgwrn.

Llun: Barddas (*Gwae Fi Fy Myw*).

'Yn y cyfamser, cysur iddo oedd y galwadau i ddarlithio ..., y llythyra ag Eifion Wyn ac eraill, ac ymweliadau rhai fel Hedd Wyn ar nos Sadwrn, a'r chwilotwr cymwynasgar, J W Jones (Joni Bardd).'[21]

Bywyd caled a thlawd a gafodd Elfyn. Bu farw ei dair merch yn ifanc iawn. Dioddefodd yntau am flynyddoedd lawer, ac yr oedd y ddiod hefyd fel maen melin am ei wddw am ran dda o'i oes. Mynegodd yntau ei brofiad a'i ddyhead yn gofiadwy iawn yn yr englyn ardderchog hwn:

> Er y curo a'r corwynt; – er y nos
> A'r niwl ar fy emrynt,
> Hyderaf y caf fel cynt,
> Weld yr haul wedi'r helynt.

A dyma englyn a allai fod yn weddi ddwys iawn hefyd i lawer llanc ifanc mewn ofn a phryder ar faes y gad ac yn dyheu am gael ei arbed.

Yn aml, pan oedd Elfyn yn Olygydd *Y Glorian*, byddai Hedd Wyn yn cwrdd ag ef yn y Swyddfa. Fel y gwyddom, cyhoeddodd y bardd ifanc lawer o'i gerddi yn y papur hwn. Felly hefyd yn *Y Rhedegydd*. Golygydd, ac wedi hynny perchennog *Y Rhedegydd* am flynyddoedd oedd J D Davies (1874-1948). Symudodd o'r Ponciau, Rhosllannerchrugog, i Flaenau Ffestiniog yn 1906, a buan y daeth Hedd Wyn ac yntau yn bennaf ffrindiau. Yr oedd J D Davies yn fardd ac yn llenor medrus. Un englyn o'i eiddo yw hwn: 'Ar yr Allt':

> Drymed yr allt i dramwy; – ni chwynaf,
> Mwyach, wanned ydwy';
> Mae Nhad yn gry' ofnadwy,
> Ac ar ei fraich mae 'maich mwy. [22]

A dyma emyn o'i eiddo sy'n llwyddo i gynnal un ddelwedd arbennig drwy'r gerdd yn effeithiol iawn.

Cyd-yfed

Mi yfais o'r un gwindy,
   Â Mab y Brenin Mawr
Gwin sur y dioddefaint
   Yng ngwasgfa'r gyfyng awr.
Dim ond rhyw ddafn a roddwyd
   I mi o'r ffiol gre';
Fe yfodd ef ei gwaddod
   Ei hunan yn fy lle.

Mi yfais o'r un gwindy,
   Â'r priod Fab ei hun;
Gwin melys, gorfoleddus,
   Gwin iachawdwriaeth dyn;
A rhin y cymun sanctaidd
   A droes yn wledd i mi,
Pan feddwais ar ei gariad
   Yng ngolwg Calfari.[23]

Dyna rai o'r llu cyfeillion a fu'n gefn ac yn gymorth parod i fardd ifanc ar ei brifiant: cwmnïaeth ddifyr a sgyrsiau addysgiadol. Parodrwydd hefyd, bid siwr, i roi benthyg llyfrau iddo. Dyna gymwynas neilltuol o werthfawr i fab fferm di-goleg a'i lyfrgell yn brin. Dau o'r cymwynaswyr hyn oedd William Morris a roes fenthyg iddo, er enghraifft, gyfrol William Howitt, *Homes and Haunts of the Most Eminent British Poets*, cyfrolau 1 a 2 (1857), a William Jones, Caeringhylliad, a roes fenthyg iddo holl weithiau Shakespeare.[24] Enwir cyfeillion eraill a roes fenthyg llyfrau iddo gan y Parchg J D Richards (gw. pennod 6).

'Elsyn' yng nghwmni bechgyn a merched ifanc y Traws

Er mor hoff oedd Hedd Wyn o gwmni gwŷr llên dysgedig ei fro, y mae'n sicr fod llawer o wir yn sylw William Morris mai gweision ffermydd y Traws oedd ei gyfeillion pennaf. Gweision ffermydd – a meibion ffermydd, fe ddylid ychwanegu. Un o'r cyfeillion hyn oedd Evan (Ifan) Price, y Wern Gron.

Symudodd i fyw i Drawsfynydd o Lanfachreth yn 1904. Ef a gyfeiriodd at Hedd Wyn am gyfnod byr yn arwain côr gyda'r enw cofiadwy: y 'Coming Stars'!

Soniwyd eisoes ar ddechrau'r bennod hon am Morris Davies, 'Moi Plas' (1891-1961) a'i gasgliadau gwerthfawr o weithiau beirdd y fro. Mab fferm Plas Capten oedd ef, fferm wedi'i lleoli yn agos i'r Ysgwrn, a'r un meistr tir yn berchennog ar y ddwy. O holl ffrindiau Hedd Wyn, Moi Plas oedd y pennaf. Roedd y ddau o'r un anian, yn mwynhau hwyl, ond hefyd yn ymddiddori yn llên a llafar eu bro. Gŵr o ardal Penmachno oedd John Ellis Williams (1901-75) ac awdur llu mawr o ddramâu, nofelau, a storïau i blant. Bu'n athro mewn nifer o ysgolion yng nghylch Blaenau Ffestiniog. Rhoes ef bortread byw iawn o fab fferm Plas Capten yn ei gyfrol *Moi Plas: Cyfaill, Cymeriad, Tynnwr Coesau* (1969). Cyfeiriodd at Ellis, Yr Ysgwrn, Moi ac eraill o'r Traws yn cyd-gyfarfod ar fin nos. 'Criw y Groesffordd' y gelwid hwynt – 'Croesffordd Ty'n

Evan Price, Wern Gron, un o gyfeillion Hedd Wyn.
Llun: Llyfrgell Genedlaethol Cymru.

Morris Davies, 'Moi Plas' (1891-1961), mab fferm Plas Capten, Trawsfynydd, ac un o ffrindiau agosaf Hedd Wyn.
Llun trwy garedigrwydd Keith O'Brien.

Coed, ryw filltir o'r pentref'. Disgrifiodd y cwmni diddan hefyd fel 'yr haid ddireidus o feibion a merched ifainc yr oedd Elsyn yn arweinydd iddynt.'[25] Elsyn, wrth gwrs, oedd Ellis, mab Yr Ysgwrn. Enw hoffus arall arno oedd 'Yr Hen Hedd'.

Un o drigolion y Traws yr oedd Hedd Wyn yn hoff ryfeddol o'i gwmni oedd 'Jacob Jones, y Craswr'. Ei atgofion ef fydd prif gynnwys y ddwy bennod nesaf.

'Pen y Bont', Trawsfynydd. Man cyfarfod poblogaidd i ieuenctid y fro.
Llun trwy garedigrwydd Keith O'Brien.

3

O Fro Hiraethog i Drawsfynydd: Atgofion Jacob Jones, yr Hen Was Ffarm

Sôn y byddwn ni yn bennaf yn y bennod hon am gymeriad nodedig iawn, a hanes ei fywyd yn darllen fel nofel. Ei enw: Jacob Jones, neu 'Jacob Jones, y Craswr'(1880-1969), fel y byddai trigolion Trawsfynydd yn ei alw. Un o ffrindiau hoff Hedd Wyn. Caredig, croesawus a hwyliog iawn. Ei gwmni yn arial i'r galon. Rhai o'r geiriau sy'n berthnasol wrth ddisgrifio ugain mlynedd cyntaf ei fywyd yw: gwas ffarm, gwaith caled, cwffio, difyrrwch a 'hen gerddi gogan'. Ond wedi Diwygiad 04-05, ac ychydig cyn hynny, ei dystiolaeth ef ei hun ydoedd 'mi feddwes ar fy nghrefydd. Dywc! Ôn i'n rhydd, fel tyswn i'n dwad o'r jêl.' Rhoddir rhagflas yn y bennod hon o hynt a helynt bywyd Jacob Jones er mwyn cyflwyno i'r darllenwyr bortread o un math o berson, difyr a diwylliedig, yr oedd Hedd Wyn wrth ei fodd yn eu cwmni. Gŵr wedi cael cwta fis yn unig o ysgol. Cyn-was ffarm, chwarelwr, a chraswr.

Hyfrydwch arbennig i minnau oedd cael treulio rhai dyddiau yn gwrando ar atgofion eithriadol o ddiddorol Jacob Jones yn ei gartref yn Nhrawsfynydd. Cael cyfle hefyd i gofnodi'r atgofion hynny ar dâp, ym mis Gorffennaf 1965 a mis Medi 1967.[1] Yr un profiad hyfryd oedd cael cyfle i sgwrsio ychydig cyn hynny gyda brawd hŷn Jacob Jones, sef Francis Jones, Parc Newydd, Cerrigydrudion, ym misoedd Tachwedd a Rhagfyr 1964.[2] Yn 1874 y ganed Francis Jones, ac yn 1880 y ganed Jacob Jones, saith mlynedd cyn geni Hedd Wyn.

'Mi af oddi yma i'r Hafod Lom'. Ar drywydd hen gerddi llafar gwlad Bro Hiraethog; dau frawd a dwy dystiolaeth

Brodorion o Uwchaled, bro fy mebyd innau, oedd Francis a Jacob Jones. Er yn ifanc iawn roeddwn i wedi clywed llawer o sôn am feirdd Uwchaled a Bro Hiraethog, ac yn arbennig am 'feirdd Hafod Elwy'. Enw cwmwd ar Fynydd Hiraethog yw Hafod Elwy, yn agos at bentref bychan Pentrellyncymer. Dyma, yn fras, leoliad Llyn Brenig heddiw. Yn fachgen ifanc ar aelwyd fferm Yr Hafod, Llangwm, yng nghwmni fy nhad, John Hugh Jones, a rhai cyfeillion a arferai ddod i'n gweld ar fin nos, difyr iawn i mi oedd gwrando hanesion am rai o feirdd a rhigymwyr a chymeriadau Bro Hiraethog. Gwyddwn eisoes am hen benillion megis:

> Mi af oddi yma i'r Hafod Lom
> Er bod hi'n drom o siwrne ...

a'r pennill:

> Yn Hafod Elwy'r gog ni chân,
> Ond llais y frân sydd amla',
> A phan fo uchaf gynffon buwch,
> Bydd yno luwch o eira.[3]

Jacob Jones (1880-1969), y Craswr, yn ymweld â'r hen Odyn yn Nhrawsfynydd, 23 Tachwedd 1961.
Llun gan Geoff Charles, trwy garedigrwydd Keith O'Brien, a chaniatâd Llyfrgell Genedlaethol Cymru.

Hafod Lom, Pentrellyncymer, Mynydd Hiraethog, canolfan nosweithiau llawen.
Llun: Amgueddfa Werin Cymru.

Deuthum i wybod yn fuan hefyd am ambell bennill a cherdd o eiddo beirdd y canu rhydd, megis Thomas Jones (1860-1932), Cerrigellgwm, Ysbyty Ifan, cyfaill mawr i T Gwynn Jones, ac yn enedigol o Dy'n Gors, Hafod Elwy. Yr un modd, dod i wybod am englynion a chwpledi o waith beirdd y canu caeth, megis Tom Owen (1866-1935), Tan Graig, a Dafydd Jones (1859-1936), Tai Ucha ('Dafydd Jones, Goes Bren', a 'Dafydd Jones, Lord Elwy' oedd dau o'r llysenwau ffraeth oedd ganddo). Ef oedd awdur esgyll enwog ei englyn i'r 'Llwydrew':

> Lleidr holl ddilladau'r ha',
> Brodor oer, brawd yr eira.

Ond ble roedd yr hen gerddi llafar gwlad, y cerddi troeon trwstan a'r penillion byrfyfyr difyr yr oedd rhai o rigymwyr a phrydyddion Pentrellyncymer a'r cylch, megis Huw Jones, Hendre Ddu, mor enwog am eu cyfansoddi? Pwy tybed oedd yn cofio rhai o'r cynhyrchion llafar hyn? Dyna pa bryd y cefais i wybod gan gyfeillion a ddeuai i'n cartref am bersonau megis Lewis T Evans (1882-1975), Ty'n Gilfach, Cerrigydrudion, bardd a chynheilydd traddodiad nodedig iawn. A chlywed am y tro cyntaf hefyd am Francis Jones, Parc Newydd, Cerrigydrudion, a'i frawd, Jacob Jones, Trawsfynydd.

Ddechrau Hydref 1964 roeddwn i wedi cael fy mhenodi yn Gynorthwywr Ymchwil yn yr Amgueddfa Werin, Sain Ffagan. Ddiwedd Tachwedd 1964 a dechrau Rhagfyr 1964 dyma benderfynu, felly, dreulio wythnos neu ddwy yn Uwchaled. Y bwriad oedd rhoi ar gof a chadw, ac ar dâp pan oedd hynny'n fanteisiol, atgofion rhai o'r to hŷn am y gymdeithas wledig, gymdogol, ar Fynydd Hiraethog a godre'r mynydd, a'u hatgofion am y cymeriadau ffraeth a difyr. Cofnodi hefyd, fe hyderwn, rai o benillion a cherddi llafar hwyliog beirdd a rhigymwyr y fro.

Y person cyntaf imi ei recordio ar dâp yn swyddogol ar ran yr Amgueddfa Werin oedd Francis Jones, Parc Newydd, fferm rhwng Cerrigydrudion a Chefn Brith. Roedd ffordd, heb fod yn llydan iawn, ar i fyny drwy gae neu ddau i fynd yno, ac un tro bu raid imi gario'r offer sain ar fy nghefn oherwydd y rhew a'r eira. Ond pwy oedd yn malio am hynny? Cofiaf yr ymweliad yn hir. Y croeso cynnes wedi cyrraedd; yr aelwyd hen ffasiwn a fflamau'r tân;

Francis Jones, Parc Newydd, Cerrigydrudion, brawd Jacob Jones.

Llun trwy garedigrwydd teulu Parc Newydd ac Amgueddfa Werin Cymru.

y grisiau lled gul a thywyll yn arwain i un o'r llofftydd. Ac yno yn ei wely, a sgarff fechan wen (crafát) am ei wddw, yr oedd Francis Jones ei hun. Roedd o yn naw deg mlwydd oed bryd hynny: y clyw yn drwm; y gwynt yn fyr; a'r peswch yn poeni. Ond fe anghofiodd am ei anhwylder ei hun wrth rannu'i atgofion mor rhwydd.

Roedd cael bod yng nghwmni Francis Jones, ac felly, yn ddiweddarach, yng nghwmni Jacob Jones, ei frawd, yn union fel cael eich cludo yn esmwyth, ddiarwybod, i'r bedwaredd ganrif ar bymtheg. Rhoes y ddau ohonynt ddarlun eithriadol o fyw ac onest o fywyd gwas fferm – y ddau wedi bod yn 'gweini ffarmwrs' er yn saith mlwydd oed. A darlun byw hefyd o'r gymdeithas ym Mhentrellyncymer a Hafod Elwy yn chwarter olaf y ganrif honno: y caledi, y cwffio, y difyrrwch, y cydweithio. Yr un modd llwyddodd y ddau frawd, a Francis Jones yn fwy felly na'i frawd iau, Jacob, i gofio neu led-gofio nifer o benillion a phytiau o hen gerddi – 'cerddi gogan', fel y galwent hwy.[4]

'Fe fydd raid ichi fynd i weld fy mrawd' oedd un sylw cyson gan Francis Jones. Ni chofiaf ei union eiriau bellach, ond y neges oedd: 'Mi gewch chi lawer o hanesion difyr iawn gan Jacob. Ac mi roedd o'n ffrindiau efo Hedd Wyn.'

Stori bywyd Jacob Jones: colli'i fam yn ddwyflwydd oed, a mynd at ei daid a'i nain, Jacob a Betsan Jones, Befar Gro, Pentrellyncymer

Ar y degfed o Orffennaf 1965, ymhen saith mis wedyn, y daeth y cyfle i ymweld â Jacob Jones yn ei gartref yn Nhrawsfynydd. Roedd yn byw gyda'i nith, Miriam (merch Elizabeth Jones, ei chwaer), yn rhif 3, Stryd Penygarreg, yn agos at Ben-lan, man geni Hedd Wyn. Yn union fel y profais yng nghartref ei frawd hŷn, cofiaf y croeso twymgalon. Teimlad cartrefol, braf, yng nghwmni hynafgwr agos-atoch. Cyfarchai fi yn aml gyda'r geiriau: 'Fy machgian i', neu 'Fy ngwash i'. A chofio hefyd y bwrlwm o atgofion.

Yn y flwyddyn 1880, mewn pen tŷ o'r enw Llidiart y Gwartheg, tua milltir o'r Llan, Cerrigydrudion, y ganed Jacob. Roedd pump o blant ar yr aelwyd: dau fab a thair merch. Francis (Frank) oedd yr hynaf, a Jacob yr ieuengaf ond un. Bu farw eu mam pan oedd Jacob tua dwyflwydd a hanner, a Frank rhwng wyth a naw. Meddai Francis Jones:

> 'Odd gynni blentyn [yn] ddiweddar, a mi âth i'r Llan i negesa, ne rwbeth, ryw noson ... Mi gâth infflimeshion [ar] y 'mennydd. Mi fu farw.'[5]

Wedi marw'r fam, aeth Frank i 'weithio at ffarmwrs'; aeth dwy o'i chwiorydd i gael eu magu gyda modryb iddynt o Fron Goch, Y Bala, chwaer i'w mam. Aeth Jacob yntau a'i chwaer ieuengaf – baban bryd hynny – at eu taid a'u nain (ar ochr eu tad), Jacob a Betsan Jones, merch Melin Bwlch, Cerrigydrudion. Roeddynt yn byw mewn 'hen dŷ' o'r enw Befar Gro ym Mhentrellyncymer (enw wedi'i Gymreigio o 'Beaver Grove', mae'n debyg). Yn aml byddai Jacob, y taid, yn galw Jacob, yr ŵyr, yn 'Sieffre' – o ran hwyl ac i wahaniaethu rhwng y ddau o'r un enw.

'Hel 'i damed' yn seithmlwydd oed, a 'helynt lladd yr iâr': yn Hafod Llan Uchaf gydag Ann a Llew Hiraethog, 'dyn blewog a gwallt mowr gynno fo, fel bardd yn union'

Yn saith oed bu raid i'r 'hogyn' fynd i 'hel 'i damed', ac fe'i gyrrwyd at Ann ac Elias Jones, 'Llew Hiraethog (1832-1900), Hafod Llan Uchaf, Pentrellyncymer: 'mynd am fy mwyd i gâl fy magu'. Roedd Ann yn chwaer i'w nain: 'Dynes dal, fain ... dynes fawr, 'sgyrnog ... yn ferch Weirglodd Wen, Fron Goch.' A'r hen Lew Hiraethog? Wel, fel bardd o'r iawn ryw yr oedd pobl yn meddwl amdano ef, un o feirdd yr awdlau meithion, eisteddfodol. Gŵr gwahanol iawn ydoedd i'w frawd, Huw Jones (g. 1821), Hendre Ddu, Pentrellyncymer. Bardd y bobl oedd ef, yn canu cerddi hwyliog, ysgafn, ac ambell un ohonynt – o leiaf yn ôl agwedd rhai aelodau o'r gymdeithas – yn ddi-chwaeth.[6] 'Sut ddyn oedd Llew Hiraethog?' gofynnais, a dyma'r ateb: 'O, wel, dyn blewog, gwallt mowr gynno fo, fel bardd yn union, a barf gynno fo, ac aele mowr trymion. Felly odd y Llew.'[7]

A gwaith y bachgen saith i naw oed a min nos ar yr aelwyd? Dyma ran o'i ateb.

'O, wel, tendio ar bawb ôn i, dech chi'n gweld. Pawb yn gweiddi ar yr hogyn: "Ystyn hwn ac ystyn llall". A wedyn, cario mawn a cario dŵr a codi tatws a hel y gwartheg i odro ... [a mystyn] pricie ... Wel, dene ôn i'n neud, ichi, am ddwy flynedd. A ddaru n(h)w (dd)im dysgu dim byd imi. Dim ar y ddaear. (D)im adnod na phennill, na (dd)im byd. Naddo! ... [A gyda'r nos] (dd)im byd blaw iste wrth tân, am wn i, yntê ... Fuesh i'n meddwl lawer gwaith, biti na fasen n(h)w 'di dysgu rywbeth imi, yndê – i ddysgu darllen, ne rwbeth. Ddaru n(h)w ddim. Hen fyd bydol odd hi amser honno. Ia.'[8]

Ni soniodd Jacob Jones chwaith iddo gael mynd i'r ysgol o gwbl, ond fe ddywedodd hyn: 'Os doen n(h)w [ffarmwrs] i'r ysgol ishio bachgen i hel cerrig, wel, odd 'na fynd. Odd ddim otsh am yn hysgol ni, dech weld – y werin – amser honno.'[9] A dyma sylw Francis Jones: 'Dene giês i [o ysgol]: pum diwrnod yn Llaningel [Llanfihangel Glyn Myfyr] ac un yng Ngherrigydrudion ... Amser honno odd raid ichi fynd â cieniog ar fore dydd Llun i dalu am ych ysgol.'[10] Yn ôl tystiolaeth Jacob Jones (er rhaid cofio mai saith i nawmlwydd oed oedd ef bryd hynny, a hawdd yw i'r cof chwarae triciau), ni fyddai Ann ac Elias Jones yn mynd i'r capel, ond cofiai ei fod ef yn mynd 'lawr i Capel Pentrellyncymer'. Capel bychan Hermon, yr Annibynwyr, oedd hwnnw.

Yr oedd un profiad arbennig wedi gadael argraff annileadwy ar feddwl yr hogyn bach ifanc yn Hafod Llan Uchaf. A hanes yr iâr oedd hwnnw.

'Rodd 'no hen iâr ar ben y tŷ – to brwyn – yn chwalu twll, fel ma hen ieir. A mi gododd yr hen Lew garreg i mi.

"Hitia'r hen iâr 'cw, ngwash i", medde fe. A duwch, mi ddigwyddes 'i hitio hi, cofiwch. Digwyddiad odd o. Mi laddes hi, a mi ddôth lawr. Ac wrth gladdu'r hen iâr – anghofia byth mo'r cynhebrwng hwnnw – a hen flew mawr gynno fo – hen wallt mawr.

"Mi dy ladda i di", medde fo, "os dudi di wrth Ann."

Dyw! mi chrynodd fi braidd. Ôn i (dd)im yn licio câl 'n lladd. Na. A mi gladdwyd yr hen iâr, beth bynnag. A laddodd o mona i. Naddo. Ac ôn i'n meddwl lawer gwaith wedi mynd yn hŷn, odd gynno fo ofn yr hen wraig – run fath â llawer o'i flaen o, ac ar 'i ôl o, hwrach. Ofn yr hen wraig, Ann Jones. Ia. "Ladda i di", medde fo.'[11]

'Cer, y ffŵl diawl!' Cwrdd â dau 'ddyn mawr': Robert Jones y Bwtshiar, a Chyrnol Mainwaring

Cyn bod yn nawmlwydd oed gadawodd Jacob Jones Hafod Llan Uchaf. Un diwrnod, yn fuan wedyn, roedd yng nghwmni'i dad ar y Llan, yng Ngherrigydrudion, ac wedi cyfarfod â 'Robert Jones, y Bwtshiar', Ceidwadwr mawr. Aeth y ddau i daeru. 'Un yn gweiddi "Whig", a'r llall yn gweiddi "Tory" ar ei gilydd.' Toc dyma Robert Jones – a dyfynnu Jacob Jones – yn dweud:

"Rhaid imi fynd, Jac", medde fo.

"Hy! Ia, cer y ffŵl diawl!" medde nhad, mor naturiol â dase fo'n deud "Amen".

Aeth Jacob rhagddo wedyn i adrodd hanesyn am gyfarfod â dyn 'mawr', pwysig arall yn y Cerrig.

'A duwcs! dyne ddyn mawr, run fath yn union â Robert Jones Bwtshiar, yn dwad o gyfeiriad Bwlchybeudy. A pan ddôth y dyn hwnnw at (f)y nhad, dyne fo'n rhoi *bow* iddo fo.

"Dywc annwl! Be ôch chi'n rhoi *bow* i hwnna", medde fi, "ac yn deud 'ffŵl diawl' wrth Robert Jones y Bwtshiar?"

"Cyrnol Mainwaring, wsti", medde fo.

"O, be 'di Cyrnol Mainwaring, nhad?" medde fi.

"Wel, gŵr bonheddig, yntê", medde fo.

"Wel, be 'di gŵr bonheddig?" medde fi.

"Wel, fo bia'r ffermydd 'ma ym mhob man, ngwash i", medde fo.

"Dyw! Lle cadd o n(h)w, nhad?" medde fi.

"Wel, ar ôl 'i rieni, wsti", medde fo.

"Wel, lle cadd 'i rieni fo n(h)w, nhad?"

"Wel, eu dwyn n(h)w, am wn i. Cer i chware'r diawl bach", medde fo wrtha i. Dyne chi un dda. Dyne chi wir plaen, yndê. Ie. Hen hogyn yn holi.'[12]

Gwas yn Nhai Draw, a'r ddau hen lanc a'r ddwy hen ferch yn rhoi mis o ysgol iddo; 'dysgu dim blaw dysgu cwffio'

Wedi dwy flynedd gydag Ann ac Elias Jones, cyflogi yn Nhai Draw, fferm rhwng pentref Cerrigydrudion a Llanfihangel Glyn Myfyr. Roedd dwy hen ferch a dau hen lanc, brodyr a chwiorydd, yn byw yno: Elin a Catrin a John a Robert Thomas. Rhoes y teulu hwn fis o ysgol i'r hogyn newydd. Ond yna, gorfod gadael, a dyma'i ymateb: 'Dyne chi gam, yntê. Meddyliwch chi gam gesh i, gorfod mynd o'r ysgol ymhen ryw fis. Be odd o da, yndê? Dysgu dim byd blaw dysgu cwffio.'[13] Wrth imi ei holi ymhellach am y mis hwn yn ei fywyd, yr ymrafael rhyngddo ef a'i gyd-ddisgyblion oedd fwyaf byw ar ei gof, ac meddai:

> '... ag odd y plant yn mynd â fi i'r cae, ag odd ishio imi gwffio efo'r mwya. Ag ôn i gletach o lawer na n(h)w. Ôn i di'n magu fel eidion, yntê – [neu] fustach, ne rwbeth felly, ag odd 'u trwyne n(h)w'n mynd i waedu o flaen (f)y nhrwyn i o hyd. A diawc imi, pan welesh i hynny, ôn i'n 'nelu am y trwyn wedyn o hyd, ond ôn i? A mi gures bob un o'r plant – am mod i'n gletach na n(h)w.'[14]

Dewisodd yr hynafgwr clên o'r Traws sôn wrthyf am un hanes paffio arall tra bu'n gweini yn Nhai Draw. Roedd gan Elin a Catrin Thomas 'ofn nos yn ofnadwy'. Arferent fynd i'r seiat yn Llanfihangel Glyn Myfyr. Mynd bob yn ail, un yn gwarchod a'r llall yn cerdded i'r capel. A'r

Y bont dros Afon Alwen yn Llanfihangel Glyn Myfyr. Ar y bont hon y bu Jacob Jones yn ei amddiffyn ei hun rhag rhai o hogiau'r ardal oedd yn ei herio i gwffio gyda hwy. Tafarn y Crown ar y dde.
Llun o'r gyfrol *Drysau Eraill*, gan R H Jones, Gwasg Hugh Evans, Lerpwl, 1923.

canlyniad? 'Gosto' i Jacob, y gwas, fynd efo nhw yn 'peini' ar y ffordd adre, 'i gadw'r bwgan draw – ryw ofn arnyn n(h)w'. Un noson, tra oedd un o'r ddwy chwaer yn y capel a Jacob yn loetran yn agos i'r bont dros Afon Alwen, ger tafarn y Crown, yn aros amdani, dyma rai o hogie'r pentref yn dod ato. A dyma be ddigwyddodd:

'A chwedyn dyne'r hogie ata i – tri ohonyn n(h)w – ishio cwffio efo fi. Ag ôn i â nghefn ar y wal, felne, a ofn n(h)w'n rowndio fi – ôn i ddigon cyfrwys rywsut. A ôn n(h)w ddim yn dwad ddigon agos ata i, a finne ddim am fynd oddi wrth y clawdd (rh)ag ofn n(h)w'n rowndio fi, yndê. Doeddwn i'n gyfrwys? A diawc! mi welwn [yr] hen ferch yn dod o'r seiat, fachgian, ag ôn i'n gweld bod raid imi fynd adre. Ag odd gynna i awydd 'u trio n(h)w. A mi ruthres [am] y mwya ohonyn n(h)w, felne. A mi syrthiodd yr hen greadur. Mi ddengodd y ddau arall.

Wel, odd hi'n gwrt marshial drannweth – nos drannweth – rhwng y ddau dad a'r bachgen 'ma ôn i 'di hitio. A nhad yn deud (wr)tha i: "Be ti'n ['i daro fo]?" fel hyn ac fel arall – cogio ngheryddu i, yndê. Mi aethon ni i'r tŷ o'n dau.

"Be ôn n(h)w'n neud iti?" medde fo.

"Wel, tri ohonyn n(h)w ishio cwffio, nhad", medde fi.

"O. Be ddaru ti?"

"Mi ruthres i'r [un] mawr, a mi syrthiodd. Mi ddengodd y ddau arall."

"Wnast yn iawn", medde fo. Dene gyngor (f)y nhad. Ha! Ha!'[15]

Ambell waith byddai Jacob yn mynd i'r siop i nôl neges, ac un tro, er mwyn cofio'r neges fe wnaeth y rhigwm hwn:

Tri pheth pwysig sy ar fy llaw;
Cofio neges hen ferch Tai Draw:
Pwys o reis a phwys o siwgwr,
Pwys o sebon – dene'r cwbwl.

'Odd gynna i awydd mynd yn drampar ...': Jacob Jones yn Elor Garreg, ger Hafod Lom; helynt colli'r llaeth enwyn, a'r ffrae gydag Edward Morris: 'Be ti'n hel [gwair] ar fy ôl i?'

Wedi tair blynedd yn Nhai Draw, roedd Jacob nawr wedi 'mynd yn rhy uchel' i'w gyflog: 'punt am y flwyddyn gynta, dwy a chweugien am yr ail, a peder am y trydydd.' Yn dair ar ddeg oed aeth am flwyddyn, chwe phunt o gyflog, at Edward Morris a'i briod i Elor Garreg Uchaf, y fferm agosaf i Hafod Lom, Pentrellyncymer. Roedd ef yn ddisgynnydd uniongyrchol i Edward Morris (1607-89), y bardd a'r porthmon enwog o'r ail ganrif ar bymtheg. Dewisodd Jacob ddau hanesyn yn arbennig i'w hadrodd wrthyf am ei gyfnod yn Elor Garreg 'yn trin hanner cant o wartheg fy hun bach'. A dyma'r cyntaf o'r ddau hanes.

> 'Ôn i'n corddi efo merlen yn y gadles – gadles: lle mae teisi gwair a
> (ba)lly. Ag ôn i'n gyrru'r ferlen 'ma i mi gâl reid ar y powl, yntê. Odd
> y pren hir 'ma, felne. A wedyn y ferlen yn mynd rownd a rownd, a
> minne'n 'i gyrru hi i gâl reid. Ôn i'n meddwl dim byd arall. Ond dene'r
> dyn mawr i'r gadles a gweiddi: "We!" ar y ferlen, a mynd â fi gerfydd (f)y
> nghlust i'r buarth i'r tŷ corddi. Odd 'no bedwar potied o laeth yn rhedeg
> allan o'r fudde, a chwid a'r ieir a'r gwydde a'r cŵn yn yfed y llaeth 'ma.
> Odd o wedi gâl 'i gorddi o'r fudde ...
>
> Wedyn odd gin i gwilydd yfed llaeth. Ôn i'm yn yfed llaeth, a dôn i'm
> yn rhoi menyn ar (f)y mrechdan chwaith. Ond mi welodd yr hen wraig
> fi'n byta bara sych, a dyne hi yno efo cylleth a sglishio'r menyn cartre
> 'ma'n dew [ar y bara].
>
> "Dyro fenyn ar dy fara iti fynd yn ddyn", medde hi. Dyne ichi
> faddeuant, welwch chi, heb gyfri, yndê.'[16]

Gadawodd y digwyddiad nesaf argraff ddofn ar yr hogyn ifanc oedd wedi colli'i fam yn ddwyflwydd oed ac wedi gorfod wynebu bywyd digon caled ac ansicr wrth iddo fynd o fferm i fferm fel gwas.

> 'A cadles odd hi amser honno, a teishi gwair wedi'u toi. Ma 'ne helm
> heddiw (y)n does. Helm. Wedyn ôn n(h)w'n torri'r das 'ma'n geincie,
> a to arni, ag yn mynd â'r gwair i'r bing. Bing ydi lle o flaen y gwartheg.

Ag ôn i 'di hel ar fy ôl reit deidi. Duwch! dene Edward Morus mynd i hel wedyn ar fy ôl i – ichi gâl gweld mor ifanc ma hunanoldeb yn dod i mewn. Duwcs! dene finne draw a thynnu'r to, a hel wedyn. Dyne fo'n gofyn:

"Be wt ti'n neud?" medde fo.

"Wel, hel hwn", medde finne ddigon diniwed.

"Be ti'n hel ar fy ôl i?" medde fo.

"O be ôch chi'n hel ar fy ôl i?" medde finne.

A mi gydiodd dan (f)y ngheseilie i a mi nghododd i rhwng nefoedd a daear, a mi sgydwodd fi reit dda. A phan gash i nhraed ar lawr, mi ês at Modryb, chwaer (f)y nhad, i Bryn Hir. A honno'n rhoi brechdan ne rwbeth imi, ag yn deud wrtha i am fynd yn f'ôl.

Ond âsh i ddim. Mi êsh i Bentrellyncymer i'r ffarm sy 'no [Pentre Draw?], ag i'r beudy, wrth ben y gwartheg. Odd gynna i awydd mynd yn drampar ofnadwy. Ôn i'n meddwl baswn i'n câl cysgu fel fynnwn i a chodi fel fynnwn i, fel hyn ag fel arall. Ond fel odd hi'n twllu, mi ddôth yr hen arswyd Tai Draw 'ma arna i [ofn nos ac ofn y 'bwgan']. Codi ddaru mi a mynd f'ôl at Modryb. A pwy odd 'no blaw Edward Morus yn chwilio amdana i. A mi êsh i yn f'ôl hefo fo. A mi fues yno am flwyddyn wedyn.'[17]

Mynd yn gwmni i 'hen ŵr bonheddig' y Groudd i'r Lion, a syrthio i'r dŵr wrth groesi'r Merddwr

O Elor Garreg i Ffynnon Wen, fferm rhwng Cerrigydrudion a Llangwm. 'Hen ddyn dwy ffon' oedd yn ei ffermio ac wedi mynd yno oherwydd iddo gael ei droi allan o fferm gyfagos, Hendre Arddwyfan, am beidio talu'r rhent. Roedd yn ffermwr da, ond yn 'hen ddyn gwyllt, gwirion', a fuodd Jacob, na Ben, y prif was – 'cwffiwr go arw' – ddim yno'n hir. Aeth Jacob i'r Groudd, Cerrigydrudion, wedyn, fferm 'Jones and Co.' Dau frawd yno, ac un o'r ddau, 'hen ŵr bonheddig', yn arw am ddiod o hyd. A dyma un hanesyn:

'Ag odd o'n mynd â fi efo fo i'r Llan – safio'r wraig fynd ... A mi âth â fi ryw ddiwrnod, deud bod gynno fo ishio gweld ryw ddefed mawr odd gynno fo. Ddaru o'm sbio dros clawdd ... A mi âth at Felin Lifio, a mi neidiodd y Merddwr ... Ddeudodd wrtha inna am neidio. Bacies yn f'ôl.

Mi neidish i ganol y Merddwr! A mi nghadd fi allan. Wedyn, mi âsh i i'r
Cerrig i nôl dillad sychion, a mi âth ynte i'r Lion [Gwesty'r White Lion]
i roi'r byd yn 'i le. Wedi i mi ddwad i'r Lion yn f'ôl ato fo, mi nath fi i
iste wrth y ffenest a lemonêd imi. A diawc! tua pump o'r gloch mi welwn
y forwyn yn dwad i nôl ni o'n dau rwan. A dene lle roedden ni'n mynd
adre'n driawd taclus – yr hen ddyn wedi câl dipyn o betrol ac mewn
hwyl reit dda ...'[18]

'O, na, rhaid iti sefyll at dy gytundeb ...': y gwas ffarm o Uwchaled yn mentro i Flaenau Ffestiniog a Thrawsfynydd i chwilio am waith

Pan oedd Jacob nawr tua phedair ar ddeg oed fe aeth i ganlyn y wedd i
'Rydgwrgeir', fferm rhwng Y Bala a Chorwen. Bu hefyd yn canlyn y wedd
ar fferm fawr Y Gydros, Cerrigydrudion, yn bymtheg oed, ac yn canlyn yr
ail wedd ar fferm Perthillwydion, Cerrigydrudion. Roedd wedi cyflogi i fynd
wedyn i Hafod Lom, Pentrellyncymer, ond dychwelodd yr ernest. Roedd
wedi cael ei berswadio i ddilyn cymeriad adnabyddus yn Uwchaled o'r enw
Dei Watson, ac fe aeth y ddau i Flaenau Ffestiniog i chwilio am waith. A
dyma gychwyn ar gyfnod newydd yn hanes y gwas ffarm oedd wedi treulio'i
ieuenctid yn Uwchaled a'r cylch, yn crwydro o fferm i fferm ac yn llafurio'n
galed.

Roedd o erbyn hyn yn ddeunaw oed ac yn cael profiad am y tro cyntaf
o weithio mewn chwarel gyda cheffylau. Soniodd hefyd iddo fod un tro am
bythefnos yn 'cau clawdd mynydd' ar fferm Y Bwlch, Dolwyddelan. Pan
ddychwelodd Jacob at y ceffylau yn y chwarel un diwrnod, fe sylweddolodd
fod ei bartner, Dei Watson, wedi 'dianc' yn ei ôl i'r Cerrig. Ni fu yntau'n hir
cyn cael sgwrs gyda'r goruchwyliwr. Gofynnodd am ragor o gyflog, gan fod
y gwaith mor drwm. 'O, na, rhaid iti sefyll at dy gytundeb', meddai hwnnw.
A dyma ymateb y cyn-was ffarm o Uwchaled: 'Pan ddudod o'r hen air
"Rhaid", mi oedd hi wedi darfod arno. [Un o] hen Lwydiaid, Pentrefoelas ôn
i. Tase fo 'di rhoi ryw chwechyn imi, wrach baswn i'n aros.'[19]

Teulu ar ochr ei fam o Bentrefoelas oedd yr 'Hen Lwydiaid'. Roedd
sôn amdanynt yn Uwchaled am eu cryfder. Cyfeiriodd Francis Jones atynt fel
'ryw baffiwrs didrugaredd ... Odd ddim gildio'n 'u hanes n(h)w.' Un ohonynt
oedd 'Ifan Llwyd y Mêl' [*Mail*]. Bu'n cludo llythyrau am flynyddoedd. Yn

'William Llwyd, y Garn', Pentrefoelas: cantor, saer a chymeriad. Un o 'Deulu'r Hen Lwydiaid' (yr un teulu â theulu Jacob Jones), a rhai ohonynt yn enwog am eu cryfder ac am baffio mewn ffeiriau.
Llun trwy garedigrwydd Idwal Hughes, Cerrigydrudion, ac Amgueddfa Werin Cymru.

ôl Francis, doedd o ddim yn ddyn 'ffeind' o gwbl tuag at ei wyrion a'i wyresau.

A gadael y Blaenau a wnaeth Jacob Jones. Fe aeth â'i 'bac' gydag ef ar y trên i Drawsfynydd i edrych am ei chwaer yng Nghwm Prysor. Bwriadai ddychwelyd i'r Cerrig, ond fel hyn y digwyddodd hi: 'Oedd Tomos Dafis, Dolhaidd [Cwm Prysor] ishio gwas, a diawc! mi gyfloges am hanner blwyddyn.' Yng nghylch Uwchaled (Ffair Glame, Pentrefoelas, 13 Mai), rhaid oedd i weision ffermydd gyflogi am flwyddyn. Yn Nhrawsfynydd, gellid cyflogi am hanner blwyddyn. Roedd hynny'n fanteisiol iawn, a'r cyflog, o'r herwydd, yn fwy. Dyna'r rheswm paham y byddai llawer iawn o fechgyn ifanc o Uwchaled yn dod i'r Traws i chwilio am waith. Un flwyddyn gwelodd Jacob Jones gymaint ag ugain o weision ffermydd o Uwchaled yno.

'Ôn i 'di câl B(e)ibil, ag ôn i'n trio troi'n fachgen da ...': dychwelyd i'r Cerrig i ganlyn y wedd yn Nhŷ Tan Graig ar fferm Hugh Lloyd, 'druan, 'r hen greadur bach ffeind'

O Ddolhaidd yn ôl eto i Gerrigydrudion. Aeth i ganlyn y wedd i Dŷ Tan Graig at Hugh Lloyd. Tra bu yno roedd ganddo un hanesyn i'w adrodd oedd yn ddrych i newid go fawr yn ei fywyd – newid mwy hyd yn oed na newid ardal. Ac fel hyn y bu. Roedd Hugh Lloyd wedi'i yrru i nôl llwyth o galch.

'Ond yn lle aros yn y dafarn yn y Crown [Llanfihangel Glyn Myfyr] am rw beder awr, d(y)wed, i shiarad ag i foddro ag i feddwi, mi ddosh i ono mhen dwyawr. Wedyn, dodd o rioed wedi gweld gwas wedi dwad adre mor handi. A mi feddyliodd mod i 'di gyrru'r wedd. Ond dôn i ddim. 'Rhen greadur! Tase fo'n gwybod be odd 'di digwydd, achos ôn i 'di câl B(e)ibil, ac ôn i'n trio troi'n fachgen da. A chwedyn odd o'n rhuo'n ['i] gorn rwbeth, a mi shiarades i efo fo yn yr iaith gynta ôn i 'di ddysgu. A odd o'n flaenor, a pan glywodd o honno, mi âth i'r beudy i odro. Ag wedi imi roi bwyd i'r ffyle a bally, mi êsh i ato fo i odro. Dôn i ddim i neud dim byd felne, ond odd y wraig a'r ferch yn Lerpwl. Dywc, odd o'n iawn cyn imi orffen godro – 'rhen Hugh Lloyd yn iawn … a dôn i ddim dicach wrtho fo. Ôn i'n arw amdanyn n(h)w. Ôn nhwthe'n ffeind.'[20]

Yn fuan wedyn aeth Hugh Lloyd â Jacob gydag ef un diwrnod i'r Cwrdd Diolchgarwch yn y Cerrig a rhoi cinio a the iddo. Er mai am dymor byr yn unig yr oedd y trefniant gwreiddiol, roedd yn awyddus i'w was gweithgar aros yn hwy. Ond nid felly y bu, ac fel hyn yr eglurodd Jacob Jones wrthyf:

'Ôn i 'di dechre anesmwytho rwan, chi'n gwybod, rhwng Trawsfynydd a'r Cerrig. Ag yn fachgen ifanc heb gartre … Ôn i'n gwbod bod y byd yn fwy na Cherrigydrudion, yndôn i? Odd o'n cyrredd o Flaene Ffestiniog i Drawsfynydd, yndoedd? Anesmwytho ddaru mi hefo Hugh Lloyd, druan, 'rhen greadur bach ffeind. A wedyn mi ddôs o Dydanygraig i'r Traws yn f'ôl. A dâs i byth oma … Mi gerddes i Fron Goch bob cam, ag mi ddosh i Drawsfynydd.'[21]

Mynd i'r 'Sowth' am flwyddyn i 'dynnu glo a llwytho wagenni'

Wedi symud i Drawsfynydd roedd yn cofio iddo fod yn 'torri ryw hen draen wrth [y] capel … hen draen ofnadwy … lle caled'. Mynegodd yntau ei brofiad mewn cwpled:

Dam o le i dymer dydd
Yw trenio yn Trawsfynydd.[22]

Fel y gwelwn oddi wrth y llinellau hyn, roedd y brodor o fro beirdd Uwchaled yn hoff o dinc y gynghanedd, ond heb erioed ei meistroli'n llwyr.

Er nad oedd bellach yn sicr o'r dyddiadau, dyma'r cyfnod, rywdro wedi symud i Drawsfynydd, y bu Jacob Jones 'yn y Sowth' am flwyddyn. Gweithio yn Nant-y-glo, ger Aberystruth, sir Fynwy, yn 'tynnu glo a llwytho wagenni efo'r boys'.

'Diar annwyl, ngwash i! Fuesh i'n downshio efo hi yng nghlwbrwm y Lion'; O'r 'Sowth' yn ôl i Drawsfynydd a gweithio ar ffermydd Tŷ Llwyd, Foty Bach a Bryn Llefrith

Ond yn ôl i Drawsfynydd y daeth, a chaiff yntau adrodd ei stori am yr hyn a ddigwyddodd wedyn. 'Lle oddech chi'n byw yn y Traws?' gofynnais, a dyma'r ateb.

'Mynd i aros ddaru mi at ryw ddyn, Richard Evans, Tŷ Llwyd. Ryw ffarm bach, felne ... Ôn i'm yn dda iawn 'di bod yn y Sowth. Ôn i'm yn licio yno. Ôn i 'di mynd at doctor. Odd Dr Humphreys 'di deud 'tha i am beidio byta caws na cig moch nag yfed cwrw. A mi stopies. A mi [ôn i'n mynd i'r tŷ] yn gynnar [gyda'r nos]. Wedyn ôn i'n câl sgwrs efo'r forwyn cyn mynd i'n gwlâu ... a mi âth i feddwl mod i yn ffrind â'r forwyn. Mi ddôth adre 'di meddwi ryw nosweth a bygwth 'yn lladd i.

"Pob peth yn iawn", medde fo, "os nag oes (d)im byd rhyngddat ti â'r howscipar. Dwi'm am golli hon, blaw mae (h)i efo fi ers tair blynedd", medde fo.

"O, wel, mi â i oma", medde fi.

A mi ês ono, felne, fel ergyd. A mi ês i Foty Bach [at] "John Jones y Cŵn" i aros. Ag odd yr hen bobl yn licio gweld y gwas newydd. A fuo raid imi fynd at 'i mam (h)i i Fedd y Coedwr i edrach amdani ryw nosweth, iddi gâl 'y ngweld i, yndê. A dyne hi'n gofyn i mi:

"O ble w(y)t ti'n dwad?"

"O Gerrigydrudion", medde finne.

"Chlywest ti (dd)im sôn am ryw Fetsen, Felin y Bwlch?" medde hi.

"Wel, odd hi'n nain imi", medde fi.

"Diar annwyl, ngwash i!" medde hi, "fuesh i'n downshio efo (h)i yng Nghlwbrwm y Lion [Gwesty'r White Lion, Cerrigydrudion]", medde hi.

"Dewcs!" medde fi, ag yn dotio.'[23]

'Tents Bryngolau', 1903/04: llun prin o Wersyll Milwrol Trawsfynydd ar y fferm agosaf i'r Ysgwrn, cyn symud y 'camp' yn barhaol i Fronaber yn 1905. Y milwyr yn cerdded heibio'r Ysgwrn i'r maes ymarfer saethu – y 'Ranges'.
Llun trwy garedigrwydd Keith O'Brien.

Roedd Betsen Jones a mam gwraig Foty Bach yn ddwy gyfnither ac yn hanu o ardal Llanuwchllyn.

Wedi blwyddyn yn Foty Bach, aeth Jacob Jones i ganlyn y wedd i Fryn Llefrith. Yn y flwyddyn 1903 y bu hynny, ac ychwanegodd: 'ag odd y milwyr 'di dod yma i Bryngole'. Dyma gyfeiriad gwerthfawr a diddorol iawn, oherwydd yn y flwyddyn hon, ac ar dir fferm Bryngolau, y sefydlwyd Gwersyll Milwrol Trawsfynydd – y 'Camp' – gyntaf. Byddai Hedd Wyn o'r dechrau wedi bod yn gyfarwydd iawn ag ef, oherwydd y mae fferm Bryngolau yn ffinio â'r Ysgwrn. Arferai'r milwyr gerdded drwy fuarth cartref y bardd i'r llain o dir gerllaw – y 'Ranges' – ar gyfer ymarfer. Yn 1905 symudwyd y gwersyll milwrol yn barhaol i Fronaber.[24]

'Diar! Mi gês i wraig bach dda': Jacob Jones yn priodi; gwaith yn Chwarel yr Oakeley a phrofiad yn godro gwartheg yn Lerpwl

Yr ail o Ionawr 1904: dydd o lawen chwedl – mi briododd Jacob Jones â Jane Pugh, merch o Gwm Bychan, Harlech. Fel hyn yn gryno iawn y cyfeiriodd ef at yr achlysur pwysig: 'Mi gym(r)odd un o ferched glân Meirionnydd 'ma drugaredd arna i, a mi aethon i fyw i Ty'n Pistyll [Trawsfynydd].' A dyma sylw pellach, mewn man arall yn ystod ein sgwrs, a wnaeth am ei briod, yn ddwys ac yn wylaidd iawn. A sylw hefyd oedd yn cyfleu'r parch mawr oedd yn y cylch tuag at chwarelwyr:

> 'Ia, a odd merched Trawsfynydd (dd)im am ych priodi chi os nag aethech chi i'r chwarel – lawer iawn felly. Chwarel odd pob peth gynnyn n(h)w. Ia, yr hen gryduras bach. Diar! Mi gês i wraig bach dda. O, diar annwl, well na fi fy hun o lawer.'[25]

Bu Jacob Jones yntau yn gweithio yn y chwarel am nifer o flynyddoedd, Chwarel yr Oakeley. Am tua phum mlynedd, cyn yr Ail Ryfel Byd, bu hefyd yn ffermio yn Foty Bach, Cwm Dolgain (fferm 'John Jones, y Cŵn'). Ond, a dyfynnu ei eiriau ef ei hun, roedd 'wedi mynd yn rhy hen cyn mynd yno', ac yr oedd yn fferm 'anghysbell'. Yr adeg hyn roedd ef a'i briod wedi gosod eu cartref yn y Traws, dros dro. Felly, wedi ymadael â Foty Bach, fe aeth y ddau i Lerpwl, a chartrefu gyda Miriam, eu nith, am tua blwyddyn. Yno cafodd yr hen was ffarm un profiad diddorol iawn, sef cynorthwyo 'ryw Yorkshireman'

'John Jones, y Cŵn', enillydd cyson mewn ymrysonfeydd cŵn defaid. Bu Jacob Jones yn gweithio iddo ar y ffarm.
Llun o'r gyfrol *Hanes Bro Trawsfynydd*, Merched y Wawr a Trawsnewid, 2012.

i odro wyth ar hugain o wartheg bob dydd. Ond yn sŵn y bomio ar ddinas Lerpwl, yn ôl i Drawsfynydd y daeth Jane ac yntau.

Yn y bennod nesaf byddwn yn rhoi sylw i'r cyfnod cynharach ym mywyd Jacob Jones, y cyfnod y bu'n gweithio yn yr odyn fel craswr i Ellis Morris, Melin Fronolau, ac yn cael llawer o gwmni difyr Ellis, mab Yr Ysgwrn. Y mae, fodd bynnag, un dystiolaeth bwysig eto y mae angen ei chyflwyno yn y bennod bresennol, er mwyn i'r cipolwg hwn ar fywyd diddorol a gwerthfawr un o ffrindiau pennaf Hedd Wyn fod yn gyflawn. Ei dröedigaeth ysbrydol yw'r dystiolaeth honno. Cyflwynodd ei brofiad yn ddwys ac yn ddiffuant iawn, a braint arbennig oedd cael gwrando arno, a rhoi'r dystiolaeth ar gof a chadw.

'Un garw am chware ydw i rioed'; 'mi âth rwbeth i fyny nghoese i'; 'Diar! Mi feddwes ar (f)y nghrefydd'; 'mi gêsh i ngollwng o rwle, fachgian, o ryw garchar – ôn i'n rhydd': tröedigaeth Jacob Jones

Pan oedd Jacob Jones yn gweithio yn Nant-y-glo, sir Fynwy, aeth un noson i'r capel a gwrando ar wraig yn pregethu ar yr adnod: '[A thydi], Capernaum [yr hon] a ddyrchafwyd hyd y nef a dynnir i lawr hyd yn uffern.' [Math. 11:23] Ac fel hyn yr oedd y gŵr o Uwchaled a Thrawsfynydd yn cofio gweddill y cyfarfod.

> 'A mi gofish 'i thestun hi. A mi gododd y dyn tal ar 'i draed wedyn a mi ddeudodd o 'i destun. Ag ôn i'n ymffrostio dipyn mewn chware *skittle alleys*. Un garw am chware ydw i rioed ... Wel, dene'r dyn yn codi ag yn deud 'i destun, ag yn sbio i'r lle tywyll: "Na ato Duw i mi ymffrostio ond yng nghroes ein Harglwydd Iesu Grist." [Galt. 6:14] A duwc! mi feddylies shiwr bod o'n gwbod mod i'n ymffrostio yn y *skittle alleys* 'ma. Ond doedd o ddim, wrth gwrs. Ag ôn i'n meddwl, daswn i'n câl sgwrs efo fo, ond dôn i (dd)im wedi arfer mynd i shiarad â pregethwrs a blaenoriaid amser honno. A mi gofish i 'i adnod o byth.'[26]

Roedd Jacob Jones wedi dychwelyd o'r 'Sowth' yn ôl i Drawsfynydd erbyn hyn, a dyma brofiad dirdynnol a ddaeth i'w ran yn fuan wedyn, profiad a newidiodd ei holl fywyd yn llwyr.

'A duwc! mi ddôth 'ne ryw sôn bod 'ne ryw Ddiwygiad yn y
Sowth – ryw sŵn Diwygiad. A duwch! mi ofynnodd ryw ddyn [yn
Nhrawsfynydd] i mi ddod i'r capel ryw fore i aros yn cwarfod gweddi'r
bobol ifinc. A phan wnaethon n(h)w ofyn imi'n ffeind ddwad, mi âs. Ôn
i'n hen speit, stiff iawn [petaen?] n(h)w'n (f)y ngorfodi i. Mi âsh. Diawc!
mi gêsh brofiad rhyfedd iawn, a hynny'n *nineteen nought four*. A dwi yn y
capel bach 'ma er *nineteen nought four ...*'[27]

'Beth yn union ddigwyddodd ichi yn y cyfarfod gweddi 'ma?' gofynnais.
Ac fel hyn yr atebodd fy nghwestiwn, a'i ateb yn ffrwd fyrlymus, fel ffynnon
yn goferu.

'O, wel, ryw ysbryd ofnadwy, ofnadwy. Ôn i 'di bod ar y rowl efo
mrawd [Francis] pan ôn i'n bump oed, a fynta'n naw. A mi syrthiesh i
rhwng y gaseg a'r rowl. A mi waeddes. A mi agores (f)y ngheg. A phan
sbïodd o'n 'i ôl, odd y rowl ar (f)y ngwar i a'r mowndir wedi llenwi
ngheg i. A mi faciodd y gaseg yn 'i hôl. A ma caseg wrth godi'i thraed o
le glyb yn eger iawn, ychi. Mi smydes (f)y mhen felne iddi roi 'i phedol
i lawr efo ngwyneb i. A diawc! ôn i ddim gwaeth. A mi dynnodd (f)y
mrawd fowndir o ngheg i. Ag ôn i'n crio, ma'n siwr. A dene'r amod. Os
gnawn i grio, odd raid imi gered tu nôl i'r rowl, ond os nawn i beidio
crio, y cawn i fynd i iste ar y rowl. A dene fu setlwyd ...
    Wel, ôn i'n mynd i lawr o dop y capel i cwarfod gweddi bobol ifinc, a
ryw ddyn yn ledio emyn iddo fo'i hun i ddechre'r cwarfod gweddi:

> Gwêl y pechadur gwaetha gaed
> Yn meiddio nesu at dy draed,
> Heb ddim o'i du ond rhin dy waed ...

Wel, mi âth rywbeth i fyny nghoese i, felne, a mi gês fynd lawr i'r
gwaelod lle ma bobol ifinc [at] Arolygwr yr Ysgol Sul. A mi wyles yn
fanno (f)yn hun yn lân allan. Wylo fy hun allan.
    "Wel, oeddet ti 'di pechu?" medde'r bobol.
    Na, ddôth 'ne ddim un pechod i'm meddwl i. Milodd ohonyn n(h)w,
(h)wrach. Ond mi ddudodd rwbeth wrtha i: nid fi smydodd (f)y mhen,
mai rhywun arall smydodd (f)y mhen i. A dene'r Brenin Mawr i mi.

Dene dad yr amddifad ... (Dy)ne chi brofiad ofnadwy. Ag am hwnne ddaru mi wylo, mod i wedi aros cyd heb ddiolch iddo fo.

A mi êsh i adre i'r tŷ at Jane. Odd arna i (dd)im ishio bwyd. Arfer byta llond (f)y mol a chysgu'n braf dan ddau o'r gloch ... Nâth Jane imi yfed paned o de, a mi êsh i i'r Ysgol [Sul] am (f)y mywyd. Diar! Mi feddwes ar (f)y nghrefydd. A dene'r Arolygwr yn gofyn imi ddechre'r Ysgol. Dene fi i lawr. [Does wy]bod ar y ddaear be rosh i i'w ganu, dech weld. "Yn y dyfroedd mawr a'r tonnau" rosh i. Dim byd tebyg i'r Ysgol Sul, ond odd yr ysbryd yn iawn. A duwc! dene ddyn arall yn dechre'r Ysgol wedyn ar f'ôl i. A dwi'n cofio'i adnod o byth: "Pa fodd y glanhâ llanc ei lwybr? Wrth ymgadw yn ôl dy air di." [Salm 119:9]

Dywedd annwyl! Mi feddwes efo 'nghrefydd wedyn. Wel ôn i wrth (f)y modd. Dewc! Dene fi i'r *class* at Gruffydd Jones, 'r hen athraw. Ag yn y *class* dene fo'n deud ar hanner yr Ysgol:

"Mi drown ni hanner ola'r Ysgol yn gwarfod gweddi", medde fo. "Neith 'ma rywun ddechre?"

Gewch chi geshio pwy ddechreuodd – pwy bynnag ddiweddodd. A dene ni gwarfod gweddi. Wn i (dd)im pryd parodd o, ond mi gêsh i ngollwng o rwle, fachgian, o ryw garchar. Dywc! O ryw garchar. Ma gin bobol ifinc heddiw ishio'u gollwng o'r carchar hwnnw hefyd. Dywc! Ôn i'n rhydd, fel tyswn i'n dwad o'r jêl ... Wyddwn i ar ddaear be naethwn i hefo'r rhyddid mowr 'ma. Ag yn y rhyddid ofnadwy yma – bendigedig yma – mi ddymunes fod yn gaeth i'r Hwn odd wedi fy rhyddhau i. Dene chi beth rhyfedd – [yn] debyg iawn i Paul ar y ffordd i Damascus. "Arglwydd, be fynni di i mi 'i wneuthur i ti", medde fo, yntê. A câl (f)y ngollwng o'r hunan odd yno(f) i odd o, dech weld, nes i mi gâl bod yn rhydd. "Os y mab a'ch rhyddhâ chwi, rhyddion a fyddwch, yn wir."

A dene lle buesh i, fachgian, yn fendigedig, yn wir. Y bobol yn canu a gweddïo. Odd pob peth gin i, nes ôn i wedi meddwi arnyn n(h)w. Ond dywc! Mi gesh i argyhoeddiad ofnadwy. A hwnnw ddaru nghadw i hyd heddiw ... A dene y gweinidog yn pregethu – Môn Hughes, dyn annwyl iawn. Dene fo yn pregethu, fachgian. A dywc! dene fi'n gweld y bobol 'ma oeddwn i'n garu mor fawr wedi troi 'u gwegil arna i gyd. Ew! dene chi deimlad ... Wedi ngwrthod. Ag yn 'u hochr n(h)w mi weles berson gwyn a gwaed yn rhedeg o'i ystlys o, ag yn deud wrtha i: "Rhaid iti gofio am Hwn wrth orsedd gras. Fydd rheine wedi troi 'u cefne arnat ti'n o fuan. A mae o'n wir hefyd. Mi droethon 'u cefne arna i'n fuan iawn. Mi weles lawer iawn yn 'reglwys bach 'ma o wrthwynebiade. Ag ydw i yma ers trigian mlynedd [Eglwys y Wesleaid, yn Stryd Penygarreg; tŷ gwyliau heddiw]. Ydw i yma eto hefyd, ag ydw i'n sêt fawr er *nineteen nineteen*. Ma 'ne ryw chwech a deugain ers hynny ... A dene fi wedi dwad i'r gorlan ... Dyne fi 'di dwad i le diogel. Ia. Ydw 'n ffyddlon iawn byth. Ia. Ia, wir.'[28]

★ ★ ★ ★ ★

Nai Jacob Jones, John Edward Davies, Trawsfynydd, yn 'mynd i'r Rhyfel yn ddwy ar bymtheg oed'

Cyn cloi'r cipolwg hwn o hanes bywyd un o ffrindiau Hedd Wyn, dyma nodyn byr am John Edward Davies (1897-1979), Trawsfynydd. Roedd ef yn fab i Elizabeth, chwaer Jacob Jones. Daeth hithau i Drawsfynydd yn wreiddiol o ardal Cerrigydrudion. Yn wahanol i'w Ewyrth Jacob, dyma berson, er yn ifanc, oedd, meddai ei ferch, Olwen Jones, Trawsfynydd, yn 'fodlon iawn mynd i'r Rhyfel'. Ac i'r Rhyfel yr aeth yn ddwy ar bymtheg oed, gyda'r Ffiwsilwyr Brenhinol Cymreig. Daeth yn ei ôl ar ddiwedd y Rhyfel yn un ar hugain mlwydd oed, yn fyw, ond gydag anaf i'w ben-glin – effaith sharpnel. Bu'n gloff byth wedyn. Roedd ganddo atgofion lawer – gan gynnwys un sylw cofiadwy iawn am fwyd y milwyr: 'Mi fuodd yn casáu corn bîff am weddill ei oes!'oedd un sylw ffraeth o eiddo ei ferch.

Roedd John Edward Davies yn un o naw o blant Elizabeth ac Evan Davies – adeiladydd wrth ei grefft. Un o'r merched oedd Miriam a fu'n byw lawer gyda Jane a Jacob Jones ac yn gofalu amdanynt ar ddiwedd eu hoes, â hwythau'n ddi-blant.

Gŵr galluog a deheuig iawn oedd John Edward, neu 'Jac' fel y câi ei adnabod gan lawer. Wedi dychwelyd i'r Traws o'r Rhyfel, bu am flynyddoedd yn rhingyll, neu'n 'sarjiant', yn y Gwersyll Milwrol ym Mronaber. Ei brif swydd bryd hynny oedd cynorthwyo i hyfforddi'r milwyr. Yr enw swyddogol yn Saesneg ar ei waith ydoedd *'Physical Training Instructor'* (P T I). (Ceir llun ohono yn y gyfrol hon gyda rhai o'r dynion a'u stêm-roler oedd yn gweithio ar y ffyrdd o gylch y Gwersyll ('y Ranges', neu'r tir ymarfer milwrol i gyfeiriad Cwm Dolgain) yn Nhrawsfynydd.)

Gwersyll Milwrol Trawsfynydd, c. 1915.

Llun trwy garedigrwydd W S Hughes, Trawsfynydd, ac Amgueddfa Werin Cymru.

Gwersyll Milwrol Trawsfynydd.

Llun o'r gyfrol *Hanes Bro Trawsfynydd*, Merched y Wawr a Trawsnewid, 2012.

Gorsaf Reilffordd Trawsfynydd, c. 1915. Y milwyr yn cyrraedd gyda'u ceffylau.

Llun trwy garedigrwydd W S Hughes, Trawsfynydd, ac Amgueddfa Werin Cymru.

John Edward Davies, 'Jac' (yn gwisgo het): cyn-filwr, a hyfforddwr (PTI) yn y Gwersyll Milwrol yn Nhrawsfynydd, gyda rhai o'r gweithwyr ffordd yn y 'Ranges' ('Maes Tanio Cwm Dolgain'), Mawrth 1939. Ar y chwith, rhes ôl: Evan Jones, Pant-glas, Abergeirw (heddychwr). Ar y dde, rhes ôl (yn sefyll): Robert Thomas Davies, 'Robin Twm', brawd John Edward Davies.

Llun trwy garedigrwydd Olwen Jones, Trawsfynydd, merch John Edward Davies.

Eurwen Mai Jones a'i chasgliad o gerddi llafar gwlad.

Cymar i John Edward Davies oedd Eurwen Mai Jones (1917-68), gwraig gerddorol a diwylliedig a fu farw'n llawer rhy ifanc. Yr oedd casgliad o gerddi poblogaidd wedi'u cofnodi ganddi mewn un gyfrol, yn cynnwys hefyd rhai o benillion ac englynion Hedd Wyn. Dyma'r union fath o gerddi difyr, cymdeithasol, oedd wrth fodd calon yr hynaws Jacob Jones, cyd-gwmnïwr mab Yr Ysgwrn yn yr Odyn. Y mae'r gyfrol hon bellach yn cael ei diogelu gan ferch Eurwen Mai Jones, sef Olwen Jones, Tawelfan, Ty'n Pistyll, Trawsfynydd. Mawr iawn yw fy niolch innau iddi am gael copïo nifer o'r cerddi ac am garedigrwydd di-ben-draw yn rhoi hanes ei theulu imi.

Y Craswr. (sef Jacob Jones.)

Nid anghled i'w gwneyd englyn — er croeso
    I'r craswr penfelyn;
Drwy y wlad dyma'r dyn
    I droi yr ŷd ar yr odyn.

Craswr yn cwyno —
    Dyma'i le diawel o — er ceisio
    Cael cysur ond hebddo:
Hedd Wyn yn ateb
                    Hogyn braf yn gweini bro
                    A tunell o gêcs tano.

Dau englyn o waith Hedd Wyn a Jacob Jones, y Craswr, a gofnodwyd gan Eurwen Mai Jones, yn ei chasgliad o gerddi poblogaidd.

Llun trwy garedigrwydd Olwen Jones, Trawsfynydd, merch Eurwen Mai Jones.

4.

Jacob Jones, y Craswr,
yng Nghwmni Hoff Hedd Wyn

Eisoes yn yr ail bennod cyfeiriwyd at rai o gyfeillion Hedd Wyn, boed yn
wŷr llengar, dysgedig y cylch, neu yn fechgyn ifanc tua'r un oed ag ef,
yn bennaf o Drawsfynydd ei hun. Cyfeiriwyd hefyd at 'Griw'r Groesffordd'
a arferai gyfarfod ar fin nos ar Groesffordd Ty'n Coed. Megis yr efail,
gweithdy'r saer a'r crydd, man cyfarfod cymdeithasol poblogaidd iawn gynt,
fel y gwyddom, oedd y felin a'r odyn. Am y gwmnïaeth ddifyr yn y felin – a'r
odyn yn arbennig – y byddwn ni'n sôn yn y bennod hon. A'r gŵr a fu'n cadw
cwmni i fardd Yr Ysgwrn oedd Jacob Jones y cawsom ddilyn ei stori yn y
bennod ddiwethaf.

Yr odyn a'r 'shimli'

Yr odyn: lle delfrydol i gyfarfod oedd hwnnw; lle cynnes, braf, haf a gaeaf.
Mewn rhai rhannau o Gymru – siroedd Ceredigion a Chaerfyrddin yn
arbennig – gwyddom y byddai'n arfer gynt i gynnal yn yr odyn yr hyn a
elwid (yn y siroedd hynny, o leiaf), yn 'simli' (simlïod), neu, ar lafar: 'shimli'
/ 'shimlïod'. Gair yw hwn wedi tarddu o'r Saesneg *assembly*. Math o noson
lawen, gwbl anffurfiol ydoedd: sgwrsio a hwyl fawr a thynnu coes, a phawb
yn ei dro yn cyfrannu pwt o gân, pennill neu stori. Rhoes Jacob Davies,
'Alaw Cowyn', awdur *Atgofion Bro Elfed* (1966), er enghraifft, ddisgrifiad lled
fanwl yn y gyfrol honno o'r shimli yr arferid ei chynnal unwaith yn ardal
Cwmfelin-fach, Ceredigion.[1] Yn y gyfrol werthfawr *Cerddi Ysgol Llanycrwys
...* (1934), cynhwysodd Dan Jenkins yntau un gân sy'n estyn gwahoddiad i'r
noson ddifyr hon:

Melin Fronolau, a'r Odyn y tu ôl iddi.

Llun gan Samuel Jones, Bronaber, trwy garedigrwydd Keith O'Brien.

Melin Fronolau.

Llun trwy garedigrwydd Keith O'Brien.

Dewch am dro i Sir Gaerfyrddin,
    Ar hyd y nos;
Os am hanes simli'r odyn,
    Ar hyd y nos ...[2]

Melin Fronolau, ar fferm Fronolau, oedd enw'r felin yn Nhrawsfynydd. (Fron Oleu oedd y ffurf gynharach.) Roedd hi'n agos at fynedfa ddeheuol y Traws ac wedi'i lleoli tua hanner y ffordd rhwng fferm Yr Ysgwrn a chanol y pentref. Safai'r felin a'r odyn o fewn lled buarth i'w gilydd. Ellis Morris oedd enw'r melinydd, ac 'am flynyddoedd', Jacob Jones oedd y craswr.

Galwai Ellis, mab Yr Ysgwrn, yn aml heibio'r odyn, a'r ddau wrth eu bodd yng nghwmni'i gilydd. Wrth sgwrsio â mi yn 1967, roedd yn amlwg fod Jacob Jones yn hoff iawn o Hedd Wyn ac yn ei ystyried fel ffrind agos. Cyfeiriai ato'n aml fel 'Yr Hen Hedd'. Roedd ganddo feddwl uchel ohono fel person ac fel bardd. Dotiai at ei allu a'i ddawn, ac yn arbennig at ei awen barod. Pan gafodd ei ladd yn Ffrainc, teimlodd y golled i'r byw a phrofi gwacter mawr ar ei ôl. Ymdeimlwn ninnau â'i hiraeth wrth iddo ar ganol neu ddiwedd brawddeg a chymal ychwanegu sylw megis: '(f)y ngwash i', neu ''rhen greadur bach'.

Fel y gwelsom yn y bennod ddiwethaf, roedd y cyn-was ffarm wedi'i fagu yn sŵn pennill a chân y gymdeithas o feirdd a rhigymwyr nodedig oedd ym Mro Hiraethog. O gofio hyn, nid yw'n syndod fod yntau yn ymddiddori mewn llunio ambell bwt o bennill a llinell neu ddwy o gynghanedd – cywir neu beidio. Roedd mab Yr Ysgwrn, felly, o ddod i adnabod Jacob Jones, y Craswr, wedi cwrdd â gŵr o'r un anian ag ef, er cymaint y gwahaniaeth oedd rhwng y ddau o ran gallu ym myd y gerdd.

'Nag â'i byth!' Jacob Jones yn gwrthwynebu gorchymyn 'Lewis y Gloch': 'rhaid iti fynd [i'r Fyddin]'

Cyn cyflwyno detholiad o'r recordiad a wnaed yn 1967 yn cofnodi, yn bennaf, rai o'r sgyrsiau a gafodd y ddau gwmnïwr yn yr odyn, dyma yn gyntaf ymateb Jacob Jones i'r gorchymyn a dderbyniodd i ymuno â'r Fyddin.

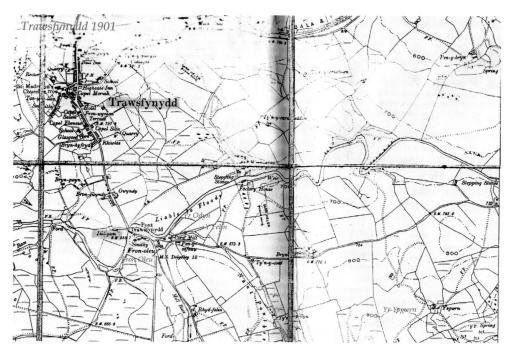

Map o bentref Trawsfynydd, 1901.
Trwy garedigrwydd Keith O'Brien.

'Duwc! Dyne ryw ddyn odd yn hel at soldiars: 'Lewis y Gloch' odden ni'n i'alw fo ... Ddôth y Rhyfel *Nineteen Fourteen* yn fuan iawn ... A dyne'r dyn 'ma yn deud w(r)tha i:

"Dyma *officer*", medde fo. Meddwl bod hynny'n f(y) mhleshio i, yntê. A doeddwn i ddim am fynd at soldiars. Odd yr hogan odden ni 'di 'i fagu [Miriam, merch i'w chwaer] wedi seinio ryw bapur, ond êsh i at y doctor. Odd Jane ddim yn dda. Ddeudish i w(r)tho fo nad odd y wraig ddim yn dda.

"O, does (dd)im ishio ti fynd, os wyt ti wedi seinio rwbeth heb wbod", medde fo, yr hen ddoctor.

A mi êsh i at y dyn 'ne [Lewis y Gloch] wedyn a deud:

"Wel, dwi'm am fynd", medde fi, at 'rhen soldiars 'ne."

"Wel, raid iti fynd", medde fo.

"Dywc annwyl! Rhaid imi?" medde fi. Ew, ôn i'n filen am orfodeth. Ma rwbeth yn (f)y natur i yn erbyn gorfodeth.

"Nag â'i byth!", medde fi w(r)tho fo.

"Rhaid iti fynd", medde fo.

"Na, ma ngwraig i (dd)im yn dda gynna i", medde fi.

"Ma'r Llywodreth yn fwy pwysig na'r wraig", medde fo.

Wel, faswn i'n licio'i hitio fo, fachgian, dros y cowntar – ôn i mor filen. Ddaru mi ddim, wrth gwrs, gyda lwc. A diawc, ddôth yr Elis Morus 'ma, y Melinydd, i ofyn – i apelio – amdana'i i grasu. A mi gêsh i beidio mynd i Wrecsam. Ddôsh i'n lwcus?'[3]

'Hogyn braf yn gweini bro / A tunnell o gôcs tano': sgwrs a chân yn yr odyn

Dyma, felly, yn awr destun o'r atgofion am Hedd Wyn a gyflwynwyd gan Jacob Jones yn un bwrlwm afieithus, heb iddo wneud hynny mewn unrhyw drefn benodol. Ymyrrais innau gyn lleied â phosibl â'r drefn honno. Ceisiwyd hefyd gyfleu'r union ynganiad a'r union fersiynau o bennill neu linell o gynghanedd sydd ganddo. Fel sy'n digwydd yn aml ar lafar, yn arbennig pan fo'r cof yn chwarae triciau, a'n creadigrwydd a'n dychymyg cynhenid ninnau ar waith, nid bob tro y dyfynnir y penillion neu'r llinellau hynny fel yr adroddwyd hwy'n wreiddiol. Bryd hynny, rwyf wedi manteisio ar gynigion teg Alan Llwyd yn ei gofiant *Gwae Fi Fy Myw* i lenwi rhai bylchau a'u gosod o fewn bachau petryal.[4]

★ ★ ★ ★ ★

'Ôn i'n crasu yn yr odyn ... a dyne Hedd Wyn i fyny'r ysgol, [ac yn] (f)y ngweld i'n troi yr ŷd yn [y] lle poeth. [A medde fo]:

> Nid anghlod yw gwneud englyn – er croeso
> I'r craswr penfelyn;
> Drwy'r wlad dyma'r dyn
> I droi'r ŷd ar yr odyn.

RG: "Wnâth Hedd Wyn yr englyn ar y pryd?"

"Ar yr ysgol. Ar yr ysgol."

"Faint oedd 'i oed o yr adeg hynny?"

"Dw! Faint odd o? Odd o'n saith ar hugien, hwrach? Rw chwech, ne saith ar hugien. Deg ar hugien odd o'n marw." '[5]

[Y cynnig a wnaed i gywiro'r drydedd linell yw: 'Drwy [y ddaear] dyma'r dyn'.][6]

★ ★ ★ ★ ★

'A wedyn rw nosweth mi gweles o'n dod i fewn a hithe'n boeth. [D]ywc! A finne'n chwys mowr. Meddwl bod hi'n waeth arna i na neb. Ond odd (h)i'n well arna i, er hynny, na'r hogie'n rhyfel, druen. Mi êsh i lawr.

"Sut wyt ti heno?" medde fi.

"(Y)n o lew. Sut wyt ti?" medde fo. [A medde fi]:

> Dyna'i le, diawel o; – er ceisio
> Cael cysur, [mae hebddo];

A Hedd Wyn yn ateb rwan; cofiwch hwnne:

> Hogyn braf yn gweini bro,
> A tunnell o gôcs tano!

medde fo ar 'i union.'

'Mi ôn i 'di câl lamp o dun triag melyn, gloyw ...'

'Mi ôn i 'di câl lamp o dun triag melyn, gloyw, a wig ynddo fo a hen gord-dro'n y wig, a mi gwelodd (h)i'n syth. Odd o'n gweld pob peth yn yr odyn.

"Ywc! Wyt ti 'di câl lamp newydd", medde fo.

"Do", medde finne. "Fedra'i yn (fy) myw gychwyn gneud englyn iddi, fachgian", medde fi.

"Wel, cychwyn 'di'r gamp, wyst ti", medde fo. "Cer di at y tân ene, mi ddo inna at y tân yma." A felly buodd (h)i. Mi êsh i at y tân i sychu chwys, a fynte at y tân ene, yndê. (De)ne fo'n gweiddi arna i:

"Wyt ti'n barod?"

"Yndw", medde finne. [Ond] odd gynna i (dd)im un llinell. A medde [ynte]:

> Yn ddiwallau lamp ddillyn − y trowyd
> Hen dun trieg melyn;
> Ei hwyliog, iach, olau gwyn
> Yw anrhydedd yr odyn,

medde fo, 'rhen greadur bach.'

'Rhoi cwrben i Mistar Kirby' oedd 'yn hel pobol at soldiars'; ond 'Fe [Hedd Wyn] gollodd y fatel, (f)y ngwash i'

'Odd o'n mynd i Ddolgelle ryw fore.

"Lle w(y)t ti'n mynd heddiw?" medde fi. (Oedd 'na ryw hen Girby yno yn hel pobol at soldiars, ag odd o'n gorfod mynd ato fo.)

"Lle w(y)t ti'n mynd heddiw?"

"Dwi'n mynd i roi cwrben i Mistar Kirby", medde fo. Ond Mistar Kirby rôth gwrben [iddo fo], yndê. Fe gollodd y fatel, (f)y ngwash i.

"Gorfod iddo fynd."

"Ia. Ia'n wir, ychi. Odd yn arw gin i, ofnadwy."

"Mi deimloch chi'n ofnadwy pan glywsoch chi am − "

"Do, yn ofnatsen. Yn ofnatsen. Mi giash ryw shioc bach. Ôn i'n dwad adre, ond mi droas yn f'ôl efo gwas y ffarm odd yn deud (wr)tha i bod o 'di marw. A hwnnw'n chwerthin am (f)y mhen i a gofyn lle ôn i'n mynd, a finne'n deud ma(i) adre. Mi ddudodd dipyn arna i. Do wir." '

★ ★ ★ ★ ★

Y ddau englyn i Jac a Nansi Bach, ac i 'ryw greadur tene, hyll, blin, anghynnes, meddw ... '

' *"Odd o'n gneud nifer o benillion, ne englynion, ar y pryd, yndoedd?"*

"Odd, lawer iawn. Oedd."

"Sut odd [yr englyn] yna i Jac Bach?"

"O, ia. Jac Bach a Nansi'i chwaer, yntê."

> Ei gwrw a'i gwnaeth yn gorrach − neu'n feddwyn
> Anfuddiol, llawn grwgnach;
> O! gwilydd iti'r gelach,
> Roi oes o boen i Nansi Bach.

"Oedd 'Jac Bach' yn ofnadwy am ddiod, oedd?"

"Oedd, ofnadwy. Hen fôi bach iawn hefyd, blaw bod hi 'di mynd yn demtin iddo, yndê."

"Oedd 'i chwaer o'n diodde oherwydd hyn?"

"O, oedd. Oedd hi'n daclus iawn. Odd gynnyn n(h)w ganpunt bob un, ond bod n(h)w 'di rhoi canpunt Jac yn y Post i gadw – i roi iddo bob hyn a hyn. Ia, a mi rôth gortyn am wddw'r ci, a mi ofynnodd i Mr Jarret gâi o bymtheg swllt, bod o 'di prynu'r ci. A mi ddatododd y cortyn. Mi âth yr hen gi adre, a mi gâth Jac bymtheg swllt, yndô!"

"Tric odd hwnne."

"Ia, ngwash i." '

[Bydd y cyfarwydd wedi sylwi bod un llythyren 'r' heb ei hateb yn llinell olaf yr englyn uchod, yn ôl fersiwn Jacob Jones. Fel hyn, gyda'r llinell olaf yn gywir o ran cynghanedd, y cyhoeddwyd esgyll yr englyn gan William Morris yn ei gyfrol, *Hedd Wyn*:

> Ow, gwilydd! Rhoist ti'r gelach,
> Oes o boen i Nansi bach.

Ychwanegodd William Morris yn ogystal y sylw hwn:

' 'Roedd pawb yn y Traws yn adnabod hen lanc o'r enw "Jac Bach, Ffordd Groes" ... Mynnai Jac gael englyn gan Hedd Wyn ... Wedi marw Hedd Wyn daeth Jac un diwrnod ataf ar y stryd, a gofyn a fuaswn yn ysgrifennu'r englyn iddo. Diolchai amdano hefyd!']⁷

★ ★ ★ ★ ★

' *"Chi'n cofio ryw bwt arall (w)nâth Hedd Wyn i rywun – pethe sy ddim yn 'i gyfrol* [*Cerddi'r Bugail*]*?"*

"Na, dwi'm yn cofio, ond ma 'na un hen englyn go hyll. Ryw greadur tene, hyll, blin, anghynnes, meddw. Ag odd gynno fo ishio englyn gynno fo o hyd. [A medde Hedd Wyn]:

Hen hogyn hynod hagar, – a'i wyneb
Gyn ddued â lantar;
Yn waeth ei sut na Satan –

Nage:

Hen hogyn hynod hagar, – a'i wyneb
Gyn ddued â'r pentan;
A'i ganol fel pry genwar,
A twll 'i dîn fel padell tar."

"Nage!"
"Dodd o'n englyn ofnadwy?"
"Wel, oedd!" '

[O sylwi ar yr ail fersiwn gyflawn uchod, y mae'n dra thebyg nad dyna'r union eiriad gan y bardd yn wreiddiol. Y mae'r gynghanedd yn y gair cyrch: 'a'i wyneb / Gyn ddued ...' yn anghywir. Anghywir hefyd yw'r gynghanedd yn y llinell olaf. Diddorol, serch hynny, yw nodi bod yn y fersiynau cyflawn ac anghyflawn hyn enghraifft dda o ddefnyddio odl Wyddelig, sy'n ddi-fai i'r glust, ond nid i'r llygad (odli'r llafariad, ond nid y gytsain: 'Satan' a 'pentan' yn odli gyda 'hagar', 'lantar' a 'genwar'). Awgrymwyd eisoes mai hoffi sŵn a thinc y gynghanedd – cyseinedd, apêl at y glust – yn hytrach na cheisio ymgyrraedd at gynghanedd gyflawn oedd yn mynd â bryd Jacob Jones, yn bennaf. Ond fe erys un cwestiwn. O ble y cafodd Jacob y llinell gofiadwy: 'Yn waeth ei sut na Satan'? Ai o ryw gerdd arall? Brith gof gennyf ddarllen neu glywed llinell debyg? (Byddwn yn ddiolchgar am unrhyw oleuni.) Ni wyddom bellach beth yn union oedd fersiwn wreiddiol Hedd Wyn, ond rhaid canmol Alan am y cynnig hwn:

Hen hogyn hynod hagar, – a'i wedd o
Cyn ddued â lantar',
A'i ganol fel pry genwa'r,
A'i dwll din fel padell dar.][8]

Dathlu buddugoliaeth eisteddfodol, a'r 'hen Hedd yn deud: "duwc! dwi 'di llyncu'r Moelwyn, lads" '

' *"Oedd Hedd Wyn yn gwneud nifer o englynion isel-radd felna?"*

"Oedd. Wel, i radde. Odd o'n o lew. Mi gane dipyn bach câi o ambell i lashiad. Odd o'n mynd yn gefnog iawn mewn munud. Oedd. Odd o 'di mynd i Steddfod Gwylfa 'ma, Stiniog [Llan Ffestiniog, yn 1913], a wedi neud englyn i'r Moelwyn. Englyn da ofnadwy, medde Bryfdir [y beirniad]. A mi gadd goron o wobr. Odd o'n rwbeth amser honno. ... A diawc! Mi âth i'r Wynsh [tafarn y Wynnes Arms, yn y Manod] efo ryw ddau fachgian arall yn peini iddo fo, a mi yfson yr hen goron 'ma. (Oedd o ddim yn ddrwg, ond yn cymryd ryw lashiad bach, a rhai yn meddwl bod o'n feddw. Dodd o ddim. Dodd o ddim.) Ag wrth fynd allan o'r Wynsh i'r steddfod yn 'u hole, dyna'r hen Hedd yn deud:

"Duwc!", medde fo, "dwi 'di llyncu'r Moelwyn, lads!" Ag oedden n(h)w 'di llyncu'r goron."

"Wel, oedd!"

"Ia. Odd rwbeth yn *witty* felne yn(dd)o fo."

"Oedd o yn llawn hiwmor?"

"O, llawn, llawn. Oedd." '

[Daeth yr hanesyn hwn yn rhan o chwedloniaeth y fro, a cheir mân amrywiadau yn y gwahanol fersiynau. Yn ôl Bryfdir (ac fel beirniad, fe ddylai ef wybod), tri swllt, nid coron, oedd y wobr, ac roedd hynny'n swm sylweddol bryd hynny. Fel hyn yr adroddir yr hanes gan William Morris:

> '... cyn mynd adref, aeth â'i ffrindiau efo fo, a'u trêtio am lasiad bach bob
> un. Wedi gwagio'r gwydrau, "dowch rŵan, hogiau", meddai. "Rydan
> ni wedi gwneud camp go fawr heno. Rydan ni wedi llyncu'r Moelwyn
> mewn rhyw chwarter awr!" ']⁹

'Hen raw arw, flêr, / A rhy union o'r hanner'

' *"Chi'n cofio ryw ddywediad ffraeth [arall] o'i eiddo fo?"*

"Wel, ryw bethe bach. Oedden ni'n trio gneud englyn i'r 'rhaw' yn y Ciamp 'ne rywbryd, mewn ryw gwarfod bach ... (Ciamp mowr 'ma. Odd 'ma lawer iawn yn gweithio yn y Ciamp 'ma erstalwm pan ddôth y milwyr yma), ... a hen raw syth odd hi. Oddech chi'n gorfod plygu'n ofnadwy wrth bod hi'n syth, yn doeddech ... A finne'n deud wrtho fo [Hedd Wyn]:

"Dywc! Oedden i'n trio gneud englyn i'r 'rhaw', cofia", medde fi.
"A be odd yn mater arni?" medde [fynte].
"Wel, rhy syth odd hi, wsti", medde fi.
"O. Pam na faset ti'n deud:

    Hen raw arw, flêr,
    A rhy union o'r hanner."

"Dydi'r gynghanedd yn neis ag yn simpl?"
"Oedd hi'n dod fel llif yr afon iddo."
"Fel lli yr afon. Oedd, (f)y ngwash i." '

[Hawdd deall sut y bu i'r cwpled hwn apelio'n fawr at glust y gŵr oedd yn hen gyfarwydd â phob math o rawiau er yn ifanc iawn: yr odl; y defnydd o gyseinedd yn y llinell gyntaf; a'r gynghanedd gyflawn yn yr ail linell, gyda'r glec – yr acen bendant ar y geiriau 'union' a 'hanner' – yn cyfleu'r ystyr i'r dim. Ond pum sillaf sydd yn y llinell gyntaf ac nid yw'r gynghanedd yn gywir. Ai fel hyn yr oedd y llinell gan Hedd Wyn yn wreiddiol? Go brin. Yn ei fersiwn ddiwygiedig ef o'r llinell gyntaf lluniodd Alan Llwyd gwpled ardderchog.

    Y rhaw fawn, mae hi'n rhy fer,
    A rhy union o'r hanner.[10]

Fodd bynnag, pe baem am gadw'r ansoddair 'blêr' sydd yn fersiwn Jacob Jones a pheidio â chyfeirio o gwbl at 'raw fawn', fel y cyfryw, fe ellid cynnig fersiwn megis:

    Hen raw flin, un arw flêr,
    A rhy union o'r hanner.

Ond does neb a ŵyr bellach (o leiaf, ni wn i) beth oedd ffurf wreiddiol y llinell gyntaf hon. Y cyfan y gallwn ei wneud yw diolch i'r hen was fferm o Fro Hiraethog a'r craswr o Drawsfynydd am y cwpled fel y mae ganddo. A diolch iddo hefyd yn ddiffuant iawn am gadw ar ei gof gymaint o gynnyrch awen barod, fyrlymus Hedd Wyn ag a wnaeth, rhag iddo fynd yn angof.]

'Yn dynn o fawn, a dyna fo': englyn cyntaf (?) Hedd Wyn i'r 'das fawn', a geiriau Simwnt Fychan: 'Ni wnaed cerdd ond er melyster i'r glust, ac o'r glust i'r galon.'

Un nodwedd a ddaeth yn amlwg iawn o'r sgyrsiau y bu Jacob Jones mor garedig â chaniatáu iddynt gael eu cofnodi ar dâp oedd y meddwl uchel oedd ganddo o Hedd Wyn fel cymeriad a bardd. Er mwyn cyfleu ei edmygedd, soniodd am rai cerddi adnabyddus o'i eiddo nad ydym wedi'u crybwyll hyd yn hyn yn y bennod hon. Un enghraifft yw'r englyn i'r 'das fawn' a luniwyd pan oedd Ellis Yr Ysgwrn yn hogyn ifanc iawn. Eisoes (pennod 1) cyfeiriwyd at stori cyfansoddi'r englyn hwn gan sylwi bod mwy nag un farn, o leiaf ar lafar gwlad, pwy yn union a osododd y dasg.

Nodwyd hefyd mai tad Hedd Wyn, yn ôl tystiolaeth ysgrifenedig Evan Evans ei hun, oedd yn gyfrifol.[11] Roedd barn Jacob Jones yn wahanol, ond cyflwynir ei sylwadau yn y dyfyniad a ganlyn yn bennaf er mwyn cyfleu fel yr oedd yn rhyfeddu at ddawn ddiamheuol y llanc ifanc awengar o'r Ysgwrn.

'Tair ar ddeg oed oedd o, a Dyfnallt yn mynd i'r Seiat i Ben-stryd – Gwnidog yr Annibynwyr – [a] mynd heibio fo [Hedd Wyn] a'i dad. A dene Dyfnallt yn deud w(r)th fo – odd 'ne rwbeth yn yr hen hogyn, dach ch'n gweld.

"Gwna di englyn i'r 'das fawn' erbyn do(f) i'n f'ôl."

A rhyngddo fo â'i dad, dech chi'n gweld, mi (w)naethon englyn bach twt reit: 'O bob cwr rŷm yn cario ...' [Cario hefo] berfa freichie ... Fase berfa olwyn ddim yn gweithio yn y fownog. Odd o'n lle rhy anwastad, yndoedd ... A ma fo [Dyfnallt] yn deud bod o 'di dod at y tŷ, a bod n(h)w'n methu gorffen y llinell [olaf], a bod n(h)w'n trio i gyd, a dene'r hen fachgen yn deud yn union: 'Yn dynn o fawn – a dyna fo.' Syml, yntê. 'Run fath â'r 'Hen raw arw fler, / Rhy union o'r hanner':

> O bob cwr rŷm yn cario – i'w godi
> Yn gadarn a chryno;
> Yn hwylus cadd ei heilio
> Yn dynn o fawn – a dyna fo.'[12]

[Fel yna'n union yr adroddwyd gan Jacob Jones yr englyn i'r 'das fawn'. Y mae'n cyfateb bron i'r fersiynau a gofnodwyd mewn llawysgrif a phrint. Ond sylwer ar y llinell gyntaf. Cofnodir hon fel hyn yn arferol:

> 'O bob cwr rŷm bawb yn cario – i'w godi...'[13]

Y fersiwn gan William Morris yn ei gyfrol *Hedd Wyn* ydyw: 'O bob cwr, bawb yn cario – i'w gadw ...'[14] Nid yw'r gair 'p(b)awb' arferol wedi'i gynnwys yn y fersiwn lafar. Y mae angen y ddwy lythyren 'b' er mwyn sicrhau cynghanedd gyflawn (er bod yna un 'n' yn ail ran y llinell yn parhau heb ei hateb yn y rhan gyntaf!). Heb y ddwy 'b' yn llinell Jacob Jones, y mae'r gynghanedd yn fwy gwallus fyth, ond, yn fy marn i, y mae'r llinell fel y mae hi ganddo ef yn llifo'n llyfnach. Y mae'r glust unwaith yn rhagor ar waith.

Sylwer hefyd ar union fynegiant llinell olaf yr englyn. Fel hyn y cofnodir y llinell, fel arfer, ar bapur, yn llinell saith sillaf gywir:

> Yn dynn o fawn, dyna fo

Ond fel hyn y cyflwynwyd yr un llinell ar lafar gan Jacob Jones:

> Yn dynn o fawn, a dyna fo

Un newid bychan yn unig, ond newid arwyddocaol, dybiaf fi: ychwanegu'r cysylltair 'a' o flaen y geiriau 'dyna fo'. Y canlyniad? Er bod y llinell bellach yn wyth sillaf, yr effaith yw sicrhau mymryn mwy o saib cyn llefaru'r geiriau 'dyna fo', a gallu cloi'r englyn yn gadarn, afieithus. Y bardd yn pwysleisio: wedi'r llafur a'r gofal o gario'r mawn a'i 'eilio' yn ofalus wrth godi'r das: wele lwyddiant. Buddugoliaeth!

Y mae'r ychydig sylwadau a wnaed hwnt ac yma yn y bennod hon ar y modd yr oedd y gŵr a gafodd fis o ysgol yn unig yn adrodd englynion a phenillion a ddysgwyd ganddo ar ei gof, yn agor cil y drws ar natur y traddodiad llafar o gyflwyno barddoniaeth. Ar berseinedd, ystyr, ac uniongyrchedd mynegiant yr oedd y prif bwyslais, yn hytrach nag ar gywirdeb mydryddol a chynganeddol. A daw i gof eiriau ardderchog Simwnt Fychan: 'Ni wnaed cerdd ond er melyster i'r glust, ac o'r glust i'r galon.' (*Pum Llyfr Cerddwriaeth*, *c.* 1570)]

'Mi adawodd i'r hen hogyn farddoni': Evan Evans a'i fab, Hedd Wyn

Roedd gan Jacob Jones edmygedd mawr hefyd o Evan Evans, tad Hedd Wyn, a dyma un atgof ganddo. Yn y sylw hwn y mae'n cyfeirio yr un pryd at Rowland Wyn Edwards, 'Rolant Wyn', cefnder i fam Hedd Wyn y soniwyd amdano yn y bennod gyntaf.

'Odd 'ne gwarfod bach yng Nghwm Prysor. Dwi'm yn cofio be odd y testun – ta waeth. A mi fydde Evan Evans yn ennill, wyddoch chi, 'i dad o. Ag odd Rolant Wyn yn deud hanes 'i fam o rywdro, a soniodd o 'run gair am 'i dad. Ôn i'n filen iawn wrtho fo. A fase 'ne (dd)im Hedd Wyn (oni)bai am 'i dad, yr hen Evan Evans. Odd o 'di ennill yn ryw steddfod fawr yn y Traws 'ma gin y Methodistied – steddfod fawr – [wedi ennill] ar ryw ddarn o farddoniaeth – yr hen Evan Evans. Wedyn rodd 'ne gân bach yn Cwm Prysor i rwbeth – dwi'm yn cofio'r testun – ag oedd 'rhen Evan Evans wedi trio. Ag roedd Hedd Wyn wedi trio heb iddo wybod. A pwy gafodd y wobr blaw 'rhen Hedd, yn erbyn 'i dad. A thriodd 'i dad o byth wedyn. ... Mi adawodd i'r hen hogyn farddoni.'[15]

'Odd o'n (dd)im byd fel gweithiwr, wchi, na bigel, na dim. (Dd)im ond bardd yn y parlwr efo'i fam. Bardd.'

A dyma ni nawr yn cyflwyno'r dyfyniadau olaf o eiddo Jacob Jones.

    ' *"Be oedd pobol yn 'i feddwl o [Hedd Wyn] fel bardd?" gofynnais.*

    "Meddwl mawr iawn. Meddwl mawr iawn."

    "*Cyn iddo gael 'i ladd hefyd, ie?*"

    "Ia, ia. Ia, ia. Dêa(r)! Ddaru o orffen 'i bryddest [awdl] i'r Gader Ddu, 'Yr Arwr', yn Ffrainc, wchi. Yn Ffrainc ddaru o gorffen hi. Ia'n tad, a'i gyrru hi yma cyn y Steddfod. Câl 'i ladd, yntê."

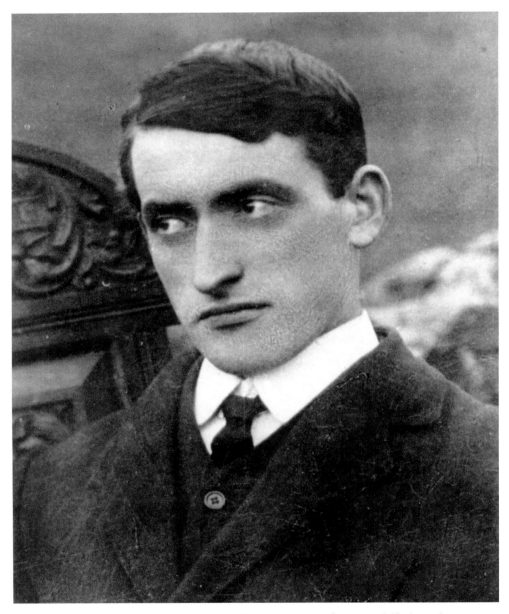

Hedd Wyn yn ugain mlwydd oed yn ennill ei gadair gyntaf yn Eisteddfod Y Bala, Llungwyn 1907.

Llun: Archif Prifysgol Bangor.

"Sut gymeriad oedd o? Sut fasech chi'n 'i ddisgrifio fel person?"

"O, simpl iawn. Gonest iawn. Diniwed iawn. O, ia. Odd o'n ddim byd fel gweithiwr, wchi, na bigel, na dim. (Dd)im ond bardd yn y parlwr efo'i fam. Bardd. Odd 'ne ole bob amser ar y nos yno. Odd o'n 'studio, wchi. Odd o 'di gneud pethe mawr, yndoedd? Dyw(c) annwl! Odd J J Williams 'di deud ma(i) fo odd y gore, (wydd)och chi, ar 'Ystrad Fflur', y bryddest [awdl] fawr honno, chi'n gweld. Ond odd 'no un arall yn 'i erbyn o. Fuo raid n(h)w gâl dyn canol. A hen ddyn ddôth yn ddyn canol, dach weld. Wedyn mi ddigwyddodd o fod o blaid llall."

"Do shiŵr."

"Ie. Oedd. Hedd odd y gore gin J J Williams. Dewch!"

"A gawsoch chi'r fraint o adnabod Hedd Wyn am gyfnod" –

"Do, (y)n iawn."

"Am flynyddoedd?"

"Am flynyddoedd lawer. Do. Creadur bach." '[16]

'Ewch! Odd o'n fachgen clyfar, wchi'

Un englyn a ddiogelwyd gan Jacob Jones (a chanddo ef yn unig, y mae'n fwy na thebyg, o leiaf y fersiwn gyflawn) yw'r englyn adnabyddus yn mynegi hiraeth mab Yr Ysgwrn am Drawsfynydd pan fentrodd am dri i bedwar mis i'r 'Sowth' (Abercynon) yn un ar hugain mlwydd oed, yn fuan wedi Nadolig 1908. (Gweler pennod 12, t. 257.) Ar y dechrau, nid oedd Jacob Jones yn gallu cofio'r englyn ardderchog hwn, ond cyn diwedd ein sgwrs fe gofiodd, ac, yn gwbl nodweddiadol ohono, ychwanegodd yntau eiriau o edmygedd:

> Yn y Sowth fy nghorffyn sydd,
> A f'enaid yn Nhrawsfynydd.

medde fo. 'Ne chi dda, yndê: "A f'enaid yn Nhrawsfynydd". Ewch! Odd o'n fachgen clyfar, wchi.'[17]

Yn union wedi iddo ddweud hyn, aeth rhagddo yn gwbl ddigymell, heb i mi ofyn unrhyw gwestiwn arall iddo, i adrodd oddi ar ei gof dri phennill o'i bryddest, 'Cyfrinach Duw', a synnwn i ddim na fyddai wedi gallu dyfynnu llawer rhagor ohoni. Hon, fe gofiwn, oedd y gerdd oedd wedi ennill i'r bardd gadair Eisteddfod Pontardawe, y bumed gadair iddo ei hennill, a'r ail yn y flwyddyn 1915. (Ei gadair gyntaf y flwyddyn honno oedd yr un a enillodd am yr eildro yn Llanuwchllyn am ei bryddest, 'Myfi Yw', gyda'i ffugenw *'Fleur-de-lis'*. Dyma, wrth gwrs, yr un ffugenw ag a ddefnyddiwyd ganddo ar gyfer Eisteddfod y Gadair Ddu. Tybed ai llinell R Williams Parry yn awdl 'Yr Haf': 'A phali'r dlos fflwr-de-lis', a roes y syniad iddo?[18])

Profiad dwys a chofiadwy iawn oedd gwrando ar Jacob Jones yn adrodd rhannau o'r gerdd 'Cyfrinach Duw'. Nid oedd y dagrau – dagrau gorfoledd – yn bell iawn o'i lygaid. Ond o gofio iddo yntau yn ddyn ifanc gael y fath brofiadau ysbrydol, nid yw'n anodd amgyffred paham y bu iddo gyflwyno'r geiriau hyn â'r fath angerdd ac i'r gerdd gyfan wneud argraff ddofn arno. Ei phrif thema yw ymchwil oesol dyn am Dduw; ei hiraeth cynhenid am brofi'r 'ysbryd' a'r 'cariad tragwyddol'. Wedi adrodd y tri phennill, ei unig sylw cynnil oedd: 'Dyw! yndyden n(h)w'n eirie smart?'

Pe chwythai y corwynt fi'n fil o ddarnau,
  Fel niwl trwy gangau y deri a'r yw,
Ni phallai fy ffydd, na sain fy nghaniadau,
Cans gwn na'm chwythid tu allan i ffiniau
  Y bwriad sy fyth yng nghyfrinach Duw.

Tariana dy hun â ffydd ddianwadal,
  Er prinned nodau y nef ar dy glyw,
Er garwed y drain sy'n rhwygo dy sandal,
Cans ni ddygymydd bro llwydni ac anial
  Hyd yma â [deall] cyfrinach Duw.

Boed gryf dy galon a gwybydd fod amcan
  Dwyfolaf bywyd yn dilyn y groes;
[Rhyw ddydd] fe baid dy dlodi a'th riddfan,
Ac yna o'th ofid cei dyfu allan,
  A gwrando esboniad Duw ar dy oes.[19]

5

William Morris, o'r Manod:
Atgofion Bore Oes am Ellis, Yr Ysgwrn

Eisoes yn y gyfrol hon fe gyfeiriwyd yn fwy nag unwaith at y Parchg William Morris (1889-1979). Soniodd am ddiddordeb cynnar Hedd Wyn mewn barddoni; ei englyn i'r dâs fawn; ac am gefnogaeth ei dad, Evan Evans, i'w fab (pennod 1). Ym mhennod 2 crybwyllwyd sylw William Morris am gyfoeth y diwylliant bryd hynny yn Nhrawsfynydd a'r fro, ac am y cyfle a gafodd yntau i roi benthyg llyfrau i fab llengar Yr Ysgwrn. Cyfeiriwyd hefyd ym mhennod 4 at fersiwn William Morris o'r hanes adnabyddus am Hedd Wyn a'i gyfeillion yn nhafarn y Wynnes Arms yn 'llyncu'r Moelwyn' i ddathlu'i fuddugoliaeth yn Eisteddfod Gwylfa, Llan Ffestiniog. Yn y bennod bresennol rhoddir y sylw bron yn gyfan gwbl i'r atgofion bore oes oedd gan William Morris am Hedd Wyn.

Ar y deunawfed o fist Awst 1976 fy mhleser arbennig i oedd cael cofnodi ar dâp ran fechan o dystiolaeth lafar werthfawr y cyn-weinidog gyda'r Methodistiaid Calfinaidd, megis y stôr o hen emynau llafar gwlad yr oedd wedi'u trysori ar ei gof. Yn ei gartref yn Isgraig, Lôn Ddewi, Caernarfon, y gwnaed hynny.[1] Cofnodi

Y Parchg William Morris
Llun trwy garedigrwydd Mali Rowlands, Caerdydd, wyres William Morris.

hefyd, afraid dweud, ei atgofion byw a chynnes am Hedd Wyn.[2] Byddwn yn dyfynnu o'r atgofion hyn yn y gyfrol hon, yn cyfeirio at ei ysgrif gynhwysfawr yn *Cymru*, Ionawr, 1918,[3] ac yn dyfynnu o'i gofiant, *Hedd Wyn* (1969).[4] Yn gyntaf, fodd bynnag, dyma ychydig o atgofion William Morris am ei hynafiaid a'i deulu.

'Odd ôn gwybod peth wmbradd am ganeuon tŷ tafarn a hen alawon': hynafiaid a theulu William Morris

Ganed y Parchg William Morris yn rhif 12, Heol y Manod, Blaenau Ffestiniog, ardal y ddau fynydd, y Manod Mawr a'r Manod Bach, 17 Tachwedd 1889. Roedd, felly, ddwy flynedd dda yn iau na Hedd Wyn. Er nad yw'n cofio hynny, symudodd y teulu yn fuan i dŷ rhif 154 Heol y Manod. Roedd ei fam, Gwen (Jones, cyn priodi) yn hanu o:

> 'hen deulu o Drawsfynydd, o Gwm Prysor ... Odd 'i thaid hi yn borthmon. Glywish hi'n deud, yn ista ar 'i lin o: "Taid dudwch ych hanes yn mynd i Lwydlo efo'r defaid a'r anifeiliaid." Ag wedyn mi fydda'n cario lawar o arian, fel hen borthmon, yndê. Mab Tŷ Llwyd, Trawsfynydd. A mi briododd ferch Y Pandy ... Fydde'r hen griadur yn deud yr hanas yn fanwl ag yn hwyliog. Hen frawd felly oedd o; doniol ... rhadlon braf.'[5]

Ychwanegodd y sylw hwn hefyd am ei fam: 'Mi gafodd ddôs reit dda o Ddiwygiad Richard Ŵan, tua diwadd y ganrif – yn yr *eighties* fforna.'

Dod i ardal y Blaenau o Langywer, Meirionnydd, i weithio i'r chwareli wnaeth John Jones, tad mam William Morris. Roedd yntau'n 'mynd i'r capel yn selog ... wedi'i drochi'n y Diwygiad ... Diwygiad *Fifty Nine*.' Disgrifiodd ei nain, mam ei fam, merch Y Pandy, Cwm Prysor, fel 'hen wraig hoffus, dawal, hen ffashiwn ...', ac meddai amdani: 'Mi fyddan ni'n câl hwyl. Odd hi'n chwthu'r tân, fel bydda'r hen ferchaid ... [Odd hi'n] chwareus, llawn o hwyl.'[6] Câi'r ŵyr gwmni'i daid a'i nain yn aml, oherwydd yr oeddynt hwythau yn byw yn y Manod, yn ymyl.

Joseph Morris oedd enw tad William Morris.

> 'Un o sir Gaernarfon, wedi'i fagu mewn ryw hen ffermdy bach o'r enw Rhosydd, yn ymyl Tre-garth ... Chwarelwr medrus iawn hefyd. Odd o

mewn bargan yn ddeunaw oed – [a] cyn hynny ... Chafodd o rioed ysgol ond a gafodd o yn y barics, ond dwi'n shiŵr bod o 'di câl ysgol dan gamp efo'r hen frodyr odd yn fanno. Ia, achos odd o ... yn gwbod 'i Feibil ar flaena 'i fysadd – a'r emyna, a bob peth felna.'[7]

Bu Joseph Morris am gyfnod yn perthyn i fand 'Fife and Drum', ond 'mi rôth gora iddi ar ôl priodi ... Mi glywis Mam yn deud odd 'na ryw hen ffliwt hir mewn ryw hen gwpwr mawr yn llofft ...' Aeth William Morris rhagddo wedyn i sôn am frawd ei dad, sef Morris William Morris, 'ag wedi gadal y "Morris" dwytha allan'.

'Odd 'i frawd o yn hen frawd odd ôn gwbod peth wmbradd am ganeuon tŷ tafarn a'r math yna o beth, a hen alawon; hen betha odd o'n gofio ar 'i feddwl, yntê. Ma o 'di sgrifennu amryw ohonyn n(h)w. Fi fydda'n codi'r geiria, a 'mrawd, John – odd o'n gerddor reit dda – fo fydda'n codi'r alaw.'[8]

Roedd taid William Morris, tad ei dad, yntau, yn hanu o gylch Tre-garth, ac wedi priodi â gwraig o'r enw Elin Jones. Dyma beth oedd gan yr ŵyr i'w ddweud amdani hi:

'... a'r hen wraig yn un ddoniol iawn, medde Mam. Dwi ddim yn 'i chofio hi ... [ond] odd hi wedi'i magu mewn tafarn ... Coach and Arms ... yn Rhiwlas, heb fod yn bell o Bangor. Cadw tafarn roeddan n(h)w, ne'r hen dafarn yn 'u cadw n(h)w! ... Fuo mi yn holi Mam yn arw amdani. Odd hi'n llawn hwyl. Oedd. [Ac yn cymryd rhan yn] bob math o'r bywyd gwledig odd yn Arfon ar y pryd. Ia, yn medru downshio a phob peth ... [Odd hi'n] llawn asbri.'[9]

'Don't speak that nasty, dirty, beastly Welsh'

Wedi ymadael o Ysgol y Manod, aeth William Morris i Ysgol yr 'Higher Grade' yn y Blaenau. A dyma ddau atgof oedd ganddo o'r ysgol honno – un atgof am ddisgybl arbennig, ac un atgof am athro nad oedd am ei enwi.

'Odd 'na un [hogyn o] Sais yn fanno. Fûm i'n poeni'n arw bod fi 'di gorfodi hwnnw i shiarad Cymraeg. Oddan ni'n bygwyth ryw hen gasgan ddŵr odd yng ngwaelod y *playground*.

"Weldi, os nag w(y)t ti'n mynd i shiarad Cymraeg, mi fyddwn yn dy foddi di'n fanna." Hy! Dyna hynny o berswâd gafodd o, a mi odd o, chwara teg, reit glapiog, ond yn dda iawn.'[10]

Fel y disgwylid mewn ardal megis Stiniog, nid oedd unrhyw wrthwynebiad i'r plant siarad Cymraeg. Ond yr oedd sylw cas un o'r athrawon am yr iaith Gymraeg wedi serio ar gof yr hogyn o'r Manod a chael effaith gwbl groes i'r hyn a ddymunai'r athro di-enw hwnnw. Cryfhau, nid gwanhau, ei serch tuag at yr iaith a wnaeth y geiriau gwaradwyddus a lefarodd. A dyma nhw: '*Don't speak that nasty, dirty, beastly Welsh.*'[11]

Y cam nesaf i William Morris yn bedair ar ddeg oed oedd mynd i'r Ysgol Sir yn y Blaenau. Yno eto cafodd athrawon ardderchog, ac un yn arbennig, gŵr a oedd yn rhannol gyfrifol am newid cwrs ei fywyd, sef Frank Paul Dodd: 'perthyn i'r Dodds yn Wrecsam'. Ef oedd prifathro'r ysgol, ond ef hefyd oedd yr athro Cymraeg pan oedd y llanc o'r Manod ar ei flwyddyn olaf, yn 'tynnu am y deunaw' mlwydd oed. Dyna'r adeg y bu iddo frifo ei ben-glin yn ddifrifol iawn yn chwarae pêl-droed. 'Ôn i'n chwara gormod – chwara'n ddiddiwedd', meddai. Bu yn Ysbyty Lerpwl 'am flwyddyn rhwng bob peth', a bu 'am flwyddyn neu ddwy wedyn [gartref] yn mendio'n o lew'. Y llawfeddyg enwog, Syr Robert Jones, oedd un o'r meddygon a ofalai amdano yn Lerpwl.

A dyma nawr fwy o fanylion am yr hyn a ddigwyddodd yn ystod y flwyddyn dyngedfennol honno yn yr Ysgol Sir.

'O, un ardderchog odd Dodd, ag yn 'i *glass* o, wyddoch chi ... y gwnêsh i weld gogoniant [llenyddiaeth Gymraeg]. Roedd 'na math o egsam: *Lower Honours* oddan n(h)w'n galw un, a *Higher Honours*, wedi câl y Matríc ... Wel, rwan, rodd ishio pedwar pwnc. Odd gen i dri: *Maths, Chemistry* a *Physics*. Ag odd ishio pedwerydd. Ag mi gymrais Gymraeg ... a Dodd odd yn gneud cywydda Goronwy [Owen] hefo ni. Anghofis i y petha erill i gyd, a mi eis ar ôl rheina, ar ôl imi frifo. A dyna'r newid fuo yn [fy] mywyd i. Dodd rôth fi ar ben ffordd. Ia. Ag odd ne ddau yn yr un dosbarth, a rheini'n fy helpu fi ... i ddeall Macsen Wledig ag i ddeall ... hen straeon y Mabinogion.'[12]

Roedd William Morris wedi ennill ysgoloriaeth i astudio yng Ngholeg Prifysgol Cymru, Bangor, ond, oherwydd yr anaf, bu raid iddo roi heibio'r bwriad hwnnw. Fodd bynnag, wedi'r flwyddyn yn yr ysbyty, ac yntau gartref bellach yn y Manod ac yn dechrau 'mendio'n o lew', parhaodd ei ddiddordeb mawr mewn llenyddiaeth a barddoniaeth, y gynghanedd, a gwaith y cywyddwyr yn arbennig. Darllenai yn helaeth – llyfrau Cymraeg a Saesneg – 'llyfra ardderchog'.

'... mi fyddwn yn sgwennu traethoda ag yn gneud pob peth, ond y petha *science* 'ma. A mi fydda brawd imi [Joseph] – fuo'n ddoctor wedyn – odd Jo'n cario llyfra imi o'r llyfrgell yn Blaena. A llyfrgell iawn odd yno. Odd 'na lyfrgell yn y Blaena ymhell cyn bod llyfrgell mewn llefydd tebyg yma a thraw. Oeddan n(h)w ar y blaen. Chwarelwyr.'[13]

'Gorfoleddu mewn gorthrymdera': pregeth John Williams, Brynsiencyn

Dyma'r adeg y daeth i adnabod Hedd Wyn. Cawn ddychwelyd eto at hynny. Ond dyma'r adeg hefyd y penderfynodd newid cwrs ei fywyd: yn hytrach na mynd i Fangor, mynd am dair blynedd i Goleg Y Bala. Ac fel hyn y bu.

'Pan ddechreuish i â mendio 'rôn i 'di gwrando pregath ardderchog, ag ôn i ar (f)y magla'n gwrando arni ryw Basg ... A pregath John Williams [Brynsiencyn] odd honno. Cododd fi. "Wel, waeth imi hyn ddim", [meddwn], a mi deimlis yr alwad i fynd i bregethu. A phregethu rydw i.'
  "Dech chi'n cofio testun y bregeth?" [gofynnais iddo].
  Yndw'n iawn. Yndw. Paul yn gorfoleddu mewn gorthrymdera. Gor-dristwch a gorthrymder yn troi'n orfoledd. Pregath 'rhen John. Ia, mi ddois i'w nabod o, a mi clywis o lawar gwaith. Fydda'n dwad i gyfarfodydd yn Stiniog. Rheini'n mynd yn iawn ... Odd y testun yn un da, yndoedd? Profiad yn meithrin hyn ag yn meithrin y llall, a'r cwbwl mewn gorfoledd, a'r ymdeimlad y dylwn i neud rywbeth. Ag ôn i mewn cyflwr ar y pryd yr oedd yn dda imi wrth rwbath odd yn glir ag yn dangos y ffordd imi.'[14]

Athrawon a myfyrwyr Coleg Y Bala, c. 1913-16. William Morris: yn y drydedd res o'r blaen a'r chweched o'r dde. (Gwallt du a rhes wen amlwg ganddo.)
Llun trwy garedigrwydd Mali Rowlands, Caerdydd.

Ac i Goleg Y Bala yr aeth y bachgen ifanc o'r Manod yn 1913. Wedi tair blynedd yno, derbyniodd alwad 'i ryw eglwys Saesnag'. Ond dyma a ddigwyddodd: 'Ffraeish efo ryw hen dwrna'n fanno ynglŷn â'r rhyfel. Hy! Hy! Ôn i'n basiffist. Ydw i o hyd. Ia, a deish i ddim i fanno.'[15] Fodd bynnag, yn fuan wedyn, derbyniodd alwad i Gapel Tŷ Mawr, yn ardal Capel Coch 'yng nghanol shir Fôn'. Yno y cyfarfu â'i briod, merch fferm Braint, Penmynydd. Wedi tair blynedd yng Nghapel Coch (eglwysi Tŷ Mawr a'r Babell), symud wedyn yn weinidog am ddeuddeg mlynedd i Fryn-du, Môn. Oddi yno, yn 1932, i Garmel, Conwy, am chwe blynedd. Yna gweinidogaethu yn Eglwys Seilo, Caernarfon (1938) hyd nes ymddeol yn 1962. Gweinidog gyda'r Methodistiaid Calfinaidd y bu ar hyd ei oes, a phrofi boddhad mawr yn y gwaith.

Yn Eisteddfod Genedlaethol Castell-nedd, 1934, enillodd William Morris y Gadair am ei awdl, 'Ogof Arthur'. Bu hefyd yn Archdderwydd o 1957 hyd 1959. Cyhoeddodd amryw gyfrolau, nifer ohonynt yn cynnwys casgliadau o'i gerddi: *Clychau Gwynedd* (1946); *Sgwrs a Phennill* (1950); *Atgof a Phrofiad* (1961); *Cwmni'r Pererin* (1967); *Hedd Wyn* (1969); a *Crist y Bardd* (1975). Yn

1981 cyhoeddwyd detholiad o'i gerddi, wedi'u golygu gan ei ferch, Glennys Roberts: *Canu Oes*. Bu hefyd yn golygu nifer o gyfrolau.

William Morris a Hedd Wyn: dau efrydydd yng nghwmni'i gilydd

Yn rhan gyntaf y bennod hon, yn fwriadol y cyfeiriwyd at deulu a hynafiaid William Morris ac y rhoddwyd braslun o'i addysg a'i ddiddordeb mawr a chynyddol mewn llenyddiaeth a barddoniaeth Gymraeg. Pan gyfarfu Hedd Wyn ag ef gyntaf, mae'n sicr i'r bardd ifanc o'r Traws deimlo ar ei union ei fod wedi cael dod i gwmni person a oedd o'r un anian ag ef. A mwy na hynny, cael cwmni bachgen, tebyg i'w oed ef, oedd wedi bod mewn ysgol ramadeg, ac wedi cael cyfle i astudio cerddi beirdd megis Goronwy Owen a chywyddau Beirdd yr Uchelwyr. Yr un modd, rhywun oedd wedi darllen yn eang – llyfrau Cymraeg a Saesneg. Does dim rhyfedd ei fod yn mawr werthfawrogi cymorth parod a chwmni'r efrydydd o'r Manod. A diau, roedd yr efrydydd yntau wrth ei fodd yng nghwmni difyr mab galluog Yr Ysgwrn.

Dyma yn gyntaf yn awr, felly, ychydig o atgofion cynnar William Morris am Hedd Wyn a gofnodwyd ar dâp. Daeth y ddau i adnabod ei gilydd gyntaf pan oedd William Morris yn gwella wedi'r cyfnod yn Ysbyty Lerpwl a chyn mynd i Goleg Y Bala yn 1913.

★ ★ ★ ★ ★

'Mi ddois i nabod Hedd Wyn ... ag odda ni'n dysgu'r gynghanedd efo'n gilydd. Ia. Fuodd chwaer imi'n Trawsfynydd [Annie, gwraig Ellis Jones, crydd], a mi fyddwn yn aros cryn dipyn yno. Wedyn mi ddechreuish i yn Y Bala, ag odd Hedd Wyn a hi yn dipyn o ffrindia. Ddôth yr hen ryfal hwnnw. Mi âth John, (f)y mrawd, efo Mam i Scotland, (wydd)och chi, i neud *ammunitions* ag ati. Ag ôn inna yn Y Bala ag yn dwad i'r Traws, ag yn gweld Hedd Wyn yn ddiddiwadd ...

"Yn amal?"

"Ôn, wir. Yn amal iawn. Trafod 'i ganeuon efo fo a phob peth. Fydda'n ennill tua Llanuwchllyn a'r lleoedd yna."

"Lle byddech chi'n cwrdd? Yn 'i gartre fo?"

"Ia, weithia, ag hefyd yn nhŷ (f)y chwaer."

Hedd Wyn. Llun wedi'i lofnodi ganddo. Sylwer iddo gynnwys dwy 'n' yn 'Wynn'.
O gasgliad (copi) Yr Ysgwrn (APCE).

"Y chwaer oedd yn byw yn −"

"Y Traws, ar gyfar y capal Wesla."

"Oedd Hedd Wyn yn hŷn [na chi]?"

"Yn hŷn na fi. Odd o 'run oed â John, 'mrawd. Odd o 'run oed â Parry-Williams. Odd ôn trio, dech chi'n gweld, heb fod yn llwyddiannus iawn. Fi odd yn sgrifennu'r gân iddo fo yn [*nineteen*] *fifteen*, ym Mangor, a Parry cafodd hi." [Awdl 'Eryri', gan T H Parry-Williams][16]

'As you like it'! Hiwmor Hedd Wyn

"Beth fydde testun y sgwrs, fel arfer?"

"O, barddoni 'ma. Ia. Ôn i'n câl cyfla iawn, 'ndôn? Ôn i'n llawn o'r peth, ag odd ynta'n llawn o'r peth."

"Yn y rhagymadrodd [i Canu'r Bugail] *dech chi'n sôn am rai cerddi, falle, sy ddim wedi câl eu cyhoeddi, ond ma n(h)w'n fyw ar lafar gwlad. Mae 'na rai rhigyme felly sy ddim yn y gyfrol, yndoes?*

"Ia, dydyn n(h)w ddim."

"Oes 'na bwt o rigwm ne rwbeth felly dech chi'n digwydd bod yn 'u cofio nawr nath Hedd Wyn?"

"Wel, Dywch! Odd gynno lot o hen rigyma i Annie, (f)y chwaer, a rhai felne." [Dyma un ffug-farwnad.]

[We]di clywed am farw Ann Jôs,
Mi dorrais fy nghalon, mi sychis [wlychis?] fy nghlôs.[17]

Ag yn y blaen. Lot o ryw hen lol. Ia, wel, odd ôn ffrindiau mowr efo Annie'n chwaer yn Traws, ar y pryd, ag yn galw yno o hyd. Ag wedyn, yn fanno byddwn i'n gwarfod o ..."

"Odd gynno fo ddigrifwch."

"Dyn annwyl! Oedd. Oedd tad ... Odd 'na lawar o hiwmor ynddo fo yn 'i ffordd 'i hun. Ryw betha digri odd o 'di weld, ag ati ..."

"Weldi", medda fo, "tyrd efo mi." Yn ymyl lle mae'i gofeb o rwan. A ma 'na hen stryd bach – Stryd Fain [Stryd Faen].

"Tyrd draw", medda fo, "iti gâl gweld." Ag odd ôn nabod hi, yntê: hen wraig wedi gneud coban nos o hen fag blawd! A Hedd Wyn: "Weldi!", medda fo. Wel chwerthin braf. Ia, a dyna odd reit ar draws 'i fol o [y bag]: '*As you like it*'!! Enw'r blawd!

"Wel, dyna dda, yndê."

"Ie, '*As you like it*'!" Ia. Rhaid imi fod yn ofalus efo (h)i, rhaid!

"Mae honne'n stori -"

"Wel, ardderchog, (f)achan."

"Mae hi'n dweud dipyn bach am Hedd Wyn, yndydi?"

"Wel, dyna Hedd Wyn. Yndi, i'r dim. Âth â fi o'r ffor(dd) ... Ond faswn i (dd)im yn rhoid hwnna'n y Cofiant, nafswn? [ei gyfrol, *Hedd Wyn*] ... Odd o'n ddoniol iawn ag [yn] 'i thrawo hi."[18]

'Odd o mwya naturiol ac yn gywir iawn ... a barddoniaeth odd y cwbwl...'

"Tasech chi rwan yn gorfod dweud wrth rywun mewn chydig frawddege beth oedd yr argraff nâth Hedd Wyn arnoch chi, sut byddech chi'n ateb cwestiwn felne?"

"Wel, wyddoch chi, 'i ysbryd penderfynol o. Ie, odd o'n bownd o ennill yr hen gader 'na, yndê. Ia. Ôn i'n gwbod bod o ar y ffordd. Ag wedyn mi fydda'n gwella, gwella, arno'i hun. A phan ddôth o i [bron] ennill 'Ystrad

Fflur' y flwyddyn cyn ennill yn Birkenhead, odd o'n 'tebol iawn. Ag odd llawar iawn yn deud ma fo ddyla fod 'di câl honno, ag nid y gwnidog odd ym Mangor gin John Morris Jones. Ag odd J J [Williams] o'i blaid o ..."

★ ★ ★ ★ ★

"Mae ambell fardd yn hygoelus, yndydi, neu'n ofergoelus. Oedd o ddim felly?"

"Na, [cadw'n] glir o wrth popeth felna. Odd, hyd y gwn i. O, odd. Rêl hogyn ifanc yn mwynhau 'i hun, yndê. A wedyn, gaech dynnu'i goes o faint fynnoch chi! Odd gynno fo ryw hen benillion i mi pan ôn mynd i Shir Fôn abally. Wel, dwn i'm ydyn n(h)w'n werth 'u codi, na dim byd. Ond petha Hedd Wyn oddan n(h)w ..."

"Oedd Hedd Wyn yn gapelwr selog?"

"O, oedd. O, oedd. Capel Sentars [Ebenezer]."

"Oedd o 'di bod trw'r Diwygiad [04-05] wedyn?"

"Dwi (dd)im yn meddwl. Odd (d)im llawar o ôl hynny arno fo. Nagoedd ..."

"Nawr, be fasech chi'n ddweud rwan – sut gymeriad oedd Hedd Wyn? Dw i ddim yn gwybod."

"O, syml, syml. Syml, syml. A barddoniaeth odd y cwbwl. Ia. Bywyd gwlad, 'te. Amball i lashiad, wchi. Ia. A dyna fo."

"Ellech chi 'i ddynwared o'n shiarad? Sut bydde fo'n shiarad?"

"Wel, dwn i (dd)im. Odd o mwya naturiol ... Clir iawn; ag yn gywir iawn; ag yn hynod o ostyngedig." '[19]

★ ★ ★ ★ ★

Wedi dyfynnu ychydig o union eiriau'r Parchg William Morris o'r sgwrs werthfawr a gofnodwyd ar dâp, Awst 1976, dyma yn awr ddyfynnu o ysgrif a gyhoeddwyd ganddo yn y cylchgrawn *Cymru*, Ionawr 1918, yn fuan wedi marw Hedd Wyn, 31 Gorffennaf 1917.[20] O'r llu mawr o ysgrifau ac erthyglau a gyhoeddwyd am y bardd o Drawsfynydd, er y diwrnod trist hwnnw, dyma, yn fy marn i, un o'r goreuon. Y mae'n bortread byw, cynnes ac o'r galon, gan un a gafodd yr hyfrydwch o fod yn gyfaill agos bore oes iddo.

'Hen Ffermdy Yr Ysgwrn' yng nghesail y mynyddoedd

'Ynghanol gwylltineb Eryri y magwyd Ellis Evans, ac nid rhyfedd fod cymaint o sôn am y gwyntoedd a'r mynyddoedd yn ei farddoniaeth. Yr oedd y rheiny yn rhan ohono.

Saif ei gartref ar yr ochr dde i'r hen ffordd sydd yn arwain o Drawsfynydd i Gwm Prysor. Gellir myned yno yn hwylus mewn ugain munud oddiwrth y Bont sydd yng ngwaelod y Llan. Ar y chwith bydd godre'r Cwm, a'r afon Prysor i'w gweled yn dolennu heibio'r Pandy i gyfeiriad y Bont. Ar y dde, wedi pasio ffermdy neu ddau, nid oes dim ond ffriddoedd a chlogwyni i'w gweled. Tir 'tolciog ysgythrog yw'. Yng nghesail un o'r clogwyni hyn y llecha hen ffermdy'r Ysgwrn. Mae gwaith pum munud o gerdded hyd ato o'r ffordd. Wrth ddirwyn i fyny at y tŷ fe welir mwg y mawn yn esgyn o'r simne, a cheir arogl y mawn wedyn wrth nesu ato. Saif y tŷ ynghanol llwyn o goed mewn cafn yn y creigiau, a'i wyneb i gyfeiriad y wawr. O'n blaen ymestyn y Cwm hir creithiog i'r pellteroedd, a dacw'r Arennig Fawr yn ei ben draw. Wrth droi'n llygaid i'r chwith gwelwn fryniau Trawsfynydd, y fynwent yn amlwg ar un ohonynt, a'r pentre ar y llall. Y tu ôl iddynt dacw ôl bysedd y Rhufeiniaid ar Domen y Mur; a thu draw i honno drachefn dacw ôl bysedd Duw hyd ardal ramantus Ffestiniog. Dacw'r Manod, a'r Moelwyn ...

Fe welwn Foel Siabod hefyd, ac heibio'r Allt Fawr dacw grib y Wyddfa. Cofus gennyf alw Hedd Wyn i gyfrif unwaith am nyddu'r cwpled a ganlyn i un o'i awdlau:

> A gweld draw o' mriglwyd drig
> Fynwes y Wyddfa unig.

"Dwyt ti ddim yn gweld ei *mynwes* hi o lawer", meddwn wrtho. Atebodd yntau ar ei union:

"Newid y llinell olaf, ynte, a dyro hon yn ei lle:

> A gweld draw o' mriglwyd drig
> Rhyw goryn oer o gerrig."

Wel, dyna'r olygfa y medrai'r bardd ieuanc ei mwynhau heb fyned gam ymhellach na drws ei gartref. Ac ar war y ffridd yng nghefn yr Ysgwrn medrai ychwanegu at adduned a rhamant yr olygfa o edrych ar Gader Idris, mynyddoedd a Drws Ardudwy, a'r Graig Ddrwg – hen broffwydes y drycinoedd i ardalwyr y Traws a'r cylchoedd. Dywedir yn fynych fod a fynno'r amgylchoedd lawer iawn â ffurfio nodweddion bywyd bardd. Diameu fod hynny'n wir am Hedd Wyn. Nid bardd y môr a'r llanw a'r traeth ydoedd ef; eithr bardd y mynydd, y gwynt a'r grug ...

'Bardd ieuanc wedi cychwyn ar ei antur fawr ...'

Bardd ieuanc wedi cychwyn ar ei antur fawr ydoedd ef. Yr oeddwn yn credu bob amser fod iddo genadwri arbennig, ond cyn aeddfedu o'r genadwri honno wele'r cennad wedi ei lorio ac yntau'n dringo'n araf i'w ganolddydd. Ni chanodd ei oreu erioed, a phe câi fyw yr wyf yn sicr y deuai i ganu'n symlach o lawer; ond ysywaeth ni chafodd fyw i weled yr haul yn ymlid y niwloedd ...

Pan oedd yn ddeunaw oed, enillodd gadair yn y Bala ar bryddest i'r "Dyffryn", ond nid wyf yn meddwl fod gair o'r bryddest honno ar gael heddyw, gan iddo ef ei hun ei llosgi ...

Barddoni oedd ei hyfrydwch ef yn wastad. Nid amaethwr ydoedd, ac nid bugail chwaith, ond bardd a dim arall. Yn fynych anghofiai ei feysydd a'i ddefaid wrth grwydro ym mroydd y breuddwydion a hunai rhwng y bryniau llwydion. Clywais ei fam yn adrodd hanesyn am dano sydd yn nodweddiadol hollol ohono ef. Digwyddodd yn y gwanwyn diweddaf pan oedd ef adref am dro o wersyll Litherland. Fe sylwodd hi un diwrnod fod yr ŵyn llyweth yn yr egin, a dywedodd wrth un o'r genethod am redeg ar unwaith. Wedi cychwyn, trodd hithau yn ei hôl, a dywedodd wrth ei mam fod Ellis newydd gychwyn i'r Llan ac y byddai ef yn siŵr o hel yr ŵyn o'r egin. Modd bynnag, a'r ŵyn yn ei ymyl, heibio yr aeth Ellis heb eu gweled o gwbl ...

Synnais lawer tro fel y byddai yn ymhyfrydu mewn ystoriau ym myd 'y tylwyth teg' ac 'yn nhir hud a lledrith' – 'ystorm hud ystoriau mêl'. Yr oedd ei ddychymyg mor fyw â dychymyg plentyn bach, ac nid oedd dim roddai fwy o foddhad iddo nac ymborthi ar hen draddodiadau a hanesion broydd ei febyd. Gwyddai yn dda am danynt, a gwnâi ddefnydd ohonynt yn fynych. [Er enghraiffт, y traddodiadau am Ynys Afallon.] ...

'Diymhongar', 'difalais', 'diddan' ...

Un o'r rhai anhawsaf i'w ddisgrifio ydyw Hedd Wyn. Nid oedd dim neilltuol yn yr olwg allanol arno. Gellid ei basio ar y stryd a thybied mai'r gwas ffarm distadlaf yn y wlad ydoedd. Ond pe siaredid gydag ef, yn enwedig pe llithrai'r sgwrs at farddoniaeth, gwelid yn y man fod ysbryd anghyffredin yn syllu trwy'r llygaid gleision, aflonydd, rheiny. Hedd Wyn oedd y mwyaf diymhongar a difalais a gyfarfûm erioed; ac eto goris ei symlrwydd a'i naturioldeb, yr oedd rhyw feiddgarwch rhyfedd yn llechu, fel y graig o dan y grug. Nid oedd ganddo feddwl ohono'i hun o gwbl, nac o'i farddoniaeth chwaith ...

Yr oedd Hedd Wyn yn hoff o'i gyfeillion, a'i gyfeillion ohono yntau. Gyda hwy y byddai ef yn teimlo'i hun yn gartrefol. Yr ydoedd mor ddirodres â'r un ohonynt. Yr wyf yn cofio bod gydag ef unwaith yn Llanuwchllyn yn Eisteddfod y Llungwyn.★ Yno i nôl y gadair y daethai ef. Eisteddem ein dau ym mhen draw y babell. Toc darllenwyd beirniadaeth y pryddestau, a gwaeddwyd ffug-enw y buddugol. Cododd yntau ar ei draed, ond dyma rywun o'r tu ôl iddo yn tynnu yn ei gôt ac yn gorchymyn iddo eistedd er mwyn i bawb weled pwy oedd biau'r gadair. [★Eisteddfod y Llungwyn 1915 oedd hon. 'Myfi Yw' oedd teitl y bryddest fuddugol, a ffugenw Hedd Wyn oedd *'Fleur-de-lis'*, yr un ffugenw ag yn Eisteddfod y Gadair Ddu. Ef hefyd oedd wedi ennill y gadair yn eisteddfod Llanuwchllyn yn 1913 am ei bryddest, 'Fy Gwynfa Goll'.]

Ond er mor ddiymhongar ydoedd, meddai ar uchelgais gref iawn. Pwy fuasai yn ei oed ef, ac wedi derbyn cyn lleied o fanteision ag ef, yn meddwl ymgeisio am y gadair genedlaethol? ...

Oherwydd ei symlrwydd, medrai pawb anturio at Hedd Wyn. Nid wyf yn meddwl y bu iddo elyn yn unlle erioed. Danghosai rhai dipyn o wenwyn ato weithiau, ond ni fedrai ef ddal dig o gwbl tuag at neb. Byddai yn wastad yn llawen, a chymerai ddyddordeb neilltuol yn helyntion ei fro. Mae llawer yn cofio am rai o'r diddanion adroddai oddiar lwyfan y neuadd newydd yn y Traws. Cyfansoddodd aml i gân chwareus hefyd, a medrai fwynhau direidi iach cystal â neb ...

Byddai Hedd Wyn yn hiroedi gyda phopeth bron. Yn hamddenol y cyfansoddai ei farddoniaeth, ond gyda brys bob amser y gwelid ef yn anfon ei waith i ffwrdd. Torrodd amodau cystadleuaeth fwy nag unwaith oherwydd hynny ...

Efe oedd yr ail yn Aberystwyth y llynedd ar "Ystrad Fflur", ac yn gyntaf yn ôl un o'r beirniaid. Cofiaf yn dda am y brys wrth anfon honno i'r gystadleuaeth. Gofynnodd i mi ei hysgrifennu iddo, ac yn nhŷ fy chwaer yn y Traws mewn byr amser y buom wrthi ein dau, efe'n egluro, a minnau'n ysgrifennu. Byddai Hedd Wyn yn wastad yn gadael popeth i'r pen, ac ni bu neb erioed mi gredaf mor ddiofal ag ef gyda'i gynhyrchion. Mae'n dda erbyn hyn fod ei gynhyrchion buddugol yma a thraw, neu buasai Hedd Wyn wedi eu llosgi i oleu ei getyn ...

Cofiant William Morris i Hedd Wyn

I gloi'r bennod hon dyma ychydig ddyfyniadau o'r gyfrol *Hedd Wyn* a gyhoeddodd William Morris yn 1969 (Llyfrfa'r Methodistiaid Calfinaidd). Portread cynnes, diffuant a gwerthfawr iawn. (Fel gyda'r ysgrif flaenorol y dyfynnwyd ohoni, myfi sy'n gyfrifol am yr is-benawdau.)

'Yr ydwyf y cofio imi gyfarfod â Hedd Wyn un noson yn ymyl y llythyrdy yn y Traws, hynny yw, yn ymyl y lle y mae ei gofeb yn awr. Yr oedd y llythyrau newydd fynd gyda'r trên saith. Gofynnodd yn sydyn imi:

"Lle mae Carneddi dywed?"

Nid oedd ganddo'r syniad lleiaf. Eglurais innau mai ym Methesda, Arfon.

"Wel, wel", meddai, "dyna fi wedi rhoi fy nhroed ynddi hi eto." Roedd o newydd anfon hir-a-thoddaid coffa ar ôl John Williams (Y Garn) o Stiniog. Gŵr y gwyddem yn dda amdano oedd John Williams, ac am ei geffylau a'i gadwyni – arferai dynnu wagenni llechi tua stesion y Diffwys yn y Blaenau. Ond am y pennill coffa, J T Job oedd y beirniad. Nid oedd Hedd Wyn wedi gofalu'n iawn am ei gyfeiriad, a dyma'r hyn a roes ar yr amlen:

Job,

Carneddi,

Caerdydd.

Trwy ryw foddion rhyfedd, am fod enw Job, mae'n debyg, mor hysbys ar y pryd, cyrhaeddodd y pennill i'r Carneddi, a chafodd Hedd Wyn y wobr am y pennill rhagorol hwn – ni cheir mohono ymhlith ei gerddi. [Ond fe'i cynhwyswyd gan Alan Llwyd yn yr Atodiad i argraffiad 1994, Hughes a'i Fab.]

Ei wenau hwyliog a'i feirch ni weli
Yn yr heolydd na'r hen chwareli;
Dibennodd ddiwrnod heb ynddo wyrni,
A Seion lonnodd â'i swynol ynni.
Ŵr diwyd, er ei dewi, – gŵyr ei wlad
Iddo yng nghariad ei Dduw angori.'[21]

Medrai Hedd Wyn chwerthin yn braf am ben rhyw ddiffygion o'r fath. Os nad oedd o'n siŵr o wybodaeth fel yna, fe ddaeth yn fuan yn siwrach lawer ohono'i hun ym myd barddoniaeth. Ac o sôn am ei addysg, ni ddylem ar gyfrif yn y byd anghofio'r capel y maged ef ynddo. Fe wn i ei fod mor hyddysg yn ei Feibl â neb bron a adnabûm i. Fel aml un arall â difanteision, a rhai a ddaeth i enwogrwydd, wrth astudio'i Feibl y dysgodd Hedd Wyn yntau sut i ddefnyddio'r iaith a siaradai bob dydd. O'r Beibl y tynnodd ysbrydiaeth i'w gerddi. Oddi wrth un o'i broffwydi mawr, yn rhannol, y gwelodd yr 'Arwr' y canodd iddo ...[22]

Bachgen swil a thawel ydoedd. O daldra cyffredin, o ran ei ddyn oddi allan. Dim byd yn sbon ynddo mewn na gwisg nac osgo ... Gwallt gwineuddu, a dau lygad byw, aflonydd, a disglair hefyd pan ddaliai ar rywbeth a'i diddorai'n arbennig. Un chwim ar ei droed, hynod o graff ac effro, yn ganwr da, ac yn ymroi i bob rhyw hwyl o gwmpas ei gartref. Hynny i gyd, wrth reswm, bob yn ail â'i orchwylion ar y ffarm: dilyn yr arad a'r og, gofalu ychydig am y defaid, ac nid oedd dim a hoffai yn fwy na phladurio. Cymeriad rhadlon. Buasai mor anodd ffraeo efo fô, mi goeliaf, ag yr oedd hi mor hawdd gwneud ffrind ohono.

Ellis, Yr Ysgwrn, a William Morris yn astudio nodiadau John Morris-Jones ar Gerdd Dafod

Yr atgof cyntaf sy gennyf fi amdano yw ei weld yn mynd ar hyd stryd Penygarreg efo'r drol a'r ceffyl. "Dyma Ellis, Yr Ysgwrn iti", meddai fy chwaer, Mrs Ellis Jones, wrthyf. Galwodd arno. Roedd y ddau yn adnabod ei gilydd yn dda, a galwai yntau yno yn awr ac yn y man. Y noson honno daeth i'r Llan eilwaith a chawsom sgwrs hir gyda'n gilydd. Yn yr un stryd yr oedd efrydydd ifanc, Evan Jones, yn byw; a minnau newydd gael nodiadau'r Athro

John Morris-Jones ar y cynganeddion ganddo – y nodiadau a ymddangosodd yn ddiweddarach yn llawnach yn ei lyfr *Cerdd Dafod*. Bu Ellis a minnau'n astudio'r nodiadau hynny yn eiddgar. Felly'n union y daethom yn ffrindiau; a chan fod fy chwaer a'i gŵr (un o gryddion y Traws) yn ei nabod mor dda, buan iawn wedyn y cyfarfyddem ninnau'n dau â'n gilydd o dro i dro, a pharhau i wneud hynny'n weddol fynych hyd i'r amser yr ymunodd ef â'r fyddin ym 1917.

Byddai wrth ei fodd yng nghanol ei ffrindiau. Clywais ef yn sôn yn ddifyr lawer gwaith am droeon trwstan a digrif hwn a'r llall yn y fro. Er mor swil ydoedd ymhlith dieithriaid, nid oedd neb mor ffraeth ymhlith ei gyfeillion: Moi Plas, Moi Berth Ddu, Ifan y Pandy, meibion Caeringhylliad, meibion a gweision ffermydd eraill, Robin Alic hefyd a'i ddawn 'i'w rhaffu nhw', a Jacob Jones o'r Odyn. Y Felin a'r Odyn, y Bont a'r Merddwr – dyna'u hoff gyrchfannau ...'[23]

'Hedd Wyn, y dyn barddonol'

'Fe âi heibio i Elfyn weithiau, dro arall at J W Jones (John y Bardd) i Gae'r Ffridd; ac yn amlach na hynny i'r Llyfrgell Gyhoeddus yn y Blaenau. Bu'r hen lyfrgellydd, John Lloyd Jones, yn hynod garedig wrtho fo a minnau. Cofiaf un Sadwrn, yn fuan ar ôl ei urddo yn 'Hedd Wyn', daeth i mewn at y llyfrgellydd drwy'r drws yn yr ochr. Cyfarchodd hwnnw ef yn sydyn:

"Hylô, dyma Hedd Wyn!"

"Ie", meddai yntau, yr un mor sydyn, ac yn cochi at ei glustiau:

"Hedd Wyn, y dyn barddonol."

Rhwng Yr Ysgwrn a'i ffrindiau a'i lyfrau, er dued y cymylau, trwy'r cwbl mwynhâi ei fywyd ...'[24]

'Un gwych am stori oedd Hedd Wyn. Byddai'n arwain cyfarfodydd yn Neuadd newydd y pentref, a dawn rwydd a chartrefol ganddo at waith o'r fath. Clywais ef yn dweud stori am gymeriad adnabyddus: brawd a fyddai'n cario gyda'i gerbyd o'r pentref i'r stesion ôl a blaen. Tipyn o lwynog oedd hwnnw. Un gyda'r nos yn ymyl y Bont cymerai arno fod cyfrif a thrin pres yn ddryswch iddo. Gwrandawai bachgen o was, newydd ddyfod i'r ardal, yn syn arno – un go ddieithr i'r hen actiwr medrus a'r cwmni. Roedd yr hogiau yno, wrth gwrs, i wthio'r cwch i'r dŵr. Gan mor ddiniwed y dywedai'r hen gariwr ei stori, y gwalch iddo, cyffyrddodd galon y gwas diniweitiach. Mynnai hwnnw ei helpu. Toc, dyma fo'n gofyn iddo wrth ei enw:

"Arhoswch funud! Dywedwch eich bod chi'n cael swllt dydd Llun am job, deuswllt dydd Mawrth, triswllt dydd Mercher, pedwar swllt dydd Iau a choron dydd Gwener – beth a gaech chi dydd Sadwrn?" Fel bwled atebodd yntau:

"Y 'ngwas annwl i, mi gawn ffit!" ...'[25]

Wrth feddwl am gysylltiad Hedd Wyn â'i henfro, dyma ddywed Dyfnallt: "Bu'n hwyrfrydig i ymado â hedd y mynydd. Carodd unigedd mawnogydd yn gynnar, a chynefin iddo erioed oedd iaith sibrydion, awgrymiadau a murmuron y copaon a'r llethrau." O'r awyrgylch yna y tynnodd yn ei fagwraeth, a thyfodd mab Yr Ysgwrn yn wahanol i'r plant eraill. Pa beth bynnag sy'n cyfrif am hynny – Duw yn unig a ŵyr – fe aeth prydyddu â'i fryd. Diau fod ysfa o'r fath ynddo, ac o'i meithrin cryfhaodd beunydd. Mynnodd, a chafodd, bob cyfle o hyd cyrraedd i borthi'r nwyd. Ar ryw olwg gresyn na chawsai well cyfleusterau, ond fel y mynegodd John Morris, ar yr un nodyn yn union â Dyfnallt:

'Bu fyw mor agos i Natur nes iddi hi osod ei delw ar ei gymeriad a'i gân. Cydgyfarfu ynddo addfwynder corlan a chadernid mynydd, dwyster unigedd a direidi nant, tynerwch awelon haf a beiddgarwch corwyntoedd gaeaf, yswildod blodyn y mynydd ac annibyniaeth hebog y graig – dyna'i nodwedd, ac y mae'r cwbl yn ei ganeuon.'[26]

6.

John Dyer Richards:
Gweinidog Hedd Wyn yn Dwyn i Gof

Bu Hedd Wyn yn arbennig o ffodus yn y ddau berson a oedd yn weinidogion gydag enwad yr Annibynwyr yn Nhrawsfynydd ar yr union adeg yr oedd ef ei hun yn ymgolli mwy a mwy mewn barddoni. Y gweinidog rhwng 1898 ac 1902 oedd y Parchg John Dyfnallt Owen, 'Dyfnallt' (1873-1956): bardd, llenor, a golygydd *Y Tyst* am y blynyddoedd maith, 1927-56. Heddychwr hefyd a hyrwyddwr y ddolen rhwng Cymru a'r Gwledydd Celtaidd. Gŵr difalais, uchel iawn ei barch yng Nghymru. Rhoes bob cefnogaeth i'r llanc ifanc o'r Ysgwrn. Pan fu farw Hedd Wyn, cyhoeddodd ysgrif goffa iddo yn *Y Geninen* (rhifyn Ionawr a rhifyn Gŵyl Dewi, 1918).[1] Er mor flodeuog yw'r arddull, a'r cynnwys mor rhamantus, y mae'r ymdeimlad o golled ar ôl y bardd yn ddiffuant iawn.

Yn yr ysgrif hon y ceir un o'r disgrifiadau mwyaf manwl a dwys, er mor lliwgar ydyw, o ddarlun olew enwog John Kelt Edwards (1875-1934): 'Hiraeth Cymru am Hedd Wyn' (1917). Cyhoeddwyd y darlun yr un flwyddyn ar ffurf cerdyn post, gan Hugh Evans a'i Feibion, Gwasg y Brython, Lerpwl. Mab i Jonathan Edwards, siopwr o Flaenau Ffestiniog, oedd yr arlunydd dawnus hwn, a chofiwn mai ef hefyd a wnaeth y darlun trawiadol i gofio Hedd Wyn ar gyfer y gyfrol *Cerddi'r Bugail* (1918, 1931).

> 'Ger fy mron y mae *Hiraeth Cymru am Hedd Wyn* – darlun byw ein harlunydd cenedlaethol – Kelt Edwards. Llwyddodd yr arlunydd yn eithriadol ym manylion, awyrgylch, arwyddocâd a neges ei ddarlun.

Y Parchg John Dyfnallt Owen, 'Dyfnallt', gweinidog ar eglwysi'r Annibynwyr yn Nhrawsfynydd, 1898-1902, yn sefyll ger Y Gadair Ddu, ac Evan Evans, tad Hedd Wyn, yn eistedd ynddi.

Llun trwy garedigrwydd Geraint Dyfnallt, Amwythig (ŵyr J Dyfnallt Owen), a Pascal Lafargue, Amgueddfa Werin Cymru.

Tybied yr edrychydd mai *allor* yw ei feddfaen yn fwy na dim arall. Hir yr erys yr olwg ar wyneb byw ac arwyddocaol y bardd. Mae mwy o ddelw'r marchog ynddo na chynt – mwy o'r arwr wedi ymgodymu â thynged. Daliodd y crefftwr y fflach yn y llygaid. Uwch ben yr allor yn ei hing a'i gwae y mae Cymru weddw, drallodus; ei llygaid yn drwm gan hiraeth a dagrau; ei hwyneb fel wyneb un a ŵyr am bangfeydd serch, a'i chalon wedi torri. Wrth droed y garreg y mae telyn Cymru yn pwyso, ac fel pe'n ymbil am gyffyrddiad llaw y bardd mud i linynnu alaw arni. O flaen y feddfaen y mae blodau'r '*asphodel*', neu '*fleur de lys*': ni waeth pa 'run. Dyma flodau'r Celtiaid, y blodau sy'n amddiffyn gwledydd awen – Ffrainc a Cheltia – rhag difrod y Fandal ar ei hynt felltigaid. Ac yng ngwyll y cefn y mae hen adfail eglwys, megys Eglwys Llanidan ym Môn; a thybia'r dychymyg weld o hono wyneb drylliedig Goronwy Môn yn cil-edrych rhwng y parwydydd tywyll, a'r dagrau'n llif ar ei ruddiau am gladdu gobaith y genedl yn 'llawr estron' – fel yntau. Mae llaw gelfydd y Kelt wedi'i chyd-dymheru â dyhead hiraeth y genedl yn y darlun.'[2]

Dilynwyd Dyfnallt yn weinidog ar eglwysi annibynnol Ebenezer (capel teulu'r Ysgwrn), Jerwsalem, a Phen-stryd, gan y Parchg John Dyer Richards. Bu yn Nhrawsfynydd: 1902-1917. Roedd yntau, fel ei ragflaenydd, yn ddyn 'y pethe', yn barddoni, yn ennill cadeiriau eisteddfodol, ac yn fawr ei gefnogaeth i weithgarwch diwylliannol cyfoethog y fro. Nid yw'n syndod yn y byd iddo hefyd ddod yn un o brif edmygwyr yr hogyn ifanc o'r Ysgwrn. Daeth i'w

Y Parchg John Dyer Richards, gweinidog ar eglwysi'r Annibynwyr yn Nhrawsfynydd, 1902-17.
Llun: Barddas (*Gwae Fi Fy Myw*).

adnabod yn dda, fel ei weinidog ac fel cyfaill, ac i ddal ar bob cyfle i'w gynorthwyo a'i annog.

Wedi marw Hedd Wyn ym mis Gorffennaf 1917, cyhoeddodd J D Richards ysgrif goffa gynhwysfawr mewn dwy ran yn rhifyn Ionawr 1918 o'r *Geninen* a rhifyn 1918 o *Ceninen Gŵyl Dewi*.[3] Rhoddwyd sylw eisoes i ysgrif ardderchog William Morris. O gofio am y nifer sylweddol o ysgrifau ac erthyglau coffa cynnar i'r bardd, dyma eto, yn sicr, un o'r rhai pwysicaf, onid y bwysicaf un. Y mae'n bortread cyflawn iawn o'r bardd, ac yn bortread onest. Cyfeiria'n gynnil, er enghraifft, at rai nodweddion a oedd (ym marn ei weinidog, o leiaf) yn wendidau. Peth anarferol a mentrus iawn i'w wneud oedd hynny, yn enwedig mor fuan wedi'r drychineb fawr, a'r genedl gyfan yn ei galar.

Detholiad yn unig o ysgrif y Parchg J Dyer Richards a gyhoeddir yn awr yn y gyfrol bresennol. Y mae'r ysgrif gyflawn yn cynnwys hefyd, er enghraifft, sylwadau ar leoliad Yr Ysgwrn, hynafiaid a theulu Hedd Wyn (sylwadau eithriadol o werthfawr), ac ymdriniaeth â'i gerddi, yn arbennig y cerddi eisteddfodol.

'I ba beth y bu'r golled hon?' Cwestiwn mam Hedd Wyn

'Ar aelwyd henafol Yr Ysgwrn, Trawsfynydd, Sir Feirionnydd, yn gynnar yn y flwyddyn 1887, fe siglai mam ieuanc grud annwyl ei chyntafanedig. Iddi hi, hwn ydoedd trysor y trysorau, ac er fod 'organau'r gwynt' yn canu'u goreu ar y bannau noethlwm o'i deutu, yr oedd balchder traserch, yntau, yn plethu ei arwyrain hyfrytaf yng nghalon y fam, ac y mae carolau'r cyfnod hwnnw eto'n fyw iawn, a'r fam honno, trwy 'gawodydd dagrau' Hiraeth, yn tremio ar y 'Gadair' gain, sef 'Cadair Ddu' Eisteddfod Genedlaethol Birkenhead, 1917, sydd yn awr â'i hwyneb ar garreg yr aelwyd, lle y siglai hithau grud yr 'arwr' a enillodd y derw cenedlaethol o dan amgylchiadau mor eithriadol o drist eleni. Ac fel pob mam effro, diau iddi holi yn aml a dwys dros ei phlentyn er Ionawr 13eg, 1887 (canys dyna ddydd ei eni): "Beth fydd y bachgen hwn?" Eithr erbyn hyn, er ddarfod i'r bachgen hwnnw esgyn i oriel yr anfarwolion, a chanu ei hun i gysegr cyfaredd canu ceinaf 'Gwlad y Delyn', ac er pob serch a fyn cenedl gyfan ei fwrw i'w goffa, fe fyn ei fam ysig eto ofyn yn brudd: "I ba beth y bu y golled hon?" [4]

Ysgol ac athrawon llên

Dechreuodd ysgolia'n chwech oed yn Ysgol Frytanaidd y pentref yma, gan orffen ei gwrs addysgol pan yn 14eg oed; yna aeth adref at ei dad a'i fam mewn ateb i alwad y buarth a'r bryniau am 'borthwr' a 'bugail'. Ei ysgolfeistr ydoedd y diweddar Mr W W Owen, gŵr tanbaid ei ysbryd, ond a wyddai yn dda iawn sut i roddi min ar feddwl ei ddisgyblion; a chlywsom, ragor nag unwaith, y syniai'r athraw craff o'r cychwyn yn uchel iawn am Hedd Wyn. Yn y cyfnod yma hefyd dilynai ein gwrthddrych yr Ysgol Sul a'r Cwrdd Plant yng Nghapel yr Annibynwyr, sef Ebenezer yma, lle'r ymaelododd yntau, yn ffyddlon i draddodiadau'r teulu, pan yn 14eg oed. Dyfnallt (Caerfyrddin yn awr) oedd y gweinidog ar y pryd; ac efe felly a dderbyniodd Hedd Wyn i freintiau'r eglwys; a'r nos Sabbath hwnnw bu dwylo dau o gewri Cân ynghyd am ennyd fer; ond nid oedd y gweinidog ieuanc mwy na'r hogyn eiddil a groesawai at fwrdd y saint, ddim yn ymwybodol yn awr o'r bri cenedlaethol oedd iddynt ill dau. Yn ystod gweinidogaeth fer Dyfnallt yma bu aml gyfathrach rhyngddo ef a'r bardd ieuanc o'r Ysgwrn; yn wir cafodd disgybl eiddgar ac uchelgeisiol yn ysgol yr Awen, yn Nyfnallt, athraw mwyn a gwir alluog ...

Ond fel y cynyddai, fe hawliai Hedd Wyn ieuanc bawb a phopeth at ei wasanaeth. Bellach, pwnc llosg ei enaid ydoedd cael adnoddau i ragori ac esgyn ym myd euraidd Barddoniaeth. Ar ochr y rheilffordd a red o'r Bala i Flaenau Ffestiniog heibio y lle hwn, heb fod nepell o orsaf Trawsfynydd, y

Capel Ebenezer, yr Annibynwyr,
Trawsfynydd, 1873-1994, cyn ei
ddymchwel. Yma yr oedd teulu'r
Ysgwrn yn addoli a Hedd Wyn yn
aelod.

Llun trwy garedigrwydd Ieuan Tomos,
Trawsfynydd, a Keith O'Brien.

Y tu mewn i Gapel yr Annibynwyr,
Ebenezer.

Llun trwy garedigrwydd Ieuan Tomos,
Trawsfynydd, a Keith O'Brien.

mae caban a swyddfa waith y llenor gwrteithiedig a'r englynwr sicr ei ergyd, Lewis Jones (Glan Edog), sy'n bennaeth, ers llawer blwyddyn bellach, ar adran o weithwyr ar y rheilffordd uchod, ac yn nhymor cyntaf ei yrfa loew rhoisai Hedd Wyn aml i dro prysur at gaban Glan Edog; ac ni chafodd neb erioed wr hoffach i'w oleuo a'i arwain yng 'Nghyfrinach Beirdd Ynys Prydain'. A chyfaill caredig iddo 'yn nydd y pethau bychain' yn ei hanes hefyd, fu Islyn [Ellis Isfryn Williams, 1863-1914] – gorsaf-feistr y *G.W.R.*, Blaenau Ffestiniog, yn bresennol, ond a oedd yn gofalu am Orsaf Trawsfynydd yn y cyfnod dan sylw; cafodd Hedd Wyn nodded dirionaf yr awenydd gorffenedig hwn bob amser.

Ond, wrth reswm, darllenai a myfyriai Hedd Wyn bopeth y deuai o hyd iddo ym maes Barddoniaeth yn awr, bob hamdden a gaffai at hynny, heblaw hefyd yr ehangai yntau gylch ei adnabyddiaeth o flwyddyn i flwyddyn, gan sicrhau, yma a thraw, lawer cyfaill ac athro parod i'w gynorthwyo. Yr oedd yn feddiannol ar ddawn neillduol i weithio ei ffordd at y neb a fynnai, a gwnâi ffryndiau ymron mor rhwydd ag y cynganeddai; a dyna'n ddi-os, iddo ef, gamp hawddaf bywyd. Deffrodd yn gynnar i'r gorchwyl o drin y

Delwedd, ger y fynedfa i Ysgol Bro Hedd Wyn, i ddynodi safle hen gapel Ebenezer, Trawsfynydd.
Llun gan yr awdur.

Gynghanedd. Cynganeddai yn rhwydd yn 11eg oed; ac nid oedd ond 11½eg oed pan gyfansoddodd ei englyn cyntaf ar erchwyn mawnog Yr Ysgwrn i'r 'Das Fawn' yr oedd ef a'i dad newydd ei gorffen: ' Yn dynn o fawn, dyna fo', meddai'n hapus: ac nid oedd ond 12eg drachefn yn ennill ei wobr gyntaf mewn cyfarfod llenyddol yn Ebenezer yma ar y testun 'Y Mab Afradlon'.[5]

'Un o'r rhai disgleiriaf'; 'cymeriad rhadlon, siriol'; 'cwmnïwr diddan iawn'

Pan ddaethom ni i weinidogaethu i'r cylch [1902] yr oedd bellach yn llanc 15½eg oed; cawsom bob cyfle i'w adnabod o ran ei ddynoliaeth a'i ddelfrydau; a buan y gwelsom fod ynddo rywbeth a'i codai ymhell uwchlaw llinell y cyffredin. Mewn llawer ystyr yr oedd yn un o'r rhai disgleiriaf ymysg ieuenctid yr ardal. Buom yn darllen ei wyneb yn ofalus lawer gwaith, ac yn siarad â'r dyfnderau hyawdl oedd yn ei lygad; a gwelsom wedi hynny'n glau ddyfod addfedrwydd anneffiniol mawredd aruthr i'w dremyn a'i rodiad. Gyda'i wyneb hir a'i drwyn main, lluniaidd, ei wallt gwineuddu, trwchus, a'i lygad rhyfedd o effro a disglair ar brydiau, er fod yn ei ddyfnderau hefyd dyrfa deg o freuddwydion dieithr – gellid, heb inni sathru dim ar chwaeth oreu cenedl, na'n bod ychwaith yn gwag-ymffrostio, gymharu wyneb Hedd Wyn â'r wynebau a welsom mewn ambell ddarlun o Eben Fardd, Ieuan Gwynedd, ac Islwyn. Yr oedd yntau, mewn rhagor nag un ystyr, yn llinach yr urddasolion hyn ...

Cymeriad rhadlon, siriol, a chwbl naturiol ydoedd; ac i amlygrwydd diamheuol y rhiniau hyn ynddo y rhaid priodoli ei boblogrwydd cynnar a di-warafun yn ardal ei faboed, ynghyd â'i lwydd cynyddol fel arweinydd mewn cyrddau llenyddol, eisteddfod a chyngerdd. Doniwyd ef ag arabedd uwch na'r cyffredin, a gwnâi ddefnydd hapus o'r ddawn honno. Nid yn hawdd y gellid ei daflu o lwybr hunan-feddiant, a llawer anhawddach gorchwyl fyddai ceisio ei gythruddo i fod yn ddigofus ac erwin ei lafar. Cofiwn ef yn 'tynnu'r tŷ i lawr' un tro yn un o'n cyrddau diwylliadol ni yn Ebenezer gydag englyn i un o 'golofnau' y cynulliadau hynny, a derfynai fel hyn: 'A'i mennydd fel y Manod'. Rhaid oedd ymollwng i chwerthin yn iach wrth ergyd ddoniol y bardd ...

Yr oedd Hedd Wyn yn gwmnïwr diddan iawn; ac y mae lloriau'r Felin

Hedd Wyn.
O gasgliad Yr Ysgwrn (APCE).

a'r Odyn sydd ar y ffordd o'r pentref i'r Ysgwrn yn weigion rhyfeddol hebddo. Bu'n cadw'r oed yno lawer hirnos gaeaf, a'r cwmni'n cynhesu a 'chrasu' hyd at fod yn chwilboeth o dan gyfaredd ei ddawn a'i ddychymyg; a bu agos i ambell 'glwydaid' o ŷd gwerthfawr fynd yn angof, a bron yn ofer, gan y rhyfedd flas a geid ar yr ymgom ar adegau fel hyn ...

'Llwybrau gwendidau ...'

Unwaith y gwelsom ni ef yn tueddu oddiwrth ei wastadrwydd arferol o ran tymer; a bron ar garreg drws ein tŷ ardrethol ni yma y digwyddodd hynny hefyd. 'Clawdd terfyn' oedd y pwnc rhyngom y tro hwnnw, a ninnau newydd roddi cyfeiriad i'r amgylchiadau cysylltiedig ag ef, rhag ofn y tynasai'r 'clawdd terfyn' mewn dadl, gloddiau eraill llawn mor bwysig i lawr. Gwnaethom y peth doethaf o lawer – hynny o dro, beth bynnag; a bu raid i'r bardd ystormus, am ennyd, gydnabod hynny cyn bo hir. Yn wir, daeth tawelwch drosom eto wrth garreg y drws, pryd yr aeth helynt y 'clawdd terfyn' yn angof yn suon ffrydiau peraidd mynydd Parnassus.

Wrth gwrs, gwyddai am lwybrau gwendidau a chyfeiliorni bywyd; ond heddyw, teimlwn, ac am hynny y llefarwn, mai math ar offeiriadaeth lawen ydoedd ei yrfa hudolus ...

'... ei fam yn hulio aml 'gwpanaid o de' i'w bardd ar bentan Yr Ysgwrn'; '... hanner nos wrth oleu'r gannwyll oedd ei fore ef'

Ni *frysiodd* gyda dim erioed. Gwelsom ef, fwy nag unwaith yn camu'n fras ac yn fuan i ddal y trên; ond fynychaf, hamdden ddifyr, ond ddwyfol hefyd, ydoedd bywyd i Hedd Wyn, ac am hynny fe hawliodd *lonydd* i deithio y rhan fwyaf o hono yn ei ffordd ei hun; ac feallai fod serch y rhieni a roisant y fath 'dragwyddol heol' iddo i ragori yn niwydiant ei enaid, sef fel Bardd, yr offrwm tecaf a estynnwyd ers tro i gysegr Llên Cymru. Ni roisid ar 'Ellis', chwedl hwythau, yr un baich na rhwymyn a dorrai ar ei gyfle i farddoni; ac nid porthi diogi a wnaethant wrth ymddwyn felly ychwaith, eithr erchi i'w serch gynorthwyo ledneisied modd y llosgai fflam athrylith y mab yn loewach o hyd. Y mae mwy na defnydd telyneg dlos yng ngwaith ei fam yn hulio aml 'gwpanaid o de' i'w bardd ar bentan Yr Ysgwrn, agosed ag y gallai yntau ymwasgu at y mawn tanlli heb fygu neu ynteu rostio. Y mae math ar ryddid sy'n hawlfraint y talentog, ac y dylid ei estyn yn ddi-warafun gan 'benaethiaid y tŷ' i'r neb a'i ceisia ac a'i teilynga'n wironeddol. Gwyddom oll ymron yma, nad oedd y bardd yn godwr bore ond mai 'hanner nos' wrth oleu'r gannwyll oedd ei fore ef! ...[6]

Ni chrwydrodd Hedd Wyn nepell o'i gartref nac o'i sir enedigol, ag eithrio y tri mis y bu yng nglofeydd y Deheubarth – o Nadolig 1908 ymlaen. Credwn mai yn Abercynon y bu y pryd hwnnw; eithr cefnodd yn fuan ar fywyd y De, gan ddychwelyd i lonydd y corlannau – ac i aros erddynt bellach, hyd ei gychwyn i'r Fyddin y llynedd – Ionawr 29ain. Ac am y cychwyn hwn dywedwn, y *gallai* Hedd Wyn aros *gartref* heb dreisio'r un ddeddf drwy hynny; a mwy eto, am y gwyddom ei argyhoeddiad personol, mynegwn ef – nid oedd yn filwr o'i fodd, ac os cân rhai ei glod yn fwy am ddarfod iddo syrthio yn Ffrainc yng ngwisg y milwr, druain o'r cyfryw, canys efelly fe wneir cam dybryd â choffa Hedd Wyn ...[7]

... Y Bardd ydoedd o hyd, ac elai'n dra an-farddonol hefyd o'i gysylltu ag ambell i beth. Nid oedd 'cweryla' yn ddreng ar ei raglen ef, onitê cadwasai ei hun, heb ond ychydig o'r ddawn honno, o afaelion y Fyddin – heblaw hefyd y gallasai osgoi aml drofa a'i profodd yn llym, am ei fod radloned a diniweited. Ymdawelai, ac âi, a gwnâi – dyna'i weledigaeth feunyddiol, eto fe *deimlai* bopeth i'r byw. Nid llwfr-ddyn croen-dew ydoedd; a gallasai bob amser wynebu ei dynged fel *dyn* ...

Ymhellach [yn y Ganolfan Filwrol yn Litherland], ni chollodd mo'i asbri llengar yn y cylch hwn. O ran hynny, yn Litherland, fel y dengys ei lythyrau, cafodd o hyd i noddwyr tirion a ffryndiau gwerthfawr. Tarawodd ei delyn lawer nodyn digrifol yn y gwersyll hwn. Gwelai'r doniol, a chanai i'r peth a'i gogleisiai ar y pryd ...[8]

'... agosed yr aethom ... fel mai brodyr oeddym ein dau yn cwrdd yn ysgol hudol yr Awen'

Fel y sylwasom o'r blaen, yn herwydd ein cysylltiad â Hedd Wyn a'i deulu fel gweinidog crefyddol, fe'n harweiniwyd yn agos iawn at y bardd; ac agosed yr aethom, yn enwedig y pum mlynedd olaf o'i fywyd, fel mai *brodyr* oeddym ein dau yn cwrdd yn ysgol hudol yr Awen, ac oblegid hynny hefyd, gwyddem gymaint o'i gyfrinachau fel bardd ac odid i neb, er nad ein hamcan gyda'r mynegiad yma o'r eiddom ydyw ymwthio i gylch euraidd ei anfarwoldeb llenyddol ef ychwaith. Lle bynnag y cystadleuai ni buom unwaith yn euog o godi'r llen yn anfoneddigaidd i'w flino, eithr cadwem y gyfrinach o hyd. Collodd lawer gwaith, ond ni chwerwodd gymaint ag unwaith am hynny, a phan yr enillai nid ymffrostiai'n hyf yn ei lwydd.[9]

Arwest Llyn y Morwynion: Bryfdir yn rhoi'r enw 'Hedd Wyn' i Ellis, Yr Ysgwrn

Mor araf, onidê, y caniataodd ei gyfarch a'i adnabod fel 'Hedd Wyn' – enw a gysylltwyd yn ddifyr ag ef, ar y cyntaf, gan y bardd Bryfdir, Blaenau Ffestiniog, a chyfaill mawr iddo, yn Arwest Llyn y Morwynion, Ffestiniog, rai blynyddoedd yn ôl. [20 Awst 1910] Fe wnaeth yr awenydd hysbys ac aml-gadeiriog o'r Blaenau wasanaeth cenedlaethol o radd uchel y tro hwnnw; ac fe hawlia ddiolch bythol ar ran ei gyd-genedl am ei ddawn yn llunio enw mor dlws, ac un lawned o swyn mawredd, i'r bugeilfardd o'r Ysgwrn. Ymhen ychydig wedi'r arwest honno gofynnodd y llencyn llengar i mi beth a feddyliwn o'i enw newydd, sef Hedd Wyn, a dyma'n hatebiad:

"Fachgen, y mae sŵn aros am byth ynddo!"

Gwenodd yntau'n ddiddig; ac ychydig a dybiem ninnau y pryd hwnnw y perthynai i'n sylw ryw fath o broffwydo hapus.[10]

Ac at yr hamdden hyfryd oedd ran o fywyd y bardd, ac a wasanaethodd gymaint i'w lwydd, y mae eto beth arall, a pheth pwysig iawn, sef ei gof gafaelgar. Yn hynny o ddawn ystyriem ef yn eithriad. Nid oedd ddim a ddihangai'r cof grymus oedd gan Hedd Wyn. Cofiai bopeth a glywsai ac a ddarllenasai'n ddi-feth; a bu hynny'n gymorth mawr iawn iddo, canys dyma a'i galluogodd i ymladd yn effeithiol yn erbyn y diwylliant prin a gafodd. Chwiliodd lawer ac yn ddyfal am 'eiriau cymeradwy'. Cipiai'r cwbl o gynhaeaf ei ymchwil ddi-arbed am danynt hwy yng nghyd â chyfoeth ymadroddion dewiniaid cynharaf Llên.

Dyna bwnc ein cyfeillach ninnau â'n gilydd yn aml – gair neu ymadrodd, heblaw y pennill a'r englyn a phryddestau ac awdlau hen a diweddar. Tua 'hanner nos' y terfynai'r cyfeillachu hyn fynychaf, a'r gwynt weithiau'n boddi ein ffarwel i'n gilydd, wrth ubain dros esmwyth huno'r pentref a'r gefnen lom, ddigysgod, i fyny at Yr Ysgwrn. Eithr ni chwynodd Hedd Wyn erioed ar wynt Duw; yn hytrach, canai ynddo ddedwydded ag y canai iddo. Ac fel hyn gweithiodd yn galed a chydwybodol, gyda 'thocio' 'eithin a brwyn iaith ein bro', am y gwelsai fod mân betheuach orgraff ac arddull mor bwysig ar gyfer cystadlu'n llwyddiannus mewn eisteddfod, yn ogystal â sicrhau safle barchus mewn cylchoedd llenyddol. Wrth gwrs, ni lwyddodd Hedd Wyn fel y dymunasai gyda'r gorchwyl yma, ond fe wnaeth ei oreu hefyd i rwymo ysbryd eofn ei awen wrth gyrn sigledig allor 'y llythyren' ...[11]

Darllen a benthyg llyfrau

Nid oedd y llyfrau a feddai Hedd Wyn ei hun yn lliosog, gan mor galed ydoedd brwydr byw ar aelwyd ei dad a'i fam; ond cafodd fenthyg llawer iawn o gyfrolau gwerthfawr, a hynny heb gymaint â chysgod gwg ar wyneb y sawl a'i gwasanaethai felly. Erbyn hyn, yn wir, y mae peth o lawenydd puraf eu profiad yn yr atgof iddynt, a'u cymwynasau, gynorthwyo ychydig ar y prydydd tlawd i ymgyfoethogi â thrysorau awduron pennaf llawer oes bellennig. Ac megis am danom ni'n bersonol, felly am eraill, y mae ambell gyfrol a fenthyciodd Hedd Wyn yn werthfawr iawn yn ein golwg yn awr, am fod olion ei fysedd ymchwilgar ef arni.

Ymhlith ei noddwyr lleol yn y cysylltiad yma gellir enwi Mr D Tegid Jones, Y Goppa, oedd â'i gasgliad helaeth o lyfrau at ei wasanaeth yn wastadol. Hefyd Mr Morris Evans, Bron-y-wern, mab i'r diweddar Tomos ap Ieuan, oedd garedig odiaeth i Hedd Wyn, a'i edmygedd o hono y fath fel nad ataliai fendith yr un llyfr a hoffai oddiwrtho, os byddai hwnnw hefyd ar silffoedd y gŵr llengar o Fron-y-wern.

R Williams Parry, 'Bardd yr Haf', yn ymweld â'r Ysgwrn

Ac felly fe wyddai Hedd Wyn am agos y cwbl o weithiau prif awenyddion Cymru, a medrai adrodd llawer iawn o gynhyrchion y rheiny o'i gof. Am awdl 'Yr Haf' – gorchest gain Mr R Williams Parry, gallai adrodd honno ymron drwyddi, air am air; a dyna'n ddi-os eilun ei galon ymhlith gorchestion beirdd Cymru. Yr oedd peth cymundeb rhwng yr awdur llednais hwnnw a'i edmygydd beunyddiol. Awst yr 28ain, mewn canlyniad i ddarllen am gwymp Hedd Wyn yn y drin yn Ffrainc, ysgrifenna Williams Parry lythyr atom [hynny yw, at J D Richards], ac yntau ei hun, erbyn hynny, yn lifrai'r milwr; a dyma ddywed am Hedd Wyn:

'Prin iawn fu fy adnabyddiaeth i o hono: ond tua Nadolig 1914 (credaf mai'r dydd olaf o'r flwyddyn oedd hi) euthum i a John Morris, B.Sc., Ffestiniog [brawd y Parchg William Morris], cyn belled â'i gartref. Cofiaf eich bod chwi a John Jones (John Jones Traws, fel y'i gelwir) – (y Parch. John Jones, B.A., B.D., Llangoed (M.C.), Môn, ac un o gymdeithion Hedd Wyn eto) – oddicartref, ond yr oedd Hedd Wyn gartref, a chawsom orig gydag ef, a chipolwg ar y Wyddfa, &c., oddiar y llechwedd y tu ôl i'w dŷ. Nis gwelais fyth oddiar hynny, ond byddwn yn anfon fy nghofion ato bob haf bron drwy gyfrwng Ellis Davies, Cynlas, ger y Bala. Byddai'r olaf yn ei weld adeg cneifio yn Nhrawsfynydd.'

A chan mor aml y soniai Hedd Wyn ei hun wrthym, wedyn, am ymweliad bardd 'Yr Haf' ag aelwyd Yr Ysgwrn, fe'n hargyhoeddwyd yn hollol fod i'r amgylchiad le cynnes ac arhosol yn ei fynwes; ond nid oedd y ddau ddisglair i gyfarfod â'i gilydd eto – a dyna sy'n drist – eithr cyfarfyddant am yn hir ar lwybrau, ac yn ysbryd goreu, ein llenyddiaeth ni fel cenedl.

Shelley a Keats, Browning a Ben Bowen ...

Shelley a Keats oedd hoff awduron y bardd ymysg meddylwyr Seisnig, a gallai ddyfynnu o honynt hwy bron mor rhwydd ag y gallai ddyfynnu o'i hoff awduron Cymreig. Yr oedd yn eu *deall*, i raddau i'w ryfeddu, hefyd; a meddai wybodaeth effeithiol iawn am weithiau beirdd fel Swinburne, Browning, Watson, Wordsworth, John Masefield, a Rupert Brookes. Yr oedd yn hoff iawn o rymusder awen ac ehediadau Browning ...

Ac yr oedd yntau, fel y mae pob bardd i ryw raddau, yn agored i'w ysbrydoli, a chael o'i awen liw a mynegiant, gan feirdd eraill. Nid oes neb, hwyrach, *mor wreiddiol* ac yr honna ei fod. Am un cyfnod, i'n gwybodaeth ni, yr oedd Ben Bowen yn eilun ganddo; ac ar ei weithiau yr adeg honno tybiwn fod cyfaredd y telynor ieuanc hwnnw dros ei delyn yntau. Un o'r pethau goreu a glywsom ganddo hefyd ydoedd papur a ddarllenodd yng Nghymdeithas Pobl Ieuainc Ebenezer yma ar Ben Bowen. Cadwyn o emau disglair a drud ydoedd, o'r dechreu i'r diwedd, gan hyoted y llefarai'r prydydd y noson honno, a llwyddai i fod yn *newydd* gyda phopeth a wnâi felly. Cofir yn dda, gan rai o honom, am ei anerchiad gloew ac ysgubol yn un o'n cyfarfodydd ysgol, beth amser yn ôl, ar y 'Caniad Newydd', ac er na chydolygai pawb â'r hyn a ddywedai, rhaid ydoedd talu gwarogaeth i ddawn newydd a grymus.

Wrth gwrs, yr oedd yn grefyddwr ac yn grefyddol, ac nid anghyson â hynny drachefn y ffaith ei fod yn Sosialydd pur groew ei gyffes. Credai na ddylasai bod a byw fod yn faich i neb; a gwnâi yntau ei ran gymdeithasol drwy ganu pob baich annheg i ffwrdd. Dyna'i genhadaeth ef. Safai dros ryddid ar lwybr bywyd a meddwl dynion. Onid hynny ydyw y cyweirnod a gais ei daro yn ei 'Eryri'?

> Hardded yr awrhon ryddid Eryri,
> Ei main di-halog ynghymun dyli,
> A'r nifwl arian tani – yng ngwaun fraith,
> Weithiau mal dryswaith o emliw dresi ...

Awdl 'Yr Arwr': 'gofid ac ing, gweddi a gobaith ... difrod y Drwg, ynghyd â buddugoliaeth ddwyfol y Da'

Yr oedd yn ddiwinydd newydd parhaus ar bwys yr hyn a glywsom o'i enau lawer tro yn ein dosbarthiadau Beiblaidd. Symudol a diwygiadol ydoedd yn wastad fel diwinydd; ac yr oedd yn bur gyfarwydd â phrif bynciau ein ffydd ni. Yn wir, canodd, er nad ond anfynych iawn, yn iaith gyffredin y diwinydd, broblemau mwyaf crefydd a'r enaid dynol. Dyna ei lwybr, ni a gredwn, yn ei awdl lachar ar 'Yr Arwr': gofid ac ing, gweddi a gobaith, y Da ar bwys difrod y Drwg, ynghyd â buddugoliaeth ddwyfol y Da yn y diwedd ...[12]

O law Hedd Wyn ei hun bellach, fel y gwyddom, yr aeth yr awdl yn ei hôl o Ffrainc dros y culfor bradwrus i Firkenhead – gyda'r ffugenw, beth bynnag arall a newidiwyd arni, wedi ei newid. Pam y rhoes y ffugenw *'Fleur-de-lis'*, yn lle 'Y Palm Pell', wrth y cyfansoddiad, yn awr nis gwyddom, ond gwyddom ei fod yn hoff iawn o'r cyntaf mewn cystadleuaeth; a dichon y cysylltai'r bardd ieuanc, pryderus, fath o gyfaredd ag ef; ond mwy, tybed ei fod eisoes yn ymwybodol mai hon fyddai ei awdl *olaf*? ...[13]

Bardd awyrgylch ydoedd yn anad dim arall; a dyna paham y ceir cymaint o swm o wefr, a melodi, ac addfedrwydd mawredd yn ei weithiau, ac yntau ieuenged yn *gorfod* peidio canu. Canai'r enaid sydd yn y blodeuyn brau, a chanai'r blodeuyn sydd yn yr enaid dynol. Ei swydd sanct ydoedd datguddio bywyd, a bu'n wir ffyddlon i'w weledigaeth. I Wordsworth, yr oedd yspryd yn y gelltydd o hyd; ac i Hedd Wyn hefyd, yspryd i'w ganu oedd gallt Yr Ysgwrn, ac fe'i canai am nas gallai beidio, mwy na mwyeilch 'Gwlad y Gân'.

Ag ŷd aur-felyn meysydd ei hendref yn prysuro i alw am ei bladur a'i bennill ef megis cynt, yn un o ffosydd Ffrainc, rhoes yntau ei delyn i lawr, yn rhy egwan a gwelw i godi na phladur na chledd byth mwy. Mynnai fflam y frwydr ddifa popeth ffordd y cerddai; ond telyn Hedd Wyn, rhoes lonydd i honno; ond llonyddwch methiant ydoedd, am fod ei waed drud ef fel dafnau dwyfol ar bob tant o honi, ac 'nis gallai'r fflam eu difa hwy'; ac am hynny 'y mae efe, er wedi marw, yn *canu* eto.' Bu'n ffyddlon bob cam i ganu agwedd uchaf a santeiddiaf Natur, a dyna paham y canodd mor fyw ac angerddol am Ddyn, a Duw, a Thragwyddoldeb; ac wrth i ni eto, pan dderfydd y brwydro blin presennol, wisgo man fechan ei fedd yn Ffrainc â theim, a rhosmari, a grug, o Gymru, fe deimlwn, fe ddichon, hyd wylo hidl, iddo ganu megis ei dranc ei hun yn ei awdl ar 'Yr Arwr':

> Ar hyn, trwy'r coedydd crinion – heibio daeth
> Wynebau du, creulon;
> A nodau brad nwyd eu bron
> Yn eu mil ffurfiau moelion.

> Weithion difraw y tawodd, – a'r wawr oer
> Ar ei wallt chwaraeodd;
> A'i lydain lygaid lwydodd
> Yn y tarth cyfrin a'u todd.

Eithr teimlwn iddo ganu mwy o lawer, sef galwad ysbrydol i bob rhyddid pur a daioni; a llwyfan santaidd fydd ei feddrod bellach:

> Geilw ar fywyd o'i benyd a'i boenau
> I fyd di-dranc yr ieuanc foreau;
> A'r oes wen, liw rhosynnau, – ddaw yn ôl
> Ar li' anfarwol ei nwyf a'i eiriau.

Ac felly y tu hwnt i bob gloes a chlwy y mae hedd, perffaith hedd, yn aros 'Merch y Drycinoedd':

> Wele, ferch, dyrchafael fydd, – yno tau
> Pob rhyw storm annedwydd;
> Ac i'r oed is y coedydd
> Cariad rhos o'i dranc hir drydd.
>
> Cyn hir fe'n hunir ninnau – ym mhaladr
> Y melyn foreau.
> Eisys mae llewych oesau
> Y deyrnas hud ar nesáu.

Dos dithau rhagot, Gymru, yn llwybr goleuwyn Cân dy berganiedydd ffyddiog, Hedd Wyn.'

7

'I'r Fyddin, Fechgyn Gwalia':
Posteri a Lluniau

Poster Pwyllgor Recriwtio'r Senedd (Parliamentary Recruiting Committee: PRC), rhif 22, Rhagfyr 1914. Y geiriau ar fersiwn Saesneg y poster hwn ydoedd: *'Come along, boys'*.

Poster Pwyllgor Recriwtio'r Senedd: PRC 31, Rhagfyr 1914.

Cartŵn, 4 Awst 1914, yn galw ar lowyr Cymru i ddyblu'u diwydrwydd er mwyn y Rhyfel.

Un o bosteri propaganda Rhyfel 1914-18. Cyhoeddwyd: 1915.

Rhybudd yn cyfeirio at Ddeddf
Gorfodaeth Gwasanaeth Milwrol, 1916.

GYMRY SENGL!

DEWISWCH

fynd i'r Fyddin cyn
Dydd Gwyl Dewi

Bydd
MAWRTH 2
yn
RHY HWYR.

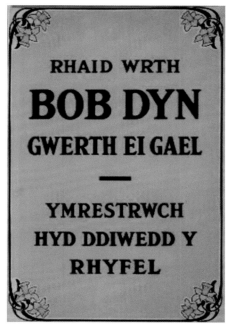

RHAID WRTH

BOB DYN

GWERTH EI GAEL

—

YMRESTRWCH
HYD DDIWEDD Y
RHYFEL

Poster Pwyllgor Recriwtio'r Senedd:
PRC 30, Rhagfyr 1914.

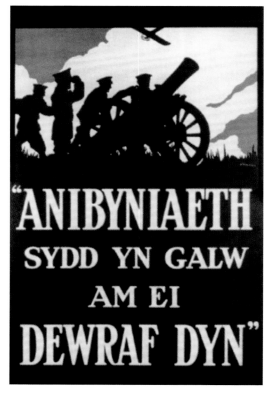

"**ANIBYNIAETH**
SYDD YN GALW
AM EI
DEWRAF DYN"

Poster Pwyllgor Recriwtio'r Senedd:
PRC 148, 1916.

8

'Gymry Ieuainc, i'r Gad': Lluniau a Chartwnau o Gefnogwyr y Rhyfel

Syr Henry Jones (1852-1922); David Lloyd George (1863-1945); a'r Parchg Gyrnol John Williams (1854-1921), Brynsiencyn, yn Stryd Downing, 1916. Cyhoeddwyd cerdyn post yn seiliedig ar y llun poblogaidd hwn.

Cartŵn o Lloyd George, y Gweinidog Arfau newydd, 21 Ebrill 1915.

Jwg tobi, yn portreadu David Lloyd George, y Gweinidog Arfau newydd, Mai 1915.

Y gwyliwr ar y tŵr. Cartŵn o Lloyd George mewn gwisg milwr cynnar. Cyhoeddwyd, er enghraifft, gyda'r erthygl, 'Cronicl y Misoedd', Cymru, cyf. 54, Ionawr 1918, t. 55.

Syr John Morris-Jones (1864-1929). Cyfieithydd dogfennau i'r Gymraeg yn ymwneud â'r Rhyfel, ar ran Lloyd George, ac awdur, er enghraifft, y daflen, *Apêl at y Cymry: Mynnwn Germani ar ei Gliniau*, yn cynnwys yr anogaeth: 'Gymry ieuainc, i'r gad'.

Llun o gyfrol Gwyn Jenkins, *Cymry'r Rhyfel Byd Cyntaf*, Y Lolfa, 2014.

Y Parchg T Charles Williams (1868-1927), gweinidog Capel Mawr, Porthaethwy. Recriwtiwr brwd a ysgrifennodd y geiriau hyn mewn llythyr yn *Yr Herald Cymraeg*: 'Fel gweinidog i Grist ... [dywedaf]: y mae yr alwad yma yn alwad uchel arnom i gymeryd arfau, ac yr wyf yn hyderus na bydd Cymru ar ei [h]ôl. "Yr hwn nid oes ganddo gleddyf, gwerthed ei bais, a phryned un." '

Llun o gyfrol Gwyn Jenkins, *Cymry'r Rhyfel Byd Cyntaf*, Y Lolfa, 2014.

9

'A mi Farwodd ["Dei Bach"] yn Dweud 'i Bader yn Gymraeg': Simon Jones a'r Teulu o Gwm Cynllwyd

Simon Jones (1893-1982), Blaen Plwyf Uchaf, Aberangell, ger Mallwyd, Meirionnydd, a lefarodd y geiriau sy'n brif bennawd y bennod hon. Cyfeirio y maent at ei gefnder, David Thomas Jones, 'Dei Bach', Ty'n-cae, Cwm Cynllwyd, plwyf Llanuwchllyn. Fel Hedd Wyn a Simon Jones ei hun, bu yntau ar faes y gad, a bu farw yn Ffrainc, 8 Ionawr 1918, yn 26 mlwydd

oed. Ar 26 Medi 1975, braint amheuthun iawn i mi oedd cael bod ar aelwyd Blaen Plwyf Uchaf yng nghwmni Eurwen a Dafydd Wyn Jones (y ferch yng nghyfraith a'r mab), a gwrando ar atgofion difyr a dwys Simon Jones am y teulu, am 'Dei Bach', ac am Hedd Wyn. Gwrando – a chofnodi hefyd gyfran helaeth o'r atgofion hynny ar dâp.[1]

Simon Jones (1893-1982), Blaen Plwyf Uchaf, Aberangell, gynt o Flaen Cwm a Than-y-bwlch, Cwm Cynllwyd, yn lifrai'r fyddin.
Llun trwy garedigrwydd Guto Prys ap Gwynfor a'r teulu.

Perthynai Simon Jones i un o'r teuluoedd mwyaf diddorol a diwylliedig y gwn i amdanynt. Yng Nghwm Cynllwyd a'r cyffiniau y ganed ac y maged y mwyafrif o aelodau'r teulu hwn, yn rhan annatod o'r gymdeithas amaethyddol gymdogol. Teulu niferus iawn, gyda nifer helaeth o blant ym mhob cenhedlaeth – a mwy nag un ohonynt â'r un enw! Afraid dweud, aeth rhai aelodau o'r teulu yn eu tro i fyw i rannau eraill o Gymru, ond gan ddwyn gyda hwy hefyd beth o rin a chyfoeth diwylliannol y Cwm. Un aelod a symudodd o Gynllwyd, ond heb fudo yn rhy bell, oedd Simon Jones, prif destun y bennod hon.

'Wyf ŵyr gwladwr o Feirion / a rannodd / Yr heniaith i'w feibion ...' (geiriau Dafydd Wyn Jones): teulu a threftadaeth

Roedd 'Simon' yn enw teuluol poblogaidd ers sawl cenhedlaeth. Ganed y Simon y byddwn ni yn rhoi sylw penodol iddo yn un o bump o blant ar fferm Blaen Cwm, Cynllwyd, 26 Mai 1893. Yn wythmlwydd oed symudodd i fyw i fferm gyfagos Tan-y-bwlch. Yna, yn 1920, wedi priodi â Laura (Lowri) Jones, Penygeulan, Llanymawddwy, newid ardal, a symud i Flaen Plwyf Uchaf, Aberangell. Yno y bu ef a'i briod yn byw ac yn ffermio weddill eu hoes a magu tri o blant: John, Dafydd Wyn a Richard ap Simon. Bu Simon Jones farw, 16 Rhagfyr 1982.

Gwyddom am un o'r plant, Dafydd Wyn Jones (1924–2015), fel bardd rhagorol, cyfrannwr brwd i Ymrysonfeydd y Beirdd a'r 'Talwrn', ac anwylyn y Babell Lên yn yr Eisteddfod Genedlaethol. Yn ei gyfrol *Cribinion: Casgliad o Englynion a Cherddi* (Gwasg y Bwthyn, 2009) y mae ganddo o leiaf ddau englyn sy'n berthnasol iawn i gynnwys y bennod hon.[2] 'O, Bydded ...' yw pennawd yr englyn cyntaf: 'O, bydded ... ['i'r hen iaith barhau']. Y mae'n cyfeirio at ddwy nodwedd sy'n hanfod cyfoeth diwylliant ardaloedd megis Cwm Cynllwyd a bro Hedd Wyn yn Nhrawsfynydd, sef iaith ac etifeddiaeth: yr iaith Gymraeg a'r dreftadaeth Gymreig.

Wyf ŵyr gwladwr o Feirion – a rannodd
Yr heniaith i'w feibion.
Yfory boed fy wyrion
Ym mharhad y Gymru hon.

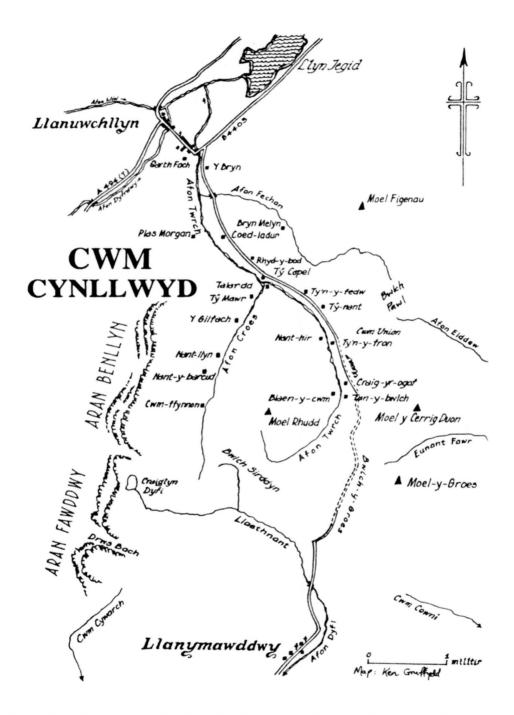

Map o Gwm Cynllwyd, gan Ken Lloyd Gruffydd. Cyhoeddwyd yn *Straeon Cwm Cynllwyd: Atgofion Simon Jones, Tan-y-bwlch*, Gwasg Carreg Gwalch, 1989.

Llun trwy garedigrwydd Eirlys Gruffydd-Evans a Gwasg Carreg Gwalch.

Teitl yr ail englyn yw 'Hanes', ac aberth a 'dolur' o ganlyniad i ryfel yn rhan annatod o'r 'hanes' hwnnw.

> Hwn yw Sycharth; hwn Arthur; – hwn yw her
> Merthyron ac arwyr;
> Hwn yw ein cof; hwn ein cur;
> Hwn ein dolen a'n dolur.

'Glywes ddeud mai hi oedd â'r *Welsh Not* yn ola bob fin nos ...': teulu ar ochr mam Simon Jones

Jane Jones, merch Ddôl Fawr, Plwyf Llangywer, oedd mam Simon Jones. Bu hi yn Ysgol Llanuwchllyn yng nghyfnod y *Welsh Not*, a dyma un sylw o eiddo'r mab:

> 'Glywes ddeud mai hi oedd â'r *Welsh Not* yn ola bob fin nos, am y rheswm ichi gael tynnu'r *Welsh Not* o am ych gwddw odd raid ichi brepio bod un arall yn siarad Cymraeg. A fydde mam byth yn gneud hynny. A wedyn, genni hi yr odd o. A hi odd yn câl y wialen yn ola cyn mynd allan ... Mae'n debyg bod shiarad Cymraeg yn bechod anfaddeuol bron yn y cyfnod hwnnw ... [Oedden nhw'n gorfod gwisgo] rwbeth neilltuol am 'u gyddfe i ddeud bod nhw 'di pechu ... Felly, Mam odd yn câl y gên bob amser.'[3]

Mam Jane Jones oedd Elizabeth Watkin Jones, Llangywer, ac yr oedd Simon Jones, Blaen Plwyf Uchaf, yn cofio'i nain yn dda:

> 'Dynes shiarp iawn odd Nain. Pan odd hi'n *seventy* oed fydde hi yn cerdded adre dwy filltir o ffor(dd) i'r capel [Capel Cynllwyd], a hi fydde'r gynta yn cyrredd adre bob amser o'r capel. Ag yn [un] dda iawn allan efo'r gwair pan odd hi 'di mynd yn hen. A gorchwyl bob dydd ar y ffarm amser hynny: corddi a golchi ar ddydd Llun; a pobi bara cerch dydd Mawrth; corddi dydd Mercher a bob dydd, ond dydd Sadwrn ... Dydd Sul ôn i byth yn câl cinio ar y Sul yn y cyfnod hynny. Odd 'na ddim amser – a cherdded ryw wyth milltir i foddion gras. Ryw damed ffordd gosa odd cinio dydd Sul. Cinio sala ar hyd yr wsnos.'[4]

Sant John Roberts (1577-1610): y merthyr Catholig Benedictaidd o Riw Goch, Trawsfynydd

Ar ochr mam Elizabeth Watkin Jones, Llangywer (y fam oedd yn hen nain i Simon Jones, Blaen Blwyf Uchaf, Aberangell) gallai'r teulu olrhain eu hachau yn ôl at Sant John Roberts (1577-1610), y mynach Benedictaidd a'r merthyr Catholig o Riw Goch, Trawsfynydd. Treuliodd ef rai blynyddoedd ar y Cyfandir, ac yn arbennig Ffrainc. O barch i'w hen sir, galwai ei hun yn 'Fray Juan de Mervinia' ('Y Brawd John o Feirionnydd'). Yn ystod 1603-1610 bu'n gweinidogaethu yn fawr ei barch yn Llundain i rai oedd yn dioddef o'r Pla. Ef oedd y mynach cyntaf i fentro yn ôl i Loegr o'r Cyfandir wedi i Harri'r VIII ddiddymu'r mynachlogydd. Daliwyd ef droeon a'i alltudio. Yn 1610 fe'i cyhuddwyd o deyrnfradwriaeth, a chafodd ei ddienyddio, 10 Rhagfyr 1610: ei grogi, ei ddiberfeddu a'i chwarteru. Yr oedd hi'n arfer gynt i ddiberfeddu'r troseddwr ac yntau eto'n fyw. Fodd bynnag, yn ôl traddodiad, bu i'r dorf – amryw ohonynt yn dlodion – rwystro'r dienyddiwr rhag cyflawni'r weithred greulon hon, oherwydd eu bod yn cofio am garedigrwydd mawr y Tad John Roberts tuag atynt.

Yn 2010 trefnwyd blwyddyn gyfan o ddigwyddiadau i gofio 400 mlynedd merthyrdod John Roberts – digwyddiadau yn Nhrawsfynydd, Dolgellau, Abaty Cymer, Cadeirlan Caerdydd, a Chadeirlan Westminster. Ceir disgrifiad manwl o'r cyfarfodydd hyn yn y gyfrol arbennig o werthfawr: *Hanes Bro Trawsfynydd* (2012), a gyhoeddwyd gan Ferched y Wawr Trawsfynydd a Traws-Newid. Yn y gyfrol ceir adroddiad am y cyfarfodydd a'r ymweliadau a gafwyd hefyd yr un flwyddyn ar gyfandir Ewrop. Yn ystod y daith hon buwyd yn cofio, yr un modd, am Hedd Wyn, a dyma un dyfyniad o'r gyfrol uchod:

> 'Bu i bererindod arbennig ddigwydd o'r 5ed i'r 8fed o Fai. Yn gyntaf
> gydag ymweliad â Senedd Ewrop ym Mrwsel, yng nghwmni Jill Evans,
> ASE. Bu i'r daith fynd yn ei blaen wedyn i Douai yn Ffrainc oedd
> yn cynnwys ymweliad â'r mannau cysylltiedig â'r Sant, yn ogystal
> â derbyniad dinesig gan ddirprwy Faer Douai a chynrychiolwyr
> Cymdeithas William Allen. Bu i ran olaf y daith olygu teithio i Ypres
> a mynwent Artillery Wood er mwyn cynnal gwasanaeth byr, ger bedd
> Hedd Wyn, ac un arall ar groesffordd Hagebos, ble bu i Hedd Wyn

JUAN ROBERTS (RUPERTI) de Bangor en Wallia, estudió en
te colegio de Valladolid: ingresó en la orden de San Benito
é ahorcado y hecho cuartos en Londres el 10 de Dbre. 1610.

Sant John Roberts, 'Fray Juan de Mervinia' (1577-1610), Rhiw Goch, Trawsfynydd, y Merthyr Catholig Benedictaidd.

O lun gan y Diweddar Dad Tomkins, Porthmadog, trwy garedigrwydd Keith O'Brien. Y darlun gwreiddiol ar gadw yng Nghyntedd y Merthyron, Y Coleg Saesneg, Valladolid, Sbaen.

Y gofeb i Sant John Roberts (1577-1610) yn Rhiw Goch, Trawsfynydd.
Llun gan yr awdur.

gael ei glwyfo. Yno roedd cynrychiolwyr o Gyngor Langemark, a bu i'r faner gael ei gostwng i sain y biwgl yn chwarae'r "Last Post". Cafwyd pryd o fwyd yng nghaffi Hagebos wedyn, gyda chyfle i bori drwy eu harddangosfa gynhwysfawr sy'n dehongli hanes Hedd Wyn. Roedd Lieven Dehandschutter, ASE, yno, a bu iddo annerch y gynulleidfa gyda'i stori ysbrydoledig a theimladwy am sut bu iddo ddechrau ymddiddori yn Hedd Wyn. Bu i Glenda O'Brien hefyd gael cyfle i ymweld â bedd ei hen ewythr, Is-gorpral Ellis John Jones. Bu iddo farw o fewn mis i Hedd Wyn, ar y 27ain Awst 1917, ac mae wedi ei gladdu yn Vlamertinghe New Cemetery.'[5]

Teulu Tan-y-bwlch, Cwm Cynllwyd, 1898. Rhes flaen o'r chwith: Elizabeth Watkin Jones ('Lus'), mam Rhiannon Prys, priod Gwynfor Evans; Elizabeth Watkin Jones, mam i Jane Jones, mam Simon Jones a fu yn Rhyfel 1914-18; John Jones, 'yr Heliwr', tad Simon Jones; Jane Jones, priod John Jones, 'yr Heliwr', a mam Simon Jones, yr hogyn ar y dde. Rhes ôl: John Jones, Blaen Cwm, brawd i Jane Jones, mam Simon Jones; David Jones, Ty'n-fron, brawd arall; Dafydd Jones, brawd i Jane Jones; Margaret, chwaer i'r tri brawd. Llun trwy garedigrwydd Guto Prys ap Gwynfor a'r teulu.

John Jones, Tan-y-bwlch, yr Heliwr: tad Simon Jones, Blaen Plwyf Uchaf

Wedi cyfeirio at rai o hynafiaid Jane Jones, mam Simon Jones, Blaen Plwyf Uchaf, Aberangell, dyma sylw byr yn awr am ei dad, John Jones, Tan-y-bwlch, Cynllwyd. Roedd ef yn fab i Simon Jones a briododd Margaret Richards, Llangywer. Cymeriad diddorol iawn oedd John Jones, Tan-y-bwlch, a heliwr heb ei ail. Gŵr barfog, a gwelir llun ohono yn y gyfrol hon gyda Sbec, ei ast enwog. Sonnir cryn dipyn amdano hefyd yn y gyfrol *Straeon Cwm Cynllwyd* (Gwasg Carreg Gwalch, 1989), gan Simon Jones arall yn y teulu. Simon Lewis Jones, Tan-y-bwlch, oedd ef, a mab i John Jones, Blaen Cwm, brawd i Simon Jones, Blaen Plwyf Uchaf, Aberangell. Roedd John Jones, yr Heliwr (tad Simon Jones, Blaen Plwyf Uchaf), felly, yn daid i Simon Lewis Jones, yr awdur, ac fel 'taid' y cyfeiria ato yn y gyfrol. Dyma un dyfyniad:

'Ni bu gwell heliwr na fy nhaid [John Jones, Tan-y-bwlch]. Roedd yn hollol ddiflino wrth hela llwynogod. Hyd yn oed wedi cael ei bump a thrigain, cerddai'r mynyddoedd drwy'r dydd ar eu holau, gan godi y bore canlynol fel pe bai wedi bod bnawn yn ei wely. Clywais amdano un diwrnod yn cerdded y Berwyn draw at Langollen, ugain milltir i ffwrdd, gan ddal y trên o'r fan honno i Lanuwchllyn, a cherdded y pum milltir oddi yno adre wedyn. Bûm lawer yn ei gwmni yn ei flynyddoedd olaf, ac roedd yn gwmni diddan iawn, a chanddo lawer o hanesion am yr hen amser ac amal i hen gân am hwn a'r llall. Cofiaf y pennill hwn sy'n sôn am yr ymfudo i'r America, oedd yn bur gyffredin ers talwm:

> Ffarwel i chwi fwyn gyfeillion
> Sydd yn mynd dros fôr o Feirion;
> Ffarwel Richard bach a Huw,
> Duw a'ch cadwo, tra boch byw.'[6]

John Jones, 'yr Heliwr', Tan-y-bwlch, tad Simon Jones a fu yn Rhyfel 1914-1918.
Llun trwy garedigrwydd Beryl H Griffiths, Nant-y-llyn, Cwm Cynllwyd.

Elizabeth Watkin Jones, Rhiannon (ei merch), a Gwynfor Evans yn ymgyrchu dros heddwch

Soniwyd eisoes am Elizabeth Watkin Jones, nain Simon Jones, Blaen Plwyf Uchaf (mam i'w fam). Roedd ganddo hefyd chwaer o'r un enw. Cyfeirid ati gan amlaf fel 'Lus', 'Lys' neu 'Liz'. 'Modryb Lus' oedd hi i aelodau iau y teulu. Y mae'n amlwg ei bod hi'n berson diwylliedig iawn, yn heddychwraig flaengar ac yn meddu ar gydwybod gymdeithasol. Priododd â'r Capten (Adolphus) Dan(iel) Thomas. Cyfeirir at y ddau ohonynt gan Simon Jones yn ei atgofion a gyhoeddir ym mhennod 10 y gyfrol hon.

Plant i Lus [Elizabeth Watkin Jones] a Dan Thomas oedd Dewi Prys Thomas (1916-85), y pensaer adnabyddus, a Rhiannon Prys Thomas (1919-2006), priod Gwynfor Evans. 'Nannon' oedd yr enw poblogaidd gan y teulu ar Rhiannon. Yn y gyfrol *Dilyn Ffordd Tangnefedd: Canmlwyddiant Cymdeithas y Cymod, 1914-2014*, golygwyd gan D Ben Rees, cyhoeddwyd erthygl bwysig gan Guto Prys ap Gwynfor yn dwyn y teitl: 'Sail Heddychiaeth Gwynfor: 1912-2005'.[7] Yn yr erthygl hon ceir un paragraff sy'n rhoi gwybodaeth bellach berthnasol iawn inni am y personau yr ydym newydd eu henwi. Y mae'n wybodaeth sydd hefyd yn gymorth i wybod rhagor am ymrwymiad nodedig Rhiannon a Gwynfor Evans, er yn ifanc, i hyrwyddo cyfiawnder a heddwch.

> 'Trwy'r mudiad heddwch y daeth [Gwynfor] i gysylltiad â Rhiannon. Roedd ei rhieni hi yn heddychwyr, a'i mam, Lys, wedi dod yn drysorydd Mudiad Heddychwyr Cymru ym 1937, ac roedd yn dal y swydd pan ddaeth Gwynfor yn ysgrifennydd ym 1938. Cangen Gymreig y *Peace Pledge Union* (PPU) oedd Heddychwyr Cymru. Dyma'r cyfnod y dechreuodd gydweithio gyda George M Ll Davies, heddychwr mwyaf egnïol yr ugeinfed ganrif. Cychwynnodd eu cyfeillgarwch pan fu Gwynfor yn helpu George M Ll Davies fel gwirfoddolwr i baratoi gwyliau i blant glowyr y Rhondda. Ffrind mawr i'r heddychwyr oedd y cyn-filwr a gafodd ei glwyfo a'i rewi yn y ffosydd yn ystod y Rhyfel Byd Cyntaf, sef Dan Thomas, tad Rhiannon, aelod brwd a gweithgar o'r ILP yn Lerpwl a brofodd dröedigaeth i heddychiaeth a chenedlaetholdeb Cymreig o dan ddylanwad 'dau berson – Iesu Grist a Lys' (ei wraig), oedd ei ymffrost yn aml. Gŵr annibynnol iawn ei feddwl ydoedd a ddyfynnai'n aml ei fod yn *"pacifist, with the emphasis on the fist"*!'[8]

Capten (Adolphus) Dan(iel) Thomas, tad Rhiannon (priod Gwynfor Evans) a Dewi Prys Thomas, y pensaer. Brawd yng nghyfraith Simon Jones, Blaen Plwyf Uchaf.

Llun o'r gyfrol *Dilyn Ffordd Tangnefedd. Canmlwyddiant Cymdeithas y Cymod: 1914 – 2014*, gol. D Ben Rees, 2015.

Teulu Elizabeth Watkin Jones ('Lus'), 1926, a'r Capten Dan Thomas. Rhes ôl, o'r chwith: y Parchg Ddr Richard Roberts (1874-1945), Ysgrifennydd cyntaf Cymdeithas y Cymod, yn Llundain; John Jones, 'yr Heliwr', Tan-y-bwlch; a Dewi Prys Thomas, y pensaer, yn hogyn. Yn eistedd: Elizabeth Watkin Jones ('Lus'), mam Rhiannon Prys (priod Gwynfor Evans) a Dewi Prys Thomas; Rhiannon Prys ('Nannon'), yn ferch fach; Ann, priod Richard Roberts, a chwaer i Capten Adolphus Dan Thomas, priod Elizabeth Watkin ('Lus'); Jane Jones, priod John Jones, 'yr Heliwr', rhieni Simon Jones a fu yn Rhyfel 1914-18.

Llun trwy garedigrwydd Guto Prys ap Gwynfor a'r teulu.

Rhiannon Prys ('Nannon') a Gwynfor Evans: hyrwyddwyr heddwch.
Llun gan Ron Davies, Aberaeron, c. 1974. Trwy garedigrwydd Guto Prys ap Gwynfor a'r teulu.

Dei Ty'n-fron a John Blaen Cwm; Robert Nant Barcud, Margaret ac Elizabeth

Brawd i Simon Jones, Blaen Plwyf Uchaf, a Lus (Elizabeth Watkin Jones), oedd David Jones, 'Dei Ty'n-fron', Cynllwyd. Cawn gyfeirio ato ef eto. Yr oedd, er enghraifft, yn awdur cerdd goffa i'w gefnder, David Thomas Jones, Ty'n-cae, Cynllwyd, a laddwyd yn Ffrainc, 8 Ionawr 1918. Brawd arall i Simon a Lus oedd John: 'John Jones, Blaen Cwm'. Priododd ef â Margaret Jones, Coedladur, Cynllwyd, a magu naw o blant gwir ddiwylliedig.

Un o'r meibion oedd Robert: Robert Jones, Nant Barcud, Cwm Cynllwyd. Merch iddo ef yw Beryl H Griffiths, Nant-y-llyn, y fferm agosaf i gartref ei rhieni gynt. Hi, er enghraifft, yw golygydd y ddwy gyfrol a gyhoeddwyd gan Wasg Carreg Gwalch, Llanrwst: *Ifor Owen Mewn Meysydd Eraill* (2009), a *Mamwlad: Merched Dylanwadol Cymru*, gyda rhagair gan Ffion Hague (2016). Fel merch o'r Cwm, y mae ganddi hi fwynglawdd o wybodaeth am ei theulu a'i holl gysylltiadau, ac y mae bob amser yn barod i rannu'r wybodaeth honno. Mawr iawn yw fy nyled iddi.

Un o chwiorydd Robert Jones, Nant Barcud, oedd Margaret, mam Mair sy'n briod â Tom Evans, Gwanas, y canwr. A merch iddynt hwythau, fel y gwyddom, yw'r awdures, Bethan Gwanas. Chwaer arall i Robert oedd Elizabeth. Priododd hi â'r Parchg J E Meredith (1904–81), awdur, er enghraifft, y gyfrol *Gwenallt: Bardd Crefyddol* (Gomer, 1974). Plant iddynt yw: Margaret Bowen Rees; John Wyn Meredith; Ruth Stephens; a David Wyn Meredith. Y mae David, a wnaeth gyfraniad pwysig ym maes cysylltiadau cyhoeddus ac yn awdur llyfrau, megis ei gyfrolau ar Michelangelo a Syr Kyffin Williams, yn byw heddiw yn Nhy'n Fedw, Cwm Cynllwyd.

Simon Lewis Jones, Tan-y-bwlch a'i glasur o gyfrol *Straeon Cwm Cynllwyd*

Cyfeiriwyd eisoes at un arall o blant John Jones, Blaen Cwm a Margaret Jones, Coedladur, sef Simon Lewis Jones, Tan-y-bwlch, brawd i Robert, Margaret ac Elizabeth yr ydym newydd eu henwi. Bu farw, 12 Tachwedd 1995, yn 82 mlwydd oed.[9] Anfonwn ein cofion annwyl at ei weddw, Gwyneth Jones, sydd ar hyn o bryd yng nghartref yr henoed, Awel y Coleg, Y Bala. Y mae'r gyfrol *Straeon Cwm Cynllwyd: Atgofion Simon Jones, Tan-y-bwlch* (1989), yn fy marn i, yn un o'r cyfrolau atgofion gorau a ysgrifennwyd yn y Gymraeg. Y mae'r llu sgyrsiau byrlymus rhwng cymeriadau â'i gilydd; yr hanesion; y dywediadau cofiadwy; y rhigymau a'r disgrifiadau cynnil, lliwgar, fel myrdd a mwy o fân olygfeydd mewn un ddrama fawr, fyw. Rydym ninnau'r darllenwyr, yn y clywed a'r gweld, fel pe baem yn ddiarwybod yn cael ein gwahodd i fod yn rhan ein hunain o'r cyflwyniad ar y llwyfan. Y mae yn y gyfrol ddeunydd dihafal i gyflwyno'r ddrama mewn ffilm, neu gyfres o raglenni ar S4C.

'Mi fyddwn yn fodlon colli 'ngwaed dros yr hen gwm': geiriau Simon Jones, Cwm Cynllwyd a Blaen Plwyf Uchaf

Dyma yn awr, felly, ddyfynnu ychydig baragraffau yn unig o'r gyfrol hon, rhannau sy'n cyfeirio'n benodol at Simon Jones, Blaen Plwyf Uchaf, Aberangell, brawd i dad yr awdur, neu, fel y galwai Simon Lewis Jones, Tan-y-bwlch, ef: 'Dewyrth Sim'.

'Dewyrth Sim oedd brawd ieuengaf fy nhad. Nid oedd genedigaeth wedi

bod ym Mlaen-y-cwm am bum mlynedd, a meddyliai'r plant mai pedwar
– dau fachgen, a dwy eneth – oeddynt i fod. Roedd yn dywydd cynnes,
sych, ddiwedd Mai 1893, a phan ddaeth y chweched ar hugain, anfonwyd
y ddau fachgen, un yn un ar bymtheg, a'r llall yn bedair ar ddeg, i godi'r
mawn oedd wedi sychu cryn dipyn. Synnent nad oedd eu tad yn dod
gyda hwy, fel yr arferai wneud, ond pan ddaethant i lawr ar ôl gorffen,
deallasant pam. Yr oedd brawd wedi'i eni iddynt.

"Fel dynion bydd o yn ein cofio ni", meddai un wrth y llall. Roedd
pawb â meddwl y byd o'r babi, yn enwedig Liz [mam Rhiannon, gwraig
Gwynfor Evans], ei chwaer bump oed.

"O! am fabi tlws", meddai, "hefo tebot i wneud dŵr a phopeth!" ...

Roedd fy nain [Jane Jones, mam Simon Jones, Blaen Plwyf Uchaf] yn
ddynes gref ei theimladau, ac roedd ganddi feddwl y byd o'i phlant. Pan
oedd Dewyrth Sim allan yn Ffrainc adeg y Rhyfel Mawr, fe'i lladdwyd
gan y pryder a'r ofn ...

> Magwyd y babi bach gyda phob gofal, ac os y sbwyliodd rhywun
> ef, ei nain oedd honno. Ni allai wneud digon iddo. Pan oedd yn
> fachgen cryf, byddai'n galw o'i wely wainscot yn y llofft y tu ucha i'r
> gegin:
>   "Ydi 'nhad yn tŷ, Nain?"
>   "Nac ydi!"
>   "Tê a tost, Nain!" ...

Pan ddaeth Dewyrth [Sim] yn ddigon hen i ddechrau caru, cymerodd
at y gwaith gydag afiaith, a theithiai drwy'r holl ardal, ar droed ac ar feic,
gan ddod adref bob amser o'r nos. Pan yn flinedig a newynog, âi heibio
Coedladur i gysgu yn y llofft allan hefo fy ewythrod oedd yno. Yn y
bore, câi frecwast yno cyn ailgychwyn am adref. Newidiai ei gariad bob
lleuad ...

[Roedd] yn weithiwr mor dda. Roedd yn garedig iawn hefyd, ac yn
meddwl y byd o'i deulu a'i gymdogion yn y cwm.

"Mi fyddwn i'n fodlon colli 'ngwaed dros yr hen gwm", meddai
unwaith. Bu bron iawn iddo orfod gwneud hynny hefyd. Galwyd ef i'r
fyddin yn 1916, a bu drwy'r brwydrau mwyaf gwaedlyd fu yn Ffrainc.'[10]

'Dei Bach', Ty'n-cae, yn y Rhyfel Mawr

Dyma nawr roi sylw i gangen arall o deulu Simon Jones, Blaen Plwyf Uchaf, gan ganolbwyntio'n bennaf ar aelod arall o'r teulu a fu'n ymladd yn Ffrainc, ond na ddaeth yn ôl. Yr oedd gan John Jones, yr Heliwr, tad Simon Jones, Blaen Plwyf Uchaf, frawd o'r enw David: 'Dei Ty'n-cae', Cynllwyd. Merch iddo ef ac Elizabeth, Ty'n-cae, oedd Margaret. Priododd hi â David Lloyd Jones, Blaenau Ffestiniog, a ddaeth i gylch Cynllwyd yn was fferm. Merch iddynt hwythau yw Elizabeth Jones, Tŷ Capel, Cynllwyd, gynt, ond sy'n byw heddiw yn Nhal-ardd, Cynllwyd. [Bu farw, 21 Mehefin 2017]

Brawd i Margaret oedd David Thomas Jones, Ty'n-cae, Cynllwyd: 'Dafydd', 'Dei', neu 'Dei Bach', fel y câi ei adnabod. Bu farw yn Ffrainc, 8 Ionawr 1918, yn 26 mlwydd oed. Y mae ein dyled yn fawr i Elizabeth, ei nith, am gadw'n fyw y cof am ei hewythr. Trwyddi hi a Beryl H Griffiths y cafwyd lluniau o'r teulu, y llythyr o eiddo Dei Bach, ynghyd â'r cerddi coffa, y dyfynnir ohonynt yn y gyfrol bresennol.

Teulu Elizabeth a David Jones ('Dei Ty'n-cae'), Cwm Cynllwyd, *c.* 1906. O'r chwith: David Jones ('Dei Ty'n-cae'); John, mab; Simon, mab; Margaret, merch; David Thomas ('Dei Bach'), mab (lladdwyd yn Ffrainc); Elizabeth Jones, mam.

Llun trwy garedigrwydd Elizabeth Jones, Tal-ardd, Cynllwyd, gynt o Tŷ Capel, Cynllwyd, a Beryl H Griffiths, Cwm Cynllwyd.

David Thomas Jones ('Dei Bach'), Ty'n-cae, Cwm Cynllwyd. Bu farw yn Ffrainc, 8 Ionawr 1918.
Llun trwy garedigrwydd Elizabeth Jones, Tal-ardd, a Beryl H Griffiths, Cwm Cynllwyd.

Gwnaeth David Thomas Jones, Dei Bach, gais am gael ei ryddhau rhag ymuno â'r Fyddin. Cynhaliwyd y Tribiwnlys yn Y Bala, 23-4 Tachwedd 1916. Ysywaeth, bu'r cais yn aflwyddiannus. Dyma ddyfyniad o'r adroddiad a gyhoeddwyd yn *Yr Adsain*, 28 Tachwedd 1916:

'Mr Jones, Cefngwyn [Llanuwchllyn], Penllyn, a wrthwynebodd apêl y cynrychiolydd milwrol o berthynas i'r gwas, David Thomas Jones, oed 24, ond dyfarnwyd o blaid y cynrychiolydd.'[11]

O fewn ychydig wythnosau i gynnal y Tribiwnlys a'r canlyniad, priododd David Jones â Grace Jones, Tŷ Isa, Llangywer. Ceir cyfeiriad byr at y briodas yn *Y Cymro*.

'Jones – Jones: Ionawr 1 [1917], yn Glanaber, Llanuwchllyn, gan y Parch. Owen Ellis, gweinidog, Mr David T. Jones, Ty'n y cae, Llanuwchllyn, â Miss Grace Jones, Ty Isa, Llangower, Bala.'

'... ene [yng Nghynllwyd] lle mae (f)y meddwl o hyd': Llythyr 'Deio' o'r Camp yn Litherland

Y mae'n amlwg i Dei ymadael am Litherland, canolfan y milwyr, ger Lerpwl, bron yn union wedi'r briodas, oherwydd ceir llythyr ganddo o'r fan honno, dyddiedig 18 Chwefror 1917. Anfonwyd y llythyr at ei 'gefnder', sef, mae'n debyg, John Jones, Blaen Cwm, brawd Simon Jones (Blaen Plwyf Uchaf,

Aberangell, yn ddiweddarach). Yr oedd Simon, yntau, erbyn hynny, yn y Fyddin. Cedwais yr atalnodi (neu'r diffyg atalnodi!) fel yn y gwreiddiol. Fy ychwanegiadau i yw'r manylion a osodwyd o fewn bachau petryal.

> Linacre Wesleyan Mission
> Linacre Road, Litherland, Nr Liverpool

Soldiers' and   Feb 18th 1917
Sailors' Home

Annwyl Gefnder
Wel [Wele?] fi yn cymeryd y pleser o anfon gair atoch gan obeithio eich bod oll yn iach fel ac yr wyf finnau ar hyn o bryd, mae yn arw genyf na fiaswn wedi anfon yn gynt atoch ond does dim rhyw lawer o amser iw spario, wel y mae yma le dipin yn wahanol i gartref mae yma fosys go gledion mae yma rhai dest iawn a marw yma ond ffwrdd a ti ydi hi o hyd nes y syrthiwch chwi mae yma ddi fai bwyd yma does dim achos cwyno os ydyw rhyn fath ag yn y B Coy [Company] mae nhw yn dweud ei bod wedi altro wedi Capten Jones ddwad yma mae yn debyg eich bod wedi clywed Sei [Simon Jones] yn dweud pwy oedd Capten Jones ond mae o yn byr syth o gwmpas i bethe mae yma un peth da iawn capel cymraeg yr ydyn yn byr ffyddlon i hwnnw ydyni ddim wedi colli cyfle eto, ac ysgol sul ond athraw go sobor sydd genom yr oedd [?] gefnder yn well athraw ac yr ydym yn cael tea ardderchog prydnhawn sul mae hynny yn dyniad go gru cael rhywbeth i'r bol am ddim, wel syd y mai yn dod yn mlaen yn nghynllwyd ene lle mae y meddwl o hyd yr wyf yn siwr ei bod yn byr galed ar yr rhew a eira yma os ydyw rhyn fath ag yma rhew ag eira ydwi wedi weled er pan wyf yma ond mae yn llacio dipin yr wan, wel peidiwch a lladd y pryfed i gyd rhagofn y cawn ddod adref i fynd ar ol un, wel yr wyf wedi mynd heb ddim byd i'w ddweud mae rhaid terfynny cofiw[ch] fi at bawb yn Tanybwlch ac at bawb welwch chwi yn holi am danaf, nos da.

> hyn ar hast ydwyf Deio
>> Pte D T Jones 61087
>>> 3 Battn. R.W.F. B Coy
>>>> 29 Hut
>>>>> Litherland Camp
>>>>>> Nr Liverpool [12]

Y mae'r geiriau 'peidiwch a lladd y pryfed i gyd' yn y llythyr hwn yn cyfeirio at hela llwynogod. Fel John Jones, yr Heliwr, tad Simon Jones, Blaen Plwyf Uchaf, a'i frawd John, Blaen Cwm, y cyfeiriwyd y llythyr ato, roedd amryw o aelodau'r teulu yn rhoi cryn bwys ar hela llwynogod.

Llythyr David Thomas Jones, 'Deio' ('Dei Bach'), o Litherland, y gwersyll milwrol, 18 Chwefror 1917. Anfonwyd at ei gefnder, John Jones, Blaen Cwm.

wel syd y mae yn dod yn mlaen yn nghyrllwya aene
lle mae y meddwl o hyd yr wyf yn siwr ei bod yn byr galed
ar yr rhew a eira yma os ydyw rhyn fath ag yma rheu
og eira ydwi wedi weled er pan wyf yma ond y mae yn
llacio dipin yr wan, wel peidiwch a lladd y pryfed i gyd
rhagof n y cawn ddod adref i fynd ar ol un wel yr wyf wedi
mynd heb ddim byd iw ddweud mae rhaid terfynny
cofiw fi at bawb yn Janybwlch ag at bawl welwch chwi
yn holi am danaf nos da.

hyn ar hast ydwyf Deio

Pte. D T Jones 61078
3 Retter R W F 8 Coy
29 Hut
Litherland Camp
Nr Liverpool

'... Mae'i enw yn llys atgo' pobl y Cwm': cerddi coffa i David Thomas Jones, Ty'n-cae

Yn drist iawn, wedi cyfnod cymharol fyr ar faes y gad – blwyddyn yn unig, ond blwyddyn yn ormod – bu farw David Jones, Ty'n-cae, 8 Ionawr 1918. Cyfeiriodd Simon Jones yn fyr, ond yn ddwys iawn, at ei gefnder, 'Dei Bach', yn marw yng nghanol y rhyfela mawr, a chyhoeddir y sylwadau hynny yn y bennod nesaf. Ond dyma yn awr ddyfynnu o'r llythyr a dderbyniodd Grace Jones, Tŷ Isa, Llangywer, gweddw Dafydd, oddi wrth un o uchel swyddogion y Fyddin. Cyhoeddwyd y llythyr, ynghyd â llun o 'Pte. D. T. Jones, Tynycae, Cynllwyd', yn *Y Seren*, 9 Chwefror 1918, o dan y pennawd: 'Ein Milwyr'.

2nd R.W.F., B.E.F.

13th Jany., 1918

Dear Mrs Jones – I am very sorry to have to inform you that your husband was killed in action on the evening of the 8th inst. I know that nothing I can say will lessen the great feeling of loss which you will be called upon to bear in the future; but in these sad cases it is always good to hear that death was instantaneous, and I can personally state that your husband felt no pain at all. He was killed by a shell, which also killed two of his comrades. I have heard from his platoon how greatly liked he was, and his platoon sergeant speaks very highly of him as a man who always considered his duty first and foremost. I know you will feel proud of your husband always, as one who gave his life while doing his duty to his own people, and also to his Country and King. With much sympathy with you in your great loss.

> Yours very truly,
> G. H. CHARLTON
> *Lieut. Commanding "D" Coy.* [13]

Cyfansoddwyd nifer o gerddi coffa i David Jones, a chyhoeddwyd pedair ohonynt ynghyd ar un daflen o dan y pennawd: 'Er Coffadwriaeth am David Thomas Jones, Tynycae, Cynllwyd, Yr hwn a gwympodd yn Ffrainc, Ionawr 8, 1918, yn 26 mlwydd oed.'

Beirdd, neu brydyddion, lleol oedd yr awduron, ac er nad oes i'r cerddi werth llenyddol, fel y cyfryw, yr oeddynt yn gysur mawr i'r teulu. Roedd trigolion yr ardal hwythau – cyfeillion a chydnabod yr ymadawedig – yn eu trysori.

★ ★ ★ ★ ★

Yn gyntaf, dyma gerdd Robert Morris [Hendre, Llanuwchllyn], gynt o Dy'n Cae, Cynllwyd. (Penillion 1, 3, 6, 7, 8, a 9.) Roedd ef yn daid i Robert John Edwards, 'Robin Jac', y motor-beiciwr a'r cymeriad enwog.

> Er i flwyddyn faith alaru,
>   Uwch dy argel wely, 'Dei',
> Ti oddefi i fardd wylo
>   Unwaith eto, oni wnei?
> Anhawdd iawn yw gwau cerdd goffa
>   Am fireindra'th rodfa rydd,
> Heb i dannau lleddf fy nhelyn
>   Hudo deigryn ar fy ngrudd ...

'A mi Farwodd ["Dei Bach"] yn Dweud 'i Bader yn Gymraeg'

Wyt ti'n cofio'r oenig honno
    Wedi 'trapio' mewn craig ban?
Lle nas gallai ond barcutan
    Ar ei hedfan fynd i'r fan.
Ond ti fentraist fynd i'w mhofyn
    Ar draws esgyrn clogwyn praff,
Am it weld yn glir cyn cychwyn
    Law dy dad ym môn y rhaff ...

Mae'th hynawsedd a'th hanesion
    Fel ysprydion yn y gwynt,
Ac ail-enir dy alawon
    I'r hen gawr Cwmffynnon gynt.
Roedd pob yspryd drwg mewn dychryn
    Ac yn ffoi rhag ofn ei ffyn,
Ond i ti roi ar dy delyn
    Gainc y 'Bwthyn ar y Bryn'.

Ym Mai hafaidd a Mehefin
    D'einioes iesin, er ein braw,
Clywaist udgorn Siôr y brenin
    Yn gwahôdd i'r heldrin draw!
Ni phetrusaist roi atebiad
    I'r gwahoddiad yn ddi-frâd.
Rhoist dy lw, a seliaist hwnnw
    Gyda'th waedd, i gadw'th wlad!

Y mae'r 'Capel bach' yn ochi
    Wedi colli sŵn dy droed,
A thelynau 'Côr yr Aran'
    Heddyw'n hongian ar y coed!
Mae'r amgylchiad yn trawsffurfio
    Môr o fawl yn fôr o wae,
A'r cymylau yn gorchuddio
    Tannau cerdd ar Tynycae.

Os aeth blwyddyn hirfaith heibio
  'Rôl machludo'r Cymro cu,
Y mae Cynllwyd gu'n llesmeirio
  Ac yn dal i wisgo du;
Nid machludo chwaith – mynd adre
  Wnaeth, i chwareu newydd gainc –
Angel wylio ei orweddle
  Hyd y farn, 'Yn rhywle'n Ffrainc'.

★ ★ ★ ★ ★

Yn ail, dyma gerdd Marianog [David Williams, Rhyd-sarn, Llanuwchllyn].
Naw pennill. Cyhoeddir penillion 1, 4, 5, 8 a 9.

Dafydd Thomas Jones: mae'i enw
  Yn llys atgo' pobl y Cwm,
Megis darn o risial gloew
  Ar dywodlyd grasdir llwm;
Blodau tlysion bywyd pura'
Mewn adgofion berarogla
'I goffadwriaeth, nes yr wyla
  Cynllwyd oll dan hiraeth trwm ...

Aeth yn fore i wasanaeth –
  Dyna'r ffordd i ddod yn ddyn,
A daeth llwybrau yr anturiaeth
  Iddo'n ffafriol bob yr un;
I Gwmffynnon trodd ei wyneb
Yno'n fuan mewn prysurdeb,
Gyda phwyntyl aur Ffyddlondeb
  Cerfiodd enw iddo'i hun.

Daeth yn llanc yn gryf ac ystwyth –
  Buan fel yr ewig dlos;
Byth ni theimlai gur nac adwyth
  Pan yn neidio nant a ffos;

'A mi Farwodd ["Dei Bach"] yn Dweud 'i Bader yn Gymraeg'

Daeth yn frenin byd y gweithiwr –
Hawliai lawryf y rhedegwr –
Hawliai goron y pladurwr
   Gyda'i bladur ar y rhos ...

Un o blant y 'stafell ddirgel
   Yn ei weddi ydoedd ef,
Fe ddymunai ennyd dawel
   Pan at Dduw yn codi'i lef;
Pa beth bynnag fyddai'i bryder,
Hwyr a bore byddai'n arfer
Plygu glin i ddweyd ei Bader –
   Distaw undeb gyda'r Nef.

Cafodd alwad chwyrn ddirodres
   I amddiffyn hawliau'i wlad,
Gadael priod hoff ei fynwes –
   Gadael cartref, mam a thad;
Tra'n wynebu'r Ellmyn gwancus
Yn y ddrycin dost arswydus,
Gyda'i Bader ar ei wefus
   Hunodd Dafydd yn y gâd.

★ ★ ★ ★ ★

Cerdd gan Llinos Uwchllyn yw'r drydedd. Mae iddi wyth pennill, ac fe gyhoeddir yma benillion 1, 2, 5 a 6.

Tros ei fedd yng ngwlad yr estron
   Fe aeth heibio flwyddi rai,
Ond yn nyfnder llawer calon
   Nid yw'r hiraeth ronyn llai;
Mae adgofion yn ymrithio
   O fy mlaen y funud hon,
Am yr amser mwyn cyn iddo
   Ateb galwad dros y don.

Amser dedwydd bore bywyd,
   O, na ddeuai hwnnw'n ôl,
(Fel y daw y Gwanwyn hyfryd),
   Gyda Dafydd yn ei gôl;
Ond yr awel sydd yn sisial
   Mewn ochenaid drwy y cwm,
Fod y farwol loes yn atal –
   Huna Dafydd, huna'n drwm ...

Eilun yn ei gartref ydoedd,
   Dwfn yn serch ei fam a'i dad;
Trwm fu iddynt sŵn y gadfloedd
   Alwodd Dei i gadw'i wlad;
Caled fu yr ymwahanu,
   Brodyr, chwaer, a phriod wen,
Gan eu cariad bron â thynnu
   Dagrau'r nefoedd ar eu pen.

Perlau drudfawr ydyw dagrau,
   Ac fe fynnodd rhyfel erch
Gyda'i gleddyf dorri argae
   Moroedd maith o ddagrau serch;
Ar ôl Dafydd wylaf innau –
   Wylodd llawer gyda mi,
Wylo'n chwerw ddarfu yntau –
   Wylo hir ffarwél i ni ...

★ ★ ★ ★ ★

David Jones, 'Dei Ty'n-fron', Cwm Cynllwyd, yw awdur y bedwaredd gerdd. Yr oedd ef yn frawd i Simon Jones, Blaen Plwyf Uchaf, ac, felly, yn gefnder i David Thomas Jones a fu farw yn Ffrainc. Ceir deuddeg pennill, pedair llinell, a dyma benillion 1, 2, 4, 5, 7, 9 ac 11.

'A mi Farwodd ["Dei Bach"] yn Dweud 'i Bader yn Gymraeg'

A gaiff fy awen glwyfus i
Wau cainc o gân i'th gofio di,
Fy nghyfaill hoff, a'th siriol wedd,
Sydd erbyn heddiw yn dy fedd?

Rwyf yn dy weld y funud hon
Yn fachgen ieuanc cryf a llon,
Wrth ganu yma'n llon dy lef:
'Yn Arglwydd pawb coronwch Ef.' ...

Wrth roi ffarwél â'r teulu'n grwn,
Ei emyn ffarwel ydoedd hwn:
'Mae'r gwaed a redodd ar y Groes
Yn deilwng o bob awr o'm hoes.'

Atebaist alwad corn y gad,
Gadewaist fwth dy fam a'th dad,
Wynebaist lu yr Ellmyn ffôl,
Gan ddisgwyl eilwaith ddod yn ôl ...

Roedd ganddo ef ei air mewn pryd
I lonni'r gwan mewn anial fyd;
A gallai hefyd godi hwyl
Mewn Capel bach wrth gadw gŵyl ...

Rhy gynnar oedd, O, angau du,
Roi gro mor oer ar fab mor gry;
Rwy'n meiddio gofyn, er dy rym
Paham y gwnaethost ti mor llym? ...

Na wylwch deulu annwyl mwy,
Cawn eto gwrdd mewn gwlad ddi-glwy;
A chanu'r anthem Iddo Ef
Heb sôn am ryfel yn y Nef. [14]

★ ★ ★ ★ ★

Wedi marw David Thomas Jones, Ty'n-cae, yn Ffrainc, ail-briododd ei weddw, Grace Jones, Tŷ Isa, Llangywer, â Caradog Williams, Llanfihangel Glyn Myfyr. Roedd ei dad yn fab Rhydfudur, Llangywer, a'i fam yn ferch Llechidris, Trawsfynydd. Buont yn byw ar fferm Bryn-moel, Llanycil. Wyres iddynt yw Gwennant Pyrs, Bangor, arweinydd Côr Seiriol. Rhoes 'Bryn-moel' yn enw ar un o'r alawon a gyfansoddwyd ganddi, er cof am ei mam, Enid Williams, Bryn-moel (Enid Pierce Jones, Llanuwchllyn, wedi priodi).

Grace Jones, priod David Thomas Jones, 'Dei Bach'. Ailbriododd â Caradog Williams, Bryn-moel, Llanycil. Wyres iddynt yw Gwennant Pyrs, arweinydd Côr Seiriol.

Llun trwy garedigrwydd Eirian Muse, Carmel, Caernarfon, (wyres i Grace Jones (Williams)), a Beryl H Griffiths, Cwm Cynllwyd.

'Mi Gweles o'n Syrthio ...': Atgofion Simon Jones, Cyfaill i Hedd Wyn ar Faes y Gad

Yn y bennod ddiwethaf ceisiwyd rhoi sylw yn gryno i'r teulu diwylliedig o Gwm Cynllwyd yr oedd Simon Jones yn perthyn iddo. A sylw arbennig i un aelod o'r teulu hwnnw, sef David Thomas Jones, 'Dei Bach', Ty'n-cae, a fu, fel Hedd Wyn a Simon Jones, hwythau, yn ymladd ym Mrwydr Passchendaele. Yn y bennod bresennol cyflwynir, yn bennaf, atgofion Simon Jones am Hedd Wyn. Nid yw'n anodd amgyffred paham y bu i'r ddau ddod yn gyfeillion mor agos, a hynny o'r diwrnod cyntaf un wedi iddynt gyfarfod ar eu ffordd i Litherland, y camp hyfforddi milwrol, ger Lerpwl. Un ohonynt o Drawsfynydd, ac un o Gwm Cynllwyd, plwyf Llanuwchllyn, ond y ddau wedi'u geni i deuluoedd ag iddynt etifeddiaeth ddiwylliannol deg ac wedi'u magu mewn ardaloedd cymdogol oedd wedi hen arfer â rhoi bri ar ddiwylliant ac adloniant; bri ar bennill a chân, capel, cyngerdd, ac eisteddfod.

Yn rhan olaf y bennod canolbwyntir bron yn gyfan gwbl ar gyflwyno testun o sgwrs a gafwyd gyda Simon Jones ac a recordiwyd ar dâp (26 Medi 1975). Cyn hynny, fodd bynnag, dyma rai sylwadau ychwanegol.

★ ★ ★ ★ ★

Yr oedd yn arferiad yn y Fyddin i roi caniatâd arbennig i rai meibion ffermydd gael dod adre am ychydig wythnosau yn y Gwanwyn er mwyn cynorthwyo gyda'r aredig. Yn niwedd Rhagfyr 1916 y gadawodd Simon Jones, Gwm Cynllwyd, ar ei siwrnai gyntaf i'r ganolfan filwrol yn Litherland. Ym mis

Simon Jones (1893-1982), Blaen
Plwyf Uchaf, Aberangell, gynt
o Flaen Cwm a Than-y-bwlch,
Cwm Cynllwyd, yn lifrai'r fyddin.

Llun trwy garedigrwydd teulu Blaen Plwyf
Uchaf.

Simon Jones gyda'i gyd-filwyr
yn Fflandrys (1917-18).
Rhes ôl, y cyntaf ar y dde.

Llun trwy garedigrwydd teulu Blaen
Plwyf Uchaf, Aberangell.

Ebrill 1917 roedd yntau yn un o'r milwyr ifanc o'r ardal a gafodd ddychwelyd adref i gynorthwyo gyda'r aredig. Dyma ddyfyniad o'r *Cambrian News and Merionethshire Standard*, 13 Ebrill 1917, o dan y pennawd 'Llanuwchllyn':

> 'Several agriculturalists have returned home to assist in ploughing. Ptes.
> Evan J. Hughes, O. Owens, Wm. Roberts, Pierce P. Roberts, Simon
> Jones, and Edward Edwards have been released until April.'

Llawenydd di-ben-draw i'w teuluoedd oedd cael eu bechgyn hoff gartref, pe ond am ychydig wythnosau, ond mawr y pryder a'r gofid pan ddeuai'r amser iddynt ddychwelyd. Yn arbennig mewn ardaloedd cymdogol, megis Llanuwchllyn a Thrawsfynydd, byddai'r trigolion oll yn rhannu'r llawenydd, ond yn cyd-rannu hefyd y pryder ar hyd y flwyddyn, a'r gofid pan ddeuai – yn rhy aml o lawer – newyddion trist. Cynhelid gweithgareddau lawer i godi arian er mwyn cynorthwyo'r milwyr dramor. Dyma un enghraifft o ddigwyddiad yn ardal Llanuwchllyn, Ebrill 1917. Ceir cyfeiriad ato yn yr un papur ac yn yr un golofn â'r adroddiad am y milwyr o'r cylch yn cael dychwelyd adre i gynorthwyo gyda'r aredig.

> 'On Thursday week, 'Teulu y Rhos a'r Rhyfel', the product of Mr. O.
> P. Hughes, Dolgelley, was performed by a company from Dolgelley.
> The first part of the programme consisted of songs, duets, and recitations
> by members of the Dolgelley company and local friends. Mr. Davies,
> Bryncaled, acted as conductor. A substantial sum was realised for the
> soldiers comfort funds.'[1]

'Mae'n bechod o beth fod rhaid i ni fynd i wynebu bechgyn yr un fath a ni ein hunain ... gan hyderu cael dod yn ol yn fuan, pryd y byddaf yn gwybod beth yw gwerth heddwch a rhyddid': dau lythyr gan Simon Jones

Yn ffodus y mae o leiaf ddau lythyr o eiddo Simon Jones, Blaen Plwyf Uchaf, wedi goroesi. Fe'u diogelwyd gan deulu ei nai, Simon Lewis Jones, Tan-y-bwlch, awdur y gyfrol *Straeon Cwm Cynllwyd*. Copïwyd hwy gan Elin Wynn Meredith, Caernarfon, wyres i Elizabeth (Mrs J E Meredith), chwaer Simon

Lewis Jones. Yn 1988 cafodd Elin fenthyg nifer o lyfrau lloffion diddorol ei Hewyrth Sei, ac yn un o'r 'llyfrau cowl' hyn, fel y galwai ef hwy, y gwelodd hi y ddau lythyr a'u copïo'n ofalus. Anfonwyd y ddau lythyr gan Simon Jones at ei frawd, John – John Jones, Blaen Cwm – a'i briod Margaret. Fe sylwn nad oes dyddiad ar yr ail lythyr, ond gellir tybied iddo gael ei anfon rywdro rhwng 7 Tachwedd 1917 (dyddiad y llythyr cyntaf) a 17 Tachwedd 1918, pan ddaeth y Rhyfel yn swyddogol i ben. Ai Mehefin 1918 oedd y dyddiad? Cyfeirir ynddo at benblwydd y Brenin [3 Mehefin].

B.E.F., France
Tachwedd 7fed 1917

Annwyl frawd a chwaer ac oll.

Dy lythyr i law ddoe gyda'r pres. Does genyf ond diolch lawer i chwi. Nis gwn syt i ddiolch digon i chwi. Rwyf yn cael amser difai ar hyn o bryd, am dipyn. Mae cael dod i rhyw fath o ddiogelwch yn esmwythid garw a chael noson o orffwys. Buaswn yn hoffi cael dweud llawer ond mae'n hawdd iawn dweud gormod mewn lle fel hyn a mynd i drwbwl. Cefais bregeth Gymraeg Nos Sul mewn YMCA a hono yn llawn o Gymru Gwladgarol a chredaf fod y canu yn werth i'w glywed, rhyw swn teimlad felly wrth dreblu Diolch Iddo a thestyn diolch ydi hi hefyd. Mae amal i ddihangfa gyfyng i'w chael o dro i dro. Buasech yn synu mor gefnog ydym oll drwy'r cwbwl, rhyw don yn dod dros ein meddwl. Pawb yn meddwl cael dod yn ol. Buasech yn synu mor werthfawr yw llythyr yma. Er ei fod yn anodd i chwi ysgrifennu mae yn hynod werthfawr i mi. Wel dyna'r cysur mwyaf ydym yn ei gael.

Mae'n debyg fod yr injan ddyrnu yn nesu yna yn awr. Rwyf yn cofio y tro diwethaf y bu yn bur dda, ac os caf fyw i'w gweld yna eto. Mi gofiaf y Boreu roedd yn dechrau yna llynedd byth. Y Boreu cyntaf i gefnu ar gartref, ac i weld ei werth. Mae'r rhai oedd yn dod yma gyda mi ar chwal garw erbyn hyn, rydym wedi mynd i dri Cymro. Lle mae'r tatws arni eleni. Da iawn genyf ddeall eich bod wedi cael gwas. Disgwyliaf eich bod oll yn iach.

Fy niolch am cofion anwylaf
Yn Gywir
Simon

★ ★ ★ ★ ★

Litherland. 54 Hut
Pnawn Sul.

Annwyl Frawd a Chwaer a Theulu oll

Dyma fi wedi cyraedd yn ol eto. Yr oedd yn bur anodd cychwyn y tro yma, gwyddoch hynny, ran hynny. Ond hwyrach y caf ddod yn ol yn gynt nag wyf yn feddwl. Ynglyn a'r llythyr. Mae'n anodd iawn gwneud dim byd. Rwyf yn credu mae mynd ymlaen iw'r goreu gan ymddiried yn Nuw. Ewyllus Duw a wneler ydi hi. rwyf yn credu fod ein tynged o'n blaenau. Y peth mwuaf yw paratoi ar ei chyfer. Mae yma ganoedd yr un fath a finnau. Mae'n bechod o beth fod rhaid i ni fynd i wynebu bechgyn yr un fath a ni ein hunain rwyf i yn credu fod rhywbeth yn peri fod rhaid i ni fynd. pam fod rhaid i ni fynd a bechgyn eraill mor hapus ac erioed? Mae'r Brenin yn cael ei flwydd heddiw, a llond bol o gwrw yw'r anrheg ir Soldiwrs. buasai yn llawer gwell pe buasai rhyw gyfarfod gweddi ar ei ran ef a ninau ond dyn a helpo Brydain Fawr. Rwyf yn eithaf cefnog gan ei bod wedi dwad i hyn. Dwyf i yn edrych dim ymlaen i Ffrainc. yn ol mae fy nghalon. Mae'n debyg mai nos Sadwrn byddwn yn mynd. er fod rhai yn dweud ein bod yn mynd nos Fawrth. Cawn fod yn y Base am dipyn ac mae'r papur heddiw yn son dipyn am heddwch. wyddon ni ddim byd beth ddaw. Mae stori fawr fod bechgyn Ffarmwrs yn cael mynd adref eto ar ôl y degfed. Roeddwn yn dweud yn Tanbwlch am iddynt lenwi fform rhag ofn, ond mae'n debig eu bod yn rhy ddiweddar. Hidiwch ddim os wyf i gael fy nghadw mi gaf. Deuaf tua'r terfyn gan obeithio eich bod oll yn iach fel y finnau, gan hyderu cael dod yn ol yn fuan, pryd y byddaf yn gwybod beth yw gwerth heddwch a Rhyddid.

Eich Ffyddlawn frawd
Simon.

★ ★ ★ ★ ★

Yn y cyntaf o'r ddau lythyr fe sylwn ar y geiriau 'Mae amal i ddihangfa gyfyng i'w chael o dro i dro.' Pan sgwrsiwn â Simon Jones yn 1975 ni chyfeiriodd ef yn benodol at yr un 'ddihangfa gyfyng' a brofodd ef ei hun. Yn ddiweddar, fodd bynnag, soniodd mwy nag un aelod o'r teulu wrthyf i fwled un tro dreiddio drwy ei foch. Os syllwn yn ofalus ar y llun o Simon Jones yn ei wisg filwrol yn y bennod hon, a wyf yn iawn wrth dybied bod rhyw gymaint o ôl y graith i'w gweld ar ei foch chwith?

Brwydr Passchendaele ac oriau olaf Hedd Wyn

Yr oedd Hedd Wyn a Simon Jones gyda'i gilydd yn rhan o'r 15fed Fataliwn y Ffiwsilwyr Brenhinol Cymreig ar y bore tyngedfennol hwnnw o Orffennaf 1917. Y diwrnod olaf o Orffennaf, ond y diwrnod cyntaf o frwydr fawr Passchendaele. 'Brwydr Passchendaele', dyna'r enw yn bennaf ar lafar. Ennill Passchendaele oedd y nod. Cyfeirir yn aml at yr ymgyrch hefyd fel 'Brwydr Pilkem', neu 'Frwydr Cefn Pilkem', oherwydd rhan o'r nod oedd meddiannu pentref Pilkem a Chefn, neu Esgair, Pilkem. Enw swyddogol y Fyddin ar y frwydr oedd: 'Trydydd Cyrch Ypres'.

Meddai B H Liddell Hart yn y gyfrol *History of the First World War* am yr ymgyrch hon:

> '... the Ypres offensive was doomed before it began – by its own destruction of the intricate drainage system in this part of Flanders. The legend had been fostered that these ill-famed 'swamps of Passchendaele' were a piece of ill-luck due to the heavy rain, a natural and therefore unavoidable hindrance that could not be foreseen.'[3]

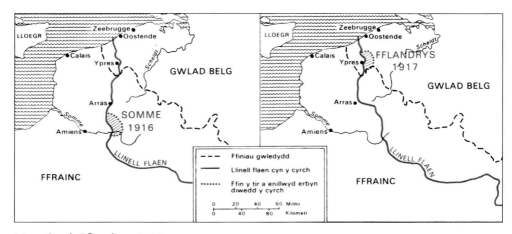

Map: Cyrch Fflandrys, 1917.

Cyhoeddwyd yn *Hanes Colli'r Hogiau*, gan Robert M Morris, Gwasg Prifysgol Cymru, 1984.

Glaw a niwl; tir corsiog yn llawn pyllau dŵr; milwyr, ceffylau a thanciau yn suddo yn y llaid – dyna a wynebai'r ymladdwyr dewr ar faes y gad yn gynnar ddydd Mawrth, y bore olaf hwnnw o Orffennaf 1917.

Yn y gyfrol bresennol, yn ail ran y bennod hon, cyhoeddir atgofion Simon Jones am ei ran ef a Hedd Wyn ym Mrwydr Pilkem. Yn yr atgofion hyn, a recordiwyd ar dâp, y mae'n dweud iddo weld Hedd Wyn yn 'syrthio', gan nodi pa amser o'r dydd ydoedd. Dyma union eiriad ei dystiolaeth ar adegau gwahanol yn ystod y sgwrs a gafwyd:

'... ac mi lladdwyd o tua chwarter i bump [yn y bore]'
'... ac mi gweles o'n syrthio'
RG: *'Tua faint o'r gloch odd hi?'*
SJ: 'Odd hi, fyswn i'n deud, gwarter i bump yn y bore'

Parthed y dyfyniadau uchod, y mae'n werth nodi dau sylw. Yn gyntaf, y geiriau 'mi *gweles* o'n syrthio'. Hynny yw: dyma dystiolaeth llygad y ffynnon: 'mi gweles o â'm llygaid fy hun...' Yr ail sylw yw hwn. I nodi'r union amser y gwelodd ei gyfaill yn syrthio, mae Simon Jones yn mynegi ei hun fel hyn (a sylwer, yn arbennig, ar y geiriau mewn italig): 'mi lladdwyd o *tua* chwarter i bump', a *'fyswn i'n deud* gwarter i bump'. Yr awgrym yma gan Simon Jones yw nad oedd yn berffaith sicr o'r union amser i'r funud. Ac y mae dweud hyn yn ddealladwy. Pwy, yn lled gynnar yn y bore, yng nghanol niwl a glaw a'r brwydro ffyrnig, a fyddai'n meddwl edrych yn fanwl i weld faint o'r gloch yn union ydoedd?

Fodd bynnag, nid Simon Jones oedd yr unig un ym Mrwydr Pilkem y bore hwnnw a roes dystiolaeth am y modd y lladdwyd Hedd Wyn a faint o'r gloch ydoedd. Y mae eu tystiolaeth yn bwysig iawn, a da y gwnaeth Alan Llwyd i roi ystyriaeth fanwl a theg i'r dystiolaeth honno yn wythfed bennod ei gofiant, 'Brwydr Cefn Pilkem'. Rhoes sylw manwl hefyd i adroddiadau swyddogol y Fyddin. Awgrymaf, felly, i bawb ddarllen, neu ail-ddarllen, y bennod werthfawr hon os am gael rhagor o wybodaeth am amgylchiadau marw Hedd Wyn. Ond dyma yn awr un dyfyniad o'r gyfrol *Gwae Fi Fy Myw*:

'Y mae llawer o ddryswch ac ansicrwydd wedi bod erioed ynghylch union amgylchiadau clwyfo a lladd Hedd Wyn, ac nid rhyfedd hynny. Cymerodd can mil o filwyr ran yn y cyrch ar y diwrnod olaf hwnnw o Orffennaf, ac nid oedd Hedd Wyn ond un o blith y can mil hwnnw. Nid rhyfedd fod llawer o anghysondebau rhwng y gwahanol adroddiadau am ei farwolaeth gan lygad-dystion. Lladdfa fawr anhrefnus, wallgof a dryslyd oedd brwydr Gorffennaf 31.'[4]

O blith y milwyr, yr elorgludwyr a'r caplaniaid a wyddai am amgylchiadau marw Hedd Wyn, cafwyd y dystiolaeth bwysicaf un, o bosibl, gan y Parchg R Peris Williams, caplan gyda'r Ffiwsilwyr Brenhinol Cymreig. Ceir llawysgrif yn Llyfrgell Prifysgol Bangor (Llsg. Bangor 4903) sy'n cynnwys nodiadau gwerthfawr o'i eiddo. Dyma ddyfyniad pellach o *Gwae Fi Fy Myw* sy'n dangos yn eglur mor werthfawr yw tystiolaeth y caplan hwn:

'Yn ôl nodiadau Peris Williams, 'yn gynnar fore dydd Mawrth y 31ain o Gorffennaf ... rhwng Pilkem a Langemarck' y lladdwyd Hedd Wyn, a hynny gan '[d]arn o shell a'i tarawodd yn ei gefn nes ei glwyfo yn drwm iawn'. Fe ddywed Peris Williams wrthym hefyd, gan ddyfynnu tystiolaeth un o'r bechgyn a holwyd ganddo, mai '*German trench mortar wound in the back*' a'i lladdodd yn y pen draw. ... Cariwyd Hedd Wyn o faes y gad gan y rhain [yr elorgludwyr], ac aethpwyd ag ef i'r '*dug-out*' a elwid yn *Cork House* gan y milwyr. Defnyddid y daeardy hwn yn ystod y frwydr fel rhyw fath o ysbyty. Triniwyd clwyfau Hedd Wyn gan feddyg o'r enw Dr Day o dueddau Wrecsam, a gwelodd hwnnw ar unwaith ei fod wedi'i glwyfo'n farwol ac nad oedd ganddo fawr ddim amser ar ôl. Yn ôl Peris Williams: 'Arosodd y *stretcher bearer* gydag ef hyd nes iddo dynnu ei anadl olaf am tua 11 o'r gloch bore y 31ain o Orffennaf 1917'.

Gan y ceir y nodyn 'Richardson present at death' yn nodiadau Peris Williams, rhaid awgrymu mai William Richardson oedd yr elor-gludydd a arhosodd ar ôl. ... Tra oedd y meddyg yn trin ei glwyfau, gofynnodd [Hedd Wyn] i'r bechgyn a oedd yn gofalu amdano, ac i'r meddyg hefyd, "*Do you think I will live?*" yn siriol. "*You seem to be very happy*", oedd yr ateb a gafodd gan un o'r milwyr yn ei ymyl. "*Yes, I am very happy*", oedd ei eiriau olaf.

Yn fuan iawn wedyn bu farw. Hwyrach mai effaith morffia arno a barodd ei fod mor siriol yn ei boenau.'[5]

Yn un o adroddiadau swyddogol y Fyddin (*14th. (Service) Batt. Royal Welsh Fusiliers: Report on Operations – 30th. July 1917 – 4th. August 1917*) ceir y cofnod a ganlyn:

'At 5.40 A.M. [31 Gorffennaf] information was received that the 15th. Batt R.W.F. [sef bataliwn Hedd Wyn] was moving forward ...'

Teg gofyn: tybed a oedd yr amser hwn ym meddwl Simon Jones pan ddywedodd iddo weld Hedd Wyn yn syrthio 'tua chwarter i bump' yn y bore?

Fodd bynnag, dyma sylwadau pellach gan Alan Llwyd:

'Byddai'r 15fed Fataliwn, felly, yn treiddio drwy'r Llinell Ddu oddeutu 7.15 o'r gloch y bore, ac yn cyrraedd y Llinell Werdd tua 7.55 a.m. Wrth gwrs, amseriad ar fap yn niogelwch y Pencadlys oedd yr amseriad hwn, ond fel y digwyddodd, yr oedd yr amseriad yn weddol agos ati. Yr oedd yn agosáu at 6 o'r gloch y bore pan ddechreuodd y 15fed Fataliwn symud ymlaen i gyrraedd ei nod. Gwelir felly fod yr amser a roir gan Simon Jones [sef, 'tua 4.45 a.m.'] fel union adeg cwymp Hedd Wyn yn rhy gynnar. Rhaid imi gyfaddef mai derbyn yr amser hwn a wnawn ar un adeg, ond rhaid bellach ei wrthod. Gwyddom i Hedd Wyn gael ei daro yng nghanol cyfnod o frwydro ffyrnig yng nghyffiniau'r Llinell Werdd.'[6]

Y mae'r un awdur yn crynhoi ei ymdriniaeth fanwl â'r union adeg y bu i Hedd Wyn gael ei glwyfo â'r geiriau hyn:

'Oddeutu'r cyfnod o ymladd mawr y trawyd Hedd Wyn, a thuag 8 o'r gloch y bore y bu hynny. Disgwylid i'r 15fed Fataliwn gipio'r Llinell Werdd 'at ZERO plus 4.5', sef 7.55 o'r gloch y bore. Mae'r amseriad hwn a nodwyd yn y Pencadlys ac amseriad adroddiad swyddogol y 14eg Fataliwn yn cyfateb. Bu Hedd Wyn yn gorwedd yn ei glwyfau ar faes y drin am bron i deirawr. Ni ellid ei garo ymaith yr union adeg y syrthiodd, gan fod gormod o ymladd yn digwydd o'i gwmpas. Ni allai'r elor-gludwyr ei gyrraedd.'[7]

Wedi'r ymladd ffyrnig ar y diwrnod olaf bythgofiadwy hwnnw o Orffennaf 1917 a'r holl fyrdd o fechgyn ifanc o Brydain, yr Almaen, a rhai gwledydd eraill, wedi cael eu lladd a'u hanafu, fe lwyddwyd yn y man i feddiannu pentref Pilkem ac Esgair Pilkem. Ond mor fawr oedd y gost. Mor ddrud oedd yr aberth. Ni allaf ddweud dim yn well na dyfynnu unwaith eto eiriau awdur *Gwae Fi Fy Myw*:

'Ymffrostiai'r Fyddin Brydeinig iddi ddal dros 6,100 o garcharorion
Almaenig y diwrnod hwnnw, 133 ohonynt yn swyddogion, a rhagor
na 25 o ynnau mawr; ond rhwng Gorffennaf 31 ac Awst 4, sef cyfnod
dechreuol Trydydd Cyrch Ypres, yr oedd y Fyddin Brydeinig wedi symud
ymlaen ddwy filltir i diriogaeth y gelyn ar draul o 32,000 o gleifion a
meirwon. Erbyn cyrraedd pentref Passchendaele ar Dachwedd 10, 1917, yr
oedd yr Almaenwyr a'r Prydeinwyr a'u Cynghreiriaid wedi gorfod dioddef
colledion o 250,000 o gleifion a meirwon yr un. O fewn y Bumed Fyddin
yn unig, lladdwyd 4,000 o filwyr ar y diwrnod cyntaf hwnnw, a Hedd
Wyn yn un o'r rhain, wrth gwrs, ac anafwyd 12,000 arall.'[8]

Cofio Hedd Wyn: y groes bren ar lechwedd Cefn Pilkem, a'r garreg fedd ym 'Mynwent y Magnelau'

Roedd y gwasanaeth coffa i Hedd Wyn, a hwnnw yn Gymraeg, o dan ofal y Parchg David Morris Jones, Aberystwyth, caplan ei gatrawd.[9] Claddwyd y corff, ynghyd â deg arall, yn ymyl y Groes Haearn (yr 'Iron Cross') ar lechwedd deheuol Cefn Pilkem. Roedd y fangre hon yn lled agos i'r man y clwyfwyd y bardd ifanc o Drawsfynydd. Yn agos hefyd i hen *château*, wedi'i malurio, yr arferid ei defnyddio fel ysbyty yn ystod y Rhyfel.

Ar y bedd gosodwyd croes bren a'r manylion hyn arni:
'61117 Pte. E. H. Evans / 15 R Welch Fus. / 31-7-17'

Yn gynnar yn y 1920au symudwyd corff Ellis Humphrey Evans i 'Fynwent y Magnelau' − Artillery Wood, Boesinghe (Llain 2, Rhes F), yn nhalaith

Y groes bren i gofio Hedd Wyn. Gerallt Lloyd Owen pan oedd yn athro yn Ysgol
Bro Hedd Wyn yn ei dangos i ddau o'r disgyblion. Y mae'r groes bellach yn cael ei
harddangos yn Llys Ednowain, Trawsfynydd.

Llun: Llyfrgell Genedlaethol Cymru a Barddas.

Y manylion am Hedd Wyn ar y groes bren.

Llun gan Keith O'Brien.

Gorllewin Fflandrys, i'r gogledd o Ypres, ac yn lled agos at Gefn Pilkem lle bu'r brwydro mawr. Ym mis Medi 1923 gwnaeth Silyn gais ar ran teulu'r Ysgwrn am gael gosod y geiriau 'Y Prifardd Hedd Wyn' ar y garreg fedd, a bu'r cais yn llwyddiannus. Trosglwyddwyd y groes bren i'w chadw yn Ysgol y Cyngor (Ysgol Bro Wyn), Trawsfynydd. Yn 2004, pan agorwyd y ganolfan dreftadaeth yn y pentref, fe'i trosglwyddwyd i'w chadw a'i harddangos yn Llys Ednowain.

Dyma yn awr gyflwyno atgofion un gŵr a gafodd gwmni Hedd Wyn o'r diwrnod cyntaf un yr ymunodd y ddau â'r Fyddin.[10]

★ ★ ★ ★ ★

Gyda Hedd Wyn ar faes y gad: atgofion Simon Jones

'*Wel, tra buoch chi yn y fyddin – i ble'r aethoch chi gynta felly? Yn ble ddaru chi gyfarfod Hedd Wyn?*

Wel, yn Wrecsam. Oedd o a finne'n mynd tro cynta'r un bore, ac i Litherland [ger Lerpwl] hefo'n gilydd, a fuon yng nghwmni'n gilydd bob dydd, dwi'n coelio. Wel, gweld 'n gilydd bob dydd, 'dê, ac mi lladdwyd o tua chwarter i bump ar yr unfed dydd ar ddeg ar hugien o Orffennaf *nineteen seventeen*.

Oeddech chi rŵan yn mynd i'r fyddin. Oddech chi'n mynd i Wrecsam ac odd Hedd Wyn yno, oedd?

Odd o'n cyrredd o Drawsfynydd a finne o Lanuwchllyn 'r un bore, yndê. Ia, a dwi'n cofio heddiw, sgidie cochion genno fo a cetyn yn 'i geg, tro cynta imi 'i weld o, ag odd sgidie cochion amser hynny – ôn nhw ddim gen bawb amser hynny, yndê. Ia.

A 'dach chi'n gofio fo yn siarad efo chi'r bore hwnnw?

Wel, na, ond dodd fawr ers pan odd o wedi ennill y gader yn Llanuwchllyn a'r Bala, y ddwy gader gynta gadd o 'rioed, 'dê. Ia.

Ac am faint buoch chi hefo fo, hynny ydi, pryd oddech chi'n mynd i'r fyddin?

Wel, diwedd *nineteen sixteen*, a fuon efo'n gilydd, gweld 'n gilydd bob dydd, 'dê.

Ia. Yn ble oeddech chi fwya hefo fo?

Wel, yn Ypres. Ia.

'Stand at ease! You're not on a bloody Welsh farm now.'

A ellech chi roid 'chydig bach i mi o'i hanes o pen odd o yn y fyddin. Fyddech chi'n
siarad dipyn efo'ch gilydd?

O bydden, siarad llawer iawn. Odd Hedd Wyn, wyddoch chi, dodd o ddim
yn filwr, 'dê. Dôn i ddim yn filwr fy hun, ond pan fydden ni ar *parade*,
stand at ease hefo reiffl, odd yr hen *sergeant major* yn gweiddi '*Attention!*'
Hwyrach odd meddwl Hedd Wyn rwle, wyddoch chi. Alle bod o'n gneud
'i bryddest [awdl] at Birkenhead amser hynny, yndê, wyddoch chi. Odd
o fel yn gysglyd yn 'i waith. Doedd dim isio neb ymorchestu bod o'n câl
dim diddordeb yn y peth, ond wedyn odd Hedd Wyn yn amal iawn ar
defaulters fin nos ... am fod o ddim *up to the mark* gan y *sergeant major*, a dene
glywais i, glywais i lawer gwaith. '*Come along. You're not on a bloody Welsh*
farm now. Wake up', yndê. Mick Mallens odd enw'r *sergeant major* hynny
– os ydi o'n fyw. Ia.

Be oedd adwaith Hedd Wyn i'r driniaeth honno felly?

O, wel, dduda i ichi, odd lawer iawn ohonon ni'n Gymry efo'n gilydd yn y
cyfnod hynny, yn fechgyn a gweision ffermydd, wyddoch chi, a wedyn
odd raid i chi 'i chymryd hi fel dôi hi, yndê.

Chi'n cofio Hedd Wyn yn dweud rywbeth am y fyddin, am y bobl odd o'n gorfod
gweithio odanyn nhw?

Na, alla i ddim deud hynny, yndê.

Odd o'n dal dig?

Wel, oedd, wrth reswm.

O, dyna chi gyfeiriad personol, 'dê. Odd ... ryw *officer* bach go ifanc wedi
cymyd yn f'erbyn i, ac ar *parade* yn Fletching oedden ni. Rhyw drêning
mawr odd o, ond odd o'n ffeindio rwbeth arna i ar *parade*. Ma'n debyg
bod ni ddim ond wedi edrych ar ein gilydd, wyddoch chi, bod o wedi
cym(r)yd ryw gasineb [tuag] ata i, a wedyn odd o'n rhoi fi ar y *defaulters*
fin nos. Pan bo chi wedi bod 'n trênio'n galed trw'r dydd ... a Chymro
odd o, dwi'n siŵr, tyse fo ddigon o ddyn i ddeud hynny, yndê ... A bron
nag ôn i'n gweddïo byse rwbeth 'n digwydd iddo fo, ne fi. Och chi ddim
yn licio câl eich diraddio, a wir, pan uson ni i'r lein, i ymyl y lein, odd
isio dau gympani i neud *daylight attack*, ac fel odd 'n digwydd bod, dodd

fy nghympani fi ddim, ond mi odd yr *officers-volunteers* i fod. A mi âth o, a ddôth o ddim yn ôl, a felne, fel och chi'n gofyn, glywesh i Hedd Wyn yn deud. Wel, ddudes i ddim byd am hwnnw, yndê, ond dene odd 'nheimlad i. Odd dda iawn gen i – ôn i ddim yn dymuno iddo fo gâl 'i ladd, ond dymuno câl 'i le fo, yndê. Ia.

Pan odd Hedd Wyn yn y fyddin, be odd 'i ddiddordeb mawr o, ar wahân i farddoni? Odd gynno fo ryw ddiddordeb arbennig?

Fyswn i'n meddwl dim, yndê. Odd genno fo ddim diddordeb mewn militariath, beth bynnag. Dudwch chi, ôn i'n mynd ar y *musketry* yn Litherland. Wel, ôn i'n licio gwn 'rioed ac ôn i'n câl ryw bleser, ond dim ond pleser o ran saethu bords odd hwnnw, yndê. Oddech chi ddim 'n sylweddoli bod nhw'n disgwyl i chi saethu dynion *later on*.

Ia. Ac och chi'n sôn, 'ndoeddech chi, am Hedd Wyn, am bobol yn deud 'i fod o'n yfed yn drwm ac ati, ond pen odd o yn y fyddin oedd o'n … ?

Weles i ddim arwydd diod 'rioed ar Hedd Wyn. Dduda i ichi beth oedd – dôn i ddim yn gwario am ddim byd yno ac odd gen i ryw chydig o bres o hyd. Ond llawer i dro glywesh i Hedd Wyn yn gofyn imi, 'Duw, Sam.' (Sam odd o'n 'ngalw i.) 'Duw, Sam, ti ddim menthyg swllt tan nos Wener?' A dene fo, swllt i Hedd Wyn yn amal iawn, ond byth yn meddwl amdanyn nhw wedyn. Ond doedden ni'n câl dim ond *tanner a day*, fel ôn nhw'n deud, 'dê.

Óch chi'n sôn, 'ndoeddech chi, am Hedd Wyn yn anfon arian, anfon prês, adre i'w fam?

Ia. Wel, ma'n debyg 'i fod o, wyddoch chi, ond dudwch chi, wnelo'r cyflog odden ni'n gâl allsech chi ddim câl prin glasied o gwrw yno, yndê.

'...hen blant bach heb ddim sane na sgidie ... yn byta parion tatws', a llau yn poeni'r milwyr

Odd gynno fo [Hedd Wyn] ryw ddywediade arbennig felly? Dech chi'n 'i gofio fo pen odd o'n siarad? Odd o'n o ffraeth, yndoedd?

O, oedd, oedd. Odd 'ne lawer o hwyl i gâl, wyddoch chi. 'Yr Hen Hedd' odden i'n alw fo, ia, ''Rhen Hedd'.

Fyddech chi'n tynnu coes ych gilydd? Odd gynno fo gariad?

Na, does gen i ddim llawer o go' am hynny, yndê. Dodden ni ddim yn sôn llawer iawn am gariadon yn fanny.

Nac oddech chi?!
Na.

Oeddech chi'n câl 'chydig bach o amser i chi'ch hunain, felly?
Na, chydig iawn. Mi odd 'ne lefydd rhyfedd yn Ffrainc, ma'n wir. Dwi'n cofio pan ôn i yn y camp yn Litherland odd 'ne fachgen o'r Bala efo fi, Tom Pentre – ma o wedi'i gladdu, yn blismon – yn fachgen mawr cry', ac odden ni'n pasio tŷ tafarn. Odd hi'n ymyl camp Seaforth [ger Lerpwl] a:
"Tyrd i mewn i fan hyn", medde Twm – Twm ôn i'n 'i alw fo – "tyrd i mewn."
"Na, ddo i ddim i mewn", medde finna, a –
"Tyrd i'w gweld nhw", medde fo.
A mi ês i mewn hefo fo. A dene oedd yno, merched [ran] fwya, merched Seaforth a'u gwŷr nhw'n Ffrainc, ma'n debyg, yndê A tu allan i'r tŷ tafarn, twr o hen blant bach heb ddim sane na sgidie am 'u traed, a wedyn bore drannoeth odd rheini'n dŵad yn fflyd i'r camp at y cwcs, ac ôn nhw'n byta parion tatws, dech chi'n gweld, wrth i'r cwcs neud cinio, a dene odd y byd amser ene – 'u mama nhw yn dafarn yn y nos, 'tê.

Glywsoch chi Hedd Wyn yn deud rywbeth am y bywyd yma?
Wel, do, wrth reswm. Odd o'n edrych yn beth rhyfedd iawn i ni, fechgyn y wlad, yndoedd o, wyddoch chi, bechgyn yn gwybod fawr ddim am fywyd tre.

Odd ... gynnoch chi, gyda'r nos, ryw fath o chwaraeon i'ch difyrru'ch hunain fel milwyr?
Na, dim byd neilltuol. Nagoedd.

Glywsoch chi o'n deud ryw rigwm wrthoch chi? ...
Ia. Dwi'n cofio bod ni mewn lle o'r enw Fletching, ddim ymhell o Ypres. Trênio roedden ni. Dwi'n cofio'n dda. Ôn ni'n trênio trwy gae ŷd mawr, trwy 'i ganol o. A wedyn dwi'n cofio bod ni – tro cynta ês i i Fletching – ôn i wedi mynd yn llau. A wyddwn i ddim bod 'ne fath beth â llau yn Ffrainc. A riportio'n *sick*, meddwl fod frech goch arna i, ar fore dydd Sul, a doctor yn deud wrth ryw *officer* odd hefo ni, '*Give him some ointment.*' A

dene fo. A wedyn gês *light duty*, mynd ar hyd y pentre i hel papur trwy mod i'n *sick* – yn *sick* a ddim yn *sick* iawn. A be welwn i allan ar ryw gae ond twr o *soldiers* wedi tynnu'u cryse a phob peth. A wir, mi ês i i edrych be ôn nhw'n neud. Lleua, tynnu llau, roedden nhw, wyddoch chi. Ac erbyn hynny ôn inne'n llau byw, yndê.

'Ryw noson ole leuad ...': Simon Jones a 'Ned Bach y Llys' yn 'sgwennu llythyre', a 'dene [Hedd Wyn] yn dechre barddoni'

A jyst 'run man, 'run amser, odd Hedd Wyn yn digwydd pasio, ac ôn i â ryw fachgen arall o Lanuwchllyn, Ned Bach y Llys – odd o'n cydoesi â fi yn yr ysgol, dwi'n coelio – ac yn sgwennu llythyre oedden ni. A dene Hedd Wyn 'n sefyll wrth 'n penne ni a dyne fo'n dechre barddoni. Sut odd hi'n cychwyn hefyd?

> Ryw noson ole leuad
>   Uwchben y dolydd bras,
> Roedd dau o fois Llanuwchllyn
>   Yn sgwennu 'u gore glas.
> Llythyrau i'w cariadon
>   Anfonai'r ddau yn iach,
> Ac enw un odd Simon
>   Ac enw'r llall Ned Bach.

Ac roedd 'ne bennill arall. Odd honno'n well o lawer: 'Doisen ni'n ôl yn wyn ein byd ryw ddiwrnod', yndê. Ac y ma nhw yn *Seren*, Y Bala, yn y cyfnod hynny. Odd 'ne fachgen yn Bala'n deud wrtha i ers ryw 'chydig o flynyddodd yn ôl bod hi genno fo. Ac ma o wedi'i gladdu er hynny, ne faswn i'n licio câl un. A gwahanol iawn fuodd hi. Geuson ni'n dau ddŵad adre, a fo'i hun ddim, yndê. Ia. ... Anfones i nhw adre i'm rhieni, meddwl byse fo ryw gysur iddyn nhw, a be ddaru'r hen greaduried, mi rhoison nhw yn *Seren*, Y Bala, dech chi'n gweld. Wedyn ma nhw ar brint, a ma'n ame gen i braidd bod 'ne ddim byd mewn print [wedi] i Hedd Wyn 'i neud ar ôl hynny, yndê ...

Ia. A sawl pennill oedd?

Dwy. ... Dwy wyth llinell, 'tê. Ia. ...

[Dyma'r ail bennill a gyhoeddwyd gyda'r pennill cyntaf yn *Y Seren*, 22 Medi 1917, t.5.

> Ond pan ddarfyddo'r Rhyfel
>> A'r helynt hwn i gyd,
> Daw dau o *foys* Llanuwchllyn
>> Yn ôl yn wyn eu byd;
> Rhieni o'u pryderon
>> A'u clwyfau dro'nt yn iach,
> Pan welant wyneb Simon
>> A chlywed llais Ned bach.

Plentyn Gwen Edwards, Y Rhos, Llanuwchllyn, oedd Edward Morris Edwards, 'Ned Bach'. Wedi geni Ned, mi briododd hi â Hugh Jones a symud i fyw i'r Llys, Llanuwchllyn. Ond bu farw Gwen yn 1907. Felly, er i Hedd Wyn sôn am 'rieni'r' ddau lanc ifanc yn eu croesawu adref, doedd hynny ddim yn wir am Ned.

Ganed Ned yn 1895, ac ymunodd â'r Ffiwsilwyr Brenhinol Cymreig yn 1915 (Bataliwn Gwasanaeth, rhif 14). Bu'n ymladd ym Mrwydrau Coed Mametz a Passchendaele, ond fe oroesodd y rhyfel. Wedi'i ddadfyddino, cafodd waith ar y rheilffordd yn Ne Cymru.][11]

Chi'n cofio pa ddwrnod odd hi pan ddaru o sgrifennu'r ddau bennill?
Alla i ddim deud, heblaw odd 'ne ddim amser mawr iawn cyn iddo fo gâl 'i ladd, 'dê.

Faint o amser odd o wedi'i gymryd i neud y penillion?
O, ddaru o ddim smocio hanner 'i getyn. Odd o fel tase fo'n siarad efo chi wrth 'u gneud nhw, wyddoch chi. Odd o ddim 'n sefyll i feddwl ddim.

Pa amser o'r dydd odd hi?
Roedd hi'n ddigon gole. Dwi'n cofio mai ar ryw hen gae bach oedden ni. Ia.

Edward Morris Edwards, 'Ned Bach, y Llys', Llanuwchllyn, ar faes y gad gyda Simon Jones a Hedd Wyn.
Llun trwy garedigrwydd Beryl H Griffiths, Cwm Cynllwyd.

Hedd Wyn, gyda chadair Llanuwchllyn, 1915.
O gasgliad Yr Ysgwrn (APCE).

Brwydr Passchendaele [Cefn Pilkem] a gweld Hedd Wyn yn syrthio

A wedyn mi fuodd Hedd Wyn farw mewn faint?

Fyswn i'n deud, pythefnos i dair wythnos, ia, dydd ola o Orffenna', dech chi'n gweld, diwrnod cynta brwydyr fwyaf fuo yn byd 'ma 'rioed, ma'n debyg. Brwydyr Passchendaele. Ac oeddan ni'n mynd drosodd hanner awr wedi pedwar. Oedden ni'n cychwyn dros Canal Bank yn Ypres, ac mi lladdwyd o ar hanner Pilckem, a ... dwi wedi clywed llawer yn sôn bod nhw hefo Hedd Wyn, mai fel hyn ac fel arall, a, wel, ôn i hefo fo fel bachgen o Lanuwchllyn a fynta o Drawsfynydd ac mi gweles o'n syrthio ac mi allaf ddweud mai *nosecap shell* yn 'i fol lladdodd o, wyddoch chi. Ôch chi'n medru gwbod hynny. O, allech chi ddim sefyll hefo fo, ma'n wir. Odd raid i chi ddal i fynd, 'dê.

Pryd welsoch chi o ola', hynny ydi, i siarad hefo fo?

O, ma'n anodd i mi ddeud. Alle mod i'n siarad efo fo'r bore hynny, yndê, achos trwy mod i'n 'i weld o'n câl 'i ladd odd raid 'mod i'n agos iddo. A dwi'n cofio'r peth mor dda, bod gennon ni *officer* yn lîdio ni i fyny. Newman odd 'i enw fo, *Lieutenant* Newman, ag odd hwnnw'n mynd o mlaen i. A mi weles i o'n disgyn ar 'i linie ac yn cydio mewn dwy ddyrnad o faw, yndê. Wel, doedd yna ddim ond pridd, wyddoch chi. Odd y lle wedi'i falu ymhob man. Marw roedd o wrth reswm, yndê. Ia.

Un o'r gynnau mawr ar dir lleidiog maes y frwydr yn Fflandrys, 1917.
Cyhoeddwyd yn *Hanes Colli'r Hogiau*, gan Robert M Morris, Gwasg Prifysgol Cymru, 1984.

Be welsoch chi wedyn, felly?

Wel, mi gymson ni'n *objective* ar dop Pilkem. Odd relwe'n rhedeg fyny efo'n ochor ni, hen relwe. Am dre Langemarck [yng Ngwlad Belg] oeddan ni'n anelu, a'n *objective* ni odd ryw hen gae mawr a tri *pillbox* yn 'i flaen o. Tai wedi'u smentio i fyny odd rheini, wyddoch chi, gan y *Germans*, a dwi'n cofio pen ôn ni'n adfansio fyny efo'r lein a, dewc, dene *Germans* yn dŵad dros 'rochor arall i'r lein. Ag odd 'ne Cyrnol Norman efo ni – dwi'n gofio fo'n iawn – yn gweiddi, '*Shoot, shoot, shoot the buggers!*' Ac erbyn hynny *prisoners* odd rheini. Odd y *Welsh Guards* 'rochor draw i'r lein wedi adfansio o'n blaene ni, wyddoch chi, a wedyn *prisoners* nhw'n dŵad yn ôl a ninne'n saethu nhw, meddwl mai *Germans* yn atacio ni odden nhw, 'dê. Ia. Wel, dwi ddim yn gwbod.

Ac wedyn och chi'n sôn am ych swyddog chi wedi câl 'i ladd.

Newman, ia.

Newman. Mewn faint o amser wedyn y gwelsoch chi Hedd Wyn yn disgyn?

Wel, yr un amser yn union. 'Dalla i ddim deud wrthoch chi p'un ai chynt na chwedyn.

Ia. Tua faint o'r gloch odd hi? Yn y prynhawn odd hi?

O, nage. Odd hi. Odd hi, fyswn i'n deud, gwarter i bump yn bore.

Yn y bore?

Ia.

'Na chi.

Cychwyn yr *attack*, dech chi'n gweld.

Beth wnaethoch chi? Och chi'n gallu gneud rywbeth wedi ichi weld Hedd Wyn yn … ?

O, dim o gwbwl. Nagoedd. Odd *stretcher-bearers*, ma'n debyg, yn dŵad i fyny tu nôl inni, dech chi'n gweld, 'tê. … Wel, fysech yn torri'r rheole mewn ffor' tyse chi'n mynd i helpu un wedi'i glwyfo pan och chi mewn *attack*. Busnes chi odd dal i fynd, 'dê.

Sut oddech chi'n teimlo pan welsoch chi'ch cyfaill yn disgyn?

Wel, dduda i ichi'n union. Deud y gwir wrthoch chi, odd o ddim yn amser ichi gydymdeimlo dim rhyw ffor' am y rheswm wyddech chi ddim nad mewn dwylath fysech chithe 'run fath â fo, yndê.

Un milwr o blith miloedd – wedi'i ladd ar faes y gad. Brwydr Cefn Pilkem, 31 Gorffennaf 1917, y diwrnod y lladdwyd Hedd Wyn.

Llun: Yr Amgueddfa Ryfel Ymerodrol – Imperial War Museum, Llundain.

Y lladdfa fawr ym Mrwydr Cefn Pilkem, 31 Gorffennaf 1917.

Llun: Yr Amgueddfa Ryfel Ymerodrol – Imperial War Museum, Llundain.

Elorgludwyr yn cario milwr clwyfedig drwy'r llaid, 1 Awst 1917, wedi'r frwydr ar Gefn Pilkem, 31 Gorffennaf, ddiwrnod yn gynt.

Llun: Yr Amgueddfa Ryfel Ymerodrol – Imperial War Museum, Llundain.

Trin y clwyfedigion wedi'r frwydr ar Gefn Pilkem, 31 Gorffennaf 1917.

Llun: Yr Amgueddfa Ryfel Ymerodrol – Imperial War Museum, Llundain.

Cofio Hedd Wyn, a 'Dei Bach' yn marw yn 'dweud 'i bader yn Gymraeg'

Ond wedyn ôch chi'n teimlo colled fawr?

Oedd. Odden ni'n dŵad allan – fuo ni i mewn am wsnos, ac ôn ni'n dŵad allan ar fore Dydd Sul – y deugain ohonon ni, allan o'n cympani ni beth bynnag, yndê, allan o gant a hanner hwyrach, ne chwaneg. A Dr Day o Lunden odd yn mynd â ni allan. Odd yn *officers* ni wedi mynd i gyd. Doctor y *battalion*, y *division*, 'ndê, fo odd yn lîdio ni allan … Odd y lle wedi gweddnewid mewn wsnos, dech chi'n gweld, ond y trwbwl oedd fethodd gynne mawr ni i ddod i fyny ar yn hole ni. Mi ddôth yn law ddeg o'r gloch y bore a mi âth y lle'n *sludge*. Allse 'ne ddim ceffyl ddŵad, a wedyn mi barodd y frwydyr hynny dri mis, a mi laddwyd cefnder i mi, 'Dei Bach'. Odd o'n fab i frawd i 'Nhad. Odd o'n fachgen fel ewig, ac mi glywes fachgen (on i'n ymweld â Cwarfod Ysgolion flwyddyn ar ôl dŵad adre ac oddwn i yn Tŷ Capel, Llwyneinion, yn câl te) ac odd – John Williams odd enw'r bachgen – wn i ddim ydi o'n fyw – ac odd o'n deud bod o yn yr un *post* â cafodd 'Dei Bach' 'i ladd. Gâth 'i glwyfo … yn 'i lygad ryw chydig. Mi âth allan o'r lein ac âth i'r lein yn ôl i'r un man yn union â lle odd o wedi câl 'i glwyfo – ôn nhw ddim wedi symud ymlaen. Ac yn ystod y noson hynny ddisgynnodd *shell* a mi chwthodd 'i ddwy goes o ffwr' yn y bôn (bachgen Tŷ Capel, Llwyneinion, odd yn deud wrtha i). A mi farwodd yn dweud 'i bader yn Gymraeg.

Wel, wel. Ie.

Ia. Wedyn dene fo, yndê.

Ma'r hanes 'ma dech chi wedi'i ddeud am Hedd Wyn rŵan – ydw i'n hynod o ddiolchgar i chi. Ma'n beth anodd 'i neud, ond dech chi wedi'i neud o'n dda. Dech chi'n cofio Hedd Wyn yn cyfansoddi ryw bwt o gân neu rigwm ar ryw adeg arall heblaw yr amser yma?

Na, alla i ddim cofio, yndê. Ma 'ne sôn am Hedd Wyn, pwy bynnag sydd fyw'n cofio, dwi ddim yn gwbod p'run ai'n Llanuwchllyn ai'r Bala odd o'n ennill y gader, yndê, ond ar ôl gweiddi am i'r ffugenw godi ar 'i draed, dene Hedd Wyn yn codi a dene ryw ddynes tu nôl iddo, 'Iste lawr, machgen i, imi weld rwbeth', medde hi! Ma honne'n ddigon gwir, ond dwi ddim yn gwbod p'run ai'n Llanuwchllyn ai'r Bala odd hi. [Eisteddfod y Llungwyn, Llanuwchllyn, 1915.]

Dwi ddim wedi clywed hynne o'r blaen. Diddorol iawn.

O, ia. O, dwi wedi'i chlywed hi lawerodd o weithie, yndê, a 'dalla i ddim deud mod i'n 'i chofio hi'n bersonol.

'My father is getting very old and I'm his only son.' Simon Jones yn cael dod adre o'r rhyfel.

Wel, mi adawn ni Hedd Wyn nawr. Mi ddaethoch chi nôl o'r fyddin yn un naw un saith, ne ddaru chi aros nes daru'r rhyfel orffen?

Mis Ionawr – fues i'n lwcus iawn. Hyd yn o(e)d mewn rhyfel och chi'n câl manteision. Ddois i adre ar *leave* o Ffrainc yn *nineteen eighteen*. Papure'r *leave* wedi'u seinio gan yr *adjutant*. A pwy odd yn digwydd bod adre pan gyrhyddes i ond 'mrawd yng nghyfreth, Capten Dan Thomas (odd o wedi rhewi yn Ffrainc yn *nineteen fourteen*). A mi welodd fy mhapur *leave* i a deud wrth yn chwaer:

"Rargian, Lus", medde fo, "weldi pwy sy wedi seinio hwn?"

"Pwy?"

"*Lieutenant* Mostyn."

"Ydech chi'n nabod o, Dan?" me' finne.

"Wel, ddalia i iti mod i, machgen i. Fuodd hefo Lus a finne", medde fo, "pan ôn i'n Bradford. Ar ryw *military* bethma ar ôl rhewi odd hynny. Fuodd hefo ni yn câl swper, dwi'n meddwl, am dri mis bob nos. Mi sgwennaf ato fo'r munud 'ma", medda fo.

"Wel, welwch, Dan", me' finne, "dwi'n ddigon balch bod chi'n nabod o a bod chi'n sgwennu ato fo, ond ar 'run cyfri peidiwch â gofyn am 'run *favour* i mi."

"Wel, wna i ddim", medde fo.

A dene fi'n riportio'n ôl. Odd o'n lot o gysur imi fynd nôl, ma'n wir, ac yn riportio iddo fo, yr *adjutant*, yn ymyl Albert ar y Somme.

"*Dear me*", medde fo, "*I understand you're a brother in law to Captain Dan Thomas?*"

"*Yes, sir*", medde fi, a –

"*How is he and how is your sister* [Lus] *and how is the little boy – Dewi Prys Thomas?*"

"*Very well, sir*", me' finne, "*and remembering to you.*"

"*Well, I must see what I can do for you, Jones. Would you like to go on the battalion transport with the horses?*"

"*Well, that's all I've been used to, sir*", meddwn inne.

"*Well, you'd better look about the transport lines for a couple of days. There might be a vacancy. There might be someone dead or going on leave.*"

Ond mewn ryw ddwrnod mi gwelodd fi wedyn.

"*I think you'd better go up the line, Jones. There's a new draft going up tonight. You'd better join them and I'll call you back when I find a vacancy.*"

A fues ryw ddau ne dri mis cyn câl fy ngalw'n ôl. [Efo'r] *Battalion transport* yn mynd i fyny'r lein bob nos. Odd o wahanieth garw, yndê.

Ond yn y diwedd mi gawsoch chi ... ?

Do, ac wedyn pan ddôth diwedd y rhyfel ôn i wedi dŵad yn ôl. Ôn i wedi mynd heibio Mons. Dduson ni'n ôl i ymyl Albert ac ar y *tenth of January nineteen nineteen* dene fo'n digwydd fy mhasio i ar y pentre, *Lieutenant* Mostyn, a –

"*Look here, Jones*", medde fo, "*there are sixty pivotal men from this battalion going home tomorrow, but they must be mostly school-teachers, but I'll try and get you in.*"

Hanner awr wedi deg noson honno odd 'ne rywun yn gweiddi – mewn ryw hen stabal odden ni:

"*Fifty: Jones.*"

"*Yes, sergeant.*"

"*Go and report to the Orderly Room at half past nine tomorrow morning.*"

Odd 'ne fechgyn o *South Wales* yno o mlaen i, yndê. A riwmor wedi dŵad bod 'ne rai'n câl mynd adre, a

"*What the hell*", odd hi wedyn, "*before us?*"

A mynd i riportio i *Lieutenant* Mostyn a'r Cyrnol.

"*Jones has been a very good man on the transport, Colonel, and I should think he would be the very man to be in the Army of Occupation to go up the Rhine.*"

"*What about it?*" medde'r hen gyrnol.

"*Well, I'm very sorry, sir, but my father is getting very old and I'm his only son. I'd rather go home if possible.*"

"*Very well then.*"

'Mynwent y Magnelau', Artillery Wood, Boesinghe.

Pererindod o Gymru i weld bedd Hedd Wyn a milwyr eraill o Gymru, 1934.

Llun: Barddas *(Gwae Fi Fy Myw)*. Y trydydd o'r dde, mewn siwt dywyll, Bob, brawd Hedd Wyn.

Carreg fedd Hedd Wyn, llain 2, rhes F, ym 'Mynwent y Magnelau', Artillery Wood,
Boesinghe, ger Cefn Pilkem, Fflandrys.

'He died for freedom and honour.' 'Ceiniog Ryfel' Ellis Evans.
O gasgliad Yr Ysgwrn (APCE).

★ ★ ★ ★ ★

[RG] *Wel, dyna ni, dech wedi deud ych hanes yn fyw iawn fel ddaru chi ddod o'r fyddin. Wel, mynd i ffarmio wedyn, adre i Dan-y-bwlch?*

Ia.

A symud o Dan-y-bwlch pen ddaru chi briodi, ie?

Ia. Wel, chwilio am wraig ddaru mi wedyn, 'dê! [Priododd yn 1920 â Laura (Lowri) Jones, Penygeulan, Llanymawddwy, a mynd i fyw i Flaen Plwyf Uchaf, Aberangell.] ...

'Machgen annwyl i, fan hyn rwyt ti.' Geiriau mam o Lanybydder wrth fedd ei mab. Hi a Simon Jones ar daith i weld bedd Hedd Wyn

... A fues i wrth fedd [Hedd Wyn] wedi hynny [yn 1934] ar drip, a dyna'r trip mwya bendigedig weles i rioed. Ymweld â beddi llawer odd yno ar Pilkem. Ma o wedi'i gladdu'n agos iawn [i'r] lle lladdwyd o, ac odd Caerwyn a Cynan a T Elwyn Williams, Trefriw, fel gweinidogion yno i gynnal gwasaneth, ac ... odd Telynores Llyfni yno â'r delyn. Ar fore dydd Sul odd hi a Caerwyn yn deud:

"Yn 'n plith ni, gyfeillion", medde fo, "ma 'ne fam a'i merch wedi dod o Lanybydder, hithau wedi dod i ymweld â bedd 'i mab", medde fo. "Gawn ni fynd yn orymdaith fach at 'i fedd ynte i ganu emyn." [Bedd Henry Evans, mab Mary ac Evan Evans, Pen-rhiw, Llanllwni. Bu farw, 31 Gorffennaf 1917, yr un diwrnod â Hedd Wyn, yn 24 mlwydd oed.]

A dene ni'n mynd, a'r *guide* yn mynd â'r fam a'r ferch, a pan gyrhyddodd hi'r bedd, y fam yn syrthio ar y bedd:

"Machgen annwyl i, fan hyn rwyt ti."

Dodd 'ne'r un llygad sych mewn cant a hanner odd wedi gweld cannoedd o gyrff. Ond mam, yndê, odd hi.'[12]

Simon Jones (1893-1982) yn cneifio (yn ei gartref, ar fferm Blaen Plwyf Uchaf, Aberangell?).
Llun trwy garedigrwydd teulu Blaen Plwyf Uchaf.

Simon Jones (1893-1982), Blaen Plwyf Uchaf, Aberangell (ar y dde), yng nghwmni'i gyfeillion. O'r chwith: Dr Llywelyn ap Evan Davies, Glantwymyn; Thomas Morgan (Tommy), Tŷ Mawr, Aberangell; Edward Davies, Pengwern, Aberangell.

Llun trwy garedigrwydd teulu Blaen Plwyf Uchaf.

★ ★ ★ ★ ★

Yn y Rhyfel 'yr un pryd â Hedd Wyn'

Ar wahân i unrhyw restrau swyddogol, gwyddom bellach am nifer fawr o Gymry a fu yn Rhyfel 1914-18 'yr un pryd â Hedd Wyn', er nad, o angenrheidrwydd yn yr un frwydr. Gellir hefyd yn hawdd ddeall balchder teuluoedd y milwyr hynny o gael arddel ffaith fel yna. Yn ychwanegol at bersonau y cyfeiriwyd atynt eisoes yn y gyfrol bresennol, nodaf dri enw arall.

1. Richard John Jones (1892–1975), Nefyn.

Am dros 30 mlynedd, fy mraint i oedd cael bod yn gydweithiwr yn Amgueddfa Werin Cymru yr un adeg â mab Richard John Jones, Nefyn, sef y diweddar

Barchg William Owen Jones (1936-2017). Yn ystod ein sgyrsiau aml, ni flinai sôn am Hedd Wyn ac fel y bu ei dad yn y 'Rhyfel Mawr' yr un pryd ag ef. Roedd edmygedd William Owen o fab talentog Trawsfynydd, yn union fel edmygedd ei dad, yn nodweddiadol o'r parch rhyfeddol oedd yng Nghymru tuag at Hedd Wyn ac sy'n parhau hyd heddiw. Bu Richard John Jones yn ffodus i gael byw wedi'r Rhyfel hyd y flwyddyn 1975, ac rwy'n ddiolchgar iawn i Margaret a Glan Williams, Y Barri, am sicrhau llun o garreg ei fedd ym Mynwent Capel Soar, Nefyn.

2. William Williams, Tremadog

Bu William Willams (Pte 291802), Guest View, Tremadog, yn ymladd ym mrwydr Passchendaele, ac fe'i clwyfwyd, 31 Gorffennaf 1917, yr un diwrnod ac y bu Hedd Wyn farw. Bu farw William Williams, yntau, o'i glwyfau, 4 Awst 1917, yn 33 mlwydd oed, a chafodd ei gladdu ym Mynwent Fferm New Irish, yn Ypres, Fflandrys. Dwy ferch iddo ydoedd Jinnie (Williams) a Gwennie (Jones). Naw mis oed oedd Gwennie pan fu ei thad farw. A gafodd ef erioed ei gweld? A gafodd hithau weld ei thad? Ar adeg o ryfel, ni wyddom i sicrwydd yr atebion i gwestiynau fel hyn.

Mab i Gwennie Jones yw Huw Elfryn Jones, Craig y Dderwen, Penrhyndeudraeth, ac rwy'n arbennig o ddiolchgar iddo ef a'i briod, Gwladys, am bob parodrwydd i gael archwilio'r casgliad gwerthfawr o ddogfennau sydd yn eu meddiant. Yr un modd, am eu caredigrwydd yn caniatáu imi gyhoeddi llun o William Williams yn ei wisg filwrol.

3. Hugh Thomas Hughes (1887–1918), Trawsfynydd

Yn y gyfrol hon cyhoeddir llun o'r gofeb i'r bechgyn niferus o fro Trawsfynydd a fu farw yn ystod y Rhyfel Byd Cyntaf. A llun hefyd o'r mwyafrif o'r gwŷr ifanc hyn mewn poster dan y teitl 'Arwyr Trawsfynydd'. I gynrychioli'r bechgyn a laddwyd ar faes y gad (yn ychwanegol at Hedd Wyn ac o'r un ardal ag ef), rhown sylw arbennig yn awr i un ohonynt, sef Hugh Thomas Hughes (1887-1918). Bu ei ŵyr, Arwyn Lloyd Hughes, yn gydweithiwr â mi yn Amgueddfa Werin Cymru, Sain Ffagan, am nifer o flynyddoedd, a chyhoeddwyd portread gwerthfawr ganddo o'i daid, gyda lluniau, yng *Nghylchgrawn Cymdeithas Hanes a Chofnodion Sir Feirionnydd*. [13]

Bedd Richard John Jones,
ym Mynwent Capel Soar,
Nefyn. Bu'n ymladd yn
Fflandrys yr un pryd â
Hedd Wyn.

Llun trwy garedigrwydd Margaret a
Glan Williams, Y Barri.

William Williams,
Tremadog. Bu'n ymladd
ym Mrwydr Passchendaele
ar Gefn Pilkem, ac fe'i
clwyfwyd yr un diwrnod
ag y lladdwyd Hedd Wyn.
Bu farw, 4 Awst 1917.

Llun trwy garedigrwydd Huw
Elfryn Jones, Craig y Dderwen,
Penrhyndeudraeth.

Cerbydau cynnar teulu Hugh Thomas Hughes (1887-1918), Trawsfynydd, yn cario rhai o'r Swyddogion yn y Gwersyll Milwrol, *c.* 1915. Hugh Thomas Hughes sy'n gyrru'r cerbyd cyntaf.
Llun trwy garedigrwydd J P Hughes, Penrhyndeudraeth; Arwyn Lloyd Hughes, Caerdydd; ac Amgueddfa Werin Cymru.

Hugh Thomas Hughes, Trawsfynydd, a fu farw, Medi 1918, ger Amiens, Ffrainc.
Llun trwy garedigrwydd J P Hughes, Penrhyndeudraeth; Arwyn Lloyd Hughes, Caerdydd; ac Amgueddfa Werin Cymru.

Ganed Hugh Thomas Hughes ('Hugh Thomas', fel y gelwid yn aml), 17 Gorffennaf 1887 (yr un flwyddyn â'i gyfaill Hedd Wyn) yn 'Siop y Stesion' / Railway Shop, Trawsfynydd. Brodor o Ros-lan oedd ei dad, ac roedd ei fam yn chwaer i Morris Evans, Ffestiniog, gwneuthurwr a gwerthwr yr 'Oel Morris Evans' enwog. Wedi profiad gwerthfawr yn gwerthu amrywiaeth o nwyddau, sefydlodd ef a'i frawd ail fusnes, sef y Cambrian Stores, ym Mryn-glas, Trawsfynydd.

Roedd Hugh Thomas Hughes, er yn ifanc iawn, yn ymddiddori'n fawr mewn beiciau o bob math. Bu'n cystadlu ac yn ennill sawl ras, a buan y daeth y Cambrian Stores yn ganolfan brysur i drwsio a gwerthu beiciau a beiciau modur. Yn y man, sefydlwyd 'Garej Cambrian' / Cambrian Garage (sy'n parhau yn Nhrawsfynydd o hyd). Roedd y brodyr yn berchnogion ar nifer o gerbydau modur cynnar ac yn gweithredu gwasanaeth i gario pobl. Ceir llun yn y gyfrol hon o Hugh Thomas Hughes yn gyrru un o'r cerbydau cynnar hyn i gario rhai o'r swyddogion yng Ngwersyll Milwrol Bronaber, tua 1915.

Yn ei ieuenctud roedd y dyn busnes brwd o'r Traws yn ymddiddori hefyd mewn bocsio a phêl-droed ac, ar un adeg, yn aelod o'r 'Prysor Rovers'. Priododd â Mary Jane Roberts, merch i Robert Roberts, saer maen o Drawsfynydd. Ganed chwech o blant iddynt, ond yn 1916, neu yn gynnar yn 1917, bu raid i'r tad fynd i ryfel. Ymunodd â'r Ffiwsilwyr Brenhinol Cymreig (Pte 69871). Ond, yn drist iawn, bu farw o'i glwyfau, 3 Medi 1918, yn 31 mlwydd oed. Fe'i claddwyd ym Mynwent Gymunedol Daours (yn yr ymestyniad), tua chwe milltir i'r dwyrain o Amiens, yn Ffrainc. Wedi'i farwolaeth dyfarnwyd iddo y Fedal Ryfel Brydeinig (British War Medal) a'r Fedal Fuddugoliaeth (Victory Medal).

★ ★ ★ ★ ★

I gloi'r bennod bresennol a'r nodyn hwn am Hugh Thomas Hughes, ac i gofio hefyd am yr holl fechgyn ifanc a gollodd eu bywydau mor greulon ac mor ofnadwy o drist oherwydd Rhyfel 1914-18, a Hedd Wyn yn un ohonynt, ni allaf feddwl am fodd gwell na thrwy ddyfynnu englyn rhagorol R Williams Parry i un o fechgyn Blaenau Ffestiniog, Richard Jones. Y gair olaf yn nhrydedd linell yr englyn hwn yw 'gofidiwch'. Gofidiwn ninnau oll sy'n darllen y gyfrol hon fod gwledydd ar hyd y canrifoedd wedi bod mor barod i fynd i ryfel, gan orfodi gwŷr ifanc i ladd ei gilydd – lladd eu brodyr – ac achosi'r fath boen a galar, y fath ddioddef a cholled.

> Rhoes ei nerth a'i bryferthwch – tros ei wlad,
> Tros aelwydydd heddwch;
> Gyfoedion oll, gofidiwch!
> Lluniaidd lanc sy'n llonydd lwch.

11

'Bod Llariaidd Mewn Byd Lloerig':

Hyrwyddwyr Heddwch

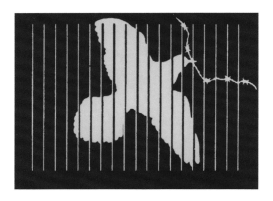

Yr Athro T Gwynn Jones (1871-1949). Un o feirniaid cystadleuaeth y gadair yn Eisteddfod Penbedw, 1917. Roedd yn feirniadol iawn o Lloyd George a swyddogion yr Eisteddfod am ddefnyddio achlysur y 'Gadair Ddu' i hyrwyddo rhyfel. Portread pensel o T Gwynn Jones, gan David Bell, tua 1935.

Llun: Llyfrgell Genedlaethol Cymru.

Y Prifathro Thomas Rees (1869-1926), Coleg yr Annibynwyr, Bala-Bangor, a golygydd cydwybodol *Y Deyrnas* (1916-19), cylchgrawn yn rhoi sylw arbennig i Heddwch.

Y Parchg Ddr John Puleston Jones (1862-1925). Bu'n gwbl ddall o ganlyniad i ddamwain yn ddeunaw mis oed. Llenor dysgedig a gweinidog (er enghraifft, ar Eglwys Pen Mount, Pwllheli). Pregethai heddwch yn gyson, ar sail ei Gristnogaeth, er pob gwrthwynebiad.

Llun o gyfrol Gwyn Jenkins, *Cymry'r Rhyfel Byd Cyntaf*, Y Lolfa, 2014.

George M Ll Davies (1880-1949). Un o heddychwyr mawr Cymru. Gŵr a dreuliodd ei oes, boed yng ngharchar neu allan o garchar, yn pregethu a gweithredu tangnefedd. Meddai'r Athro J Gwyn Griffiths amdano mewn englyn: 'Bod llariaidd mewn byd lloerig'.

T E Nicholas, 'Niclas y Glais' (1879-1971). Bardd, pregethwr, deintydd, sosialydd, a heddychwr digymrodedd.

Ithel Davies (1894-1989). Bargyfreithiwr. Gŵr a ddioddefodd greulondeb difrifol yn y carchar fel gwrthwynebydd cydwybodol.

Llun o'r gyfrol *Dilyn Ffordd Tangnefedd. Canmlwyddiant Cymdeithas y Cymod: 1914-2014*, gol. D Ben Rees.

12.

Detholiad o Gerddi Hedd Wyn

★ ★ ★ ★ ★

Wedi Eisteddfod Penbedw, 5-6 Medi 1917, aed ati ar unwaith i drefnu cyfarfod coffa i Hedd Wyn yn Nhrawsfynydd. Dyna hefyd pa bryd, yn swyddogol, y sefydlwyd y Pwyllgor Coffa Cenedlaethol, gyda Silyn yn Ysgrifennydd, a Syr E Vincent Evans (Ysgrifennydd yr Eisteddfod Genedlaethol ac un o blant y fro) yn Drysorydd. Prif waith y Pwyllgor Cenedlaethol oedd trefnu i sicrhau cofeb deilwng a pharhaol i'r bardd. Ond fe sefydlwyd hefyd Bwyllgor Lleol, a phrif swyddogaeth y pwyllgor hwn oedd cyhoeddi cyfrol o'i gerddi.

Dewiswyd y Parchg J J Williams yn Olygydd. Cafodd gymorth parod J R Jones, Llys Addysg, Trawsfynydd, Prifathro'r ysgol leol, i gasglu'r cerddi, a derbyniodd yntau gymorth pellach gan bobl megis: J W Jones, Carneddog, a Mary Catherine Hughes (bu hi yn ddisgybl-athrawes yn Ysgol Trawsfynydd). Cyhoeddwyd y gyfrol yn 1918, dan y teitl *Cerddi'r Bugail: Cyfrol Goffa Hedd Wyn*, gyda darlun ardderchog J Kelt Edwards ar yr wyneb-ddalen. Yn gyflwyniad i'r gyfrol ysgrifennwyd y geiriau a ganlyn: 'I Ferch y Drycinoedd, anwylyd calon Hedd Wyn, heddyw yn gwaedu mewn cadwyn dan orthrech y duwiau ... yn ernes o'r Dyrchafael a'r Oes Aur'. Erbyn diwedd Awst 1919 roedd dros 2075 copi wedi'u gwerthu.

Yn 1931 cafwyd argraffiad newydd o *Cerddi'r Bugail*, wedi'i gyhoeddi gan Hughes a'i Fab, Wrecsam, yn cynnwys rhagair gan y Parchg William Morris a rhai cerddi ychwanegol. Yna, yn 1994, cafwyd argraffiad newydd eto gan yr un wasg, gyda rhagymadrodd gwerthfawr gan Alan Llwyd ac Atodiad ganddo ef: 'Detholiad o gerddi o waith y bardd nas cynhwyswyd yn argraffiad 1918 a 1931 o *Cerddi'r Bugail*'.

Er i Hedd Wyn farw yn ddeg ar hugain mlwydd oed, y mae'r nifer fawr o gerddi a gyfansoddwyd ganddo yn ystod ei oes fer yn rhyfeddol. Daeth yn enwog drwy Gymru gyfan yn bennaf oherwydd i'w awdl, 'Yr Arwr', ennill iddo Gadair Eisteddfod Penbedw, 1917, ac yntau erbyn hynny wedi'i ladd ar faes y gad. Er ei bod yn demtasiwn rwydd i or-ddelfrydu'r bardd ifanc (dyna, er enghraifft, farn W J Gruffydd),[1] ac i or-ganmol awdl 'Yr Arwr', megis rhai o'i gerddi eisteddfodol eraill, camp fawr iawn i fab fferm di-goleg oedd ennill cadair yr Eisteddfod Genedlaethol. Fodd bynnag, er bod trigolion Trawsfynydd a'r cyffiniau yn ymlawenhau yn ei lwyddiannau eisteddfodol, cyn ei fuddugoliaeth genedlaethol, nid oherwydd ei bryddestau a'i awdlau buddugol ac anfuddugol, fel y cyfryw, yr oedd mab Yr Ysgwrn eisoes yn destun edmygedd mor fawr yn lleol. Tyfodd yn eilun ei fro oherwydd ei bersonoliaeth ddengar, ei ddawn ddiamheuol i farddoni, a'i barodrwydd yntau i ddefnyddio'i dalent at wasanaeth aelodau'r gymdeithas yr oedd ef yn rhan mor annatod ohoni. Y mae'r llu o gerddi priodasol a'r ugeiniau lawer o gerddi cyfarch a choffa, er enghraifft, yn enwedig yn y cyfnod 1912-16, yn dangos yn eglur fel yr oedd y trigolion lleol fel pe baent wedi mabwysiadu mab galluog Yr Ysgwrn yn un ohonynt hwy – yn un o'r teulu. Yr oedd disgwyl iddo ymateb gyda phwt o bennill a chân i gant a mil o ddigwyddiadau ac achlysuron. Roedd y bardd ifanc yntau, fel y nodwyd eisoes ym mhennod 2, yn fwy na bodlon i roi ei awen barod ar waith.

Ni chynhwyswyd llawer iawn o'r cerddi achlysurol, byrfyfyr hyn yn *Cerddi'r Bugail*. Fodd bynnag, wedi marw'r bardd aeth mwy nag un cymwynaswr brwd ati i gasglu a chofnodi rhai o'r cerddi coll, gwasgaredig, a cheir llawysgrifau yn Llyfrgell Genedlaethol Cymru a Llyfrgell Prifysgol Bangor sy'n cynnwys barddoniaeth Hedd Wyn. Dau o'r cofnodwyr oedd J R Jones, Llwyn Celyn, Trawsfynydd, a Morris Davies, 'Moi Plas', Trawsfynydd.[2] Cyhoeddwyd toreth o gerddi cymdeithasol ac achlysurol eu natur hefyd mewn cyfnodolion, ac, yn arbennig, yn *Y Rhedegydd*. Fodd bynnag, bu raid aros hyd y flwyddyn 1991 i ddarllen ymdriniaeth fanwl, feistrolgar, â'r chwarel hon o ddeunyddiau, pan gyhoeddodd Alan Llwyd ei gofiant i Hedd Wyn: *Gwae Fi Fy Myw*. Dibynnais yn helaeth arno, ac yn arbennig wrth baratoi'r bennod hon yn cynnwys detholiad o gerddi'r bardd.

Amcan y detholiad presennol, felly, yw cyflwyno i'r darllenydd beth o flas casgliad o gerddi Hedd Wyn yn ei gyfanrwydd – y cerddi dwys, difrifol, a'r cerddi ysgafn, hwyliog, a llawer ohonynt yn fyrfyfyr. Yr eithriad yw'r pryddestau a'r awdlau eisteddfodol. Yr unig ddyfynnu a wneir o'r cerddi hynny yw'r penillion a adroddwyd oddi ar ei gof gan Jacob Jones, o'r bryddest, 'Cyfrinach Duw' (pennod 4); rhai penillion ychwanegol o'r gerdd hon, a'r ychydig englynion ac un gwawdodyn byr gan J Dyer Richards, o'r awdl, 'Yr Arwr' (pennod 6).

Clawr *Cerddi'r Bugail*, 1918, yn cynnwys darlun J Kelt Edwards, Talsarnau.

Cadeiriau Hedd Wyn allan ar fuarth Yr Ysgwrn. Ei rieni yn sefyll y tu ôl iddynt. Gwerthid y llun hwn fel cerdyn post.

Parlwr Yr Ysgwrn, 2014, yn cynnwys tair o gadeiriau Hedd Wyn.
Llun: Comisiwn Brenhinol Henebion Cymru.

Morris Davies, 'Moi Plas', Plas Capten, Trawsfynydd. Cyfaill agos i Hedd Wyn a ddiogelodd lawer o gerddi'r bardd a beirdd eraill y fro.
Llun: Barddas (Gwae Fi Fy Myw).

Dylid pwysleisio, wrth gwrs, nad oherwydd unrhyw werth llenyddol, o angenrheidrwydd, y dewiswyd y mwyafrif mawr o'r cerddi i'w cynnwys yn y gyfrol bresennol. Afraid dweud, arddull rigymol, ffwrdd-â-hi, sydd i lawer ohonynt. Cynnyrch yr awen bob dydd, megis morwyn deg, ddiwyd, yn ei dillad gwaith. Er bod ymhlith y casgliad nifer helaeth o eithriadau disglair, gwerth cymdeithasol, yn bennaf, sydd i lawer iawn o'r cerddi, yn arbennig y cerddi rhydd. Ond y mae'r cyfan yn gymorth nid bychan i ddod i adnabod y bardd yn well. Y maent yn agor cil y drws ar ei bersonoliaeth a'i gymeriad; ar ei ddiddordebau; ar ei gymundeb agos â byd natur; ar ei gredoau; ar ei fydolwg; ac ar ei ymateb i fywyd, megis erchyllterau rhyfel, a'r golled fawr ar ôl y bechgyn hoff a laddwyd (llawer mwy o Drawsfynydd nag o sawl ardal arall o gyffelyb boblogaeth). Yr un modd, y mae'r cerddi yn ddrych o'r ddolen gref oedd rhyngddo ef a phobl ei fro, a phaham, wedi'i farw annhymig yntau, y bu'r hiraeth ar ei ôl mor fawr.

Eisoes yn y gyfrol hon rydym wedi dyfynnu peth o waith Hedd Wyn, yn cynnwys rhai o'i englynion a'i linellau cynganeddol byrfyfyr:

Pennod 1:   'Eldorado', englyn priodasol HW i'w Ewyrth Rhobert, brawd ei dad.

Rhan HW yn ifanc iawn yn cyfansoddi'r englyn i'r das fawn.

Ei englyn i 'fasged sbwriel golygydd Y Glorian'.

Ei ddau englyn cynnar i'w bin ysgrifennu – y 'fountain pen'.

Pennod 4:   Englyn HW i Jacob Jones, 'y Craswr penfelyn'.

Ei gwpled i Jacob Jones: 'Hogyn braf yn gweini bro / A tunnell o gôcs tano!'

Ei englyn i lamp Jacob Jones a wnaed o 'hen dun trieg'.

Ei englyn i 'Jac Bach'. Ei englyn i 'ryw greadur tene, hyll, blin, anghynnes, meddw'.

Cwpled HW i'r rhaw.

Fersiwn Jacob Jones o'r englyn i'r das fawn.

Pennod 5: Rhigwm HW i Annie Jones, chwaer William Morris.

Cwpled HW o'i awdl, 'Eryri'.

Hir a thoddaid coffa HW i John Williams, Y Garn, Stiniog.

Disgrifiad hwyliog HW ohono'i hun fel: 'Hedd Wyn y dyn barddonol'.

Pennod 10: Dau bennill HW yn Ffrainc i'r milwr 'Ned Bach y Llys', Llanuwchllyn.

★ ★ ★ ★ ★

I. Rhyfel, a chofio'r bechgyn hoff a laddwyd

Gyda rhai eithriadau amlwg, megis ei gerddi adnabyddus 'Rhyfel' a'r 'Blotyn Du', cynnil a gofalus, gan amlaf, yw condemniad Hedd Wyn o'r Rhyfel. Yn wir, mewn un gerdd, 'Tua'r Frwydr', y mae'n dweud yn blaen, wrth gyfarch y milwyr, mai '"Tros gyfiawnder" galwyd ichwi / Fynd i'r rhyfel drud'. Tra oedd cymaint o fechgyn o'r cylch yn y rhyfel, mynegi ei gefnogaeth lwyr i'r hogiau a wna ac edmygu eu dewrder. Yr un modd, mynegi ei hiraeth dwfn ef a'i gyd-ardalwyr amdanynt. Gofalu hefyd rhag brifo teimladau eu rhieni a'u teuluoedd drwy gondemnio'r ymladd. Ond daw ei wrthwynebiad i erchyllterau, oferedd a gwallgofrwydd rhyfel yn amlycach, yn arbennig yn ystod 1916, wrth i fwy a mwy o'r bechgyn hoff gael eu lladd. Daw'r gwrthwynebiad i'r amlwg wrth iddo fynegi mor fawr y bwlch ar eu hôl. Mor arw y golled.

Rhyfel

Gwae fi fy myw mewn oes mor ddreng,
    A Duw ar drai ar orwel pell;
O'i ôl mae dyn, yn deyrn a gwreng,
    Yn codi ei awdurdod hell.

Pan deimlodd fyned ymaith Dduw,
    Cyfododd gledd i ladd ei frawd;
Mae sŵn yr ymladd ar ein clyw,
    A'i gysgod ar fythynnod tlawd.

Mae'r hen delynau genid gynt
    Yng nghrog ar gangau'r helyg draw,
A gwaedd y bechgyn lond y gwynt,
    A'u gwaed yn gymysg efo'r glaw.

Y Blotyn Du

Nid oes gennym hawl ar y sêr,
    Na'r lleuad hiraethus chwaith,
Na'r cwmwl o aur a ymylch,
    Yng nghanol y glesni maith.

Nid oes gennym hawl ar ddim byd,
    Ond ar yr hen ddaear wyw;
A honno sy'n anhrefn i gyd
    Yng nghanol gogoniant Duw.

[llawysgrif – cerdd Hedd Wyn, 'Rhyfel']

Cerdd Hedd Wyn, 'Rhyfel',
yn ei lawysgrifen ef ei hun.
Cyhoeddwyd yn *Cerddi'r Bugail*,
argraffiad 1918.

Darlun o'r brwydro ffyrnig ar lannau Afon Somme yn nwyrain Ffrainc, Haf a Hydref 1916. Anfonwyd ar ffurf cerdyn gan Idris Roberts, Y Barri, at 'Annie'. Bu farw Idris Roberts yn y rhyfel.

O gasgliad cardiau Nadolig yn Amgueddfa Werin Cymru (DF006011.03).

Mewn Albwm

Cerdda rhai adwaenom heno
    Ewrop bell ddi-gainc,
Lle mae dafnau gwaed ar fentyll
    Prydain Fawr a Ffrainc.

Cysga eraill a adwaenom
    Yn y fynwent brudd;
Lle mae'r awel fyth yn wylo,
    Wylo nos a dydd.

Troeog iawn yw llwybrau bywyd
    Megis gwynt yr hwyr;
Pa le'n cludir ninnau ganddo,
    Duw yn unig ŵyr.

Llwybrau'r Drin

Ewrob sy acw'r awran – dan ei gwaed
    Yn y gwynt yn griddfan;
    Malurir ei themlau eirian,
    A'i herwau teg sy'n galendr tân.

Priodas yng Nghanol Rhyfel

Er dur wae y brwydro erch – hwyliasant
    I lysoedd gwyn traserch;
    Yno mae pob rhyw lannerch,
    Yn rosyns aur a swyn serch!

Dau filwr yn farw ar faes y gad, Mawrth 1918.

Yr Amgueddfa Ryfel Ymerodrol / Imperial War Museum

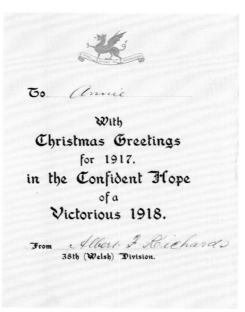

Cerdyn Nadolig a anfonwyd gan Albert F Richards at 'Annie', y ddau o'r Barri. Bu farw Albert Richards yn y rhyfel.

O gasgliad cardiau Nadolig yn Amgueddfa Werin Cymru (DF006010.1-2).

Doli
(Efelychiad)

Câr y fronfraith roddi cerdd
   Mewn coedwig werdd o dderi;
Câr y geinach redyn glân
   Y marian a'r mieri;
Caraf finnau, er pob sen,
   Wên heulwen a fy Noli.

Clywir heddiw weddwon bro
   Yn cwyno tan eu cyni;
A barus waedd y rhyfel drydd
   Faith wledydd i dylodi;
Canaf finnau, brydydd syn,
   Fy nhelyn i fy Noli.

Carodd 'Dafydd gywydd gwin'
   Ei Forfudd liw'r goleuni,
Carodd Ceiriog awen lân
   Fyfanwy Fychan heini;
Dwedaf finnau, bobol bach,
   Anwylach yw fy Noli.

Gwersyll Milwrol Litherland
(Lle bu Hedd Wyn yn cael ei hyfforddi)

Gwêl wastad Hutiau'n glwstwr– a bechgyn
   Bochgoch yn llawn dwndwr;
  O'u gweld fe ddywed pob gŵr:
  Dyma aelwyd y milwr.

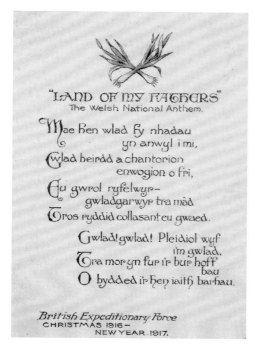

Cerdyn Nadolig, 1916, yn cynnwys y geiriau 'To you from Evan John with best Love'.
Ni wyddom at bwy yr anfonwyd y cerdyn.

O gasgliad cardiau Nadolig yn Amgueddfa Werin Cymru (DF201754 -5).

Yr Antur Olaf

Un dydd i'w antur gadawodd yntau
Henfro odidog ei ddifyr dadau;
Weithian ei glodydd edrydd ei frwydrau
Hyd erwau Ewrob a'i du ororau;
Ac yn y bell ddi-gân bau – rhoes yn glaf
Ei gŵyn olaf yn sŵn y magnelau.[3]

Tua'r Frwydr

Cofiwch gadw bri di-gymar,
 Y frenhiniaeth gref;
Sy' â'i breichiau gylch y ddaear,
 Sy' â'i threm i'r Nef.

'Tros Gyfiawnder' galwyd ichwi,
 Fynd i'r rhyfel drud;
Lle mae Belgium waedliw'n edwi
 Rhwng adfeilion mud.

Codwch eich cleddyfau durfin
 I gondemnio'r drwg;
Tros eich megnyl gaer y gelyn
 Yn golofnau mwg.

Sanga'r treisiwr lawer henfro,
 Tan ei draed yn sarn;
Fflamia eich magnelau arno,
 Wawrddydd dân y farn.

Cerdda rhai ohonoch erwau
 Hen yr Aifft ddi-gân,
Rhwng y palm a'r pyramidiau
 Dan eu harfau tân.

Cerdda eraill lwybrau candryll
 Iwrob drist ddi-gainc;
Lle mae dafnau gwaed ar fentyll
 Prydain Fawr a Ffrainc.

Er ynghanol y cadluoedd,
 Ar y maes neu'r lli;
Nodded Gwynfa ddi-ryfeloedd,
 Fyddo trosoch chwi.[4]

O gasgliad Amgueddfa Werin Cymru (DF006048).

O gasgliad Amgueddfa Werin Cymru (DF006091).

Griff Llewelyn

Y llynedd mi welais Griffith Llewelyn,
Ei lygaid yn lasliw, ei wallt yn felyn.

Yn ei olwg lednais a'i dremiad tawel
Roedd nodau ei deulu, a golau'r capel.

Ond heddiw mae'i deulu o dan y cymyl,
Ac yntau yn huno yn sŵn y megnyl.

Caethiwa di, Arglwydd, ddwylo y gelyn
Darawodd un annwyl fel Griff Llewelyn.

Cerdd goffa yw hon i Griffith Llewelyn Morris. Bu farw yn Ffrainc, 4 Mawrth 1916, pan oedd yn gosod gwifrau pigog. Roedd ei dad, David Morris, yntau yn y rhyfel yr un pryd. Meddai swyddog o'r Fyddin wrtho yn ei lythyr o gydymdeimlad:

'... your son ... was killed whilst on fatigue work at the front line ... Yet, what are my feelings in comparison to yours who have lost a brave son. One satisfaction you have, that he died for his King and Country – the greatest sacrifice a man can make.'[5]

Gorffen Crwydro

Ceraist ti grwydro gwledydd pellennig,
  Y gwledydd sy 'mhell tros y don;
Weithiau dychwelit i'th gartre mynyddig,
  A'th galon yn ysgafn a llon.

Gwelsom di ennyd cyn dychwel ohonot
  I'r rhyfel sy'n crynu y byd;
Nodau y gwlatgar a'r beiddgar oedd ynot,
  Y nodau sy'n costio mor ddrud.

Fe chwyth y corwynt tros fryniau Trawsfynydd
   O'th ôl fel yn athrist ei gainc;
Tithau yng nghwmni'r fataliwn ddi-hysbydd
   Sy'n cysgu'n ddi-freuddwyd yn Ffrainc.

Cerdd yw hon i gofio am John Williams, Trawsfynydd. Cyhoeddwyd hi yn *Y Rhedegydd*, 1 Gorffennaf 1916. Ond yr oedd John Williams wedi'i ladd yn gynharach yr un flwyddyn a chyhoeddodd Hedd Wyn yr englyn a ganlyn yn *Y Rhedegydd*:

Erys ei lwch i orwedd – yn erwau
   Ewrob anghyfannedd;
   Er hynny gesyd rhinwedd
   Ei harfau aur ar ei fedd.[6]

Milwyr o Gymru ym Mrwydr Coed Mametz (y Somme), Gorffennaf 1916. O ddarlun enwog Christopher Williams (1873-1934), Maesteg, arlunydd a heddychwr. Gwnaed y darlun ar gais D Lloyd George.
Llun: Amgueddfa Genedlaethol Cymru.

Marw Oddi Cartref

Mae beddrod ei fam yn Nhrawsfynydd,
    Cynefin y gwynt a'r glaw,
Ac yntau ynghwsg ar obennydd
    Ym mynwent yr estron draw.

Bu fyw ag addfwynder a chariad
    Yn llanw 'i galon ddi-frad;
Bu farw a serch yn ei lygad
    Ar allor rhyddid ei wlad.

Bu farw a'r byd yn ei drafferth
    Yng nghanol y rhyfel mawr;
Bu farw mor ifanc a phrydferth
    Â chwmwl yn nwylo'r wawr.

Breuddwydiodd am fywyd di-waew
    A'i obaith i gyd yn wyn;
Mor galed, mor anodd oedd marw
    Mor ifanc, mor dlws â hyn.

Ni ddaw gyda'r hafau melynion
    Byth mwy i'w ardal am dro;
Cans mynwent sy'n nhiroedd yr estron
    Ac yntau ynghwsg yn ei gro.

Ac weithian yn erw y marw
    Caed yntau huno mewn hedd;
Boed adain y nef dros ei weddw,
    A dail a rhos dros ei fedd.

Y rhingyll Robert Hughes, Fronwynion, Trawsfynydd, oedd gwrthrych y gerdd flaenorol. Bu farw yng Ngwersyll Alesbury yn gynnar yn 1916. Yn ôl nodyn yn *Y Rhedegydd*, 29 Ionawr 1916, 'nid oedd ond ychydig wythnosau er pan briododd'.[7]

D G Williams

Bedd yr arwr milwrol – a gaiff ef
 Yn goffâd arhosol,
 Ond, er hyn, gedy ar ôl
 Oes wen, fer, dlos anfarwol.[8]

Watkin Jones, Ardudwy

Un hynod iawn ei nodwedd – o ymladd
 Dros ei famwlad eurwedd,
 A ddaearwyd, er ei ddewred,
 A'i gorniog law ar garn ei gledd.[9]

John Morris gartref ar egwyl o'r Fyddin

O'r helynt afreolus – taro tro
 Tua'r Traws fydd felus:
 Yn y lle, 'n mhob cwm a llys
 Mae hiraeth am Jac Morus.[10]

Englyn i groesawu John Morris pan ddaeth gartref o'r Fyddin am egwyl
(Chwefror 1916?)

I Blant Trawsfynydd ar Wasgar
Nadolig 1914

Holi'n wan amdanoch – fore a hwyr
 Mae y fro adawsoch;
 Yntau y cryf gorwynt croch
 Eto sy'n cofio atoch.

Er oedi'n wasgaredig – hyd erwau
    Y tiroedd pellennig,
  Duw o'i ras a lanwo'ch trig
  Â dialar Nadolig.

Rhai o'r hen bererinion, – oedd unwaith
    Yn ddiddanwch Seion,
  Aethant o'n hardal weithion
  I'r wlad well dros feryl don.

Eraill aeth dros y gorwel – i feysydd
    Difiwisig y rhyfel;
  Uwch eu cad boed llewych cêl
  Adenydd y Duw anwel.

Rhai ohonoch geir heno – hwnt y môr
    Glasfant maith sy'n cwyno;
  Efo'r gwynt tros ei frig o
  Caf hiraeth yn cyfeirio.

Draw i afiaith y trefydd, – llu eraill
    A yrrwyd o'n broydd;
  Uwch eu llwyd hen aelwydydd
  Acen salm y ddrycin sydd.

Er hynny, bell garennydd, – un ydyw'n
    Dymuniadau beunydd;
  Ni all pellter Iwerydd
  Lwydo'r hen deimladau rhydd.

Er y siom trwy'r henfro sydd, – a'r adwyth
    Ddifroda'n haelwydydd;
  Hwyrach y daw cliriach dydd
  Tros fannau hoff Trawsfynydd.

Yr Arglwyddes Osmond Williams, Castell Deudraeth, yn dadorchuddio Cofeb y Gwroniaid yn Nhrawsfynydd, 1 Medi 1921. Lleolid y gofeb yn wreiddiol ar ochr 'Stryd y Lôn', ger Capel Seion a'r Stryd Fawr. Symudwyd yn 1934 i Fryn y Gofeb, ar gyrion y pentref.

Llun gan William Meredith, Y Bala, o gasgliad Amgueddfa Werin Cymru.

Yr awdur ar Fryn y Gofeb, 4 Ebrill 2017, yn cofio'r holl wŷr ifanc o fro Trawsfynydd a fu farw o ganlyniad i'r ddau Ryfel Byd.

Llun gan Keith O'Brien.

Y gofeb, ar Fryn y Gofeb, i gofio 'gwroniaid' Trawsfynydd a fu farw yn rhyfeloedd 1914-1918 ac 1939-1945. (Ar gefn y gofeb y gwelir enwau'r rhai a fu farw yn yr Ail Ryfel Byd.)

Dyma'r enwau a'r englyn sydd ar y gofeb i gofio Rhyfel 1914-18. Nodir â seren (*) y pedwar person na chynhwyswyd eu llun ar y poster: 'Arwyr Trawsfynydd'. Y mae'r ddwy seren (**) wrth enw Joseph Williams yn dynodi na chynhwyswyd ei enw ef ar y gofeb.

Robert H. Davies*, William J. Davies, Joseph Edwards*, Ellis Evans (Hedd Wyn), John Evans, Owen Evans, Tommy Evans, Thomas R. Evans, Willie Evans, Albert F. Garrud*, Hugh T. Hughes, Robert R. Hughes, Griffith P. Jarrett, Ellis J. Jones, John Jones, Watkin Jones, William Ll. Jones, Moses Lewis, Humphrey M. Lloyd, Griffith Ll. Morris, John Morris, Robert Morris, Thomas Morris, Robert R. Owen, Evan R. Parry, Robert E. Phillips, Azariah Phillips, David Roberts, Evan Thomas, David Griffith Williams, Evan Williams, John Williams, Joseph Williams**, a Richard Williams.

> I'r adwy dân yn bridwerth – yr elech
> Yn wrolion prydferth;
> A'n bro gain, ei bri, a'i gwerth
> Achubwyd trwy eich aberth.

Y llun ac enwau'r milwyr sy'n cael eu coffáu gan Keith O'Brien.

I Blant Trawsfynydd ar Wasgar
Nadolig 1915
[Detholiad]

... Pell yw'r ieuenctid llawen eu dwndwr
   Fu'n cerdded y fro;
Chydig sy'n mynd at y Bont a'r Merddwr
   Yn awr ar eu tro.

Holi amdanoch â llais clwyfedig
   Mae'r ardal i gyd;
Chwithau ymhell fel dail gwasgaredig
   Ar chwâl tros y byd.

Rhai ohonoch sy 'merw y brwydrau
   Yn y rhyfel draw,
A sŵn diorffwys myrdd o fagnelau
   O'ch cylch yn ddi-daw.

Eraill sy'n crwydro gwledydd pellennig
   Yn alltud eu hynt
Ac yn eu calon atgo Nadolig
   Yr hen ardal gynt.

P'le bynnag yr ydych, blant Trawsfynydd,
   Ar ledled y byd,
Gartre mae rhywrai ar eu haelwydydd
   Yn eich cofio i gyd.

Ni all pellterau eich gyrru yn ango,
   Blant y bryniau glân;
Calon wrth galon sy'n aros eto,
   Er ar wahân.

A phan ddaw gŵyl y Nadolig heibio
   I'r ddaear i gyd,
Blant Trawsfynydd, tan arfau neu beidio,
   Gwyn fo eich byd.

Yn 1932 codwyd sedd goffa i'r 14eg Fataliwn o'r Ffiwsilwyr Brenhinol Cymreig ym Mynwent Brydeinig Tramwyfa Dantzig, ger Coed Mametz, yn Ffrainc. Cofiwn fod ennill Coed Mametz oddi ar yr Almaenwyr (10–11 Gorffennaf 1916) yn rhan o frwydr fawr y Somme. Dyma fersiwn Gymraeg yr arysgrif sydd ar y sedd goffa, yn cynnwys pennill olaf ond un cerdd Hedd Wyn: 'I Blant Trawsfynydd ... Nadolig 1915'.

'Codwyd y sedd hon gan Swyddogion, Is-Swyddogion a Milwyr y Royal Welsh Fusiliers Battalion 14, rhan o'r 38ain Adran (Y Gymreig), er cof annwyl am eu Cymrodyr ac am bob Cymro arall a gwympodd yn Ffrainc.

Ni all pellterau eich gyrru yn ango,
   Blant y bryniau glân;
Calon wrth galon sy'n aros eto,
   Er ar wahân.'

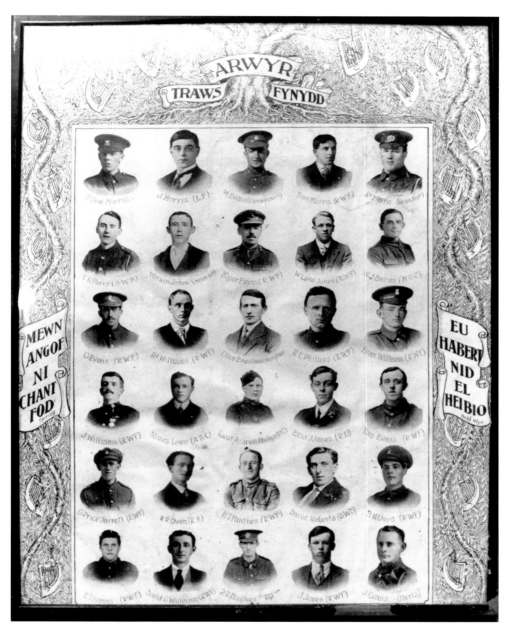

Print / poster o 'Arwyr Trawsfynydd' a fu farw yn y Rhyfel Mawr. (Gw. hefyd y sylwadau am Fryn y Gofeb).

I Blant Trawsfynydd ar Wasgar
Nadolig 1916
[Detholiad]

Nid oes o'r Bont hyd at Bantycelyn
    Ddim ond unigrwydd a'i fri:
A rhywrai'n eistedd wrth dân eu bwthyn
    Gan feddwl amdanoch chwi.

'Chydig yw rhif y rhai sydd yn dyfod
    Yn awr fin nos tua'r Llan;
Mae'r hen gyfeillion megis gwylanod
    Bellach ar chwâl ym mhob man. ...

Eraill ohonoch sy'n Ffrainc aflonydd
    Yn ymladd fore a hwyr;
Maint eich hiraeth am fryniau Trawsfynydd
    Y nef yn unig a ŵyr.

Cerdda eraill hyd ddieithr bellterau
    Yr Aifft dywodlyd, ddi-wên,
Yng nghysgod y palm a'r pyramidiau,
    Ym murmur y Nilus hen. ...

Daw'r haf am dro tros ein bryniau eto,
    Am dro tua'r coed a'r ddôl,
Ond gwn fod rhai ohonoch yn huno,
    Na welir mohonynt yn ôl.

Blant Trawsfynydd ar ledled y gwledydd
    A thonnau gleision y lli,
Wnêl bro eich mebyd melys a dedwydd
    Byth, byth eich anghofio chwi.

Er colli wynebau eich lleisiau melys
    Oddi ar lwyfannau y plwy,
Calon wrth galon eto a erys,
    A'n cariad sy'n tyfu'n fwy.

Er gweled ohonoch flwyddyn annedwydd,
    Blwyddyn o ofid a chri,
Gwynnach nag eira gwynnaf Trawsfynydd
    Fyddo'r Nadolig i chwi.

Yr Aberth Mawr

O'i wlad aeth i warchffos lom – Ewrob erch,
    Lle mae'r byd yn storom;
    A'i waed gwin yn y drin drom
    Ni waharddai hwn erddom.

Nid â'n Ango

Ei aberth nid â heibio; – ei wyneb
    Annwyl nid â'n ango,
    Er i'r Almaen ystaenio
    Ei dwrn dur yn ei waed o.

Mab i'r meddyg R D Evans, Llys Meddyg, Blaenau Ffestiniog, oedd yr Is-Gapten D O Evans, neu 'Deio'r Meddyg', fel y'i gelwid. Bu farw yn Ffrainc, 12 Chwefror 1916. Wedi bod yn gweithio mewn banc yng Nghanada, ymunodd â'r Fyddin, a dychwelodd i Gymru gyda'r Adran Ganadaidd gyntaf. Derbyniodd Gomisiwn gyda'r Ffiwsilwyr Cymreig (yr 17eg gatrawd). Roedd yn un o bump o blant o'r un teulu a fu yn y Rhyfel. I Deio Evans y cyfansoddodd Hedd Wyn y cyntaf o'r ddau englyn uchod: 'Yr Aberth Mawr'. Enillodd arno yn eisteddfod Capel Seion, Blaenau Ffestiniog, 24 Ebrill 1916.

Yr Is-Gapten D O Evans, 'Deio Evans'.
Bu farw, 12 Chwefror 1916. Iddo ef yn
wreiddiol y cyfansoddodd Hedd Wyn ei
englyn enwog: 'Ei aberth nid â heibio …'
Llun: Barddas (*Gwae Fi Fy Myw*).

Bwriadai anfon englyn coffa arall i'r un gystadleuaeth, ond ni lwyddodd i'w gwblhau mewn pryd – yr esgyll (y ddwy linell olaf) yn unig oedd ganddo eisoes. Yn y man, cyfansoddodd yr englyn cyfan: 'Ei aberth nid â heibio …' – un o englynion gorau Hedd Wyn, yn sicr, ac un o englynion gorau'r Gymraeg. Dyma'r englyn, fe gofiwn, sydd ar y gofeb i'r bardd yn Nhrawsfynydd, ac englyn sy'n cael ei ddyfynnu'n helaeth. Adroddir rhagor o wybodaeth am gefndir cyfansoddi'r englyn hwn gan Alan Llwyd yn y *Cofiant*. Hefyd y modd y daethpwyd i gysylltu'r englyn ag un o feibion eraill y Traws a fu farw yn Ffrainc, 11 Mai 1916, sef Tommy Evans, Llys Awel.[11]

Yn yr un eisteddfod yng Nghapel Seion, Blaenau Ffestiniog, gosodwyd cystadleuaeth arall, sef cerdd goffa i Deio Evans. Bryfdir enillodd a Hedd Wyn yn ail. Dyma un pennill o'i gerdd a gyhoeddwyd yn y cylchgrawn *Cymru* (Mai 1920):

> Pa wedd gollyngwn dy aberth yn ango,
>   A ph'odd yr anghofiwn dy wyneb di,
> Cans erom ni phrisiaist roi'th fywyd heibio,
>   A throi y gwarchffosydd yn Galfari.[12]

★ ★ ★ ★ ★

II. 'Yn storom o dosturi': cerddi crefyddol

Od yw 'mhechod yn codi – i'm hwyneb
 Fel mynych drueni,
 Gwelaf yr Iawn ar Galfari
 Yn storom o dosturi.

Y Nadolig

Deg ŵyl, dan las dy gelyn – una gwlad
 Yn swyn gwledd a thelyn;
 A hyd Fethlem dyry dremyn
 Ar y Duw Sanct yn ei grud syn.

Carol Nadolig (1916)

Dyma'r dydd y gwelwyd Iesu
 Yn y preseb gwael ei drem,
Ac angylion Duw yn canu
 Uwchben meysydd Bethlehem;
 Canwn ninnau
Gydag engyl gwynion Duw.

Er mai preseb oer, difoliant,
 Gafodd Ef yn faban gynt,
Pan yn dyfod o'r gogoniant
 Tua'r ddaear ar ei hynt,
 Holl allweddau
Tragwyddoldeb sy'n ei law.

Deuwch engyl eto i ganu
 Uwch ein hen ryfelgar fyd,
Cenwch wrthym am yr Iesu
 All dawelu'r brwydrau i gyd;
  Yn y moliant
Uned holl deyrnasoedd byd.[13]

Cyfrinach Duw
[Detholiad]

'Cyfrinach Duw', fe gofiwn, oedd y bryddest a enillodd i Hedd Wyn gadair
Eisteddfod Pontardawe, 1915. Dyfynnwyd eisoes dri phennill ohoni, fel yr
adroddwyd hwy ar lafar gan Jacob Jones (pennod 4). Nodwyd hefyd mai
thema ganolog y gerdd hon yw 'ymchwil oesol dyn am Dduw'. Dyfynnir
yn awr bedwar pennill yr adran gyntaf: 'Y Deml Gyfareddol', geiriau sy'n
ein hatgoffa o un o themâu cyson barddoniaeth Hedd Wyn, sef rhyfeddod a
chysegredigrwydd byd natur: Duw yn y 'tiroedd gleision' a'r 'seren dlos', yn y
'gwynt a'r wendon'. Dyfynnir hefyd ddau bennill o'r bedwaredd adran: 'Tinc
y Cariad', a dau bennill o'r adran olaf: 'Y Deml Ddihenydd'.

Gwybydd fy mron fod ei enw melys
 Fyth yn diasbad yn dlws ar ei hynt
Hyd foroedd ango' y wenlloer oedrannus,
Ar finion yr hesg chwerthingar, wylofus,
 Ban grymant dan bwys yr addolgar wynt.

Weithiau fe'i gwelwn yn dringo mynyddoedd
 Mewn mantell o fordor yr heulwen a'r fflur;
Weithiau fe'i gwelwn rhwng coed y dyffrynnoedd,
Gwedyn ar encil am decach ynysoedd
 Yn sŵn gorohïan y gwynt a'r mŷr.

Lledais fy mreichiau i'w dderbyn ef ganwaith
   Ban gerddai hyd ataf mewn islef a lliw;
Dioer, ni chefais i'm myfyr ond dryswaith,
Ac eistedd i wylo fy enaid ymaith,
   Oni lefarodd i'm calon friw:

   'Myfi biau fywyd y tiroedd gleision,
   Pob lleuad dromgalon, pob seren dlos;
Myfi biau gerddi y gwynt a'r wendon;
Pand digon i'th enaid a thithau weithion
   Yw suon fy mentyll yng ngwynt y nos?' ...

★ ★ ★ ★ ★

O oedi yng nghymun y marw dilafar,
   O oedi yng nghymun y marw byw,
Teimlwn fy enaid yn gado ei garchar,
A'm hysbryd yn deffro fel fforest gerddgar,
   Dan awel hirfelys cyfrinach Duw.

Ac yna mi deimlais ddod cariad tragwyddol
   I farw tros enaid tlawd fel myfi;
Minnau yng nghwmni y gwaed cyfareddol
Yn araf ddeffro i'r oed annherfynol,
   A storm o ddryswaith ar ben Calfari. ...

★ ★ ★ ★ ★

Pa beth yw bywyd, ac angau, a bydoedd,
   Ond cymyl â heibio trwy'n glasliw nen?
Minnau â'm myfyr ar Dduw yn oes oesoedd
Ac awel Calfaria'n dod ar ei hyntoedd
   I siglo'm hirwallt ac oeri fy mhen. ...

Mwyach mi godaf fel hedydd yng nglesni
I wybren gyfriniol cariad fy Nuw;
Cans yno mae deall oesau o'i ddellni,
Ac yno mae bywyd o'i boen a'i gyni,
Drwy allu nas gwybydd, yn dechrau byw.

★ ★ ★ ★ ★

III. 'Cerddais fin pêr aberoedd': cerddi byd natur

Haul ar Fynydd

Cerddais fin pêr aberoedd – yn nhwrf swil
Nerfus wynt y ffriddoedd;
A braich wen yr heulwen oedd
Am hen wddw'r mynyddoedd.

Dymuniad (1)

Dymunwn fod yn flodyn – a'r awel
Garuaidd yn disgyn
Arnaf i yn genlli gwyn
Oddi ar foelydd aur-felyn.

Dymuniad (2)

Dymunwn fyd mwyn yn fawr, – a'i wyneb
Dan rosynnau persawr;
Ei nen fel pabell enfawr
O fanaur dwfn wrid y wawr.[14]

Cyfddydd

Y wawr gu yn y pellter gawn, – a'r dydd
   Ar ei dwf anghyflawn;
  Lliw gwrid y gwyddfid a'r gwawn
  Yn llosgi mewn gwyll ysgawn.

Y Wawr

Hi gwyd o gwsg oed y gân, – hithau'r nos
   O'i thrôn niwl dry allan;
  A gwêl ar oriel arian
  Drem y dydd fel drama dân.[15]

[Thrôn: gorsedd. O'r Saesneg 'throne'.]

Yr Ehedydd

I gwrdd â chymyl gwawrddydd – adeinia
   O'r gwyndynnoedd llonydd;
  Ac ar ei aden ysblennydd
  Tery'i dant wrth ffenestri'r dydd.

Ceir ail fersiwn gan Hedd Wyn o esgyll yr englyn hwn, a mesur gwahanol:

Ym mro'r sêr neu darddle'r dydd – rhydd gân bêr
  A'r wawr dyner ar ei ir adenydd.[16]

Nos Olau Leuad

Wele y dlos leuad lân – yn dyfod
    O'i hystafell weithian;
  A chwery ei braich arian
  Am yddfau cymylau mân.

O lys y wawr pa olau syn – yw hwn?
    Mor ddi-dannau'r dyffryn!
  P'le mae ffel seiniau telyn
  Adar hoff y doldir hyn?

Yr Haf

Yr haul ar las orielau, – a gweunydd
    Fel gwenyg o flodau,
  A chwa bêr o rhyw iach bau
  Yn yngan ar las gangau.

Nos o Ragfyr

Heno, cwsg, dlws ieuanc oed; - oer yw gwaedd
    Arw'r gwynt o'r dergoed;
  Cwsg dan nen fy mwth henoed;
  Cwsg, cwsg, nes tawela'r coed.

Heno clyw gri aflonydd – o leddf ing
    Ymladdfeydd fforestydd;
  Huawdl sain y dymestl sydd
  Fel alltud ar foel elltydd.

Hyd yr êl heibio'r helynt,
Yn dy gwsg cei wrandaw gwynt
Gwyna tros faes a gwaneg,
Ail mun friw ar lomwaun freg.

Gellid yn rhwydd fod wedi gosod y gerdd hon yn adran I: Rhyfel ... Ar adeg o ymladd, dioddefaint a cholledion anamgyffredadwy, nid oes mwyach gysur i'w gael hyd yn oed yng ngogoniant natur ar nos o Ragfyr.

I Wyneb y Ddrycin

Af allan i wyneb y ddrycin
    I grwydro hyd lethrau y bryn;
Disgynned y glaw ar fy nillad,
    A chaned y gwynt fel y myn.

Af allan i wyneb y ddrycin
    Does undyn yn unman a'm clyw;
Does neb am oleuo fy llwybyr
    Ond y mellt yn ehangder Duw.

Af allan i wyneb y ddrycin
    Hyd erwau y ddafad a'r oen;
Griddfanned y storm ar fynyddoedd
    Fel darn o ogoniant poen.

Gorwyntoedd gwallgof y bryniau
    Sy'n canu telynau o frwyn,
O cludwch, o cludwch, fy ngriddfan
    At rywun a wrendy fy nghŵyn.

Pan gaeo fy llygaid wrth farw,
    Goleued y mellt draws y glyn,
Disgynned y glaw ar fynyddoedd
    A chaned y gwynt fel y myn.

Pedair ar ddeg oed oedd Hedd Wyn pan gyfansoddodd y gerdd hon.

Glannau'r Lli

Rwyf i yn hoffi'r blodau
 Sy'n tyfu'n wyllt a rhydd
Heb undyn yn eu gwylio
 Ond awel, nos a dydd;
Yr wyf yn mynd bob hafddydd,
 Heb gymar gyda mi,
I gasglu'r blodau gwylltion
 Ar lannau glas y lli.

Af ati'n fore, fore,
 I gasglu'r blodau hyn,
Cyn i'r ehedydd ddeffro
 Rhwng rhedyn gwyrdd y bryn;
Rwyt wrthi hyd yr hwyrddydd
 Nes casglu llu di-ri
O flodau gwyn a melyn
 Ar lannau glas y lli.

Dychmygais wrth ddod adre
 Weld llawer ysbryd hy
Yn llamu dros y caeau
 A'i wallt yn hir a du;
Ond toc, fe welwn olau
 Ffenestri 'nghartref i
Lle cefais wên i'm derbyn
 O lannau glas y lli.

Mae gennyf chwaer yn gwywo
 Dan farrug oer y glyn;
Mor hoff yw hi o'r blodau –
 Rai melyn, gwyrdd, a gwyn;

Bob nos rwy'n dyfod gartref
    Â'm blodau gyda mi,
I lonni'r hon sy'n gwelwi
    Ar lannau oer y lli.

Darn adrodd i blant oedd y gerdd uchod. Enillodd Hedd Wyn y wobr gyntaf am ei chyfansoddi yn un o gyfarfodydd llenyddol yr Annibynwyr, Trawsfynydd, yn 1911, ond ni roddwyd yr arian iddo oherwydd ei fod yn hwyr yn anfon ei gerdd at y beirniad![17]

Diwrnod o Wanwyn
('seiliedig ar ddydd yn Ebrill')
[Detholiad]

Canaf am dy wawrddydd gynnar
    Gwedi storm ac eira gwyn,
Hawdd yw canu pan fo gobaith,
    Gyda'i heulwen ar bob bryn;
Nid oes clod i delyn segur,
    Pan fo blagur ar y pren,
Pan fo'r friall yn melynu
    Ac ehedydd yn y nen ...

Onid hoff gan fugail gwmni
    Dydd o wanwyn eurlliw mwyn?
Pan fo'r 'penllwyd' ar y rhosydd
    A mynyddau dan eu hwyn.
Ddydd o wanwyn, rhaid dy garu,
    Pwy o fewn y byd wahárdd,
Onid llawnach yw'r corlannau,
    Onid tlysach yw pob gardd.

Cyfarfod Adloniadol Penystryd.

16

"Diwrnod o Wanwyn"
(seiliedig ar ddydd yn Ebrill)

I

Canaf am dy wawrddydd gynnar,
Gwedi 'storm ac eira gwyn,
Hawdd yw canu pan fo gobaith,
Hyda i heulwen ar bob bryn;
Nid oes clod i delyn segur,
Pan fo blagur ar y pren,
Pan fo'r friall yn melynu,
Ac ehedydd yn y nen.

II

Pan fo neithdar dydd o wanwyn,
Yn bendithio'r dolydd bras,
Cerddaf finnau hyd y meysydd,
Ynghymdeithas blagur glas.
Onid hoffedd plant yw crwydro,
Ddydd o Wanwyn yn y coed,
Pan fo'r adar ar eu nythod,
A'r briallu'n ieuanc oed.

Dau bennill cyntaf cerdd Hedd Wyn, 'Diwrnod o Wanwyn'.
Llsg. Llyfrgell Genedlaethol Cymru, 4628 C. Casgliad J R Jones.

Ymddengys y gerdd hon (penillion 1-6) yn llaw Hedd Wyn ei hun ymhlith casgliadau J R Jones yn y Llyfrgell Genedlaethol. Ar frig y dudalen gyntaf ceir y geiriau: 'Cyfarfod Adloniadol Penystryd', ond ni roddir y dyddiad.[18] Yn y pumed pennill gwelir cyfeiriad at y 'penllwyd', sef *Filago germanica / vulgaris* (*'common cudweed'*). Yr oedd gweld y penllwyd yn y borfa yn arwydd sicr o wanwyn, ac arferai gwladwyr gynt ei wisgo ar eu cotiau. Ceir yr un gred ac arferiad yn gysylltiedig hefyd â'r filfyw (neu filfriw, coedfrwynen y maes), *Luzula campestris (Field Wood-rush)*, ac arferid llefaru'n orfoleddus y rhigwm a ganlyn (y fersiynau yn amrywio o ardal i ardal), 'Heddiw gwelais y filfyw, / Eidion du bydd fyw'. Mae'n dra phosibl fod pobl mewn rhai ardaloedd yn galw'r 'penllwyd' yn 'filfyw', a'r 'filfyw' yn 'benllwyd'.

Oedfa Hud
[Detholiad]

… Unlliw i mi Fentyll Mair★
 Â dysglau o win disglair;
 Tua'r trist gyfddydd distaw
 Deuai'r haul dros fryniau draw;
 Mwyn ei wedd, uwch mynyddoedd
 Eryr aur yr awyr oedd;
 Y nen drôi o'i hynod wrid
 Yn ororau mererid;
 Hudol pob cwmwl gloywdeg
 Unlliw tud o emrallt teg.

Swil, unig, bell, las lynnoedd – a loywai
 Dan lewych y nefoedd;
 Gwaed y wawr drwy'u llygaid oedd,
 A'u hewynnau fel gwinoedd. …

 Ha! ddifyr goedd fore gwyn,
 Is yr awyr, oes rhywun
 Wylai pan byddo melyn
 Firagl haul ar ddwfr y glyn? …

★ Mantell Fair: *Alchemilla vulgaris (*'lady's mantle'*)*. Gelwir hefyd: Mantell y Forwyn.

★ ★ ★ ★ ★

IV. Cymru, beirdd, a'r 'hen ganiadau'

Ein Gwlad

Hen wlad y beirdd sy'n huno yn y glyn,
Eu coffa erys byth yn wyn
Ar lawer mynydd, ban, a glyn,
   Brif gewri'r oesau gynt;
Mae Dafydd ap Gwilym yn y gro,
A'r bedw yn tyfu drosto fo,
A'i 'gywydd gwin' o hyd mewn co',
   Fel sŵn anfarwol yn y gwynt;
A chysga Ceiriog, awen aur,
Ym miwsig ei haberoedd claer,
   'Rôl swyno cenedl ar ei hynt.

Hen wlad y telynorion ydyw hi,
A gwlad datgeiniaid mawr eu bri;
   Mae sain ei cherddi prudd a llon,
   Fel ymchwydd llanw pen y don;
A'u caru fyth wnaf fi;
Cans yn eu nodau bywyd sydd
Yn galw gwerin tua'r dydd,
Fel miwsig clychau Cymru Fydd;
   Ac ysbryd yr hen oesau tân
   Sydd heddiw'n torri'n fôr o gân
   Ar dannau telyn Cymru lân.

Ein gwlad a gyfyd eto, er pob brad;
Hi ddawnsia wrth weled ei rhyddhâd;
A chwardd wrth ado trwm sarhâd
   Gelynion oesau lu;
Mae twrf rhyfeloedd blin ar ffo

A'r dewr yn huno yn y gro,
A glas y meysydd drosto'n do,
 'Rôl brwydro ag anobaith du;
A Chymru eto'n deffro gaed,
A nwyd anorthrech yn ei gwaed,
 A'r wawr yn torri'n dân o'i thu.

Cenwch im yr Hen Ganiadau

Cenwch im yr hen ganiadau
 Fu ar wefus oesau gynt,
Pan oedd tân y diwygiadau
 Yn ymdonni yn y gwynt:
Hen ganiadau peraidd Cymru
 Ganwyd yn y Cystudd Mawr,
Pan oedd cenedl gyfa'n crynu
 Yn y nos wrth ddisgwyl gwawr.

Cenwch im yr hen ganiadau
 Eto yn y dyddiau hyn;
Mwyn yw clywed yn eu nodau
 Fiwsig y gorffennol syn.
Cenwch im yr hen ganiadau,
 Cerddi'r 'Nef', y 'Bedd' a'r 'Crud';
Minnau ddwedaf yn eu seiniau:
 Môr o gân yw Cymru i gyd![19]

Y Bardd

Gŵyr swyn pob dengar seiniau – ac emyn
 Digymar y duwiau,
 A gwêl ar bell ddisglair bau
 Deml hud ei sant deimladau.[20]

★ ★ ★ ★ ★

V. 'Dim ond lleuad borffor': bro a mynydd, afon a llyn

Atgo

Dim ond lleuad borffor
    Ar fin y mynydd llwm;
A swn hen afon Prysor
    Yn canu yn y Cwm.

Fel hyn yr oedd y pennill adnabyddus ac ardderchog hwn yn wreiddiol gan
Hedd Wyn:

Dim ond gwenlloer borffor
    Ar fin y mynydd llwm;
A swn yr Afon Prysor
    Yn canu yn y cwm.[21]

Yn *Cerddi'r Bugail*, argraffiad 1918, y gwelir y fersiwn ddiwygiedig am y tro
cyntaf, ac y mae'n fwy na thebyg mai J J Williams, y Golygydd, a fu'n gyfrifol
am y diwygio. Y mae'n newid er gwell, yn sicr, oherwydd sut y gall lleuad
a ddisgrifir fel 'gwenlloer' fod hefyd o liw 'porffor'? Newidiwyd 'A swn yr
Afon Prysor' yn y drydedd linell i 'A swn hen Afon Prysor' er mwyn osgoi'r
camgymeriad gramadegol o osod y fannod i ragflaenu enw afon.

Trawsfynydd

Tud y brwyn a'r gwynt mwynaidd, – tir amaeth
    Henfro'r trumiau cawraidd;
  Pau yr ŷd, y neint a'r praidd,
  A goror y grug euraidd.

Tir fu yn gartref awen, – a'i erwau
    Yn dud arwyr llawen;
    Heno wyla o'i niwlen
    Ysbryd oes y brudiau hen.

Hiraeth am Drawsfynydd

Yn iraidd ŵr fe ddof ryw ddydd – adref
　　I grwydro'r hen fröydd,
　　Yn y Sowth fy nghorffyn sydd,
　　A f'enaid yn Nhrawsfynydd.

Cyfeiriwyd eisoes (pennod 4) wrth gyflwyno detholiad o atgofion Jacob Jones, y Craswr, at yr englyn uchod a gyfansoddwyd gan Hedd Wyn pan oedd 'yn y Sowth'. Dyma ddyfyniad o eiriau Alan Llwyd:

> 'Jacob Jones, hyd y gwn i, oedd yr unig un a gadwodd ar lafar yr englyn a luniwyd gan Hedd Wyn pan oedd yn Ne Cymru i gyfleu ei hiraeth am Drawsfynydd, sef yr englyn hwnnw y mae'i esgyll mor enwog. Dim ond unwaith y bu iddo fentro o'i gynefin cyn ymuno â'r Fyddin. Cymerodd yn ei ben fod modd gwneud bywoliaeth weddol fras yng nglofeydd y De, ac ymunodd â'r minteioedd o Ogledd Cymru a oedd yn cyrchu'r De i geisio gwell byd. Yn un ar hugain oed, ac yn fuan ar ôl Nadolig 1908, aeth i Abercynon i weithio, ond ar ôl rhyw dri mis yno dychwelodd i Drawsfynydd. Diddanai ei frodyr a'i chwiorydd ar ôl dychwelyd trwy ddynwared acen a thafodiaith y Deheuwyr.'[22]

Ni chyhoeddwyd yr englyn hwn yn argraffiadau 1918, 1931, o *Cerddi'r Bugail*, a rhaid diolch i Alan am ei gynnwys fel rhan o'r 'Atodiad' yn argraffiad 1994.

Adfeilion Hen Eglwys

Ei hudol furiau lwydynt; – alawon
　　Ni chlywir ohonynt,
　　Namyn dyfngor y corwynt
　　Ac isel gri gweddi'r gwynt.

Englyn yw hwn i adfeilion hen eglwys ar dir Bodfuddai, fferm yn ffinio â'r Ysgwrn ac yn eiddo i'r un tirfeddiannwr, Charles A Jones, Caernarfon. Bodfuddai oedd cartref Jane Hughes. Roedd hi yn chwaer i Catherine, priod

David Morris, 'Morgrugyn Eden', sef rhieni Mary, mam Hedd Wyn. Mab i Jane Hughes oedd Rowland Wyn Edwards, 'Rolant Wyn', y cyfeiriwyd ato eisoes (pennod 1).

Y Moelwyn

Oer ei drum, garw'i dremynt – yw erioed,
A'i rug iddo'n emrynt;
Iach oror praidd a cherrynt
A'i greigiau'n organau'r gwynt.

Englyn buddugol Hedd Wyn yn Eisteddfod Gwylfa, Llan Ffestiniog, 1913, yw hwn. Yn gysylltiedig â'r fuddugoliaeth, adroddir stori adnabyddus iawn y cyfeiriwyd ati eisoes gan Jacob Jones (pennod 4). (Hedd Wyn a'i ffrindiau yn dathlu drwy wario'r wobr ariannol ar ddiod, a'r bardd yn dweud wedyn: 'Wel, dyna ni wedi llyncu'r Moelwyn!').

Fel hyn yr oedd ail linell yr englyn hwn yn wreiddiol: 'Dan ei rug dihelynt'. J J Williams, yn ôl J W Jones, ar gyfer *Cerddi'r Bugail*, 1918, a newidiodd y llinell hon i: 'A'i rug iddo'n emrynt'. Yn ôl Morris Davies, 'Moi Plas', fodd bynnag, Hedd Wyn ei hun a fu'n gyfrifol am y diwygio.[23]

Llyn Rhuthlyn

Ail i gyfaredd telyn – rhyw unig
Riannon gwallt melyn
Ar nos o haf rhwng bryniau syn
Yw hiraethlais tonnau'r Rhuthlyn.

Yr enw mwyaf cyfarwydd ar y llyn hwn heddiw yw Llyn Hiraethlyn. Lleolir tua dwy filltir a hanner i'r dwyrain o bentref Trawsfynydd, a thua milltir i'r de o gopa Moel y Croesau, uwchben Cwm Prysor. Llifa ffrwd o ochr ddeheuol y llyn i Afon Prysor. Cyfeirir at y llyn yn 1698 gan Edward Lhuyd fel 'Llyn yr Ithlyn', a dywed fod draenogod anghyffredin, gyda cham rhyfedd yn eu cynffonau, i'w cael yno [pysgod garw: *'perch'*]. Cyfeirir yn yr englyn at 'Riannon', sef un o gymeriadau'r Mabinogi.

Rhuthlyn, Cwm Prysor. Llun nodedig gan Keith O'Brien, diwedd Medi 2008, gyda chrychdonnau ar wyneb y dŵr.

(Gweler hefyd ysgrif Dewi Prysor: 'Y Rhuthlyn', *Barddas*, rhif 315, Haf 2012, tt. 34-5.)

★ ★ ★ ★ ★

VI. 'Hogen glws, a chroen gwyn glân': cyfeillesau a chariadon Hedd Wyn

Gwenfron a Mi

Cydgerdded wnâi Gwenfron a minnau un tro,
A chwerthin yr awel ym mrigau y fro;
Roedd lloer yn yr awyr, a lloer yn y llyn,
Ac eos yn canu o laslwyn y glyn;
A serch ar ei orau ar noson fel hyn.
Ac yno yn suon yr awel a'r lli
Gwnaed cymod annatod rhwng Gwenfron a mi.

Flynyddoedd maith wedyn roedd coedydd y glyn
Heb ddeilen, nac awel, dan eira gwyn, gwyn;
Roedd oriau ieuenctid ers talwm ar ffo,
A mil o ofalon yn llanw y fro,
A'r corwynt yn ubain o'r coed yn ei dro;
Ond chwerwed gaeafau, a rhued y lli,
Ni thorrir mo'r cymod wnaeth Gwenfron a mi.

Mae Gwenfron a minnau yn hen erbyn hyn,
A'r hwyr ar ein pennau, fel eira gwyn, gwyn;
Mae'n llygaid yn llwydo, fel dydd yn pellhau,
A nerth ein gewynnau o hyd yn gwanhau;
Ond, wele, mae'n cariad o hyd yn cryfhau.
I'r tiroedd di-henaint sy draw dros y lli
Rhyw symud yn dawel wna Gwenfron a mi.

Yn wahanol i'r gerdd uchod, y mae pob un o'r cerddi sy'n dilyn yn gerddi i ferched ifanc y gwyddom i sicrwydd fod Hedd Wyn yn eu hadnabod yn dda ac yn hoff iawn ohonynt. Nid oedd prinder cyfeillesau agos a chariadon gan fab dawnus a golygus Yr Ysgwrn![24]

Elin Ann Jones, Defeidiog Isaf

Pe gallwn, rhoddwn ŵr iddi,
A chod o aur i'w chadw hi.

Merch Defeidiog Isaf, Trawsfynydd, oedd Elin. Pan recordiwyd hi ar dâp gan Alan Llwyd, a hithau bellach mewn oedran teg, ni allai gofio'n gywir yr englyn a gyfansoddwyd iddi gan Hedd Wyn, ar wahân i'r esgyll uchod. Priododd hi â David Roberts, Cadeirydd Pwyllgor Amddiffyn Capel Celyn, a gwnaeth hithau gyfraniad gwerthfawr iawn yn yr ymgyrch i geisio arbed Cwm Tryweryn.[25]

Ac yntau'n weinidog yn Llanuwchllyn, arferai'r Parchg W J Edwards ymweld â 'Nel Feidiog'. (Roedd hi'n byw bellach yn Y Bala.) Dyma un sylw a gofnodwyd gennyf wrth imi sgwrsio â W J Edwards (7 Mawrth 2017): geiriau 'Nel Feidiog' pan soniai am ei hen gariad, Ellis, Yr Ysgwrn. A dwedai'r geiriau dan chwerthin!

'Oeddwn i'n cael llythyre caru ganddo fo yn llawn o ryw hen farddoniaeth!'

Mary Catherine Hughes

Siriol athrawes eirian, − garedig
Ei rhodiad ym mhobman;
Un gywrain, lwys, gura'n lân
Holl *ladies* Gellilydan![26]

Cyflwynodd Hedd Wyn yr englyn hwn yn ei lawysgrifen ei hun i 'Miss Hughes, Athrawes Ysgol y Cyngor, Trawsfynydd, Awst. 30ain 1916'. Fel y nodwyd eisoes, yr oedd hi yn ddisgybl-athrawes yn Ysgol Trawsfynydd ac wedi rhoi llawer o gymorth i J R Jones, y Prifathro, i gasglu cerddi ar gyfer y gyfrol goffa i Hedd Wyn. Roedd hi ddeng mlynedd yn iau nag ef (ganed 23 Mawrth 1897), ond yn ferch ifanc alluog iawn. Bu'n athrawes ar Enid (Enid Morris, chwaer iau Hedd Wyn), ac yr oedd Enid yn cofio iddi gael cais ganddi un diwrnod, sef 'gofyn i Hedd Wyn am sypyn o rug gwyn iddi, fel y gallai hi ei ddangos i'r plant'.[27]

O Ysgol Trawsfynydd aeth Mary Catherine Hughes yn athrawes i Gellilydan. Priododd yn ddiweddarach â'r Parchg Llywelyn Davies, Coedpoeth. Bu farw, 7 Gorffennaf 1976.

Lizzie Roberts, Tŵr Maen

Gwyrodd yn ei hoed hawddgaraf – i'r bedd,
A'r byd ar ei dlysaf;
O'i hôl hi, trwy'r awel haf,
Alawon hiraeth glywaf.[28]

Englyn coffa yw hwn i Elizabeth Roberts, merch Ellen a David Roberts, fferm Tŵr-maen, Cwm-yr-allt-lwyd, rhwng Llanuwchllyn a Thrawsfynydd. Ganed hi, 1 Ebrill 1884, ond bu farw yn 32 mlwydd oed, 6 Mehefin 1916, o'r darfodedigaeth.[29] Fel hyn, mewn geiriau cofiadwy, y disgrifiodd Alan Llwyd yr englyn tyner hwn: 'Er bod cywair, awyrgylch a geirfa'r englyn yn rhamantaidd, y mae'r hiraeth a'r galar am Lizzie yn treiddio trwy'r rhith, fel drain duon pigog yn llechu dan wynder blodau.'[30]

Hyd y gwn i, ni chyfansoddodd Hedd Wyn unrhyw gerddi i gyfarch Lizzie Roberts tra bu byw. Gwyddom, fodd bynnag, am un gerdd goffa arall sydd ganddo iddi. Ei theitl yw 'Marw yn Ieuanc', ac fe'i cynhwyswyd yn Cerddi'r Bugail. Er nad oes i wyth pennill y gerdd hon yr un dwyster a chynildeb mynegiant ag yn yr englyn coffa, eto y mae'n werth sylwi fel y bu i'r bardd, yn fwriadol, newid y mesur yn y pennill olaf. Mae amlder yr odlau ac ysgafnder y rhythmau yn y pennill hwn fel pe'n gymorth i gyfleu profiad a theimlad arhosol y bardd. Er y golled, er yr hiraeth, bydd melyster yr 'atgof' am 'fywyd' a 'geiriau' y ferch o Gwm-yr-allt-lwyd yn aros yn hyfryd yn y cof: 'Fel arogl mil myrdd o lilïau, / Fel miwsig perorol o glychau ...'

Bu farw yn ieuanc, a'r hafddydd
Yn crwydro ar ddôl ac ar fryn;
Aeth ymaith i'r tiroedd tragywydd,
Fel deilen ar wyntoedd y glyn.

Mary Catherine Hughes, disgybl-athrawes yn Ysgol Trawsfynydd, a chyfeilles i Hedd Wyn. Cyflwynodd iddi'r englyn isod yn ei lawysgrifen ei hun.

Llun: Barddas (*Gwae Fi Fy Myw*).

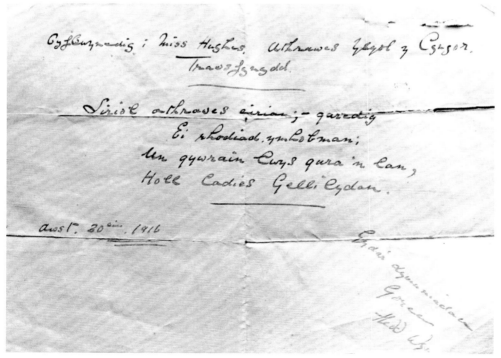

Elin Ann Jones, Defeidiog Isaf, Trawsfynydd, un o gariadon Hedd Wyn.

Llun: Barddas (*Gwae Fi Fy Myw*).

Lizzie Roberts, Tŵr Maen, Cwm-yr-allt-lwyd, un o gariadon Hedd Wyn. Bu farw yn 32 mlwydd oed.

Llun: Barddas (Dafydd a Catherine Jones).

Hi garodd gynefin bugeiliaid
    A chwmni'r mynyddoedd mawr;
A llanw meddyliau ei henaid
    Wnâi miwsig yr awel a'r wawr.

Bu fyw yn ddirodres a thawel,
    Yn brydferth, yn bur, ac yn lân;
Ac eto mor syml â'r awel
    Sy'n canu trwy'r cymoedd ei chân.

Fe'i magwyd ym murmur y nentydd
    Ar fryniau diarffordd Tŵr Maen;
Nid rhyfedd i'w bywyd ysblennydd
    Flaguro mor bur a di-staen.

Mor ddiwyd oedd hi gyda'i gorchwyl,
    Mor drylwyr cyflawnai ei gwaith,
Roedd delw gonestrwydd di-noswyl
    Yn llanw ei bywyd di-graith.

Bu farw yn nyddiau ieuenctid,
    A'i heinioes ar hanner ei byw;
Bu farw a'r haf yn ei bywyd,
    Bu farw yn blentyn i Dduw.

Fe'i gwelsom hi'n gwywo i'r beddrod
    A'i haul tros y ffin yn pellhau;
A hithau, y Nefoedd ddi-ddarfod,
    I'w chyfwrdd i'r glyn yn nesáu.

Daw atgof ei bywyd a'i geiriau
    Yn ôl i'n calonnau fel cynt,
Fel arogl mil myrdd o lilïau,
Fel miwsig perorol o glychau
    Y nefoedd, ar lanw y gwynt.

Jennie Owen, Llan Ffestiniog[31]

Cariad pennaf Hedd Wyn oedd Jennie (neu Jini) Owen, a aned 7 Awst 1890. Cyfeiriai'r bardd ati hefyd fel 'Siân'. Merch amddifad ydoedd, wedi'i magu gan berthnasau iddi: Sarah a Harry Williams, ym Mhant Llwyd, Llan Ffestiniog. Cyfarfu'r ddau ar y trên o Flaenau Ffestiniog, un nos Sadwrn yn 1914. Wedi hynny, anfonodd Ellis Yr Ysgwrn lythyr ati yn cynnwys y linellau hyn ar gân:

> Wedi cael atebiad gennych,
>   Llawer gobaith ynof gwyd,
> Wrth im feddwl am gyfarfod
>   Â Miss Owen o Bant Llwyd.[32]

Dyfnhaodd perthynas Jini Owen a Hedd Wyn ac anfonodd yntau nifer o gerddi at ei gariad. Cerddi rhydd yw'r cyfan ac eithrio'r un englyn hwn:

> Hogen glws, a chroen gwyn, glân; – heb ei hail
>   Yn y byd mawr, llydan;
>   Un dyner, ffeind ei hanian,
>   O! od o *sweet* ydyw Siân.

Fel yna y cyhoeddwyd yr englyn gan Alan Llwyd yn *Gwae Fi Fy Myw*. Ei ffynhonnell yw erthygl yn *Yr Herald Cymraeg* (29 Ionawr 1918).[33] A sylwer yn arbennig ar y dyddiad cyhoeddi, sef yn lled fuan wedi marw'r bardd. Fel hyn, fodd bynnag, yr ysgrifennodd William Morris yn ei gofiant i Hedd Wyn (cyhoeddwyd yn 1969).

'Ar ambell Sadwrn fe âi dros y Breichiau, heibio i Domen y Mur, a thrwy Gwm Cynfal i Bant Llwyd at Jennie, ei gariad:

> Hogan glws, wyneb gwyn, glân, – heb ei hail
>   Yn y byd mawr llydan;
>   Un dyner, ffeind ei hanian,
>   Un od o swil ydi Siân.'[34]

Jennie Owen, Llan Ffestiniog. Cariad Hedd Wyn pan fu farw. (Ei chwaer ar y chwith).
O gasgliad Yr Ysgwrn (APCE).

Ai'r Prifardd o'r Manod a fu'n gyfrifol am newid y geiriau 'a chroen gwyn, glân' yn llinell gyntaf fersiwn 1918 i 'wyneb gwyn, glân' yn fersiwn 1969, a'r geiriau 'O! od o *sweet*' yn y llinell olaf i 'Un od o swil'? Ynteu ai perthyn i'r traddodiad llafar y mae'r naill fersiwn a'r llall?

Wedi dyfynnu'r unig englyn a luniwyd gan Hedd Wyn i 'Siân', ei gariad, dyma droi ein sylw yn awr at y cerddi rhydd a gyfansoddwyd ganddo, chwech ohonynt ac un cwpled. Yn y cerddi hyn – amryw ohonynt, dybiwn i, wedi'u cyfansoddi yn fyrfyfyr – y mae'r bardd yn mynegi dymuniad ei galon y caiff Siân ac yntau fod gyda'i gilydd yn barhaol. Y mae'r eironi, afraid dweud, yn amlwg. Pan ysgrifennai ei gerddi, ni wyddai – ni ddychmygai – y deuai'r dydd na châi fyth mwy ddychwelyd i gwmni ''rhen Jennie dirion'. Nid yw'r cyfansoddiadau hyn wedi'u cyhoeddi yn *Cerddi'r Bugail*, ac, er nad oes iddynt, o angenrheidrwydd, efallai, werth llenyddol parhaol, gwnaed cymwynas arbennig gan Alan Llwyd drwy eu cynnwys yn ei gofiant i Hedd Wyn.[35]

O blith y cerddi rhydd, dyma'r ferraf ohonynt:

> Hoffter fy nghalon yw canu cân,
> A'i hanfon hi heno yn syth i Siân.
>
> Llawn yw y goedwig o'r corwynt glân,
> A llawn yw fy nghalon innau o Siân.
>
> Cofiwch, 'rhen Jennie, er gwaethaf pob cur,
> Fu neb yn eich caru erioed mor bur.[36]

Cerdd ar fesur cwbl wahanol yw'r nesaf. Dyma'r tri phennill olaf:

> ... Beth bynnag a ddelo,
>> Ai gwynfyd neu friw,
> Gobeithio bydd Jennie
>> Yn para yn driw.

> A chofiwch 'mod innau,
>> Er lleied fy mri,
> Yn para yn ffyddlon
>> O galon i chwi.

> Rhyw dro daw y diwrnod
>> Trwy'r tywydd i gyd,
> Bydd dau efo'i gilydd
>> Yn yr un byd.

Ym mhennill olaf y gerdd sy'n dilyn y mae'n ei ddisgrifio ei hun fel 'sychlyd a chomon'. Awgrym sydd yma, o bosibl, ei fod hytrach yn swrth a di-sgwrs pan gwrddai Jennie ac yntau. Cyfeiria'r gair 'comon', mae'n fwy na thebyg, at bryder rhai pobl, gan gynnwys ei fam a'i gariad, ei fod braidd yn rhy hoff o fynychu tai tafarnau. Tri phennill sydd i'r gerdd hon, a dyma'r cyntaf a'r trydydd:

> Pe byddwn i'n awel y mynydd
>> Yn crwydro trwy'r ffriddoedd yn rhydd,
> Mi wn i ba le yr ehedwn,
>> Nid unwaith na dwywaith y dydd;
> Wrth fyned trwy'r helyg a'r rhedyn,
>> Heb beidio, mi ganwn fy nghân:
> I'm calon nid oes ond un testun,
>> A hwnnw am byth ydyw Siân ...

Ni welais ei mwynach trwy'r ddaear,
　Ni welais ei hoffach trwy'r byd;
Ai gormod im ofyn yn wylaidd:
　'Ddaw hi at yr allor rhyw bryd?'
Er 'mod i yn sychlyd a chomon,
　Does ragrith na thwyll yn fy nghân,
Ac unig ddymuniad fy nghalon
　Yw'ch ennill chwi'n gyfan, 'rhen Siân.

Pan oedd Jennie yn cael ei phen-blwydd yn bump ar hugain mlwydd oed, 7 Awst 1915, dyma ddau bennill clo y gerdd a dderbyniodd:

Gweld ei llun wna bois Ffestiniog
　Yn y fflamau tân,
Waeth gen i am lun na phictiwr
　Os y caf fi Siân;
Tybed fydd o'n ormod imi
　Ofyn yma'n rhwydd
Am eich llaw a'ch calon, Jennie,
　Ar eich dydd pen-blwydd?

Cerdda Awst tros fro Ffestiniog,
　Tros y graig a'r coed,
Chwithau'n sefyll fel ar riniog
　Pump ar hugain oed;
Ar eich dydd pen-blwydd, 'rhen Jennie,
　Wnewch chi ddweud i mi –
P'run ai'r bardd ai rhywun arall
　Biau'ch calon chwi?

Ymhen llai na blwyddyn byddai Siân yn derbyn y gerdd a ganlyn. Lluniwyd hi, 5 Mai 1916, ac y mae'r pennill olaf, yn arbennig, yn dal ein sylw wrth inni ddwyn i gof dynged drist y bardd ar faes y gad:

Suo amdanoch yng nghlust eich awenydd
    Mae'r haf ar ei hynt;
Murmur eich enw mae helyg y mynydd
    A'r blodau a'r gwynt.

Ond hwyrach fod gwynt Ffestiniog, er hynny,
    Yn cludo i chwi
Enw nes at eich calon, 'rhen Jennie,
    O filwaith na mi.

Hwyrach y byddwch yn eiddo tryloyw
    I arall ryw ddydd,
Digon, er hynny, fydd clywed eich enw
    Ar yr awel brudd.

Pe gyrrech fi i ffwrdd fel hyn yn siomedig,
    Gan wawdio fy nghân,
Meddyliaf amdanoch â chalon doredig
    Am byth, yr hen Siân.

P'run bynnag ai heulwen ddisglair ai cwmwl
    Fedd y dyfodol i mi,
Erys fy nghalon trwy ganol y cwbwl
    Yn ffyddlon i chwi.

Ar gerdyn Nadolig a anfonwyd gan Hedd Wyn at ei gariad, Rhagfyr 1916, ysgrifennodd y cwpled hwn:

Boed eich blwyddi a'ch dyddiau i gyd,
Fel eira'r Nadolig, yn wyn ar eu hyd.[37]

A dyma yn awr ddyfynnu yn gyflawn y gerdd olaf un a ysgrifennodd Hedd Wyn i Jennie, Pant Llwyd. Anfonodd hi ar ei phen-blwydd yn saith ar hugain oed, 7 Awst 1917, mewn llythyr o Ffrainc. Derbyniodd hithau'r gerdd a'r llythyr cyn cael gwybod bod Hedd Wyn wedi'i ladd, 31 Gorffennaf, wythnos cyn ei phen-blwydd. Ai hon oedd y gerdd olaf un i Hedd Wyn ei chyfansoddi?

Gwyn fo'ch byd, 'rhen Jennie dirion,
 Yn eich cartref tan y coed,
Lle mae'r blodau yn felynion,
 Chwithau'n saith ar hugain oed.

Os bu'r byd o'r braidd yn greulon
 Yn ei droeon atom ni,
Blwyddyn wen, 'rhen Jennie dirion,
 Fo eich blwyddyn nesaf chwi.

Gwn fod bywyd yn heneiddio
 Ac yn mynd yn hŷn,
Ond mae'm serch fel haf diwywo
 Atoch chwi yn dal yr un.

A phan êl y rhyfel heibio
 Gyda'i gofid maith a'i chri,
Tua'r Ceunant Sych dof eto
 Ar fy hynt i'ch ceisio chwi.

A phan ddof o wlad y gelyn,
 Fel pererin yn llawn gwres,
Hwyrach digiwch os gwnaf ofyn
 Wnewch chi roddi cam yn nes.

Wedi'r oll, 'rhen Jennie dirion,
 Boed eich bywyd oll yn llwydd,
A llif cariad pura' 'nghalon
 Atoch ar eich dydd pen-blwydd.[38]

Wedi marw Hedd Wyn anfonodd Jennie Owen ei holl gerddi at Eifion Wyn i'w teipio ac i 'fod mewn parhaus goffadwriaeth' o'u carwriaeth. Gwnaeth yntau hynny, a llunio dau bennill am y cerddi.[39]

Ymhen deng mlynedd wedi marw Hedd Wyn, priododd Jennie Owen â William Evans, chwarelwr o Flaenau Ffestiniog. Bu hi farw, 11 Medi 1974.

★ ★ ★ ★ ★

VII. Cyfarch a chroesawu, dymuno'n dda a llongyfarch

Er i Hedd Wyn ganu nifer o gerddi ar bynciau haniaethol, megis rhyfel, byd natur a Christnogaeth, cerddi i bobl ac am bobl yw rhan helaethaf ei ganu. Y mae hyn yn arbennig o wir am ei englynion a'i gerddi byrion. Yn ei gerddi sy'n ymwneud â'r Rhyfel Byd Cyntaf, er enghraifft, gwelsom eisoes nad ymdrin yn haniaethol ac yn athronyddol â'r Rhyfel a wna, ond mynegi'r golled fawr a'r hiraeth ar ôl y bechgyn hoff a fu farw. Bydd rhannau nesaf y bennod hon, felly, yn cyflwyno detholiad o gerddi i gyfarch pobl, cerddi i ddathlu priodas a cherddi coffa – coffáu oedolion a phlant.

Yn gyntaf, felly, cerddi i gyfarch cyfeillion a chydnabod. Cerddi cyfarch pobl yw llawer iawn o gyfansoddiadau'r bardd, a chawn sôn am rai ohonynt eto yn yr adran: 'Yr awen barod ar waith: rhigymau a cherddi hwyliog a difyr'.

Nodwyd eisoes y byddai galw mawr ar y mab amryddawn o'r Ysgwrn i arwain rhai o gyngherddau a chyfarfodydd adloniadol y fro. Arwain ei hunan, neu beidio, byddai hefyd yn aml iawn yn cyfarch y llywydd, neu'r llywyddes, yn y cyfarfodydd hynny ar gân – pwt o englyn gan amlaf. Dyma bedair enghraifft ohono'n cyflawni'r swyddogaeth bwysig honno.

I'r Meddyg, G J Roberts
(Llywydd mewn cyngerdd)

Angau ffy rhag ei gyngor, – a neidia'r
Anwydwst o'r goror;
Wele, mae hwyl fel y môr,
Lond actau glân y doctor.[40]

I Miss Pugh, Bryn Gwyn

(Llywyddes mewn cyngerdd, 1911)

Ein hygar foneddiges – a gododd
    I'r gadair heb rodres;
   Ni wêl gwlad, er hwyliog les,
   Ail iddi yn Lywyddes.[41]

I'r Parchg D Hughes

Heno, uwchlaw pob anair, – yn llawen
    Wele'n llwydd disglair;
   Un da a theg, un doeth ei air,
   A godwyd i lanw'r gadair.

Cyflwynwyd yr englyn hwn gan Hedd Wyn mewn cyngerdd yn Neuadd Gyhoeddus Trawsfynydd, ddechrau 1916. Ef oedd hefyd yn arwain 'yn hynod o fedrus a deheuig'.[42]

Y Parchg Richard Evans

(Rheithor Llanidan, Môn)

Yn ŵr siriol, rhown groeso eirian
I loyw, anrhydeddus, lenor diddan;
Yn y llu rhwng muriau'r Llan – pwy a fedd
Allu o nodwedd Rheithor Llanidan?[43]

Dyma enghraifft dda o ddawn barod Hedd Wyn i gyfarch ar gân, gan wneud hynny mewn cynghanedd, yn gryno ac yn ddiffuant. Yr achlysur y tro hwn oedd cyngerdd yn 1916 a chyfle i groesawu gŵr o Fôn yn ôl i'w fro enedigol.

Bu estyn croeso i bobl yn rhan bwysig erioed o swyddogaeth y bardd bro. Cyflawnodd Hedd Wyn y swyddogaeth honno, ar fwy nag un achlysur, yn gydwybodol iawn, fel y gwnaeth drwy gyfrwng y toddaid uchod. Dyma un enghraifft arall: englyn i groesawu gwraig o Faldwyn, Jane Williams, yn ôl i'w hen ardal.

I Groesawu Siân William, Llawr-y-glyn

I'r hen Draws ar firain dro – yn ei hôl
    Daeth Siân William eto;
    Mwyniant aur ar fryniau'r fro
    Ga enaid 'rhen wraig yno.[44]

Swyddogaeth bwysig arall y bardd bro yw bod yn lladmerydd i ddymuno'n dda i'r trigolion, beth bynnag yr achlysur – boed lawen, boed drist. Dyma ychydig enghreifftiau o Hedd Wyn yn cyflawni'r swyddogaeth honno. Yn gyntaf, englyn, yn 1915, i Ellis Jones, Bodlondeb, Trawsfynydd.

I Ellis Jones, yn Ymuno â'r Fyddin

Gynnau bu'n bêr ddatganwr, – ond yn awr
    Rhodia'n hyf ymladdwr;
    Ac o'i weld fe ddwed pob gŵr:
    Mae Ellis yn rêl milwr.[45]

Cyhoeddwyd yr englyn hwn i Ellis Jones, Bodlondeb, Trawsfynydd, yn *Y Rhedegydd*, 31 Gorffennaf 1915. Yn fuan iawn wedyn (28 Hydref 1915) bu farw Eirwyn, mab Ellis Jones a'i briod, a cheir englyn gan Hedd Wyn i'w goffáu. (Gweler adran XI y bennod hon: 'Cerddi coffa i blant y fro'.)

Ymadael am America

Dyma ddau bennill o gerdd a luniwyd gan Hedd Wyn i 'Mr a Mrs R C Morris' ar derfyn eu hymweliad â Thrawsfynydd, Hydref 1914, a chyn iddynt ddychwelyd i America. Adroddwyd pedwar pennill y gerdd gyflawn gan y bardd mewn noson lawen yn y pentref i ffarwelio â'r teulu ac i ddymuno'n dda iddynt.

... Ond mwyn oedd cerdded eilwaith
    Y llwybrau gerddwyd gynt;
  Cyn dod o swyn Amerig
   I'ch hudo ar eich hynt.

O'ch myned eto ymaith
    Tros erwau maith y lli,
Bethesda a Thrawsfynydd
    Fyth nis anghofiwch chwi. ...[46]

I John Morris
(Yn symud i Ysgol Llanberis)

Aeth Morris o byrth Meirion – i oror
    Llanberis yn Arfon;
  Ac yno mwy ceir ceinion
  Ysbryd a llais y brawd llon.

Athro i'w fro fu'n eithriad; – yn gyfiawn
    A gafodd ddyrchafiad;
  Ac ar ei lwydd câr ei wlad
  Roddi coron hardd cariad.

Fel ei frawd, y Parchg William Morris, roedd John Morris, y cerddor dawnus, yn gyfaill agos i Hedd Wyn, a dyma ddau englyn a gyfansoddwyd iddo gan y bardd pan gafodd swydd newydd fel athro yn Ysgol Sir Llanberis. Cyhoeddwyd yr englynion yn *Y Glorian*, 30 Hydref 1915.[47]

Wedi tair blynedd yng Ngholeg Y Bala (1913-16), derbyniodd William Morris alwad i weinidogaethu ym Môn (Eglwysi MC Tŷ Mawr a'r Babell, yn ardal Capel Coch). A dyma ddau bennill o'r gerdd a gyflwynwyd iddo bryd hynny gan ei gyfaill, Hedd Wyn, i ddymuno'n dda iddo.

I'r Parchg William Morris
(Ei benodi yn Weinidog ym Môn)
[Detholiad]

Clybu yn nyddiau'i fachgendod
   Y gwynt ar y Moelwyn Mawr,
Yn canu wrth fynd a dyfod,
   Yn canu ysbryd y wawr;
Clybu ysbrydion breuddwydiol
   Yn canu ei obaith gwyn,
Gwedyn trwy'r pyrth cyfareddol
   Cerddodd mewn rhwysg di-gryn.

Â'i goron yn disgleirio
   Dan wawr llwyddiannau lu,
Gadawodd ef ei henfro
   Am ynys G'ronwy Ddu;
Caiff yno glywed gofwy
   Ysbrydion oesau gynt,
Ac ysbryd hen Oronwy
   Yn canu yn y gwynt.[48]

Y mae cael llongyfarch rhywun bob amser yn destun pleser. Felly y teimlai Hedd Wyn, bid siŵr, pan ddeuai cyfle iddo roi'r awen ar waith ac i ddweud yn syml: 'da iawn'. Daeth swyddogaeth felly i'w ran pan enillodd ei gyfaill, J D Davies, golygydd *Y Rhedegydd*, gadair eisteddfod Penmachno, 1916, am ei bryddest, 'Crist ar Binacl y Deml'. Hedd Wyn oedd yn ail. Yn gwbl nodweddiadol ohono, anfonodd lythyr at J D Davies (6 Ebrill 1916) yn ei longyfarch.[49] Barn ei gyfeillion a'i gydnabod am fab Yr Ysgwrn ydoedd ei fod yn berson cwbl ddifalais, heb awgrym o genfigen yn perthyn iddo. Oni fu iddo ennill mewn cystadleuaeth, er ei fod yn siomedig ar y pryd, bid siŵr, ni adawai i hynny ei ddigalonni. Cystadlu er mwyn datblygu oedd ei nod. Dal ati i ymgyrraedd at safon uwch. Anfonodd at J D Davies hefyd yr englyn hwn:

Llongyfarch J D Davies
(ar ennill Cadair Eisteddfod Penmachno)

Dyn braf sydd yn glod i'n bro, − a(c) hudol
    Fardd cadair Penmachno;
    Gyrraf, er iddo'm curo,
    Ryw lef fach i'w frolio fo.[50]

A dyma un enghraifft o Hedd Wyn yn llongyfarch plentyn 12 mlwydd oed.

Llongyfarch Richie Rowlands

Allweddau disglair llwyddiant − enillodd
    Drwy'i allu a'i haeddiant,
    A thorred hwyl fyth ar dant
    Yr hwyliog Richie Rolant.[51]

Roedd Richie Rolant ym mis Awst 1916 wedi ennill ysgoloriaeth yn yr arholiad sirol.

Cawn grybwyll eto mor hoff o blant oedd Hedd Wyn, ond dyma un enghraifft ohono'n cyfarch mab bach i fardd yr oedd yn ei edmygu'n fawr, sef Eifion Wyn.

I Gyfarch Peredur Wyn

Dau lygad o liw aig dlos; − dwy wefus
    Liw gwrid afal ceirios;
    Oed euraid sy'n dy aros,
    Beredur Wyn, brawd y rhos.[52]

★ ★ ★ ★ ★

VIII. 'Oes wen hir, fel rhosyn haf': cyfarchion priodasol

Un o swyddogaethau pwysicaf y bardd bro yw ymuno gyda'i bobl i gyd-ddathlu a chyd-lawenhau; cyd-ymdeimlo a chyd-alaru. Dathlu geni a phriodi. Cofio teulu yn eu hiraeth. Prin yw'r cerddi gan Hedd Wyn i ddathlu genedigaeth, ond y mae'r cerddi i ddathlu priodas yn niferus.[53]

Eisoes (pennod 1) cyflwynwyd yr englyn a gyfansoddodd y nai i'w 'Dewyrth Robert', neu 'Rhobart', brawd ei dad, ar ddydd ei briodas – englyn ag iddo deitl ardderchog: 'Eldorado'. Cofiwn i Hedd Wyn bryd hynny gael y fraint o fod yn was priodas. Dyma yn awr ddetholiad byr o gerddi priodasol eraill, caeth a rhydd. Arddull ffwrdd-â-hi, ysgafala, sydd i'r mwyafrif mawr ohonynt, yn arbennig y cerddi rhydd. Er hynny, mawr oedd y gwerthfawrogiad ohonynt gan drigolion y fro, ac i'r priodfab a'r briodferch yr oedd y geiriau cynnes o gyfarchion hyn yn gofnod am byth o lawenydd anfesuradwy y diwrnod arbennig hwnnw yn eu bywyd.

Wrth yr Allor

Cerddodd Mawrth i'r bryniau
    Yn ei arfer hen,
Tymestl ar ei dannau,
    Dicter yn ei wên.

Ond yn rhu'r dygyfor,
    Ieuanc fab a merch
Safai ger bron allor
    Y dihenydd serch.

Wylai'r gwynt ei adfyd
    Ar y mynydd llwyd,
Hwythau ddau yng ngwynfyd
    Yr anorthrech nwyd.

Ond pan elo rhuad
    Drycin Mawrth i'w hynt,
Gwyn fydd atgo'r clymiad
    Wnaed yn sŵn y gwynt.[54]

Er nas cynhwyswyd yn *Cerddi'r Bugail*, argraffiad 1931, nac yn Atodiad argraffiad 1994, y gerdd hon uchod, o blith cerddi priodasol rhydd Hedd Wyn, yw un o'r goreuon, yn fy marn i. Cyfansoddwyd hi, Mawrth 1914, i ddathlu priodas Blodwen Davies a Willie L Jones, Trawsfynydd.

I Laura Ann Thomas ac Edward Parry
(Priodwyd, 27 Awst 1910)

Pan oedd golau Awst ar fynydd ac aig,
Aeth Parry yn ŵr a Laura yn wraig.

'Priodi ddug loes', clywais lu yn dweud,
Ond 'chreda' i ddim am i Parry wneud.

Haws cario i'r Camp a thorri yr ŷd
Gwedi cael gwraig i loywi ei fyd.

Os mordaith yw bywyd, boed dawel y dŵr,
I Laura y wraig a Parry y gŵr.

Diflannu mae Awst tros fynydd a chraig,
Tra Parry yn ŵr a Laura yn wraig.[55]

Yr Henadur a Mrs M R Morris

Clywsom fynd o'r ddau i'r allor
    Yn y dre ar fin y traeth,
Lle mae'r ewyn yn dygyfor
    Tua'r glannau'n wyn fel llaeth.

Clywem sŵn y gwynt yn chwalu
    Dail y coed ar allt a bron,
Tra offeiriad Serch yn clymu
    Dau yn un wrth fin y don.

Hwyrach fod y môr-forynion
Draw cyd-rhwng y tonnau claer
Yn eu gwylio gyda mwynion
Lygaid glas is gwalltiau aur.

Mwyach nid oes ond dymuno
Bywyd hir a theg i'r ddau,
Bywyd na ddêl terfyn iddo,
Nes i henaint pell ei gau.[56]

Y mae arwyddocâd arbennig i'r gerdd hon. Lluniwyd hi i'r ddeuddyn o Drawsfynydd ar achlysur eu priodas, Tachwedd 1916. Dyma, mae'n dra thebyg, felly, gerdd briodasol olaf Hedd Wyn, ac, o bosibl, un o'r cerddi olaf un iddo eu cyfansoddi cyn gadael am Litherland, y gwersyll milwrol.

Trown yn awr at y canu caeth a chyflwyno tri englyn fel enghreifftiau o'i englynion priodasol.

I Lizzie Jones ac L F Davies

Priodwyd y pâr hudol – yn Eden
Serchiadau gwanwynol,
Er fod Ionawr hyf edwinol
Yn oerwyn deyrn ar fryn a dôl.[57]

Dyma'r ail englyn mewn cyfres o bedwar. Priodas ar y 12fed o Ionawr 1910 oedd yr achlysur, a'r awdur bryd hynny bron yn dair ar hugain mlwydd oed.

Priodas Robert Jones

Hudol yng nghanol Medi – oedd adeg
Ddedwydd eich priodi;
Rhoed yr Iôn yn ei ddaioni
Hir oes a chân o'i ras i chwi.[58]

Roedd Robert Jones yn athro Ysgol Sul ar Hedd Wyn yng nghapel Ebenezer, Trawsfynydd.

I Katie Roberts a J Randall Davies

Minnau i chwi ddymunaf – o ganol
Drycinoedd y gaeaf
Oes ddenol, dlos, ddianaf,
Oes wen hir fel rhosyn haf.[59]

Englyn yw'r uchod i briodas Katie Roberts, Pantycelyn, Trawsfynydd, a J Randall Davies, Lerpwl, 29 Ionawr 1916.

★ ★ ★ ★ ★

IX. 'Dagrau o aur hyd ei gro': cerddi coffa i wragedd y fro

Y mae'r cerddi a ganodd Hedd Wyn i gofio gwŷr a gwragedd a phlant y fro yn niferus dros ben. Prin fod unrhyw fardd yn yr un cyfnod – ac mewn amser mor fyr – wedi cyfansoddi mwy o gerddi coffa. Y mae amryw o'r cerddi hyn hefyd, yn arbennig ei englynion, ymhlith ei gyfansoddiadau gorau: y mynegiant yn gynnil, yn ddeallus ac yn ddiffuant.

Yn *Cerddi'r Bugail*, argraffiadau 1918, 1931 ac 1934 (ac eithrio'r 'Atodiad'), rhoddwyd i'r cerddi coffa, yn amlach na pheidio, deitlau cyffredinol, megis: 'Dynes Dda', 'Ar Fedd Gwraig Weddw', 'Ar Faen Bedd', 'Cwympo Blaenor', 'Gwas Diwyd', 'Gŵr Caredig', 'Marw yn Hen', 'Marw'r Un Fach', 'Sant Ieuanc'. Ni roddwyd chwaith unrhyw nodiadau cefndirol. Y mae hi bron yn amhosibl, felly, i'r darllenydd uniaethu'r cerddi hyn â'r unigolion y canwyd y cerddi iddynt. Y mae hynny yn arbennig o wir bellach wedi can mlynedd a mwy o fwlch er pan gyfansoddwyd y cerddi. Pan gyhoeddwyd *Cerddi'r Bugail* gyntaf yn 1918, er mor werthfawr y casgliad, yr oedd Carneddog ac eraill yn hollol deg wrth gyfeirio at y gwendid hwn.[60] Yn y detholiad presennol, fodd bynnag, ceisiwyd, hyd yr oedd modd, wneud iawn am y diffyg, a chynnwys hefyd enw'r person sy'n destun y gerdd. Hwyluswyd y dasg honno'n fawr gan y manylion ychwanegol a gynhwysir gan Alan Llwyd yn *Gwae Fi Fy Myw*.

Rhown sylw yn gyntaf yn awr, felly, i'r cerddi a ganodd Hedd Wyn i rai o wragedd Trawsfynydd a'r cyffiniau. Eisoes yn y bennod hon dyfynnwyd ei benillion ac un englyn i'w gariad Lizzie Roberts, Tŵr Maen, Cwm-yr-allt-lwyd, a fu farw, fel y cofiwn, o'r darfodedigaeth, yn 32 mlwydd oed. Dyma ddetholiad pellach o gerddi coffa i wragedd.

Elizabeth Jones, Bedd-y-coedwr

Er i henaint ei chrino, – er i glai
    Oer y glyn ei chuddio,
    Atgo' mwyn fyn gyflwyno
    Dagrau o aur hyd ei gro.[61]

Bu hi farw, 3 Mawrth 1915, yn 91 mlwydd oed.

Katie Jones, Blaenau Ffestiniog

Cwsg is hon, wraig dirionaf, – yn y bedd
    Nid oes boen nac anaf;
    Uwch dy lwch daw awel haf
    A gwewyr llawer gaeaf.

Priod J R Jones, Blaenau Ffestiniog, oedd Katie. Bu farw yn 32 mlwydd oed, 16 Hydref 1916. Y pennawd a roes J J Williams yn *Cerddi'r Bugail* i'r englyn hwn ydoedd: 'Ar Fedd Gwraig Weddw'. Ond, fel y sylwodd Carneddog wrth adolygu'r gyfrol, 'Nid gwraig weddw mohoni, ond gwraig ifanc newydd briodi.'[62] A dyma un sylw diddorol pellach gan William Morris am gefndir cyfansoddi'r englyn hwn:

'Y tro olaf y bu adref, wedi cyrraedd gorsaf Trawsfynydd wrth ddychwelyd i Litherland, cofiodd ei fod wedi addo gwneuthur englyn beddargraff ar ôl gwraig ifanc o Ffestiniog. Yn y *van* y gwnaed yr englyn rhwng y Traws a'r Arennig. Ysgrifennodd ef ar bwt o bapur, a rhoddodd ef yng ngofal ei gyfaill, Mr. Jones y Guard.'[63]

Englyn coffa Hedd Wyn i Katie Jones, Blaenau Ffestiniog, gwraig ifanc ei gyfaill J R Jones. Argraffwyd yr englyn ar liain sidan.

O gasgliad Yr Ysgwrn (APCE).

Er Cof Serchog

AM

"Katie"

Annwyl briod J. R. Jones, Meirionfa, Towyn Road, Blaenau Ffestiniog,

Yr hon a hunodd Hydref 16eg, 1916,

YN 32 MLWYDD OED,

Ac a gladdwyd ym mynwent Llanedwen ym Mon, Hydref 19eg, 1916.

EI BEDDARGRAFF.

Cwsg is hon wraig dirionaf—yn y bedd
Nid oes boen nac anaf;
Uwch dy lwch daw awel haf,
A gwewyr llawer gaeaf.

Trawsfynydd. Hedd Wyn

Dynes Dda

Dynes fu lawn daioni, – a'i rhydd fron
       Mor ddi-frad â'r lili;
    Dylai bro wen ei geni
    Roi llech aur ar ei llwch hi.[64]

'Dynes Dda' yw'r pennawd a roddir gan J J Williams i'r englyn cofiadwy hwn, ond ni lwyddais i ddarganfod pwy sy'n cael ei choffáu. Canmolir yr englyn hefyd gan y Parchg J D Richards yn yr erthygl a gyhoeddwyd ganddo, Ionawr a Mawrth 1918. Nid yw yntau chwaith yn nodi pwy yw'r person y cyfeirir ati yn y 'beddargraph' hwn.[65]

Sioned Ashton

Aeth hithau ymaith weithion, – trwy y gwynt
       Oriog, oer, a'r afon;
    Eto ni thau gwynt na thon
    'Swyn distaw Sioned Ashton'.[66]

Gweddw Charles Ashton (1848-1899) oedd testun yr englyn hwn. Bu'r llyfryddwr a'r hanesydd llên yn blismon am gyfnod yn Nhrawsfynydd.

Miss L J Jones

Annedd i weddi fu calon ddiddig
Yr addfwyn, isel, beraidd fonesig;
O wawr ei heinioes hyd ei hwyr unig
Gwasgarai hudol naws gysegredig;
Ar enw'r sant forwynig – rhoes rhinwedd
Ei nefol nodwedd anniflanedig.

Bu'r hir a thoddaid hwn yn fuddugol yn Eisteddfod Blaenau Ffestiniog, Nadolig 1916. 'Ar Faen Bedd' yw'r pennawd a roddwyd iddo yn *Cerddi'r Bugail*.[67]

Mrs M R Morris, Trawsfynydd

[Detholiad]

... Yna doed rhyw law i gerfio
　　Ar y beddfaen gwyn
Ddarlun lili wedi gwywo
　　O dan wynt y glyn.[68]

Fe gadwodd ei haelwyd a'i theulu
　　Ar lwybrau y prydferth a'r pur,
A'i serch oedd amdanynt yn clymu
　　Fel iorwg yn dynn am y mur.

Fe'i magwyd yng nghysgod y tadau
　　Fu'n caru eisteddfod a chân ...[69]

Cyfansoddodd Hedd Wyn ddwy gerdd goffa i Mrs M R Morris, Glyndŵr, Trawsfynydd. Daw'r pennill cyntaf uchod o un gerdd, a'r ail a'r trydydd dyfyniad o'i ail gerdd. Y mae'r dyfyniadau hyn yn lled gynrychioliadol o gerddi coffa'r bardd yn y mesur rhydd.

Un o'i gerddi coffa rhydd gorau yw'r un a ganlyn. Ni ddywedir yn *Cerddi'r Bugail* pwy yw'r person sy'n cael ei goffáu ynddi. O ran hynny, gall y delyneg dyner hon fod hefyd yn gerdd i gofio'n annwyl iawn am 'fywyd prydferth, gwyn' pob mam garedig.

Claddu Mam

Nawnddydd Sadwrn trwy Drawsfynydd
　　Cerddai Hydre'n drwm ei droed,
Curai'r gwynt ffenestri'r moelydd,
　　Wylai yn y coed.

Pan oedd sŵn y storm yn trydar
　　Trwy'r gororau moelion maith,
Cludwyd arch ar ysgwydd pedwar,
　　Tua'r fynwent laith.

Ond er cludo'r fam i'r graean,
　　Bydd ei bywyd prydferth, gwyn,
Megis cân telynau arian
　　Fyth ar wynt y glyn.[70]

★ ★ ★ ★ ★

X. 'Carodd yr hen gorlennydd': cerddi coffa i wŷr y fro

Eisoes (pennod 5) dyfynnwyd hir a thoddaid Hedd Wyn i John Williams, Y Garn, Stiniog. Yr un modd, cyflwynwyd hefyd ar ddechrau'r bennod hon gerddi a luniwyd ganddo i gofio amryw o'r bechgyn ifanc a fu farw yn y Rhyfel Byd Cyntaf. Dyma yn awr ddetholiad pellach o gerddi i rai o wŷr Trawsfynydd a'r fro y cafodd y bardd o'r Ysgwrn y cyfle a'r fraint o'u cofio ar gân.

Er Cof am Hen Lwythwr Cerrig

Hen wladwr annwyl ydoedd − a'i weddi'n
　　Cyrhaeddyd y nefoedd;
Ynni Duw'n ei enaid oedd,
A nodd yr hen fynyddoedd.[71]

John William Jones

Un hynaws roed i huno, − a heddiw
　　Gwahoddaf heb wrido
Awelon haf i wylo
Uwch ei wyn lwch annwyl o.[72]

　　Englyn yw hwn i 'Johnnie Ysgoldy' a fu farw yn 43 mlwydd oed, 1 Mehefin 1915. Y pennawd yn *Cerddi'r Bugail* yw 'Gŵr Caredig'.

Dyn Da

Hedd a phreiddiau y ffriddoedd – a garodd,
    Ac erwau y cymoedd;
  Un didwyll fel ffrind ydoedd,
  A rhosyn aur Seion oedd.[73]

Marw yn Hen

Wedi oes bur naturiol – hyd henaint
    Dianaf a swynol,
  Mewn gwisg wen aeth adre'n ôl
  I fore'r byd anfarwol.[74]

John Richard, Diacon

Cwympodd blaenor rhagorol; – gwyddai faint
    Gweddi fer bwrpasol;
  Rhuddin gwir oedd yn ei gôl
  A barn bybyr 'r hen bobol.

Ni all erw dywyll irad – y glyn oer
    Gloi naws ei gymeriad;
  Bydd clych aur calonnau'r wlad
  Yn adsain llais John Richa'd.

Englyn i ddiacon ffyddlon yng Nghapel yr Annibynwyr, Ebenezer, Trawsfynydd yw hwn. Bu farw, 1 Gorffennaf 1914, yn 77 mlwydd oed.[75]

Richard Thomas Morris

Hunodd a thlysni gwanwyn – ei fywyd
  Fel gwynfaol rosyn;
  Mwy at fedd llaith y gobaith gwyn
  Daw hiraeth fel trist aderyn.

Bu farw yn 29 mlwydd oed. Cyhoeddwyd yr englyn yn *Y Rhedegydd*, 2 Ionawr 1915.[76]

David Tudor, Ty'n Twll

Yn y fan hon, o dan lasfaen unig,
Huna anrhydeddus henwr diddig.
Tawelaf ei rodiad; sant haelfrydig,
A delw hudol ei hendud wledig
Ar rawd ei oes garedig; – gwlad weithian
Liwia â'i chusan fan ei lwch ysig.

Bu'r hir a thoddaid hwn i David Tudor, Ty'n Twll, Trawsfynydd, yn fuddugol yng nghyfarfod llenyddol Moriah, Trawsfynydd, 11 Ebrill 1911.[77]

Robert R Edwards
(a laddwyd yn ifanc yn y chwarel)

Oes dawel y gwas diwyd – a dreuliodd
  Yn drylwyr trwy'i fywyd;
  A'i oes fer eto sieryd
  O gloriau bedd ar glyw'r byd.

Os yma cafwyd siomiant, – ei enaid,
  Yn rhinwedd yr Haeddiant,
  Drwy nos ing aeth adre'n sant
  I Ganaan y gogoniant.

Cyfeiriwyd eisoes (pennod 1) at Rowland Wyn Edwards, 'Rolant Wyn', Ysgrifennydd Gorsedd y Beirdd, Eisteddfod y Gadair Ddu, Penbedw, 5–6 Medi 1917. (Roedd yn fab i Jane Hughes, Bodfuddai, Trawsfynydd, a hithau'n chwaer i Catherine Hughes, priod David Morris, 'Morgrugyn Eden', rhieni Mary, mam Hedd Wyn.) Nodwyd hefyd i Robert R Edwards, brawd Rolant Wyn, gael ei ladd yn fachgen ifanc yn Chwarel y Rhiw, Mynydd yr Allt Fawr, 17 Tachwedd 1898, ac i Rolant Wyn gyhoeddi llyfryn, *Cofeb fy Mrawd* (1914), yn cynnwys cerdd goffa faith o'i eiddo i Robert. Dyfynnwyd hefyd yn y bennod gyntaf ddau englyn coffa i Robert o waith Hedd Wyn.[78]

Fodd bynnag, yn *Cerddi'r Bugail* cynhwyswyd y ddau englyn sy'n ymddangos uchod.[79] Y pennawd a roddwyd yw 'Gwas Diwyd', ond ni ddywedir pwy yw'r 'gwas diwyd' hwn. Y mae esgyll yr englyn cyntaf yn cyfateb bron yn union i esgyll yr englyn cyntaf o'r ddau a gyhoeddwyd yn *Cofeb fy Mrawd*. Teg gofyn, felly, ai fersiwn bellach o ddau englyn arall o eiddo Hedd Wyn i un o'i hynafiaid (Robert R Edwards) yw'r ddau englyn a gynhwysir uchod ac a gyhoeddwyd yn *Cerddi'r Bugail*?

Rowland E Jones, Brynffynnon
(gŵr dall)

Heddiw i weld Tragwyddoldeb – yr hwyliodd
    Rolant, lawn sirioldeb;
  Yno caiff fyw'n ifanc heb
  Dywyll hanes dallineb.[80]

Dafydd Dôl Prysor

Carodd yr hen gorlennydd – ac erwau
    Y corwynt a'r gelltydd;
  Carodd y bêr aber rydd
  Gymuna 'ngrug y mynydd.

Ni fu enaid yn fwynach – yn y Cwm,
    Nac un yn siriolach;
   Hwn dyfodd heb nwyd afiach
   Yn ei gorff gewynnog iach.

Yn heddwch y mynyddoedd – yn ddedwydd
    Breuddwydiai wynfaoedd;
   A thân aur gobeithion oedd
   Yn torri ar eu tiroedd;

Eithr angau dieithr ingol – a wywodd
    Yr addewid swynol;
   Heddiw Prysor berorol
   Wyla'n ddwys o lain i ddôl.

Heno uwch ei lwch llonydd – oeda gwaedd
    Gofid gwynt y mynydd;
   A sŵn serch yn ymson sydd
   Hyd ifanc feddrod Dafydd.[81]

Dyma sylw a wnaed gan William Morris pan gyhoeddodd yntau'r gyfres hon o englynion yn ei ysgrif yn *Cymru*, Ionawr 1918:

'Un arall o'i gyfeillion fu farw'n ifanc oedd Dafydd Dôl Prysor, ac fel hyn y canodd ar ei ôl – englynion, gyda llaw, sydd yn ddarluniad ardderchog ohono ef ei hun hefyd, yn enwedig y trydydd.'[82]

Isaac Lewis, Blaenau Ffestiniog

Hwn oedd yn ŵr bonheddig – o duedd
    Dawel a charedig;
   Onid oedd seiniau diddig
   Duw a'i ras yn llenwi'i drig?

Erys ei wyn ragorion – yn oddaith
    Ar fynyddoedd Seion;
  Y nef rydd oedd yn ei fron
  A golud Duw'n ei galon.

Aethus ei fyned weithion – trwy y gwynt
    Oriog, oer, a'r afon;
  Erys ei henfro dirion
  Yn ei serch amdano i sôn.

Er i gaddug oer ei guddio – 'n y glyn
    Dan y glaw dibeidio,
  Wele mae serch yn wylo
  Uwch ei wyn lwch annwyl o.[83]

Samuel Edwards, Pen-lan, Crydd

O fynwes plwyf Trawsfynydd – ehedodd
    Yn ddidwrf fel hwyrddydd;
  Tros y melyn ewyn aur
  I lannau'r ardal lonydd.

Bu yn was cymwynasol – a mirain
    'Hen gymeriad gwreiddiol';
  Ei wybodaeth danbeidiol
  Wawria o hyd ar ei ôl.

Gŵr ydoedd a fu'n garedig – wrth bawb
    Hyd borth y bedd unig;
  Nef ei oes oedd mwyn fiwsig
  Awel gwawr ar lasddail gwig.

Hen gyfaill, hawdd ei gofio, – a'i eirf oll
Ar ei fainc yn gweithio;
Ar hyd ei ddydd rhodiodd o
Yn deg, onest, digwyno.

Ar fin ei ddidwrf annedd – awelon
Gânt wylo'u melodedd;
A'u cân fel cwyn rhianedd
Ar ei fud ddigynnwrf fedd.[84]

Cyhoeddodd Hedd Wyn hefyd nifer o gerddi coffa yn y mesur rhydd. Er nad yw rhain, gan amlaf, mor gynnil a chofiadwy eu mynegiant â'r cerddi caeth, y mae iddynt werth cymdeithasol arbennig. Y maent, er enghraifft, at ei gilydd, yn cynnwys yn aml ragor o fanylion am fywyd a diddordebau'r sawl sy'n cael ei gofio nag sydd yn rhai o'r cerddi caeth. Temtasiwn rwydd i bob bardd wrth goffáu a cheisio portreadu'r person arbennig hwnnw yw gor-gyffredinoli. Y mae hynny'n wir ar brydiau am gerddi coffa y bardd o Drawsfynydd.

John Griffith Owen
[Detholiad]

Fe'i magwyd ar fryniau Trawsfynydd,
Henfro y corwynt a'r glaw,
A sŵn y gweddïau dihenydd
A grwydrent i'r 'byd a ddaw'.

Dyma ychydig linellau o gerdd i ŵr o'r fro a laddwyd yn nhanchwa Senghennydd, Hydref 1913.[85] Y mae'r llinellau yn nodweddiadol o arddull rydd y cerddi digynghanedd. Dyna hefyd, i raddau, arddull y gerdd nesaf, er mai'r gerdd hon, o bosibl, yw un o'i ganeuon coffa digynghanedd gorau.

William Evans, Tŷ Llwyd
(Bu farw yng Nghanada yn 19 mlwydd oed)

Bu farw a'r rhos ar ei ruddiau,
   A Chanada bell dan ei draed,
A gobaith yn llenwi'i feddyliau,
   Ac angerdd y wawr yn ei waed.
At ymyl ei fedd yn glwyfedig –
   Y bedd sy' ymhell hwnt y môr –
Llif hiraeth o Gymru fynyddig
   I guro o hyd wrth ei ddôr.

Daw'r wennol yn ôl dros y moroedd
   Pan wêl hi y gaeaf ar drai,
A'r gog i lwyni'r mynyddoedd
   Ar ddylif awelon pob Mai;
Ond ofer yw disgwyl am rywun
   Yn ôl i'w hen aelwyd am dro,
Cans mynwent sy' 'nhir y Gorllewin
   Ac yntau ynghwsg yn ei gro.

Pan gwympo'r medelwr diweddaf
   I'w feddrod ym meysydd yr ŷd,
A phan beidia twf y cynhaeaf
   Drwy Ganada eang i gyd,
Bydd dyfnlais yr utgorn yn torri
   Trwy'r dyddiau anghyffwrdd hyn,
A Duw o unigedd y *Prairie*
   Ddaw i fedi y 'Gwenith Gwyn'.[86]

Bu William Evans, Tŷ Llwyd, Trawsfynydd, farw yng Nghanada, 7 Chwefror 1913.

Telyn Fud

Gwelais un ymhlith y defaid
    Derfyn hafaidd ddydd;
Gwelais degwch rhos bendigaid
    Ar ei ieuanc rudd;
Canai'r chwa wrth fynd a dyfod
    Rhwng y grug a'r dail;
Canai yntau'n ddiarwybod
    Gyda'i lais di-ail.

Gwelais ef yng ngŵyl ei henfro
    Gynt yn canu cân,
Gwelais wedyn ei arwisgo
    Â llawryfau glân;
Clywais sŵn ei lais yn torri,
    Fin allorau'r Iôr,
Megis sŵn ewynnau lili
    O tan wynt y môr.

Wedyn gwelais ef yn edwi
    Tan y barrug gwyn,
Ambell islais pêr yn torri
    Tros ei wefus syn;
Yna gwelais ddyfod trosto
    Olau'r machlud drud;
Hithau'r gân am byth yn peidio
    Ar ei wefus fud.

Sefais wrth ei fedd un hwyrddydd,
    Bedd y gobaith glân
Wybu londer plant y mynydd,
    Wybu ganu cân;
A phe medrwn torrwn innau
    Ar ei feddfaen fud
Ddarlun telyn gyda'i thannau
    Wedi torri i gyd.[87]

Dyma, yn fy marn i, y gerdd goffa rydd orau o eiddo Hedd Wyn. Fe'i cynhwyswyd, afraid dweud, ym mhob un o argraffiadau *Cerddi'r Bugail*. Ysywaeth, fodd bynnag, nid yw J J Williams yn yr argraffiad cyntaf, 1918, yn nodi pwy yw gwrthrych y gerdd. A oes rhywun a ŵyr?

Y mae llinellau olaf y gerdd 'Telyn Fud' yn ein hatgoffa o linellau yn un arall o gerddi coffa Hedd Wyn:

> Ar ei feddfaen mynnwch dynnu
> > Darlun telyn fechan, fud,
> A '*Forget-me-not*' yn tyfu
> > Rhwng ei thannau'i gyd.[88]

Cerdd yw hon i gofio Owen Arthur, mab Mr a Mrs R C Morris, y cyfeiriwyd atynt eisoes yn y bennod bresennol. Ymhen blwyddyn wedi iddynt ymweld â Thrawsfynydd, Hydref 1914, a dychwelyd i America, boddwyd eu mab dengmlwydd oed.

O ddarllen y cyfeiriad at y delyn a'r blodau, 'N'ad-fi'n-angof', yn y ddwy gerdd flaenorol, cofiwn ninnau am y delyn a'r blodau sydd yn narlun lliw Kelt Edwards, 'Hiraeth Cymru am Hedd Wyn', ac am y delyn fechan sydd hefyd yn ei ddarlun ar gyfer argraffiad cyntaf *Cerddi'r Bugail*. Tybed a fu i'r ddwy gerdd ei ysbrydoli?

★ ★ ★ ★ ★

XI. 'Oer ing ni welodd erioed': cerddi coffa i blant y fro

Roedd plant Trawsfynydd yn ffond iawn o Ellis, Yr Ysgwrn. Roedd yntau yn meddwl y byd ohonynt hwythau. Meddai Mary Puw Rowlands (1899-1971) mewn erthygl yn *Y Cymro* (1967):

> 'Rhedai plant y Llan i fyny ar ôl trol Yr Ysgwrn os clywent fod Elis wedi mynd i fyny, er mwyn cael reid i lawr at y felin. Roedd plant yr ardal yn hoff iawn ohono.'[89]

A dyma ddyfyniad o gyfrol atgofion Mary Puw Rowlands, *Hen Bethau Anghofiedig* (1963), wrth iddi sôn yn hiraethus am Hedd Wyn:

'Methwn â deall pam na fedrwn i farddoni fel ef, ac yntau yn perthyn imi.
Awn i'r coed sydd yng ngwaelod y tir i geisio gwneud llinell, ond 'ddôi
hi ddim. Gallai Hedd Wyn ganu hefyd. Yr oedd ganddo lais teimladwy.
'Hen fwthyn bach to gwellt' sydd yn aros yn fy nghof. Canai ar nos
Sadwrn wrth 'geg yr hen ffordd', a chriw o'r hen *stagers* yn gwrando arno,
a phawb â'i stori yn ei dro, a chwerthin iach yn seinio drwy'r lle tawel.
... Tristwch mawr i'r ardal oedd clywed am farw anamserol Hedd Wyn, a
chofiaf imi grïo am oriau yn fy ngwely y noson honno.'[90]

Meddai ei weinidog, y Parchg J Dyer Richards, yntau:

'[Fel] 'Ellis, Yr Ysgwrn' ... y'i hadwaenid amlaf yma, yn enwedig gan
blant yr ardal, ac yr oedd y rheiny ac yntau bob amser ar delerau da iawn
â'i gilydd. Hoffent wên, a phennill, a stori Hedd Wyn; ac fe daflodd
yntau rai o emau tlysaf ei awen i blant y fro hon. Canodd i'w hoen, a'u
chwareu, a'u cur; ac annwyl mewn gwirionedd oedd ei delyn wrth eu
beddau; ac o'r fan honno, heblaw cysuro'u ceraint hiraethus, fe agorai'r
bardd ddrws y Nef wen yn llydan i bob un o'r 'rhai bychain hyn'.'[91]

Eisoes cyfeiriwyd at gerdd rydd Hedd Wyn i gofio Owen Arthur a fu
foddi yn America yn ddengmlwydd oed. Dyma ddyfynnu yn awr o gerddi
coffa eraill y bardd i blant. Englynion yw rhain i gyd bron.[92]

Gwennie, Bryn Glas

Gwynned fu bywyd Gwennie – â'r ewyn
    Chwaraea o'r dyfnlli,
    Neu'r annwyl flodau rheini
    Oedd ar ei harch dderw hi.

Heb ball caiff rodio bellach – hyd heulog
    Ardaloedd di-rwgnach;
    Mae nef wen yn amgenach
    Na helynt byd i blant bach.[93]

Dau englyn yw rhain i gofio Gwennie, merch fach Mr a Mrs Hugh Jones, Bryn Glas, Trawsfynydd. Bu farw yn 1911 yn un ar ddeg mlwydd oed. Fel y gwyddom, daeth esgyll yr ail englyn yn adnabyddus iawn, ac fe'i cerfiwyd fel cwpled ar gerrig beddau mewn sawl mynwent yng Nghymru.

'Gwennie' oedd y pennawd yn syml a roes J J Williams ar y ddau englyn hyn yn *Cerddi'r Bugail* (1918), ond y mae ei fersiwn ef yn wahanol beth i'r union eiriau a gyhoeddwyd mor gynnar â 4 Mawrth 1911 yn *Y Rhedegydd*. Fel hyn y'u cyhoeddwyd hwy yn *Cerddi'r Bugail*:

Gwynnach oedd bywyd Gwennie – na'r ewyn
Chwaraea uwch dyfnlli ...[94]

Dylid nodi hefyd fod y gair olaf yn ail linell yr ail englyn yn wahanol gan William Morris yn ei fersiwn ef o'r englyn (*Cymru*, Ionawr 1918): 'Ardaloedd di-rwgnach' > 'Ardaloedd perffeithiach':

Heb ball caiff rodio bellach – hyd heulog
Ardaloedd perffeithiach ...[95]

Ieuan, plentyn Mr a Mrs Evan Davies

Oer ing ni welodd erioed, – na gwrid haf
Ar gwr dôl na glasgoed;
At leng y nef ieuengoed
Aeth yn sant deng wythnos oed.

'Sant Ieuanc' yw'r pennawd a roes J J Williams i'r englyn hwn yn *Cerddi'r Bugail*.[96] Y mae'n cyfateb yn union i'r testun a gyhoeddwyd yn *Gwae Fi Fy Myw*, ond yn y gyfrol honno, fodd bynnag, ychwanegir y wybodaeth a ganlyn: 'Lluniodd [Hedd Wyn] englyn er cof am fab bychan arall i filwr ym 1916 ... Ieuan, plentyn bychan y Preifat a Mrs Evan Davies.'[97]

Yn y gyfrol, *Hedd Wyn* (1969), gan William Morris, yr un yw testun yr englyn, ond dyma'r geiriau a ysgrifennodd yr awdur wrth ei gyflwyno:

'Dyma nodwedd arbennig arall yn Hedd Wyn, ei hoffter o blant bach. Y mae ei englynion ar ôl rhai ohonynt yn emau. Canodd hwn ar ôl plentyn bach yn Yr Ysgwrn.'[98]

Beth, tybed, oedd tystiolaeth William Morris wrth ddweud hyn?

Eirwyn, Bodlondeb, Trawsfynydd

Adwyth sydd am y blodyn – a wywodd
Mor ieuanc a sydyn;
Ond mewn gwlad hwnt min y glyn
Anfarwol yw nef Eirwyn

Mab i Mr a Mrs Ellis Jones, a fu farw 28 Hydref 1915. Ychydig wythnosau cyn hynny (gweler *Y Rhedegydd*, 31 Gorffennaf 1915), yr oedd Hedd Wyn wedi cyfarch y tad ar achlysur ei ymuno â'r Fyddin. (Gweler adran VII o'r bennod hon am destun o'r englyn hwnnw.)[99]

Tegid Wyn

Yntau fu farw yn blentyn, – ond yn awr
Hyd y nef ddiderfyn
Llawer angel gwalltfelyn
Oeda i weld Tegid Wyn.

Englyn ydyw hwn i blentyn bach Winifred a David Jones, Llys Arenig, Trawsfynydd. Bu farw yn wythnos oed, 7 Chwefror 1915.[100]

Catherine Augusta

Gwenodd uwch ei theganau – am ennyd
Mewn mwyniant digroesau;
Heddiw ceir uwch ei bedd cau
Efengyl chwerwaf angau.

'Marw un fach' yw'r pennawd a roed yn *Cerddi'r Bugail* i'r englyn hwn. Bu farw cyn cyrraedd ei phedair oed, 15 Ionawr 1916. Merch fach ydoedd i Kate a John Jones, Manaros, Trawsfynydd.[101] Ymhen y flwyddyn anfonodd Hedd Wyn gerdd fer arall at y rhieni yn eu hiraeth:

Er i flwyddyn fyned heibio
Er y dydd gadewaist ni,
Erys hiraeth prudd i'n blino,
Hiraeth prudd amdanat ti.
Bellach cwsg, Augusta ddifrad,
Cwsg yn sŵn y gwynt a'r coed;
Hiraeth tad a mam amdanat
Sydd yn drymach nag erioed.[102]

John Ifor Roberts

Ef a aeth i'r Nef weithion – yn ifanc
A nwyfus a thirion;
Rhwng engyl yn ymyl Iôn
Hawddgared fydd ei goron.

Dyma englyn coffa i 'fab bychan Mr a Mrs Roberts, Prysor View Trawsfynydd'. Bu farw, 20 Medi 1916, yn 8 oed. Yn yr englyn hwn eto, fel yng nghymaint o gerddi coffa Hedd Wyn i blant – ac yn gwbl nodweddiadol o'r cyfnod – y mae gan y bardd neges arbennig i gysuro'r rhieni yn eu galar. Y mae'n eu sicrhau bod y plentyn sy'n cael ei gofio mor annwyl yn awr wedi cael ei ddwyn yn dyner o'r ddaear i'r nef ac i gwmni'r Iesu. Roedd gan Hedd Wyn gerdd rydd ynghlwm wrth yr englyn uchod, ac yn y gerdd rydd hon hithau y mae'r bardd am ein hatgoffa bod y plentyn a fu farw – y 'telynor bach' – bellach yn ddiogel gyda'r Iesu.

Ar ei feddfaen carem gerfio
Darlun telyn fechan drist,
A'i thelynor bach yn huno
Yn nhawelwch Iesu Grist.[103]

Jennie

Un ddilychwin oedd Jennie; – un ddiwyd,
        Addawol, lawn tlysni;
    A gwanwyn gwyrdd digyni,
    Heb liw nos oedd o'i blaen hi.

Ond Iesu'r ffrynd dewisol – a'i galwodd
        I'r golau tragwyddol;
    Mwy o'r ddaear ar ei hôl
    Nofia hiraeth anfarwol.[104]

Cyhoeddwyd yn *Cerddi'r Bugail*, heb ragor o fanylion. Felly hefyd y ddau englyn a ganlyn.

Ellis Wyn

Yntau a aeth yn blentyn – oddi yma
        Trwy ryw ddamwain sydyn;
    Ond trwy y gwynt a'r ewyn
    Hola serch am Ellis Wyn.

Does neb all osod blodau – yr haf aur
        Ar ei fedd di-eiriau;
    Huned, a phruddaidd seiniau
    Tonnau a gwynt trosto'n gwau.[105]

★ ★ ★ ★ ★

XII. Yr awen barod ar waith: rhigymau a cherddi hwyliog a difyr

Fe ellid yn y gyfrol hon fod wedi ceisio ymdrin yn fanwl â'r modd y bu i fab galluog, di-goleg Yr Ysgwrn fwrw iddi o ddifrif i ddatblygu fel bardd, gan roi pwys mawr, er enghraifft, ar gystadlu mewn eisteddfodau a chyfansoddi awdlau a phryddestau. Gofyn y cwestiwn hefyd: pe bai Hedd Wyn wedi cael byw, a fyddai wedi ymdrechu'n galetach eto i'w fynegi ei hun yn fwy uniongyrchol ac yn gynilach, yn llai haniaethol ac athronyddol, ac yn fwy diriaethol? Ond nid gofyn na cheisio ateb cwestiynau o'r fath oedd amcan y bennod hon sy'n cyflwyno detholiad o gerddi'r bardd.

Yn hytrach, y nod, yn bennaf, oedd ceisio cyflwyno darlun o fardd ifanc brwd a oedd wedi ymgolli'n llwyr yn yr awen, a datblygu'n reddfol – bron yn ddiarwybod iddo'i hun, yn lladmerydd ar gân i hynt a helynt pobl ei fro, yn eu gorfoledd a'u galar. Datblygu – ac yntau hefyd wedi derbyn y swyddogaeth honno yn llawen a diymhongar, heb ymorchestu dim. Dawn barod; awen barod. Dyna oedd un o'r nodweddion yr oedd ei gyfeillion a'i gydnabod yn ei edmygu'n fawr, a'i barodrwydd yr un modd i wneud defnydd o'r ddawn honno – i roi'r awen barod ar waith.

Dyfynnwyd eisoes y sylw amdano gan ei gyfaill John Jones, 'Ioan Brothen': 'Gellid meddwl ei fod yn barddoni wrth anadlu.'[106] Cofiwn hefyd fel yr oedd y gynghanedd yn byrlymu pan oedd yng nghwmni person megis Jacob Jones, y Craswr – yntau'n ymddiddori'n fawr mewn pennill a chân (pennod 4). Mor sydyn oedd ei ymateb pan ddaeth cyfle iddo gyfarch ei gyfaill yn yr odyn gynnes.

> Hogyn braf yn gweini bro
> A tunnell o gôcs tano!

Yr un modd wrth i Ellis ddweud ei fod ar fin mynd i Ddolgellau i 'roi cwrben i Mistar Kirby', y swyddog hwnnw oedd yn 'hel pobol at soldiars'.

Cofiwn, ymhellach, am y disgrifiad hwyliog ohono'i hun, sy'n werth ei ddyfynnu eto, pan gyfarchwyd ef un dydd Sadwrn gan John Lloyd Jones, Llyfrgellydd Llyfrgell Gyhoeddus Blaenau Ffestiniog. Roedd Ellis, Yr Ysgwrn, ar y pryd newydd gael ei urddo â'r enw barddol 'Hedd Wyn'.

> "Hylô, dyma Hedd Wyn!"
> "Ie", meddai yntau, yr un mor sydyn, ac yn cochi at ei glustiau:
> "Hedd Wyn, y dyn barddonol."[107]

'Hedd Wyn, y dyn barddonol'. Dyma ddisgrifiad penigamp, heb ei well, o'r bardd ifanc oedd yn aml yn 'siarad ar gân' ac yn ei fynegi ei hun yn gryno a chofiadwy mewn llinell, neu gwpled, o gynghanedd. Enghraifft dda o hynny yw llinell gyntaf agoriadol llythyr a anfonwyd ganddo o '46 Glancynon Terace', Abercynon, ddechrau 1908, wedi iddo fentro i'r 'Sowth' i chwilio am waith yn y maes glo. Anfonodd y llythyr byr hwn at aelod o'i ddosbarth Ysgol Sul yng nghapel yr Annibynwyr, Ebenezer, Trawsfynydd:

'Annwyl Jane,
    Sut yr wyt ti er ys tro? Wyt ti wedi dysgu hanes Samuel bellach? Mi gwadnaf hi yn ôl yn fuan.
      Gyda chofion at wlaw a gwynt Trawsfynydd.
        Yr eiddot,
          Ellis.'[108]

Sylwn ar gwestiwn agoriadol y llythyr hwn: 'Sut yr wyt ti er ys tro?' Llinell o gynghanedd gyflawn. Mor naturiol â llif afon. Mor gofiadwy.

Ar lafar gwlad y bu i amryw o linellau a chwpledi, englynion a phenillion Hedd Wyn gael eu trosglwyddo, hyd nes i rywrai eu cofio a'u cofnodi. Enghraifft dda o hynny yw fersiwn gyflawn yr englyn y cyfeiriwyd ato eisoes yn y gyfrol hon (penodau 4, 12) a'i esgyll enwog, yn mynegi hiraeth mawr y bardd am fro ei febyd:

Yn y Sowth fy nghorffyn sydd,
A f'enaid yn Nhrawsfynydd.

Oni bai i Jacob Jones gofio'r englyn rhagorol hwn yn gyfan, byddai'n hawdd iawn iddo fod wedi mynd ar goll. Faint, tybed, o ffrwyth awen fyrfyfyr Hedd Wyn a gollwyd? Ac wrth ofyn y cwestiwn hwn, y mae'n werth dyfynnu geiriau William Morris o'i erthygl am y bardd yn *Cymru*, Ionawr 1918, ynghyd â'r cofnod o gwpled ardderchog o'i eiddo.

'Bûm lawer tro yn ei geryddu am fod mor esgeulus o'i waith. Y mae'n siwr ei fod wedi cyfansoddi llawer o linellau campus nad oes dim modd dod o hyd iddynt heddyw. Dyma gwpled ardderchog oedd ganddo un min nos; bwriadai anfon englyn i rywle ar 'Hyawdledd' yr adeg honno, ond ni wnaeth ond y ddwy linell:

Llafar y tafod arian
A storm y gwefusau tân.'[109]

Y mae angen cyfeirio at un nodwedd arbennig arall yng ngherddi byrion cymdeithasol Hedd Wyn i bobl ei fro ac i'r amrywiaeth mawr o ddigwyddiadau a phrofiadau a ddeuai i'w rhan. A dyma yw hynny: boddhad y bardd. Y mae hyn yn treiddio fel llinyn arian trwy'r cerddi: y gwerthfawrogiad o'r cyfle a'r fraint o gael canu ei gân. Hyn – beth bynnag fo eu gwerth llenyddol – sy'n rhoi iddynt gynhesrwydd a diffuantrwydd mynegiant, y cerddi hwyliog, fel y cerddi dwysach. Yn adran olaf y bennod hon bydd y penillion, y rhigymau a'r englynion ysgafn a difyr hyn yn cael lle amlwg. Cynhwysir hefyd bennill neu ddau yn Saesneg, ac o leiaf un englyn yn yr iaith honno. (Myfi sy'n gyfrifol am y penawdau.)

★ ★ ★ ★ ★

Ellis, Yr Ysgwrn

Dyma fachgen garw iawn
   O Drawsfynydd;
Gall dorri gwair a thorri mawn
   Yn ysblennydd.
Os nad ydyw ef yn 'ffat',
   Mae o'n gegog;
Ar ei ben mae 'Ianci Hat'
   Fawr gynddeiriog! [110]

Pennill ysgafn, rhwng difrif a chwarae, gan Ellis, Yr Ysgwrn, ei hun yw hwn i'w osod gyda llun a dynnwyd ohono.

Dau bennill (mewn albwm?)

Nid wyf yn meddwl heno
Am un eneth heblaw Gwenno;
Hogen siriol, las ei llygaid,
Mae hi'n gariad bob un tamaid.

I am a single, poor chap,
Wearing coat, shoes and cap,
Have no wife, nor lover sweet,
Gwenno dear, when shall we meet?[111]

Ni wyddom pwy yw'r 'Gwenno' hon!

Cybi

Cebyst o ddyn yw Cybi,
E lwybrai'r hewl fel librarî!

Cwpled i Robert Evans, 'Cybi' (1872-1956), Llangybi, prydydd, cyhoeddwr a llyfrwerthwr. Lluniwyd y cwpled pan oedd y cymeriad diddorol hwn yng Nghricieth 'yn gwerthu'i lyfrau'.[112]

Gwraig y Baltig

I Hedd Wyn, heb brawf pendant, y priodolir y stori a'r cwpled a ganlyn. Dywedir i fab Yr Ysgwrn a'i ffrindiau dderbyn rhybudd un noson gan wraig Gwesty'r Baltic, Blaenau Ffestiniog: 'Cadwch yn dawel, neu bydd raid imi eich taflu allan.' Ac meddai Hedd Wyn:

Rhyfedd yw na rôi'r Duw dig
Beltan i wraig y Baltig![113]

'Jones, y Guard'

R Lewis Jones, Trawsfynydd, un o weithwyr y rheilffordd, a chyfaill agos i Hedd Wyn.

Dyn siriol a dawn siarad – yw efô,
Yn y *van* yn wastad;
Enwog ŵr, llawn o gariad,
Ar y lein yn gweini'r wlad.[114]

Un difyr, ffraeth ei dafod, – nid rhyw '*Guard*'
    Oriog, gwyllt, diwaelod;
  Ac ym mhen hwn fe wn fod
  Ymennydd mwy na'r Manod![115]

Handy guard, most kind and gay, – so I wish
    To sing his praise alway;
  And I hope he'll be some day
  The ruler of the Railway![116]

Blodwen

Dyma Blodwen wen heini – a'i grudd fach
    Fel gardd fwyn o lili;
  Ai tywyllwch mantelli
  Y gwyll teg yw ei gwallt hi?

Dwy wefus liw gwrid afal, – a llygaid
    Lliw eigion o risial;
  Boed iddi glyd fywyd fal
  Nefoedd o swyn anhafal.[117]

Merch i 'Jones, y Guard' oedd hi.

Priodas Miss Lily Parr a Chymro o Gaer
(1916)

Roedd Miss Parr, o Landrillo, ger Corwen, yn berthynas i 'Jones, y Guard'.

Through September, merry hours,
  Two were walking hand in hand;
Walking by the rosy bowers
  To the bright and promised Land.

In September, lovely hours,
 By the altar stood the two;
All the meadows trimmed with flowers,
 All the heavens trimmed with blue.

In September, golden hours,
 Stood a husband and his wife,
Gazing from their dreamy towers
 Unto new enchanting life.

Now the happy two are sailing
 To the sea of life afar,
To the kingdom of their longing,
For the gods of love are guiding
 B E Jones and Lily Parr.[118]

John Buckland Thomas

Dyn siriol a dawn siarad, – yw Thomas,
 Brawd twym ei ddylanwad;
 Nid oes gŵr yn *Huts* y gad
 Mwy euraidd ei gymeriad.[119]

Un o gyfeillion pennaf Hedd Wyn yng Ngwersyll Litherland oedd John Buckland Thomas, Blaendulais.[120] Yn Litherland y cyfarfu'r ddau. Roedd John Buckland yn glerc yn y Fyddin, a bu'n garedig iawn wrth y llanc o Drawsfynydd na freuddwydiodd erioed y byddai un dydd mewn gwersyll milwrol yn cael ei hyfforddi sut i ladd ei frawd. Roedd ganddo lawysgrifen daclus, ac ysgrifennodd gopi o awdl Hedd Wyn, 'Yr Arwr', ar gyfer Eisteddfod Penbedw. Dyma ddisgrifiad y Parchg John Dyer Richards o gyfeillgarwch y ddau.

John Buckland Thomas, Blaendulais, un o gyfeillion pennaf Hedd Wyn yn Litherland, y Gwersyll Milwrol. Bu'n ei gynorthwyo i ysgrifennu awdl 'Yr Arwr'.
O gasgliad Yr Ysgwrn (APCE).

'Ac ynglŷn â'i awdl 'Yr Arwr' at Eisteddfod Birkenhead, gwnaethpwyd yr un gymwynas dirion â'r bardd gan fonheddwr llengar y daeth o hyd iddo yng Ngwersyll Litherland, sef y Private J B Thomas (45168), 3rd *R.W.F.*, Seven Sisters, Sir Forgannwg. Fe soniodd Hedd Wyn ei hun am serchogrwydd a nawdd y cydymaith hwn yn y gwersyll deddfol ac unffurf lawer gwaith, hyd oni thybiwn ddarfod iddynt ymglymu ynghyd, enaid wrth enaid, megis Jonathan a Dafydd gynt.'[121]

Yn y diwedd, copi yn ei law ei hun a anfonwyd gan Hedd Wyn i'r gystadleuaeth. Roedd John Buckland wedi gofyn i Swyddogion Eisteddfod Penbedw hefyd am gael cynrychioli Hedd Wyn, pe digwyddai iddo ennill, ond ni chaniatawyd ei gais. Roedd yn siomedig iawn oherwydd hynny. Mynegodd ei siom, er enghraifft, wrth y Parchg W J Edwards. Roedd ef yn fyfyriwr yng Ngholeg Coffa Abertawe (1964–67) ar y pryd, ac aeth i'w weld ym Mlaendulais. Dyma ddyfyniad o'r hyn a ysgrifennodd W J Edwards yn *Barddas* yn cofnodi hanes yr ymweliad hwnnw:

'Ond er dirfawr siom iddo, ni chymerwyd sylw ohono [gan Swyddogion yr Eisteddfod], ac er ei fod yn cytuno mai rhoi'r gorchudd du dros y gadair oedd y peth iawn i'w wneud, credai y dylai fod wedi cael sefyll yn ymyl y gadair wag.'[122]

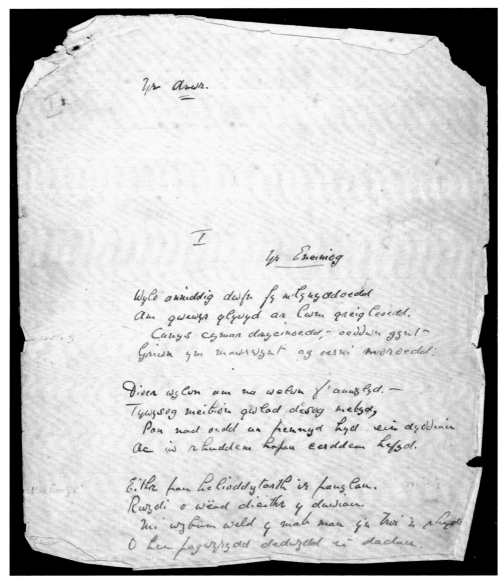

Tudalen gyntaf awdl Hedd Wyn, 'Yr Arwr', yn ei lawysgrifen ei hun. 25 tudalen. 'Y Palm Pell' a osodwyd yn ffugenw ar y fersiwn hon, nid *Fleur-de-lis*.

Llsg. Llyfrgell Genedlaethol Cymru, 4628 C. Casgliad J R Jones.

Y 'sosial' i'r milwyr yn Litherland

Tra bu Hedd Wyn yn y gwersyll yn Litherland, mynychai gapel yr Annibynwyr yn Bootle, ond bu hefyd mewn neuadd yn perthyn i'r Methodistiaid Calfinaidd, Stanley Road. Yno, yn yr York Hall, Bootle, y cynhelid 'sosial' i'r milwyr ddwywaith y mis gan Gymry Lerpwl. Dyma englyn Hedd Wyn i'r sosial honno.

> Nos Sadwrn mewn naws hudol, – ar un gwynt
> O'r hen 'gamp' materol
> Hwyliai arwyr milwrol
> A'u holl wŷr call i York Hall.[123]

Gafr y R.W.F.

Dyma oedd testun yr englyn yn yr eisteddfod a gynhaliwyd yng Ngwersyll Litherland ar Ddydd Gŵyl Dewi, Mawrth 1917. Nid Hedd Wyn a enillodd y gystadleuaeth, ond dyma'i englyn:

> Nid gafr ar greigiau ofron – ydyw hi
> Wrth neint oer a gloywon;
> Wele cerdd llanciau gwiwlon
> Y *Royal Welsh* ar ôl hon.[124]

Er cystal y dweud yn y llinell olaf, tybed a oes peth ôl brys ar yr englyn hwn? Nid yw'r gynghanedd yn hollol gywir yn y llinell gyntaf ('d' heb ei hateb), nac yn y cyrch (ateb 'd' gyda 't'). Sylwer hefyd ar y gair 'ofron' (gofron < go-fron: lled-fron, llethr graddol, llechwedd). Y mae'n dra phosibl, wrth gwrs, fod 'gofron' yn air byw iaith-bob-dydd i'r bardd o'r Ysgwrn. Fodd bynnag, teg gofyn, onid yw ei hoffter, yn arbennig yn ei awdlau a'i bryddestau, o ddefnyddio rhai geiriau sydd i ni heddiw, o leiaf, yn hynafol, yn tueddu ar brydiau i ddod rhyngom â'r mwynhad eithaf o'r gerdd?

'I Walia'n ôl yn filionêr'

Ceir peth ansicrwydd i bwy yn union y lluniwyd y ddau englyn a ganlyn. Y mae'n bosibl i'r ail gael ei gyflwyno i John Cottrel oedd wedi ymfudo i Awstralia.[125] Barn eraill yw i'r ddau englyn gael eu cyflwyno i Robert (Bobi) Williams a oedd wedi ymfudo i Seland Newydd.[126]

> Ellis sydd am droi i holi – a oes hwyl
> Yn New Zealand, Bobi?
> Neu yntê oes gennyt ti
> Yna arian aneiri'?

> Heb balltod gwna o'r pellter – i Gymru wen
> Gamre iach, dibryder;
> Rho fordaith, tyrd ar fyrder
> I Walia'n ôl yn filionêr!

Côr Abergynolwyn

> Ymson uwch aeliau amser – wna hoffus
> Seraffiaid 'ruchelder,
> Ond canu nes synnu'r sêr
> Wna ceriwbiaid cu'r Aber.[127]

Dyma enghraifft dda gan y cymwynaswr Morris Davies, 'Moi Plas', o awen barod fyrfyfyr Hedd Wyn ar waith. Englyn i Gôr Abergynolwyn a fu'n cystadlu yn un o eisteddfodau Trawsfynydd.

'Cartre'r mellt yw Llanelltyd ...'

Yn ogystal â'r clod o ennill mewn eisteddfod a'r ysbrydoliaeth i fardd a llenor ddal ati, fe werthfawrogid hefyd y wobr ariannol. Nid oedd Hedd Wyn yn eithriad, a dyma un hanesyn difyr gan ei gyfaill Morris Davies. Cofnodwyd yr hanes ganddo yn yr erthygl: 'Un doniol a llawen ydoedd Hedd Wyn', *Y Cymro*, 26 Rhagfyr 1957.

'Cofiaf yn dda fod Eisteddfod yn Llanelltyd un tro, a dim ond chwe cheiniog o wobr am yr englyn gorau i 'Lanelltyd'.

"Wel", meddai Ellis, "mae'r wobr yn fychan iawn, rhaid fod pris barddoniaeth wedi gostwng yn ofnadwy. Mi wnawn ni englyn gwerth chwech iddyn nhw, ac hwyrach y codan nhw y pris wedyn."

Gwnaeth yr englyn, a phan oedd yn mynd ag ef i'r post, newidiodd ei feddwl, ac yn lle ei bostio rhoddodd ef i mi, a dyma fo:-

Cartre'r mellt yw Llanelltyd, – a phobol
　　A phabwyr dychrynllyd;
　Hen afrwydd fro anhyfryd,
　　Lle dan boen yn nhwll din byd!'[128]

Gweledigaethau'r Nadolig
[Detholiad]

Nodwyd eisoes arfer Hedd Wyn o adrodd englynion a phenillion o'i waith ei hun yn rhai o gyfarfodydd llenyddol y fro. Dyma un enghraifft, a gofnodwyd gan Moi Plas, o gân a gyflwynwyd mewn cwrdd adloniadol yn festri Capel Ebenezer, Nadolig 1909.

Fe gawn ar ddydd Nadolig
　　Beth amser digon llon,
　Ac wedyn ddiffyg treuliad
　　Am flwyddyn gyfan bron!

Mae gwyddau Modryb Lora
　　A hwyaid Bron-y-wal
　Heddiw wedi marw
　　Heb fod 'run awr yn sâl. ...

Aiff llawer brawd talentog
   I lawr drwy'r stryd yn deg,
Â chlagwydd yn ei stumog
   A chetyn yn ei geg.

Ond rhag ofn i chwi flino
   Ar lol a sen,
Mi ganaf i'n sobor
   O hyn i'r pen.

Mae clychau'r Nadolig yn sôn am galennig
   Wrth blantos y fro yn ddi-daw,
A gwraig y tŷ nesa' mewn byd yn busnesa
   Sut gyfla'th 'na'th Margiad Tŷ Draw.

Mae clychau'r Nadolig â'u melys fwyn fiwsig
   Yn disgyn ar heol a *forge*;
Mae pwdin a gwyddau yn fwy o *importance*
   Na Bil Insiwrans Lloyd George.

Mae clychau'r Nadolig â'u nodau mor ddiddig
   A hwyl gwynfydedig 'mhob sbot;
A gwraig mewn côt *sealskin* â'i gŵr yn ei chanlyn
   Yn myned o'r capel ar drot.[129]

Y mae'n werth sylwi fel y mae Hedd Wyn yn y gân hon yn newid y mesur yn fwriadol. Yn y rhan gyntaf defnyddir penillion 7- 6 / 7- 6, gyda'r arddull yn ysgafn, ffwrdd-â-hi. Ond yna, yn rhan olaf y gân, defnyddir yr hen fesur hyfryd, Tri Thrawiad, a oedd yn boblogaidd iawn gan rai o feirdd yr ail ganrif ar bymtheg a'r ddeunawfed ganrif, megis Edward Morris (1607-89), Perthillwydion, ac Edward Richard (1714-77), Ystradmeurig. Gyda'i acenion sionc, y mae'n fesur i'r dim i gyfleu gwir lawenydd y Nadolig. Sylwer hefyd fel y mae Hedd Wyn yn fwriadol yn rhan olaf ei gân yn ailadrodd, ar ddechrau pob pennill, y geiriau: 'Mae clychau'r Nadolig …'. Er pob 'lol' y soniwyd yn ysgyfala ddigon amdano ar ddechrau'r gân, y mae'r geiriau hyn yn y penillion clo yn fodd i atgoffa'i gynulleidfa o wir orfoledd ac ystyr Gŵyl y Geni.

Sbecian i stafell lle cynhelid dosbarth gwnïo
[Detholiad]

Mae dillad o ddilladau yn awr o fewn y byd,
Fe wisgir pob hen drempyn cyn hir yn ddigon clyd;
'Tral-di-ffal' mi ganaf eto, bûm i fy hun yn gwrando,
Gwelais bopeth crand oedd yno, 'Hob y deri dando'. ...

Gwneud crys o ffustion melyn roedd Elin yno'n wir;
Bydd Mari wedi gorffen y bais gor-dro cyn hir;
Gwneud 'sana o hen sacha mae Sara siriol, iach,
A'r rheini'n rhai i fabi os digon fydd y sach.[130]

Tro trwstan: 'Y daith i'r Bermo'

Dau ŵr a aeth o'r Aber
   I'r 'Bermo Bach' am dro
Mewn hwyl reit dda, fel arfer,
   Gan adael yr hen fro.
Ond pan yn dyfod adref,
   Dychrynodd yn ei gôl,
Pan gofiodd ado'i benwisg
   Ar lan y môr ar ôl.

Ond cofiodd y brawd arall,
   'Rôl cyrraedd adre'n wan,
Fod yntau wedi gadael
   Ei het yn yr un fan.
Ond ar ôl anfon postcards,
   Fe gawd y ddwy yn ôl.
Wel, peidiwch, bois, byth eto,
   Â gwneuthur tro mor ffôl.

Byrdwn:

Dymunaf i chwi gofio –
   'N enwedig Wil a Joe,
Roi drecsiwn ar eich hetiau
   Pan ewch i ffwrdd am dro.[131]

Ffair y Llan

Mae'n iawn gwneud cân i Ffair y Llan,
   Er mod i'n wan fy 'mennydd;
A chan ei fod yn destun byw,
   Priodol yw i'r prydydd.

Mae yma bobol wrth y cant
   I'w gweld o bant i bentan,
A chyda'r moch fe geir di-nod
   Gorachod yn ysgrechian.

Ceir Ifan bach o ben draw'r nant
   Yn fyrtsiant mewn botymau,
A heddiw Twm sy'n glamp o ŵr –
   Mae'n hociwr almanaciau.

Daeth Bob a Sioned yma'n glên
   Mewn trên yn dod yn fore;
Ar de a choffi'n fawr eu chwant
   Potiasant fel pe tase.

Can pwys o fferins gaiff y plant,
   A chwynant am ychwanag;
Ar hyd y ffair atyniad byw
   Sam wancus yw y minciag.

O ben y mynydd brysiodd Bet
  I geisio het bur gyson;
A cherddodd Jim ymhell o'r wlad
  Am lasiad a melysion.

I lawr o'r gloddfa rhedodd llanc,
  Un byw ei wanc am bincio;
Ac ymhen dwyawr roedd o'n ddyn;
  Dau dropyn wedi'i dripio!

Cadd oriawr swllt gan '*buy a vatch*!'
  Ar ôl peth ffats a photsian;
Ond cyn y nos mewn dedwydd fodd
  Fe hepiodd yr hen feipan!

Roedd golwg smart ar Mary Jane
  Yn dod o'r trên mewn lliwiau,
Ar wrth fynd adre', ei chariad gwiw
  Rôi'i bennill i'w rhubanau.

O lestri te sy'n mynd yn brin
  Fe brynodd Elin ddwylot;
A chadd yn ôl i Nant y Brys
  Daith hapus gyda thepot.

Daeth Huw o bell yn glamp o ddyn
  Am eilun i ymholi;
A chafodd ddwy, sef Siân a Sal,
  Dwy lafnes dal i'w hofni.

Mae llu wrth weiddi 'newydd sbon'
  Yn nofio'n eu cynefin;
A chur ym mhen y cryfaf ŵr
  Roes dwndwr llawer stondin.

Ceir popeth yma'n rhad o'i go',
 Medd Deio mewn modd diwyd;
Ger silod gwŷr y '*sold again*'
 Mae bargen ym mhob ergyd.

Cês innau 'fferins ffair' yn drêt
 Gan Kate a Gwen y Cytia;
Cês ddeuddeg llath o India Roc,
 A stoc o'r wynwyns teca.

Wel, rhown 'Hwre!' i Ffair y Llan,
 Rhaid cael rhyw fan i fyned;
Ond peidiwn mynd drwy'r eang ddôr
 I'r oror ar i waered.[132]

Ar un adeg cynhelid pedair ffair flynyddol yn Nhrawsfynydd, yn ystod misoedd Mawrth, Ebrill, Awst a Medi, ond er yr arfer o gyfeirio at Drawsfynydd fel 'Y Llan', nid oes sicrwydd mai un o ffeiriau Trawsfynydd a ddisgrifir yn y gân hon. Serch hynny, y mae'n gân sydd yr un mor berthnasol i un o ffeiriau Trawsfynydd ag i unrhyw lan arall yn y cylch. Cyhoeddwyd y gân yn rhifyn 19 Tachwedd 1910 o'r *Rhedegydd*, gyda'r enw 'Rhywun Arall' wrth ei chwt, ond drwy Moi Plas cafwyd ar ddeall mai Hedd Wyn yw'r awdur.

Dyma un o gerddi rhydd ysgafn a hwyliog gorau Hedd Wyn. Y mae'n ddarlun byw, difyr, o ddiwrnod ffair; darlun o hynt a helynt yr amrywiaeth mawr o bobl fyddai'n tyrru yno. Y mae iddi, o'r herwydd, werth cymdeithasol amlwg. Ond y mae iddi hefyd werth llenyddol. Er cymaint o gerddi a luniwyd gan Hedd Wyn mewn arddull digon ffwrdd-â-hi, y mae'r gân hon yn enghraifft deg o'r bardd-grefftwr wrth ei waith. Y mae'r penillion 8-7 / 8-7 a'r odl gyrch yn yr ail a'r bedwaredd linell yn fodd i sionci'r mynegiant ac i gyfleu prysurdeb y mynd-a-dod a difyrrwch y ffair. Yr un modd y mae'r tinc o gynghanedd – cyseinedd – yn ail linell pob pennill, a'r gynghanedd gyflawn yn llinell olaf y penillion, yn ychwanegu at berseinedd a llyfnder y mynegiant ac, unwaith eto, fel pe'n cyflymu'r amseriad. Y cyfan yn fodd i gyfleu hwyl a sbri y dydd arbennig hwn o 'lawen chwedl' – diwrnod o ddathlu – yn hanes trigolion y fro.

★ ★ ★ ★ ★

XIII. 'Tyrd gyda mi dros y tonnau': cerdd y bardd rhamantaidd

Y Gwahodd

'Tyrd gyda mi dros y tonnau',
　　Medd llais o'r ystorom bell,
'Fe'th boenaf di â rhosynnau
　　A golau y tiroedd maith, pell,
　　A chwerthin ynysodd sydd well.

Os tyr dy long ar y cefnfor
　　Ba waeth, bid lawen dy fron;
Mae plasau emrallt fy ngoror
　　Yn nyfnder beryl y don,
　　Dan lif wylofus y don;

Os cludir dy gorff tua'r glannau
　　Yn llaith dan ewynnau gwyn,
Caiff d'ysbryd drigo'r dyfnderau
　　Fel lloer yn nyfnderau'r llyn,
　　Fel paladr haul yn y llyn.

Cyfod dy hwyliau, a dilyn;
　　Nac oeda mewn byd mor ffôl;
Cei forio am haf brigfelyn
　　A'th hirwallt ar chwyf o'th ôl,
　　Fel baner ddu ar dy ôl.

Gwêl lewych y wenfro ddisglair
　　Tros lasdon Iwerydd erch,
Lle'r oeda rhos rhwng y glaswair
　　Fel mwynion ddeialau serch,
　　Fel dedwydd offeiriaid serch.'[133]

Yn adran olaf y bennod hon, 'Detholiad o Gerddi Hedd Wyn', dewiswyd trafod un gerdd yn unig. Cerdd yw hon, dybiwn i, nad yw'n gyfarwydd iawn i'r mwyafrif o'r darllenwyr. Er iddi gael ei chynnwys yn *Cerddi'r Bugail*, anaml y cyfeirir ati ar lafar nac yn ysgrifenedig. Ar un ystyr, gellid deall hynny. Cerdd fer ydyw, ond mor wahanol ydyw i gerddi byrion eraill y bardd. Yn y cerddi hynny y mae'r neges yn uniongyrchol, glir. A rhwydd y gallwn ninnau uniaethu â'r neges honno. Ystyriwn, er enghraifft, y gerdd 'Rhyfel'. Ie, 'dreng' iawn oedd yr oes. 'Sŵn yr ymladd' ar glyw gwerin gwlad; ofn yn y galon; a 'gwaedd y bechgyn lond y gwynt'.

Ond y gerdd 'Y Gwahodd'? Nid pawb fyddai'n dymuno uniaethu eu hunain â neges ganolog y gerdd hon: y gwahoddiad a dderbyniodd y bardd i wrando ar lais sy'n ei ddenu ar daith i ryw fro ledrithiol rywle draw, draw, ymhell dros y lli − i hwylio 'dros y tonnau' i'r 'ynysoedd sydd well' ac i'r 'wenfro ddisglair'. A bro mor rhyfeddol yw hon. Mor anodd yw gwrthod y gwahoddiad. Mae'n fro o 'rosynnau' a 'golau'; bro o 'blasau emrallt ... yn nyfnder beryl y don'. ['Beryl': y maen gwerthfawr, tryloyw, o liw goleuwyrdd y cyfeirir ato, er enghraifft, yn Llyfr Tobit yn yr Apocryffa (13: 17): 'Heol Jerusalem a balmentir â meini beryl.']¹³⁴ Mor hudolus yw'r fro, rhaid hwylio ar unwaith am 'haf brigfelyn', a'n 'hirwallt chwyf' o'n hôl − ein gwallt yn chwifio'n rhydd yn y gwynt.

Fodd bynnag, er mwyn deall gwir ystyr y gerdd hon, ei harwyddocâd a'i gwerth, rhaid gofyn hefyd y cwestiwn hwn. Os gwahoddiad sydd ynddi i ddianc − a dyna ydyw: gwahoddiad i ffoi i ryw fyd lledrithiol, hudolus − yna ffoi rhag beth? Mae'n rhoi'r ateb yn gynnil hwnt ac yma yn y gerdd, ac yn yr atebion cynnil hyn y mae'r bardd o ramantydd yn lled-droi hefyd yn realydd. Mae'r llais yn galw 'o'r ystorom bell': o ganol stormydd pob gofid a gwae; pob colli gwaed a lladd; pob gwallgofrwydd a dioddefaint mawr, dianghenraid. Y mae'n wahoddiad i ymadael â 'byd mor ffôl' ac i hwylio dros 'lasdon Iwerydd erch' i 'ynysoedd sydd well' a'r 'wenfro ddisglair'. Ynysoedd megis Ynys Afallon y Celtiaid; nirfana; 'gwlad sy'n llifeirio o laeth a mêl' y Cristion; a '*sol cennetin irmaklari*' ('nentydd crisialog paradwys') y Mwslim. (Geiriau Yunus Emre yw'r rhain, y bardd a'r dyneiddiwr heddychlon o Anatolia, Twrci, yn niwedd y drydedd ganrif ar ddeg a dechrau'r bedwaredd ganrif ar ddeg.)¹³⁵

Cyn rhoi sylw pellach i gynnwys y gerdd hon, 'Y Gwahodd', a'r dylanwadau posibl a fu arni, dyma air byr am ei chrefft. Eisoes (pennod 4) dyfynnwyd geiriau cofiadwy Simwnt Fychan (*Pum Llyfr Cerddwriaeth*, *c.* 1570): 'Ni wnaed cerdd ond er melyster i'r glust ac o'r glust i'r galon.' Cofiwn hefyd eiriau, yr un mor gofiadwy, Dic Jones:

> Mae alaw pan ddistawo
> Yn mynnu canu'n y co.

Y mae'r geiriau yn y gerdd hon gan Hedd Wyn hwythau yn 'canu'. Sylwn, er enghraifft, ar y mesur lled 'ysgafn' a ddewiswyd a llyfnder yr acennu. Llinellau 1-4: 8-6 / 8-6, gan amlaf, a'r bumed linell yn amrywio: 7/8 sillaf. Sylwn hefyd ar amlder yr odlau: a-b / a-b-b, ac yn arbennig ar yr ailadrodd yn llinell olaf pob cerdd: ailadrodd yr odl ar ddiwedd llinellau 4 a 5: 'Fel lloer yn nyfnderau'r llyn' / 'Fel paladr haul yn y llyn'. Y mae'r cyfan yn fodd i gyfleu mwynder, llonyddwch, a hyfrydwch y wlad bêr, dangnefeddus y mae'r llais yn gwahodd y bardd i'w mwynhau.

★ ★ ★ ★ ★

A dyma ddychwelyd yn awr at gynnwys y gerdd. Y mae'n ein hatgoffa o un o brif themâu canu Hedd Wyn yn ei gerddi eisteddfodol meithach. A dyfynnu pennawd un o'i bryddestau, y thema honno yw, 'Ceisio Gloywach Nen'. Meddai'r bardd yn ail bennill y gerdd hon:

> Onid oes gri anneall o hyd
> Yn codi'n floesg o'r ddrycin erch,
> Fel alaw boenus athrist serch,
> Mewn ymchwil am brydferthwch byd?[136]

Prif destun un o'i bryddestau gorau, 'Cyfrinach Duw', yw hiraeth parhaol dyn am yr ysbryd dwyfol, sanctaidd, a'r cariad tragwyddol.[137] Cofiwn mai pennawd un arall o'i bryddestau yw, 'Fy Ngwynfa Goll'. Meddai ar ddechrau'r pedwerydd pennill:

> Tragywydd fy ing am y wenfro nas cefais,
> Ac alltud digartref wyf byth hebddi hi ...[138]

A dyna hefyd thema ganolog awdl Yr Arwr. Gwrthwynebydd pob tywyllwch ac anwaredd-dra yw'r 'Arwr' hwn. Cynrychioli'r ddynoliaeth y mae 'Merch y Drycinoedd' hithau. Cynrychiolydd pob datblygiad, diwylliant a daioni. Yng nghanol dioddefaint y Rhyfel Byd Cyntaf, ei dyhead mawr hi, megis dyhead yr 'Arwr', yw gwasgar goleuni a gwarineb.

Y *Kalevala*

Y mae hiraeth dwfn dyn am baradwys, heddwch a chyfiawnder, am gariad a phrydferthwch, yn un o themâu mawr beirdd y byd ymhob oes. Fel un enghraifft, rhown sylw arbennig yn y fan hon i epig genedlaethol y Ffiniaid, sef y *Kalevala*.

Nid oes sôn bod Hedd Wyn yn gyfarwydd â'r miloedd o linellau o farddoniaeth gwerin Karelia a'r Gogledd Pell a gafodd y fath ddylanwad yn y Ffindir, a hynny ar yr union adeg pan oedd y bardd ifanc o Drawsfynydd wedi ymgolli'n llwyr mewn awen a chân. Pe bai wedi cael cyfle i ddarllen rhyw gymaint o'r cerddi llafar rhyfeddol hyn a dysgu am y modd y bu i werin bobl Karelia a'r cyffiniau eu canu a'u diogelu ar y cof o genhedlaeth i genhedlaeth am ganrifoedd lawer, byddai yntau'n sicr wedi bod yn fawr ei edmygedd o'r fath dreftadaeth gyfoethog.

Meddyg brwd a diwylliedig o'r enw Elias Lönnrot (1802-84), ac Athro Ffinneg yn y Brifysgol yn Helsinki, yn ddiweddarach, a fu'n fwy cyfrifol na neb am gofnodi'r farddoniaeth. Ef hefyd a luniodd o'r miloedd o linellau un gerdd faith gyfansawdd: y *Kalevala* a'i chyhoeddi yn 1835, gyda fersiwn estynedig yn 1849.

Y mae'r gerdd yn adrodd hen hen hanes trigolion y Gogledd Pell, gwlad y Kalevala, a sut y bu i arwyr y Gogledd, drwy hud a lledrith, grym y cledd, a chymorth shamaniaid y Byd Arall, lwyddo i drechu pwerau'r tywyllwch. Adroddir hanes teithiau peryglus, llawn anturiaethau, dros dir a môr; dathlu priodasau a defodau fyrdd; ymarfer swynion o bob math; a hela'r arth (anifail cysegredig a chenedlaethol y Ffiniaid). Yna, wedi trechu'r gelynion a

Y meddyg a'r athro prifysgol, Elias Lönnrot (1802-84), prif gofnodydd y miloedd o linellau barddoniaeth lafar yng ngwlad Karelia a'r Gogledd Pell, a lluniwr y gerdd faith gyfansawdd, y *Kalevala* (1835, 1849), epig genedlaethol y Ffindir.

Lluniau perthynol i'r *Kalevala*: Suomalaisen Kirjallisuuden Seura (SKS): Cymdeithas Lenyddiaeth y Ffindir.

Y *kantele*, offeryn cerdd traddodiadol y Ffindir hyd heddiw. Cyfeirir ato'n aml yn y *Kalevala*.

Llun: Cymdeithas Lenyddiaeth y Ffindir (SKS).

gwareiddio gwlad y Kalevala, y dathlu mawr mewn dawns a cherdd a chân. Yn y dathlu hwn, ac mewn rhannau eraill o'r gerdd, rhoddir lle o anrhydedd i'r *kantele*, offeryn cerdd traddodiadol y Ffindir hyd heddiw.

Bu cerddi a diwylliant y Kalevala (ac yn arbennig wedi cyhoeddi clasur Elias Lönnrot) yn ddylanwad mawr ar drigolion Y Ffindir ac ar y deffroad cenedlaethol yn y wlad honno. Dylanwadodd, er enghraifft, ar feirdd, llenorion, arlunwyr, cerflunwyr, crefftwyr, cynllunwyr dillad, cynhyrchwyr ffilmiau, penseiri, ac, wrth gwrs, cerddorion. Cyfansoddwyd ymhell dros 500 o weithiau cerddorol wedi'u hysbrydoli gan y Kalevala. Un o'r cerddorion enwocaf oedd Jean Sibelius (1865-1957), cyfansoddwr y gerdd symffonig, 'Finlandia' (1899, 1900).[139]

★ ★ ★ ★ ★

Fel ym marddoniaeth y Kalevala, roedd i gerddoriaeth le canolog yn y wynfa orfoleddus yr oedd beirdd rhamantaidd, megis Hedd Wyn, yn canu amdani. Meddai yn ail linell ei bryddest, 'Ceisio Gloywach Nen':

> Mae holl leisiau'r cread mawr erioed
> A'u su fel ffrydiau lleddfus pell,
> Yn llawn o fiwsig bröydd gwell,
> Y gwobrau aur, a'r perorol goed.[140]

Nid oes sôn, fel y cyfryw, am fiwsig yng ngherdd 'Y Gwahodd', ond y mae'r penillion bron bob un yn llawn cyfeiriadau sy'n cyfleu llawenydd a hyfrydwch y baradwys felys draw: 'rhosynnau a golau y tiroedd maith pell'; 'chwerthin ynysoedd sydd well'; 'bid lawen dy fron'; 'fel paladr haul yn y llyn'; 'haf brigfelyn'; 'llewych y wenfro ddisglair'; 'deialau serch'; 'offeiriaid serch'.

Yng ngherddi gwerin y Kalevala, mynych yw'r disgrifiadau byw o'r teithiau llawn cyffro a rhyfeddodau i'r tiroedd di-ffiniau yn y Gogledd Pell. Roedd llawer o'r teithiau hynny ar longau a chychod dros y môr ac ar lynnoedd, a daeth y cwch rhwyfo yn arwyddlun poblogaidd a oedd yn cael ei ddefnyddio gan gyhoeddwyr llyfrau a llên yn Y Ffindir yn ymwneud â'r Kalevala.

Yn ei gerdd 'Y Gwahodd', y mae Hedd Wyn yntau yn nodi mai 'dros y tonnau', medd y llais, y mae'r 'wenfro ddisglair'. Cyfeiria at long, ac meddai yn y pedwerydd pennill: 'Cyfod dy hwyliau ... cei forio'. Yn ei bryddestau hefyd ceir sôn am y daith hir, a dyrys ar dro, sy'n rhan anorfod o'i ymchwil am yr Oes Aur. Droeon cyfeiria at 'hwylio' a 'rhwyfo'. Meddai, er enghraifft, ym mhennill cyntaf 'Fy Ngwynfa Goll':

> A'm henaid yn rhwyfo yng ngobaith dibryder ...
> Tros wendonnau'r moroedd a'r meithder mawr.[141]

Ym mhennill olaf rhan gyntaf y gerdd, canodd fel hyn:

> A rhwyfaf yn nylif y gwyntoedd soniarus
> Am dir y fioled, yr oren a'r lotus.[142]

Cyfeiriwyd eisoes yn y gyfrol hon (pennod 6) at dystiolaeth y Parchg J Dyer Richards yn nodi enwau rhai o'r beirdd Saesneg yr oedd Hedd Wyn yn hoff o'u barddoniaeth. Yn eu plith: (Percy Bysshe) Shelley (1792–1822).

Y cwch rhwyfo bychan: arwyddlun poblogaidd llên y *Kalevala*.
Llun: Cymdeithas Lenyddiaeth y Ffindir (SKS).

'Y Ferch o Tuoni', gan Vertti Teräsvuori, o'i arddangosfa o weithiau celf wedi'u hysbrydoli gan y *Kalevala*.
Llun: Cymdeithas Lenyddiaeth y Ffindir (SKS).

Yn ei bennod gynhwysfawr a gwerthfawr iawn ar 'Yr Arwr', yn *Gwae Fi Fy Myw*, dangosodd Alan Llwyd yntau mor fawr y bu dylanwad Shelley ar yr awdl hon.

Rhaid nodi hefyd mor drwm oedd dylanwad chwedloniaeth Groeg ar y ddau fardd, Shelley a Hedd Wyn, fel ei gilydd. Cofiwn, er enghraifft, am gerdd Shelley, 'Prometheus Unbound'. Droeon yn ei farddoniaeth cyfeiriodd Hedd Wyn yntau at yr arwr Groegaidd hwn. Prometheus: hyrwyddwr goleuni a gwarineb. Yn ei gerdd, 'Myfi Yw', y mae'n uniaethu Prometheus â Christ ei hun, ac nid yw'n anodd deall paham. Onid dymuniad mawr Mab y Saer o Nasareth ydoedd: 'Deled dy deyrnas'? Teyrnas nefoedd ar y ddaear. Teyrnas cyfiawnder a thangnefedd. Dyma un dyfyniad o'r gerdd 'Myfi Yw' gan Hedd Wyn (ail bennill y chweched adran):

> Dyma Brometheus ofnadwy rhyw chwyldro,
> Arweinydd crwsâd y goleuni gwell.[143]

Ac meddai eto ym mhennill olaf ond un awdl 'Yr Arwr':

> Er maith sen, Prometheus wyf,
> Awdur pob deffro ydwyf;
> A'r oes well wrth wawrio sydd
> Ar dân o'm bri dihenydd.[144]

Yn rhan olaf yr awdl hon caiff yr Arwr a Merch y Drycinoedd eu cludo ar 'long o gwrel' a'i 'sidanog hwyliau' i:

> Ryw bau, liw tonnau tes,
> A swyn haf glas ei nefoedd
> Dros ei thir fel dryswaith oedd.[145]

Yng ngherdd Shelley, 'The Revolt of Islam', caiff y bardd dienw yntau ei gludo'n dyner i fro hud a lledrith gan wraig hardd. Yn chwedloniaeth Groeg, ac yn y frwydr fawr rhwng drygioni a daioni, y mae'r wraig hon yn cynrychioli pob rhinwedd a phrydferthwch.

Fe gofiwn ninnau hefyd am y Brenin Arthur yn chwedloniaeth y Celtiaid sy'n cael ei gludo ar long yng nghwmni tair morwyn deg i Ynys Afallon i wella o'i glwyfau. Dyma'r ynys a ddisgrifiwyd gan T Gwynn Jones yn ei awdl 'Ymadawiad Arthur', fel 'Sanctaidd Ynys Ienctyd'.[146] Ond yn y fan hon y mae'n werth cofio hefyd am ddisgrifiad Hedd Wyn o'r ynys hudolus hon. Fe'i gwelir mewn llythyr y dyfynnir ohono yn erthygl William Morris ar y bardd, Ionawr 1918.[147] Llythyr ydyw at 'gyfaill oedd wedi'i glwyfo yn Ffrainc'.

> 'Wyddost ti beth, mae clywed sôn am filwyr clwyfedig yn gwneud i mi
> feddwl bob amser am Arthur chwedloniaeth y Cymry. Wedi bod ohono
> mewn llawer brwydr, o'r diwedd fe'i cludir tan ei glwyf i Ynys Afallon,
> – ynys ddi-nos yr haf anfarwol. Cofia mai nid chwedl mo Ynys Afallon.
> Ynys ym myd y galon ydyw hi, ac nid oes dim ond clwyf a dioddef yn
> gallu agor ei phyrth. Mae'r Ynys honno ynghalon dy deulu, ynghalon dy
> wlad, a thithau ynddi yn anwylach nac erioed.'

Roedd Hedd Wyn, mae'n fwy na thebyg, yn gyfarwydd iawn â barddoniaeth yr Arglwydd Alfred Tennyson (1809-92) a'i gerdd 'Morte d'Arthur' sy'n disgrifio Arthur yn cael ei gludo 'To the island-valley of Avilon'. Roedd yn gyfarwydd iawn hefyd, wrth gwrs, â cherdd T Gwynn Jones, 'Ymadawiad Arthur'. Yn wir, roedd ei edmygedd o'r awdl odidog hon y tu hwnt i eiriau. Cofiwn ei diweddglo. Er i Bedwyr ddymuno cael mynd gydag Arthur, 'y cadarn Wledig', ei arwr, i'r ynys draw dros y lli, 'Na', medd un o'r 'glân rianedd', 'Arthur byth ni syrth i'r bedd'. Nid dyma'r diwedd. Yna mae Bedwyr yn clywed llais Arthur ei hun:

> ' ... Bydd ddewr a glân,
> Baidd ddioddef, bydd ddiddan!
> Mi weithion i hinon ha'
> Afallon af i wella ...'

Rhyw ddydd y mae'n addo dychwelyd, a bryd hynny, meddai:

> '... dygaf eilwaith,
> Glod yn ôl i'n gwlad a'n iaith.'

Ond hyd nes y daw'r dydd hwnnw, y mae gwaith i'w gyflawni. Tasgau i'w cwblhau. Ac y mae angen gweithwyr. Er cymaint y galar o golli ei Arglwydd, gwrandawodd Bedwyr ar lais Arthur, gan ufuddhau i'w alwad. Mynegwyd ymateb y marchog ffyddlon a dewr gan y bardd, T Gwynn Jones, yn un o gwpledi mawr y Gymraeg, a'i neges yr un mor bwysig i ni heddiw ag erioed.

> 'Bedwyr yn drist a distaw
> At y drin aeth eto draw.'[148]

★ ★ ★ ★ ★

A dyma ninnau'n cyfeirio eto at gerdd Hedd Wyn, 'Y Gwahodd', ac yn cofio am y llais sy'n gwahodd y bardd i hwylio 'dros y tonnau' i fro hardd y 'rhosynnau' a'r 'golau', nes cyrraedd yr 'ynysoedd sydd well' a'r 'wenfro ddisglair'. Clywodd Bedwyr lais cyffelyb, ond dychwelyd a wnaeth ef yn ôl i'r 'drin'; yn ôl at ei briod waith. Ond ni ddywedir yng ngherdd Hedd Wyn, 'Y Gwahodd', a fu i'r bardd ymateb i wahoddiad y llais, ai peidio. Gallai'n rhwydd fod wedi ychwanegu pennill neu ddau a rhoi gwybod inni ganlyniad y gwahoddiad. Ond ni wnaeth.

Teg yw i ninnau ofyn, felly: ai yn fwriadol yr ymataliodd? Drwy beidio â rhoi ateb pendant, a oes yna awgrym bod y bardd yn rhannu'r gwahoddiad â ni'r darllenwyr? Ninnau wedyn yn cael cyfle i benderfynu drosom ein hunain – pob un yn ôl ei gydwybod a'i ddeall ei hun. Yn hytrach na chael ein denu i ryw fro wen, ledrithiol, bell, derbyn gwahoddiad i ymroi o'r newydd, dyblu a threblu diwydrwydd, i hyrwyddo'r oes aur yn ein bröydd ein hunain, nid yfory, nid drennydd, nid dradwy, ond heddiw.

Onid dyna a gyflawnodd arwyr gwlad y Kalevala? Rhyfeddol a thra pheryglus oedd y daith. Ie, ond yr oedd eu nod derfynol yn rhoi iddynt nerth ac ysbrydoliaeth: adfer yr oes aur yn y Gogledd Pell; gwasgar goleuni lle roedd tywyllwch; gorseddu gwarineb lle gynt yr oedd anwarineb.

Ac onid yr un oedd nod y bardd ifanc o Drawsfynydd? Oni ddywedodd, fel y cyfeiriwyd eisoes: 'Prometheus wyf' ac 'awdur pob deffro ydwyf'? Ac onid ef a ddywedodd hefyd am Ynys Afallon mai ynys 'ym myd y galon ydyw hi'? Ai teg awgrymu felly: tybed ai canu fel y gwnaeth cymaint o feirdd rhamantaidd ei oes y mae Hedd Wyn wrth sôn mewn iaith ac arddull haniaethol, ramantus, am hwylio draw 'dros y tonnau' i ryw 'wenfro ddisglair'? Ai chwiw y funud awr ydoedd? A gofyn hyn hefyd. Drwy wasanaethu pobl ei fro ei hun a chylchoedd ehangach fel bardd; drwy arwain a diddanu mewn eisteddfod a chyngerdd; drwy gyd-ddathlu a chyd-alaru mewn awen a chân; drwy fynegi hiraeth cydnabod a chyfeillion am y gwŷr ifanc hardd a fu farw mewn rhyfel – drwy'r cyfan hyn oll, onid oedd yn gwireddu'r union ddyhead yr oedd yn ei fynegi mor aml yn ei gerddi eisteddfodol?

Ai teg awgrymu hefyd, felly, nad oedd raid i Hedd Wyn ddianc – yn llythrennol nac yn feddyliol – i ryw ynys, neu fro, bell, hudolus, ym myd y dychymyg. Yn ystod ei oes fer gwnaeth gyfraniad eithriadol o werthfawr i hyrwyddo'r union oes aur y soniai amdani fel bardd rhamantaidd.

A dyna'r drasiedi fawr pan fu farw Ellis Humphrey Evans, mab Yr Ysgwrn. A marw mor ddianghenraid. Gwallgofrwydd rhyfel yn rhoi terfyn ar fywyd person ifanc oedd beunydd-beunos yn rhoi bri ar lên a chân; diwylliant a chelfyddyd; prydferthwch a heddwch.

Ond yng nghanol ein galar, y mae inni hefyd destun diolch. Diolch am i Hedd Wyn, er mor fyr fu ei oes, adael ar ei ôl etifeddiaeth deg. A'r etifeddiaeth honno yn parhau i ysbrydoli pawb heddiw sy'n dewis darllen ei gerddi, a chofio yn annwyl a diffuant iawn amdano.

13

'Ar ei Ôl Mae Hir Alar':
Cerddi i Gofio Hedd Wyn

Robert John Davies, 'Barlwydon', piau'r geiriau sy'n brif bennawd y bennod hon. Y maent yn ddisgrifiad teg iawn o'r galar mawr a deimlwyd drwy Gymru wedi marw Hedd Wyn, ond yn unman yn fwy nag ymhlith aelodau ei deulu hoff a'i gyfeillion lu yn Nhrawsfynydd a'r fro. Wedi'i fuddugoliaeth yn Eisteddfod Penbedw daeth 'Bardd y Gadair Ddu', megis mewn un diwrnod, yn eiddo i'r genedl gyfan. Troes y mab fferm dawnus, y gŵr ifanc cyffredin, anghyffredin, y cyfeiriwyd mor aml ato (yn rhy aml, o bosibl) fel y 'bardd o fugail', yn arwr cenedlaethol. Ef oedd yr 'arwr'; ef oedd 'Merch y Drycinoedd' a ddisgrifiwyd ganddo ef ei hun yn yr awdl y bu cymaint o drafod arni wedi hynny.

Y mae'r mynegiant dwys o alar a hiraeth i'w deimlo'n arbennig yn yr ugeiniau o lythyrau a anfonwyd at deulu'r Ysgwrn a chydnabod. Yr un modd, yn atgofion personol cyfeillion agos. Dyfynnwyd eisoes eiriau Mary Puw Rowlands, a oedd ddeuddeng mlynedd yn iau nag Ellis, Yr Ysgwrn:

> 'Tristwch mawr i'r ardal oedd clywed am farw anamserol Hedd Wyn, a chofiaf i mi grïo am oriau yn fy ngwely y noson honno.'[1]

A dyma eiriau Morris Davies, 'Moi Plas', ei gymydog a'i gyfaill mynwesol o Fferm Plas Capten, Trawsfynydd:

> '... Ym Mhalesteina yr oeddwn i pan glywais fod Elsyn wedi'i ladd yn

Ffrainc. Mi ddois i adre'n saff o'r rhyfel, ond doedd Traws ddim yr un lle heb Elsyn.'[2]

Bu'r beirdd hwythau, afraid dweud, yn amlwg iawn eu teyrngedau. Cyhoeddwyd ugeiniau lawer o gerddi coffa iddo, ac yn y bennod hon y bwriad yw cyflwyno detholiad byr ohonynt. Yn enwedig o'u cymharu â'r gyfres odidog o englynion R Williams Parry, digon cyffredin yw rhai o'r cerddi coffa, er bod eithriadau lawer. Y mae nifer ohonynt hefyd yn rhoi inni ddarlun delfrydol iawn o'r bardd. Ond rhwydd yw nodi gwendidau. Dyna duedd beirdd erioed, yn arbennig adeg rhyfel, wrth goffáu y bechgyn hoff a laddwyd ym meysydd y medi mawr: gor-ddelfrydu. Cofiwn, er enghraifft, fel y gwnaed hynny gyda beirdd Saesneg, megis Rupert (Chawner) Brooke (1887–1915), a aned saith mis wedi geni Hedd Wyn. Beth bynnag a ddywedwn am natur ac ansawdd y cerddi coffa i'r bardd o Drawsfynydd, y mae un peth yn amlwg. Y mae'r ymdeimlad ynddynt o'r golled fawr a'r hiraeth yn ddwys a diffuant iawn. 'Ar ei ôl mae hir alar …'[3]

★ ★ ★ ★ ★

I

Y bardd trwm dan bridd tramor, – y dwylaw
    Na ddidolir rhagor;
    Y llygaid dwys dan ddwys ddôr,
    Y llygaid na all agor!

Wedi'i fyw y mae dy fywyd, – dy rawd
    Wedi ei rhedeg hefyd;
    Daeth awr i fynd i'th weryd,
    A daeth i ben deithio byd.

Tyner yw'r lleuad heno – tros fawnog
    Trawsfynydd yn dringo;
    Tithau'n drist a than dy ro,
    Ger y ffos ddu'n gorffwyso.

Trawsfynydd! Tros ei feini – trafaeliaist
    Ar foelydd Eryri;
  Troedio wnest ei rhedyn hi,
  Hunaist ymhell ohoni.

II

Ha frodyr! dan hyfrydwch – llawer lloer,
    Y llanc nac anghofiwch;
  Canys mwy trist na thristwch
  Fu rhoddi'r llesg fardd i'r llwch.

Garw a gwael fu gyrru o'i gell – un addfwyn,
    Ac o noddfa'i lyfrgell;
  Garw fu rhoi 'i bridd i'r briddell,
  Mwyaf garw oedd marw ymhell.

Gadael gwaith a gadael gwŷdd, – gadael ffridd,
    Gadael ffrwd y mynydd;
  Gadael dôl a gadael dydd,
  A gadael gwyrddion goedydd.

Gadair unig ei drig draw! – Ei dwyfraich,
    Fel pe'n difrif wrandaw,
  Heddiw estyn yn ddistaw
  Mewn hedd hir am un ni ddaw.

R Williams Parry

★ ★ ★ ★ ★

Wedi i Dyfed, yr Archdderwydd, ddatgan y newyddion trist wrth y dorf fawr yn Eisteddfod y Gadair Ddu y prynhawn Iau hwnnw, 6 Medi 1917, nid oedd prinder beirdd i gyflwyno eu cerddi er cof am y bardd buddugol:

Eisteddfod Penbedw, prynhawn Iau, 6 Medi 1917.David Lloyd George yn annerch cyn defod y cadeirio. Ar y chwith iddo: ei briod, Margaret. Agosaf ati hi: James Merritt, Maer Birkenhead. Ar y dde i Lloyd George: yr Arglwydd Leverhulme. Yn ei ymyl ef: Megan Lloyd George.
Llun: Barddas (*Gwae Fi Fy Myw*).

Bryfdir, Cadfan, Crwys, Dewi Emrys, Dyfed, Elfed, Madryn, Penar, Silyn. Bu'r Parchg R Silyn Roberts yn gyfaill cefnogol iawn i Hedd Wyn a theulu'r Ysgwrn. Cyflwynodd bedwar englyn yn Eisteddfod Penbedw. Yn llinell olaf y pedwerydd englyn y mae'n dyfynnu llinell a ddefnyddiwyd gan Hedd Wyn ei hun yn ei awdl i'r 'Arwr': 'Mae gwaed yr Armagedon'. Dyma'r cyntaf a'r pedwerydd o'r englynion:

> Ystryw galanastr gelynion – gwympodd
> Brif gampwr y ceinion;
> Dan y llaid mae'r llygaid llon,
> A marw yw prydydd Meirion. ...

Drwy ystryw ar dir estron – i orwedd
Rhoed ein 'Harwr' ffyddlon,
Ac ar ei friw wlatgar fron
'Mae gwaed yr Armagedon'.[4]

Silyn

★ ★ ★ ★ ★

Dyma englyn Dewi Emrys:

Ymhell o'i frodir dirion, – yn ei waed
Mae nerth gwlad ei galon;
Ac ar ei briw ceir i'w bron
Haul o garol ei gwron.[5]

Dewi Emrys

★ ★ ★ ★ ★

A dyma yn awr gyfarchiad barddol Dyfed, yr Archdderwydd. Ef oedd y bardd cyntaf i annerch. Yn ôl William Morris yn ei gyfrol *Hedd Wyn*, y penillion teimladwy hyn a apeliodd fwyaf at y gynulleidfa:

I gylch yr Eisteddfod o gynnwrf y byd,
I gwrdd â'r awenydd daeth cenedl ynghyd;
Fe ganwyd yr utgorn a threfnwyd y cledd,
Ond gwag ydyw'r Gadair a'r Bardd yn ei fedd.

Anfonodd ei 'Arwr' i brifwyl ei wlad,
A syrthiodd yn arwr ei hun yn y gad;
Oferedd yn awr yw bloeddiadau o hedd,
Mae'r awen yn weddw a'r Bardd yn ei fedd.

Y Gadair Ddu.
Llun o gyfrol William Morris, *Hedd Wyn*, 1969.

Hedd Wyn oedd ei enw a gwynnu y bu,
Does dim ar ei ôl ond ei Gadair yn ddu;
Diwenwyn ei galon, digwmwl ei wedd,
Ond byw yw ei gân os yw'r Bardd yn ei fedd.

Bugeiliodd ei ddefaid heb rodres na ffug,
Yn feudwy'r encilion yng nghanol y grug;
Fe groesodd y culfor â'i law ar ei gledd,
Mae'r praidd ar y mynydd a'r Bardd yn ei fedd.

O brudded y newydd! O lymed y saeth
I'w geraint, o fwa'r dialydd a ddaeth!
Y delyn a ddrylliwyd ar ganol y wledd,
Mae'r ŵyl yn ei dagrau a'r Bardd yn ei fedd.[6]

Dyfed

★ ★ ★ ★ ★

Nid oedd Eifion Wyn yn un o'r beirdd a fu'n cyfarch yn Eisteddfod y Gadair
Ddu, ond mor fuan â'r pumed ar hugain o Awst y flwyddyn honno roedd
wedi cyfansoddi cyfres o englynion i'w cyflwyno i J D Davies, Golygydd *Y
Rhedegydd*.

O dangnef dy dref, i'r drin – y'th yrrwyd,
   O'th erwau cynefin –
  Yr hen odre anhydrin,
  A'r tir hoff a gerit drin.

Aed â thi, ar dw'th awen, – i dwrf gwyllt
   Eirf y gad anorffen;
  A rhad hen gantre'r Eden,
  A rhad y beirdd ar dy ben.

Aed â thi drwy waed a thân – i farwol
Ferw y gyflafan;
A'th fro yn cofio'r cyfan –
Hud dy gelf, a nwyd dy gân.

Erom, bu drwm y taro – a'r hirnych
Yn yr ornest honno;
A'th wyneb dithau yno,
A'th ddewr waed ar y poeth ro!

Heddiw prudd yw y preiddiau – a'r hendy
Ar randir dy dadau;
Âi'r trallod, fel cysgod cau
Creulonedd, trwy'r corlannau.

A siom einioes mwy inni – ydyw fod
Dy fin wedi oeri;
A'th awen wedi'i thewi
Ym mraw brwydr, ym more'i bri.

Hun o'r twrf, dan ddefni'r tân, – wedi drud
Glod y drom gyflafan;
Mae dy fro'n cofio'r cyfan –
Rhedli'th gur a diliau'th gân.[7]

Eifion Wyn

★ ★ ★ ★ ★

Nos Iau, 13 Medi 1917, cafwyd Cyfarfod Coffa cofiadwy iawn i Hedd Wyn yn Neuadd Trawsfynydd, gyda'r Parchg J Dyer Richards yn cadeirio. Roedd rhieni'r bardd yn bresennol, a'r Gadair Ddu ar y llwyfan. Cyflwynwyd nifer fawr o gyfarchion gan y beirdd y noson honno. Yn eu plith, cerdd gan Rolant Wyn oedd wedi trefnu i ddod â'r Gadair o Benbedw i Drawsfynydd mewn pryd ar gyfer y cyfarfod. Dyma ddetholiad o'i gerdd:

Y Duw digyfnewid, pa fodd y bu hyn?
Pam torrwyd addewid mor fawr â Hedd Wyn?

Mor annwyl yw'r enw, Hedd Wyn oedd efe,
A gwarth oedd ei alw erioed i'r fath le.

O, ddyfned yw clwyfau efryddion y gad;
Dychwelant yn ddarnau yn ôl i'r Hen Wlad.

Ond nid wedi'i glwyfo yn drwm mae Hedd Wyn,
Y Duw mawr faddeuo i'r gelyn am hyn.

Mae lluoedd yng Nghymru, pe Nefoedd a'i myn,
Fai'n falch o groesawu rhyw ddarn o Hedd Wyn ...

Hen fro fy magwyrydd, mor lleddf yw dy gainc
Ar feddrod dy brydydd 'Rywle yn Ffrainc':

A thrist dy leferydd na fynasai'r Nef
Roi daear Trawsfynydd tros ei wyneb ef ...[8]

Rolant Wyn

★ ★ ★ ★ ★

Un o gerddi gorau'r noson oedd englyn toddaid Robert John Davies, 'Barlwydon' (1853-1930). Brodor o ardal y Waun, ger Y Bala, ac awdur *Caniadau Barlwydon* (1896). (Barlwyd yw enw'r afon sy'n llifo drwy ran o Blwyf Blaenau Ffestiniog.)

Hawdd cwyno wrth fedd cynnar – agorwyd
    I ddyngarwr hawddgar;
    Ar ei ôl bydd hir alar – a gofid,
    O roi addewid mor fawr i'r ddaear.[9]

Barlwydon

'Ar ei Ôl Mae Hir Alar': Cerddi i Gofio Hedd Wyn

★ ★ ★ ★ ★

Dyma un englyn o'r gyfres o englynion a luniwyd i Hedd Wyn gan ei gyfaill Lewis Jones, 'Glan Edog':

> Os yn gynnar bu farw, – ei delyn
> A'i dalent oedd loyw;
> Hedd y Nef fo iddyn nhw,
> A Hedd Wyn oedd ei enw.[10]

Glan Edog

★ ★ ★ ★ ★

Cyfaill arbennig i'r bardd oedd J D Davies, Golygydd *Y Rhedegydd*. Y mae ganddo ddelwedd gofiadwy ym mhaladr un o'r un ar ddeg o englynion a gyflwynwyd iddo:

> Cannwyd ei ddeall cynnar – â llewych
> Cannwyll awen lachar ...

A dyma englyn arall o'r gyfres:

> Ni bydd cân a bedd cynnar, – na mawredd
> A meirwon yn gydmar;
> Un enw byth ni wna bâr
> O Hedd Wyn a'r hen ddaear.[11]

J D Davies

★ ★ ★ ★ ★

Cynhaliwyd cyngerdd coffa i Hedd Wyn, 6 Rhagfyr 1917, ym Mlaenau Ffestiniog. Roedd J Kelt Edwards wedi paratoi darlun mewn olew: 'Hiraeth Cymru am Hedd Wyn', ac mewn pryd erbyn y cyngerdd hwn gwnaeth

Cwmni Hugh Evans a'i Feibion, Gwasg y Brython, Lerpwl, gof-gerdyn o'r darlun nodedig. Bu'n boblogaidd iawn, ac fe'i gwerthwyd i godi arian er mwyn paratoi cofeb barhaol i'r bardd. Dyma'r englyn a luniwyd i'r darlun. Yr awdur yw Eifion Wyn.

> Wedi'i weled, rhaid wylo, – dirioned
>   Yw'r wyneb sydd arno;
>   Y fun wen uwch ei faen o,
>   A gwedd drist y gwŷdd drosto.[12]

Eifion Wyn

★ ★ ★ ★ ★

Wedi'r ffrwd o gerddi coffa a gyfansoddwyd yn ystod y flwyddyn y bu farw Hedd Wyn, parhawyd i ganu cerddi yn cofio amdano yn achlysurol drwy gydol yr ugeinfed ganrif. Detholiad o'r cerddi hyn sy'n dilyn. Dyma englyn gan fardd o Nant-y-moch, ger Ponterwyd, a gyhoeddwyd yn *Y Geninen*, Ionawr 1918.

> Os daeth angau ar draws dydd – ei nod draw,
>   Ni ddaw tranc i'w glodydd;
>   Hoenaf fab! Ei enw fydd
>   Tra saif enw Trawsfynydd.[13]

J D James

★ ★ ★ ★ ★

> I ganol gwaedlyd gynnwr' – Hedd wylaidd
>   A alwyd yn filwr;
>   A gwarth amlwg oedd galw gŵr
>   O brydydd i waith bradwr.

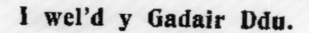

I wel'd y Gadair Ddu.

CYNHELIR

Cyngherdd Coffa
HEDD WYN,
yn

Neuadd Gynnull, Bl. Ffestiniog,
Nos Iau, Rhagfyr 6ed, 1917

Cadeirydd—Parch JOHN HUGHES, Jerusalem
Arweinydd—BRYFDIR.

Cymerir rhan mewn Canu ac
Adrodd gan

Miss ANNIE DAVIES, Penrhyn ;

AC ENWOGION ERAILL.

Drysau yn agored am 630, i ddechreu am 7.

Aiff yr elw at Gofeb y Bardd yn Nhrawsfynydd

TOCYN, 8c.

Poster i gyhoeddi Cyngerdd Coffa Hedd Wyn ym Mlaenau Ffestiniog, 6 Rhagfyr 1917.
O gasgliad Yr Ysgwrn (APCE).

Llythyr J Kelt Edwards, Tanygrisiau, yr arlunydd, at Evan Evans, Yr Ysgwrn, 9 Medi 1917, yn cynnig gwneud darlun i gofio Hedd Wyn.

O gasgliad Yr Ysgwrn (APCE).

Darlun J Kelt Edwards: 'Hiraeth Cymru am Hedd Wyn', Rhagfyr 1917. Cyhoeddwyd fel cof-gerdyn gan Gwmni Hugh Evans a'i Feibion, Gwasg y Brython, Lerpwl.

Yn Ffrainc dlos ceidw noswyl, – yn drwm ei hun
    Draw ymhell o'i breswyl;
I'w gadair wag wedi'r ŵyl
Ni ddihuna Hedd annwyl.

Mae'i awen glodfawr mwyach – yn y glyn
    Tan glo, heb gyfeillach;
Hedd annwyl a fydd wynnach –
A mawr fydd yng Nghymru fach.[14]

John Jones, 'Ioan Brothen'

★ ★ ★ ★ ★

Yn nesaf, detholiad o gerdd gweinidog Hedd Wyn, y Parchg John Dyer
Richards. Yn llinell olaf yr ail bennill disgrifia leferydd y bardd – ei sgwrs
a'i siarad – gyda'r ansoddair 'arab'. Gall olygu 'hyfryd' a 'mwyn', ond hefyd
'llawen' a 'bywiog'.

... Tyrd am dro i lannau'r Brysor,
    Tyrd i sŵn y ffrydlif rydd,
Pan fo'r deryn du'n telori
    Yng ngallt Yr Ysgwrn gyda'r dydd;
Pan fo cawod fêl y mynydd –
    Mêl y grug yn dod i lawr –
Lle bu'r Bardd yn llenwi'i gostrel
    Hyd yr ymyl, lawer awr. ...

Tyrd am dro i lannau'r Brysor,
    Pan fo'r ŵyn yn gwisgo'r ddôl;
Gyda'r hwyr fe'u gweli'n huno
    Fel babanod yn ei chôl;
Mae'r Bugeilfardd mwyn a alwai
    Breiddiau'r Ysgwrn tua thref?
Chlyw mo afon loyw'i draserch
    Mwy ei lafar arab ef.[15]

J Dyer Richards

Eisteddfod Gadeiriol, Trawsfynydd,

AWST 27, 1921.

CERDD ALAR

AM

HEDD WYN,

GAN

Y DELYN FRWYN.

Beirniad :—DYFNALLT.

Y Bryddest Fuddugol,

Pris 6ch.

DOLGELLAU :

ARGRAFFWYD GAN EDWARD WILLIAMS, VICTORIA PRINTING OFFICE,

1921.

Clawr llyfryn *Cerdd Alar am Hedd Wyn*, gan 'Y Delyn Frwyn'.
O gasgliad Yr Ysgwrn (APCE).

★ ★ ★ ★ ★

 Teitl cerdd ei gyfaill, J W Jones, Tanygrisiau, yw: 'Er Cof Annwyl am Hedd Wyn'. Dyma un pennill:

> Fe garai fynyddau Trawsfynydd i gyd,
> Bugeiliai ei braidd hyd eu llethrau o hyd;
> Yr awen gâi'n gwmni wrth fyned i'w hynt,
> A charai yn felys 'organau y gwynt'.[16]

J W Jones

★ ★ ★ ★ ★

Lluniodd Evan Williams, 'Glyn Myfyr', brodor o Lanfihangel Glyn Myfyr, gerdd faith i gofio Hedd Wyn. Dyma un pennill sy'n cyfeirio at 'Ferch y Drycinoedd' ac, yn anuniongyrchol, at awdl 'Yr Arwr'.

> Mae 'Merch y Drycinoedd', fel plentyn ymddifad,
> Yn crwydro'n yr anial hyd lwybrau di-ros,
> Yn holi'r awelon am dynged ei chariad,
> Ond holi'n ddiateb wawr, nawnddydd a nos. ...[17]

Glyn Myfyr

★ ★ ★ ★ ★

Yn Eisteddfod Genedlaethol Cymru, Abertawe, 1926, gosodwyd cystadleuaeth 'Darn i'w Adrodd'. Y testun oedd: 'Cadair Ddu Birkenhead', a'r ddau feirniad oedd T Gwynn Jones a Chrwys. Enillwyd y gystadleuaeth hon gan T Cennech Davies, 'Cennech' (1875-1944). Bu'r gerdd fuddugol yn boblogaidd iawn, a chafwyd llawer o adrodd arni yn eisteddfodau Cymru. Cyfeiriwyd ym mhennod 10 y gyfrol bresennol ('Atgofion Simon Jones ...') at y bererindod a gafwyd yn 1934 i weld bedd Hedd Wyn a milwyr eraill o Gymru a gladdwyd ym Mynwent y Magnelau – Artillery Wood. Roedd nifer o gynrychiolwyr yr Eisteddfod a'r Orsedd yn bresennol ar y bererindod gofiadwy hon. Cafwyd anerchiadau gan Cynan a Chaerwyn, a chanwyd englynion coffa R Williams Parry gan Llinos Llyfnwy. Cafwyd hefyd adroddiad, sef cerdd Cennech.[18] Dyma ddau bennill:

> Deunaw mil o Eisteddfodwyr
>   Yn y Babell fawr, ar dân;
> Ac yn claddu dig athrodwyr
>   Unwaith eto 'môr eu cân.
> Yntau'r Bardd â'i waed diniwed
>   Yn y pridd, yn naear Ffrainc;
> Melltith a fo ar y giwed
>   A roes derfyn ar ei gainc.
>
> A chlyw! Fe ddaw dydd goleuach,
>   Daw eto addfwynach llu,
> Cawn fyw i weld y Prifardd
>   Yn esgyn i'w Gadair Ddu;
> I ganu am serch a bywyd,
>   A defaid ac ŵyn a grug,
> Gan ddysgu cenhedlaeth newydd
>   Fod rhyfel i gyd yn ffug.[19]

Cennech

★ ★ ★ ★ ★

Dyma'r ddau englyn cyntaf mewn cyfres o englynion a ganodd William Morris i'w gyfaill bore oes:

> Trengodd ar lawnt yr angau – a dloda
>   Aelwydydd o'u blodau:
>   Bedd milwr i'r gŵr fu'n gwau
>   Nwyd ei enaid i'w donau.

> Ar delyn aur dialwyd, – enwog rym
> Awen gref a loriwyd;
> Yn nerth ei hanorthrech nwyd
> Hi a'i dyri a dorrwyd.[20]

William Morris

★ ★ ★ ★ ★

Prin iawn oedd nifer y gwragedd oedd yn prydyddu yn Nhrawsfynydd a'r fro o'i gymharu â nifer y gwŷr. Un o'r eithriadau oedd Anne Williams, 'Edena' (1865-1934). Yn un o'i gasgliadau gwerthfawr yn y Llyfrgell Genedlaethol, 'Diliau fy Mro, sef gweithiau rhai o feirdd Trawsfynydd ...' (1957, Llsg. LlGC 17912 C), y mae Morris Davies, 'Moi Plas', wedi cofnodi nifer o'i cherddi. Dyma un ohonynt: 'Cyfarchiad i Blant Trawsfynydd', a hithau'n cyfeirio'n gynnil yn y pennill cyntaf at Hedd Wyn.

> Pwy a'ch cyfarch, blant Trawsfynydd,
> Pan mae telyn bêr eich Prydydd,
> Heddyw yn fud yn nhir yr estron
> Brynodd gyda gwaed ei galon?

> Wnewch chwi dderbyn, blant Trawsfynydd,
> Annerch fer gan law anghelfydd,
> Un â chalon all eich cofio,
> Ond heb swyn y delyn honno?

> Er eich gwasgar, blant Trawsfynydd,
> Ymhell o gôl eich hen aelwydydd,
> Y mae mwg yr hen allorau
> Eto'n dilyn ôl eich camrau.

Nesu eto mae'r Nadolig
Gyda'i chennad 'hedd' arbennig;
O, na ddeuai heibio'r heldrin,
Gyda 'heddwch' yn ei chylfin.

Cwynfan am eich cwmni dyddan
Wna yr awel wrthi ei hunan;
Adsain hiraeth mae ein moelydd,
Brysiwch adref, blant Trawsfynydd.

Cofio a wnawn â chalon ysig
Aml i fedd mewn bro bellennig;
Boed i engyl wylio beunydd
Feddau annwyl plant Trawsfynydd.[21]

Edena

Anne Williams, 'Edena'
(1865-1934), awdur
'Cyfarchiad i Blant
Trawsfynydd'.

Llun: Llyfrgell Genedlaethol Cymru:
Llsg 17912 C. Casgliad Morris Davies,
'Moi Plas'.

★ ★ ★ ★ ★

Bu Evan Evans, tad Hedd Wyn, farw 20 Mai 1942, a'i fam, Mary Evans, 2 Ionawr 1950. Claddwyd y ddau yn yr un bedd ym mynwent Pen-y-cefn, Trawsfynydd. Fel hyn y canodd William Morris i gofio'r ddau.

> Medi'r ystorm drist o hyd – i'r ddau oedd
> Rhoi Hedd Wyn mewn gweryd;
> Rhyfedd eu cysur hefyd
> O eni bardd i boen byd.[22]

William Morris

★ ★ ★ ★ ★

Bardd bro diwylliedig oedd Morris Jones, 'Morus Cyfannedd', Y Friog, Meirionnydd. Awdur hefyd *Dros Gors a Gwaun* (1969), a *Morus Cyfannedd, y Friog* (1978), y nawfed gyfrol yng nghyfres Beirdd Bro. Yr oedd yn briod â Kate (Cati), un o chwiorydd Hedd Wyn. Priodwyd hwy yn 1923, a dyma'i gerdd i'r brawd yng nghyfraith na chafodd erioed y fraint o'i adnabod.

> Di, fugail, ar lethrau Cwm Prysor,
> Parnasws fonheddig Hedd Wyn,
> Ymafla'n dynn yn y trysor
> Nad oes foethusrwydd a'i pryn.
>
> Dristed i henwr ymrwyfus
> Yn rhwymau estron wlad
> Yw'r atgof am laslanc nwyfus
> Ar fferm fynyddig ei dad.
>
> Cychwyn a'r cŵn wrth fy sodlau
> I Nef yr ehangder mawr,
> A honno'n arllwys ei hodlau
> I fwrlwm cenhadau'r wawr.

Mary Evans (1864-1950) ac
Evan Evans, 'Morfyn Glas'
(1852-1942), rhieni Hedd Wyn.
Lluniau o gasgliad Yr Ysgwrn (APCE).

Gwarchod ac ymgeleddu
  Aeaf a haf hyd hwyr;
Sefyll dro, a rhyfeddu,
  Lle toddwyd y creigiau fel cŵyr.

Bu milain gnoeon gerwinder
  Gaeafau yn aml eu rhi;
Ond ciliai artaith pob blinder
  Rhag gwynfa fy noswyl i.

Di, fugail, ar lethrau Cwm Prysor,
  Parnasws fonheddig Hedd Wyn,
Ymafla'n dynn yn y trysor,
  Nad oes foethusrwydd a'i pryn.[23]

Morus Cyfannedd

★ ★ ★ ★ ★

Bu 'Hedd Wyn', fel y gellid disgwyl, yn destun cerdd mewn sawl eisteddfod. 'Cadair' oedd y testun yn Eisteddfod Cymdeithas Ceredigion, 1989, a dyma'r englyn a luniodd T Llew Jones:

'Mi ddaw i'w nôl', medden nhw, – 'o fro'r cur
  Pan fo'r Corn yn galw';
Ond y bedd roes ei dabŵ
Enbydus ar Benbedw![24]

T Llew Jones

★ ★ ★ ★ ★

Cyfansoddwyd nifer o gerddi yn Saesneg i gofio Hedd Wyn.[25] I gynrychioli'r farddoniaeth hon, cyflwynir cerdd William Evans, 'Wil Ifan'. Ei theitl yw: 'Trawsfynydd: Dedicated to the Memory of Hedd Wyn, the Shepherd-poet, who fell at Pilkem Ridge'.

O'er the purple of the heather,
O'er the green of grass and rushes
And the grey of mighty boulders,
See the silent shadow moving,
Silent as the white cloud o'er it,
Faring noiseless through the azure.
They are brothers, cloud and shadow;
One in robes of whitest samite,
One in darkest cowl and mantle,
Friar-pilgrims of the summer.

And on yonder jutting boulder,
As if carven from the builder,
Stands erect the shepherd-poet;
At his heels his panting collie
Ready for the outstretched finger,
Ready for the word to loose him,
Bounding to yon fartherst headland
For the fleecy browsing wanderers.

But the day-dreams of the shepherd –
What fleet-footed hound can round them?
They go wantoning with the white-cloud
O'er the level swards of heaven;
They go climbing and descending
O'er his lovèd hills and moorlands,
With the never-resting shadows.
Whiter than the cloud his musings:
Gloomier, blacker than the shadows.[26]

Wil Ifan

★ ★ ★ ★ ★

Bu i nifer o ymwelwyr â'r Ysgwrn dros y blynyddoedd, bid siŵr, gael eu hysbrydoli i roi'r profiad ar gân, mewn darlun, neu ddarn o gelfyddyd, yn enwedig wedi derbyn y fath groeso cynnes ac ymdeimlo ag awyrgylch unigryw y cartref nodedig hwn. Fel hyn, mewn soned, y disgrifiodd D Moelwyn Williams ei ymweliad yn 1970.

'Esgyn trwy'r ystorm' i'r Ysgwrn wedi hwyr
Heb olau 'lleuad borffor' uwch y Cwm,
Diddanwch hen dyddynnod wedi cilio'n llwyr,
A'r mellt yn llercian uwch mawnogydd llwm.
Trist heno yw Trawsfynydd, Meca'r gerdd,
Gynefin hell ddrycinoedd lle bu'r gainc,
Ac yntau'r bardd yng nghroth y dalar werdd
Tros bell benrhynion lle bu'r brwydro'n Ffrainc.
Yng ngolau'r mellt mi wela'r Ysgwrn draw
A'i chadair ddu'n cofleidio'r cynfyd pell,
A gwelaf olau'r croeso a lle bu'r llaw
Yn llunio cyfrin awdlau'r stormydd hell;
A draw o'm hôl y front atomfa lem
A gwae i'n hen ddynoliaeth yn ei threm.[27]

D Moelwyn Williams

★ ★ ★ ★ ★

Anodd meddwl am fodd gwell i gloi'r detholiad hwn o gerddi i gofio Hedd Wyn na thrwy ddyfynnu englyn ardderchog iawn Alan Llwyd i'r Ysgwrn:

Mae artaith y nosweithiau – o hiraeth
Yng ngherrig y muriau;
Yn nwyster trwm y distiau
Mae eco cyd-wylo dau.[28]

Alan Llwyd

14

Cofio Hedd Wyn, Ddoe a Heddiw

Y cerflun o Hedd Wyn, gan L S Merrifield.
Llun o gyfrol William Morris, *Hedd Wyn*, 1969.

L S Merrifield, lluniwr y gofeb o efydd i Hedd Wyn yn Nhrawsfynydd yn dal model bychan ohoni. Roedd yn ddisgybl i Syr Goscombe John, ac ef a wnaeth y cerflun o Bantycelyn yn Neuadd y Ddinas, Caerdydd.

Llun: Llyfrgell Genedlaethol Cymru.

Cyfarfod dadorchuddio'r gofeb i Hedd Wyn yng nghanol pentref Trawsfynydd, 11 Awst 1923, gan Mary Evans, ei fam. Hi sy'n eistedd ar y gadair ger y cerflun.

O gasgliad Yr Ysgwrn (APCE).

Golygfa arall o'r cyfarfod i ddadorchuddio'r gofeb i Hedd Wyn, 11 Awst 1923. Yn sefyll y tu ôl i'r bwrdd: Syr E Vincent Evans, Trysorydd y Pwyllgor Coffa a Chadeirydd cyfarfod y dadorchuddio. Yn ei ymyl, ar y dde: y Parchg J Dyer Richards(?). Bryfdir, ym mlaen y llun. Ef oedd yn arwain y cyfarfod.

Llun o gasgliad Yr Ysgwrn (APCE) a Chomisiwn Brenhinol Henebion Cymru.

Cyfeillion o Gymdeithas Passchendaele, Langemark, Gwlad Belg, ger y gofeb i Hedd Wyn, Ebrill 2011.

Llun gan Keith O'Brien

Maen i gofio Eisteddfod y Gadair Ddu ym Mharc Penbedw. Arno cerfiwyd y geiriau hyn: 'Ar y llecyn hwn y cynhaliwyd Gorsedd Beirdd Ynys Prydain ynglŷn ag Eisteddfod Genedlaethol Birkenhead, 1917.' *This stone – the gift of Councillor David Evans – commemorates the Proclamation on this site of the National Eisteddfod of the year 1917.'*
O gasgliad Yr Ysgwrn (APCE).

Corau cylch Penbedw yn cyd-gyfarfod i ddathlu heddwch: 'Birkenhead Peace Celebration Massed Choirs'. Cynhaliwyd hefyd Eisteddfod lwyddiannus y Golomen Wen ym Mhenbedw, 1918-57.

O gasgliad Yr Ysgwrn (APCE).

Y gofeb i Hedd Wyn yng Nghapel Sant George, Ypres, Gwlad Belg.

Llun o'r gyfrol *Hanes Bro Trawsfynydd*, Merched y Wawr a Trawsnewid, 2012.

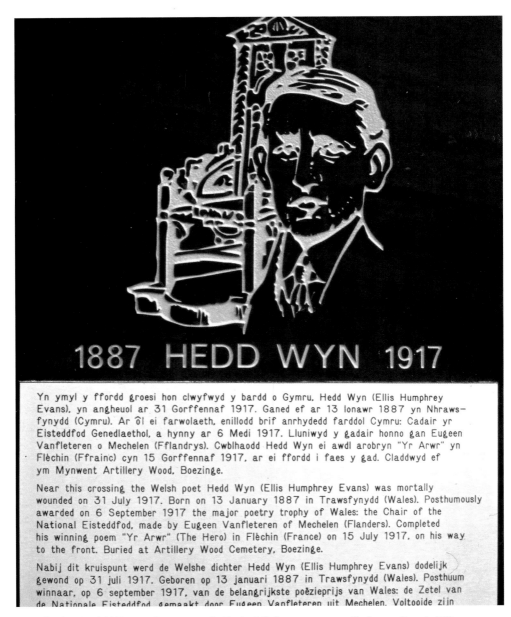

1887 HEDD WYN 1917

Yn ymyl y ffordd groesi hon clwyfwyd y bardd o Gymru, Hedd Wyn (Ellis Humphrey Evans), yn angheuol ar 31 Gorffennaf 1917. Ganed ef ar 13 Ionawr 1887 yn Nhraws-fynydd (Cymru). Ar ôl ei farwolaeth, enillodd brif anrhydedd farddol Cymru: Cadair yr Eisteddfod Genedlaethol, a hynny ar 6 Medi 1917. Lluniwyd y gadair honno gan Eugeen Vanfleteren o Mechelen (Fflandrys). Cwblhaodd Hedd Wyn ei awdl arobryn "Yr Arwr" yn Flèchin (Ffrainc) cyn 15 Gorffennaf 1917, ar ei ffordd i faes y gad. Claddwyd ef ym Mynwent Artillery Wood, Boezinge.

Near this crossing the Welsh poet Hedd Wyn (Ellis Humphrey Evans) was mortally wounded on 31 July 1917. Born on 13 January 1887 in Trawsfynydd (Wales). Posthumously awarded on 6 September 1917 the major poetry trophy of Wales: the Chair of the National Eisteddfod, made by Eugeen Vanfleteren of Mechelen (Flanders). Completed his winning poem "Yr Arwr" (The Hero) in Flèchin (France) on 15 July 1917, on his way to the front. Buried at Artillery Wood Cemetery, Boezinge.

Nabij dit kruispunt werd de Welshe dichter Hedd Wyn (Ellis Humphrey Evans) dodelijk gewond op 31 juli 1917. Geboren op 13 januari 1887 in Trawsfynydd (Wales). Posthuum winnaar, op 6 september 1917, van de belangrijkste poëzieprijs van Wales: de Zetel van de Nationale Eisteddfod, gemaakt door Eugeen Vanfleteren uit Mechelen. Voltooide zij in

Y goflech i Hedd Wyn yn Langemark, Gwlad Belg, ac yn agos i'r fan ar Esgair Pilkem lle clwyfwyd Hedd Wyn yn angeuol. Y mae'r disgrifiad ar y goflech mewn tair iaith: Cymraeg, Saesneg, ac Is-Almaeneg.

Llun o gyfrol Alan Llwyd, *Stori Hedd Wyn: Bardd y Gadair Ddu. The Story of Hedd Wyn: The Poet of the Black Chair;* Barddas, 2009.

'Cwymp Hedd Wyn': poster a ddarluniwyd, Rhagfyr 1990, gan E Meirion Roberts (1913-2000), Bae Colwyn.

Llun o'r gyfrol *Darlun o Arlunydd*, gol. Robert Owen a John Gruffydd Jones, Gwasg Gwynedd, 1995.

Gwrogaeth ardalwyr i fab galluog Yr Ysgwrn: dwy chwaer a brawd o deulu Tyddyn Bach, Trawsfynydd, yn edmygu'r Gadair Ddu. O'r chwith: Nans Rowlands, John Rowlands, a Catrin Lloyd Rowlands.

O gasgliad Yr Ysgwrn (APCE).

Arwyddlun (cofeb Hedd Wyn) ar wisg disgyblion Ysgol Bro Hedd Wyn, Trawsfynydd.

Llun o wisg yn rhodd i'r awdur, trwy garedigrwydd y Brifathrawes, Mrs Heulwen Hydref Jones.

'Ybryd Hedd Wyn' gan Sheryl Harris

'Ysbryd Hedd Wyn': darlun gan Sheryl Harris, gydag englyn Alan Llwyd i'r Ysgwrn.

Llun o gyfrol Alan Llwyd, *Stori Hedd Wyn: Bardd y Gadair Ddu. The Story of Hedd Wyn: The Poet of the Black Chair*, Barddas, 2009.

YR YSGWRN

Mae artaith y nosweithiau – o hiraeth
Yng ngherrig y muriau;
Yn nwyster trwm y distiau
Mae eco cyd-wylo dau.

Alan Llwyd

Gerald Williams: yn cadw'r drws ar agor, a'r croeso i'r Ysgwrn mor gynnes ag erioed.

O gasgliad Yr Ysgwrn (APCE).

Nodiadau

1. Hynafiaid a Theulu a Choleg yr Aelwyd

1. 'Morgrugyn Eden', *Cymru*, cyf. 2, rhif 122, 15 Medi 1901, tt. 139-41.

2. 'Y Gof Enwog o'r "Traws" ', *Y Cymro*, Ebrill 1944, t. 6.

3. *Y Cronicl*, cyf. 46, rhif 540, Ebrill 1888, t. 127.

4. J D Richards, 'Hedd Wyn', *Y Geninen*, cyf. 36, Ionawr 1918, t. 57.

5. Casgliad dogfennau'r Ysgwrn, rhif 021. Cofnod yn llaw Robert Evans, 'Dewyrth Rhobert', am y blynyddoedd 1893, 1895. Carwn ddiolch yn ddiffuant iawn i Naomi Jones, Pennaeth Addysg Parc Cenedlaethol Eryri, am anfon ataf lungopi o'r cofnod diddorol hwn cyn imi gael cyfle i weld y gwreiddiol fy hunan. Yr un modd, canmil diolch i Jessica M Enston, Swyddog Datblygu Cynulleidfa'r Ysgwrn, am yr holl wybodaeth werthfawr a dderbyniais ganddi yn ymwneud â theulu'r Ysgwrn, ynghyd â chopïau digidol o gasgliad helaeth o luniau a dogfennau'r teulu.

6. *Barn*, rhif 183, Ebrill 1978, t. 136.

7. Llsg. LlGC 17912 C.

8. William Morris, *Hedd Wyn*; Llyfrfa'r Methodistiaid Calfinaidd, Caernarfon, 1969, t. 24.

9. *ibid.*

10. Llsg. Bangor 17206. Yn nhestun Alan Llwyd, fel y cofnododd ef yr englyn, ychwanegir y gair ''rŷm' yn y llinell gyntaf: 'O bob cwr 'rŷm bawb yn cario – i'w godi ...'. Y mae'r ystyr, gan hynny, yn gliriach, er bod ynddi, o'r herwydd, un sillaf ar ddeg yn lle'r deg arferol.

11. *Hedd Wyn*, t. 24.

12. *Gwae Fi Fy Myw*; Cyhoeddiadau Barddas, t. 144.

2. 'Fy Annwyl Hen Drawsfynydd': Beirdd a Choleg y Fro; Cyfeillion Llên a Chwmni'r Hogia

1. Gw. David Davies, 'Dewi Eden', 'Beirdd Trawsfynydd', *Cymru*, cyf. 54, rhif 321, Ebrill 1918, tt. 123-6.
2. Llsg. LlGC 17911 D, t. 27 (b): 'Cerddi fy Mro, sef Casgliad o Hen Gerddi gan Feirdd Trawsfynydd', gan Morris Davies, 1956.
3. 'Beirdd Trawsfynydd', *Cymru*, cyf. 54, rhif 321, Ebrill 1918, tt. 121-7.
4. Llsg. LlGC 17911 D: 'Cerddi fy Mro ...'.
5. Llsg. LlGC 17912 C. Y teitl yn llawn yw: 'Llên Gwerin Trawsfynydd. Diliau fy Mro, sef gweithiau rhai o Feirdd Trawsfynydd. Gydag Atgof am danynt gan Feirdd Eraill o wahanol wledydd y byd. Y trydydd detholiad, gan Morris Davies, 1957, Dorfil Cottage, Blaenau Ffestiniog.'
6. Llsg. LlGC 17913 C: 'Gemau fy Mro ...'.
7. Llsg. LlGC 17911 D: 'Cerddi fy Mro', t. 55 (b).
8. Llsg. LlGC 17912 C: 'Diliau fy Mro', t. 41.
9. 'Beirdd Trawsfynydd', t. 125.
10. Llsg. LlGC 17912 C: 'Diliau fy Mro', t. 1.
11. *Gwae Fi Fy Myw*, tt. 110-11. Gw. hefyd J W Jones, 'Owen Hughes (Glasgoed), 1879-1947', *Y Genhinen*, cyf. 4, rhif 3, Haf 1954, t. 171.
12. *Y Genhinen*, Haf 1954, t. 170.
13. Gw. Llsg. LlGC 17912 C: 'Diliau fy Mro', t. 41.
14. Llsg. LlGC 17913 C: 'Gemau fy Mro', t. 4.
15. Llsg. LlGC 17911 D: 'Cerddi fy Mro', t. 38. 'Ac hwyrach', nid y ffurf ramadegol gywir 'A hwyrach' sydd yn y llawysgrif wreiddiol. Ychwanegwyd gennyf hefyd yr acen grom, ond cadwyd dull y cyfnod o sillafu'r berfenw 'cyrhaedd'.
16. *Hedd Wyn* (1969), t.35.
17. T H Parry-Williams, 'Hedd Wyn', *Yr Eurgrawn*, cyf.136, 1944, tt. 279-80.
18. *Gwae Fi Fy Myw*, tt. 77. Gw. Llsg. Bangor 1547, t. 41.
19. 'Hedd Wyn', *Y Brython*, 17 Gorffennaf 1930, t. 6.
20. Gw., er enghraifft, Gasgliad J W Jones, rhif 239, yn y Llyfrgell Genedlaethol, a Llsg. Bangor 11640.
21. O Trefor Roberts, 'Llanowain', *Elfyn a'i Waith*, Gwasg Carreg Gwalch, Llanrwst, 1993, t.14.

22. *Gwae Fi Fy Myw*, t. 75.

23. *ibid.*, t. 76.

24. *ibid.*, t. 82.

25. *Y Cymro*, 11 Awst 1967, Rhifyn y Brifwyl, t. 14.

26. *Moi Plas*, tt. 11, 20.

3. Jacob Jones, yr Hen Was Ffarm

1. Pum tâp, hanner awr yr un, rhifau AWC (Amgueddfa Werin Cymru) 1074-76 (recordiwyd 10 a 12 Gorffennaf 1965); 1641 (recordiwyd 16 Medi 1965).

2. Pedwar tâp, rhifau AWC, 892-93 (recordiwyd 23 Tachwedd 1964); 894-95 (recordiwyd 4 Rhagfyr 1964).

3. Fel hyn yr adroddwyd dwy linell gyntaf y pennill hwn gan Lewis T Evans (1882-1975): 'Yn Hafod Elwy'r gôg a gân, Ond llais y frân sydd amla' ...'

4. Dwy erthygl gan yr awdur yn ymdrin â'r cerddi hyn yw: 'Y Cwlwm sy'n Creu. Agwedd ar Gymdeithas yn Hafod Elwy a'r Cylch', *Cylchgrawn Cymdeithas Hanes Sir Ddinbych*, cyf. 15, 1966, tt. 186-215; a 'Cerddi Llafar Gwlad Cymdeithas Fynyddig', *Cylchgrawn Cymdeithas Alawon Gwerin Cymru*, 1971, tt. 135-52.

5. Tâp AWC 892.

6. Taid Elias Jones, 'Llew Hiraethog', a Huw Jones, oedd Robert Davies, 'Bardd Nantglyn' (1769-1835), awdur llyfr gramadeg a gafodd ddylanwad mawr ar rai o feirdd Hafod Elwy a'r cylch: *Ieithiadur neu Ramadeg Cymraeg* (1808). Gw. Thomas Jones, *Beirdd Uwchaled*, Lerpwl, 1930, tt. 55-62.

7. Tâp AWC 1641.

8. *ibid.*

9. Tâp AWC 1073.

10. Tâp AWC 892.

11. Tâp AWC 1076.

12. *ibid.*

13. Tâp AWC 1073.

14. Tâp AWC 1076.

15-22. *ibid.*

23. Tâp AWC 1075.

24. Diolchir yn ddiffuant i Keith O'Brien am yr wybodaeth hon.

25. Tâp AWC 1075.

26. *ibid.*

27. *ibid.*

28. *ibid.*

4. Jacob Jones, y Craswr, yng Nghwmni Hoff Hedd Wyn

1. Jacob Davies, 'Alaw Cowyn', *Atgofion Bro Elfed*, Llandysul, 1966, tt. 53-7.

2. Dan Jenkins, gol., *Cerddi Nantycrwys, ynghyd â Hanes Plwyf Nantycrwys*, Llandysul, 1934. Am ddisgrifiad pellach o'r shimli, gw. W J Davies, *Hanes Plwyf Llandyssul*, Llandysul, 1896, tt. 231-2; Daniel E Jones, *Hanes Plwyf Llangeler a Phenboyr*, Llandysul, 1899, t. 377. Gw. hefyd *Geiriadur Prifysgol Cymru*, cyf. 4, 1999-2002, t. 3281.

3. Tâp AWC 1075.

4. *Gwae Fi Fy Myw*, tt. 78-81.

5. Tâp AWC 1075. Daw gweddill y dyfyniadau sain hefyd yn y bennod hon, oni nodir yn wahanol, o dâp 1075.

6. *Gwae Fi Fy Myw*, t. 78.

7. *Hedd Wyn*, t. 29.

8. *Gwae Fi Fy Myw*, t. 80.

9. *Hedd Wyn*, tt. 164-5. Gw. hefyd *Gwae Fi Fy Myw*, tt. 164-5.

10. *Gwae Fi Fy Myw*, t. 81.

11. *ibid.*, tt. 99-100.

12. Tâp AWC 1074.

13. *Gwae Fi Fy Myw*, t. 99.

14. *Hedd Wyn*, t. 24.

15. Tâp AWC 1074.

16. Tâp AWC 1075.

17. *ibid.*

18. *Gwae Fi Fy Myw*, tt. 168-9.

19. Tâp AWC 1075. Daw'r dyfyniadau hyn o ail adran y gerdd 'Cyfrinach Duw', sef 'Teml yr Adfyd', penillion 7-9. Penillion 8-9 a adroddir gyntaf gan Jacob Jones. Ar ddechrau pennill 7 newidiwyd 'Boed gryf' ganddo

i: 'Bydd gryf'. Ym mhennill 7, llinell 4, hefyd, newidiwyd 'Ac yna o'th ofid' i: 'Ac yna o'th dlodi'. Roedd y geiriau 'rhyw ddydd' yn eisiau gan Jacob Jones yn llinell 3, pennill 7, a'r geiriau 'â deall' yn eisiau yn llinell 5, pennill 9.

5.   William Morris, o'r Manod: Atgofion Bore Oes am Ellis, Yr Ysgwrn

1.   Tapiau AWC 5068-71; recordiwyd 18 Awst 1976.
2.   Ar dapiau AWC 5068-69.
3.   William Morris, 'Hedd Wyn', *Cymru*, cyf. 54, rhif 318, Ionawr 1918, tt. 33-7.
4.   *Hedd Wyn*; Llyfrfa'r Methodistiaid Calfinaidd, Caernarfon,1969.
5.   Tâp AWC 5068.
6-16. *ibid*.
17.   Tâp AWC 5069.
18.   *ibid*.
19.   *ibid*.
20.   'Hedd Wyn', *Cymru*, cyf. 54, rhif 318, Ionawr 1918, tt. 33-7.
21.   *Hedd Wyn*, tt. 21-2.
22.   *ibid*., t. 22.
23.   *ibid*., tt. 25-6.
24.   *ibid*., t. 27.
25.   *ibid*., tt. 30.
26.   *ibid*., tt. 31-2.

6.   John Dyer Richards: Gweinidog Hedd Wyn yn Dwyn i Gof

1.   Dyfnallt, 'Hedd Wyn', *Y Geninen*, cyf. 36, Ionawr 1918, tt. 51-5; *Ceninen Gŵyl Dewi*, 1 Mawrth 1918, tt. 15-17.
2.   *Ceninen Gŵyl Dewi*, 1 Mawrth 1918, t. 15.
3.   *Y Geninen*, cyf. 36, Ionawr 1918, tt. 56-9; a *Ceninen Gŵyl Dewi*, 1 Mawrth 1918, tt. 17-23.
4.   *Y Geninen*, Ionawr 1918, t. 56.
5.   *ibid*., tt. 58-9.
6.   *Ceninen Gŵyl Dewi*, 1 Mawrth 1918, t. 17.

7. *ibid.*, tt. 17–18.

8. *ibid.*, t. 18.

9. *ibid.*, tt. 18–19.

10. Am wybodaeth bellach werthfawr ynglŷn â'r 'Arwest' a chyfarfod yr Orsedd, gw. Alan Llwyd, *Gwae Fi Fy Myw*, tt. 70–71.

11. *Ceninen Gŵyl Dewi*, 1 Mawrth 1918, t. 19.

12. *ibid.*, tt. 20–21.

13. *ibid.*, t. 20.

14. *ibid.*, tt. 22–3.

9. 'A mi Farwodd ['Dei Bach'] yn Dweud 'i Bader yn Gymraeg': Simon Jones a'r Teulu o Gwm Cynllwyd

1. Tapiau AWC 4763–4; recordiwyd 26 Medi 1975.

2. *Cribinion: Casgliad o Englynion a Cherddi*, Gwasg y Bwthyn, Caernarfon, 2009, tt. 26, 34.

3. Tâp AWC 4763.

4. *ibid.*

5. *Hanes Bro Trawsfynydd*, tt. 155–6.

6. *Straeon Cwm Cynllwyd: Atgofion Simon Jones, Tan-y-bwlch*; Gwasg Carreg Gwalch, Llanrwst, 1989, tt. 32–3.

7. *Dilyn Ffordd Tangnefedd …*, Cyhoeddiadau Modern Cymreig, Lerpwl, mewn cydweithrediad â Chymdeithas y Cymod, 2015, tt. 138–53.

8. *ibid.*, t. 140.

9. Gw. coffâd iddo gan AW [y Parchg Arthur Williams] yn *Y Cyfnod*, 8 Rhagfyr 1995, t. 3.

10. *Straeon Cwm Cynllwyd*, tt. 41–3.

11. Y mae'r adroddiad llawn o'r Tribiwnlys yn *Yr Adsain*, 28 Tachwedd 1916, a hefyd yn y *Cambrian News and Meirionethshire Standard*, yn cyfeirio at nifer o bersonau ifanc o gylch Llanuwchllyn a wnaeth gais am gael eu rhyddhau. Dyma'r adroddiad o'r *Cambrian News*:

'On the appeal of the Military Representative, exemption was refused unconditionally to Edward Roberts 20, Tymawr, Cynllwyd. His father (the employer) said he could not carry on the farm without him, owing to his suffering from asthma. Exemption was refused to David

Thomas Jones, twenty-four, Cefngwyn, Llanuwchllyn, waggoner; also the appeal of the employer of William Roberts, twenty-two, cowman, Garth Isa, Llanuwchllyn, was refused, but a substitute recommended.Mr. J. R. Jordan, solicitor, appeared on behalf of Owen Williams, twenty-three, Deildre, Llanuwchllyn. He said that applicant's father agreed to let his son join subject to a suitable substitute being provided. In this the Military Representative concurred. In giving their decision the Tribunal only recomended a substitute, but Mr. Jordan objected and asked for re-hearing, as the employer has not been allowed to state his case. After consultation the Tribunal altered their decision – the man to join up subject to a substitute being found.'

Derbyniais yr adroddiad uchod o'r *Cambrian News*, megis y dyfyniadau o'r *Adsain* a'r *Cymro* yn y bennod hon, drwy garedigrwydd Beryl H Griffiths. Mawr fy niolch iddi.

12. Y mae'r llythyr gwreiddiol ar gadw gan Elizabeth Jones, Tal-ardd, Cynllwyd.

13. Ar derfyn y llythyr yn *Y Seren* cyhoeddwyd hefyd y sylw hwn: 'Dymuna Mrs. Jones a'r teulu gydnabod yn ddiolchgar y lliaws arwyddion o gydymdeimlad – drwy lythyrau a geiriau caredig – a dderbyniasant yn awr eu trallod dwfn.'

14. Derbyniwyd llungopi o'r cerddi coffa (ar gadw gan Elizabeth Jones, Cynllwyd) trwy garedigrwydd Beryl H Griffiths.

10. 'Mi Gweles o'n Syrthio ...': Atgofion Simon Jones, cyfaill Hedd Wyn ar Faes y Gad

1. Cafwyd y ddau ddyfyniad hwn o'r *Cambrian News and Meirionethshire Standard*, 13 Ebrill 2017, trwy garedigrwydd Beryl H Griffiths.

2. Y mae ein dyled yn fawr i Simon Lewis Jones am ddiogelu'r llythyrau hyn ac i Elin Wynn Meredith am eu copïo. Derbyniais innau gan Elin bob cymorth posibl ar gyfer cyhoeddi'r llythyrau yn y gyfrol bresennol. Y mae copi o'r llythyrau, drwy Elin, ar gael hefyd gan Beryl H Griffiths. Hi a roes wybod yn gyntaf imi am eu bodolaeth.

3. *History of the First World War*, 1930, arg. 1972, t. 330.

4. *Gwae Fi Fy Myw*, t. 229.

5.   *ibid.*, t. 238.

6.   *ibid.*, t. 241.

7.   *ibid.*, t. 242.

8.   *ibid.*, t. 243.

9.   Nodiadau Peris Williams, Llsg. Bangor 4903.

10. Tapiau AWC 4763-4; recordiwyd 26 Medi 1975.

11. Carwn ddiolch yn fawr iawn i Beryl H Griffiths am yr wybodaeth am 'Ned Bach y Llys', ynghyd â'r llun ohono.

12. Am ragor o wybodaeth parthed y bererindod hon at fedd Hedd Wyn a milwyr eraill o Gymru a gladdwyd ym Mynwent y Magnelau, ynghyd â lluniau, gw. *Gwae Fi Fy Myw*, tt. 304-14. Am destun o anerchiad Cynan a draddodwyd ar lan bedd Hedd Wyn, gw. yr erthygl 'Hedd Wyn: Pererinion o Gymru Uwchben ei Fedd: Anerchiad Cynan', *Y Genedl*, 17 Medi 1934, t.5.

13. 'Hugh Thomas Hughes (1887-1918), Trawsfynydd: Entrepreneur and Soldier', *Cylchgrawn Cymdeithas Hanes a Chofnodion Sir Feirionnydd*, cyf. 11, 1990-93, tt. 342-4. Gw. hefyd y coffâd i HTH yn *Y Rhedegydd*, 21 Medi 1918.

12. Detholiad o Gerddi Hedd Wyn

1.   Gw. *Gwae Fi Fy Myw*, t. 275.

2.   Er enghraifft, Llsg. LlGC 4628 C a Llsg. LlGC 17914 C: Casgliadau J R Jones; Llsg. Bangor 15096: 'Casgliad o Gerddi Hedd Wyn nas cyhoeddwyd yng Ngherddi'r Bugail a wnaed gan Morris Davies ym 1959.'

3.   Wrth gyhoeddi'r hir a thoddaid hwn yn ei erthygl, 'Hedd Wyn' (*Cymru* cyf. 54, rhif 318, Ionawr 1918, t. 36), ychwanegodd William Morris y geiriau hyn: 'Ar ôl un, y cafodd lawer o fwyniant yn ei gwmni, canodd yr hir-a-thoddaid a ganlyn.' Ond nid yw yn enwi gwrthrych y pennill.

4.   Cyhoeddwyd yn *Yr Herald Cymraeg*, 12 Medi 1916, t. 5.

5.   Gw. *Y Rhedegydd*, 25 Mawrth 1916, t. 5.

6.   *ibid.*, 5 Chwefror 1916, t. 3.

7.   *Y Rhedegydd*, 29 Ionawr 1916, t. 5.

8.   Llsg. LlGC 4628 C: casgliad o gerddi Hedd Wyn a gofnodwyd gan J R Jones, Trawsfynydd.

9. *ibid.*

10. *Y Rhedegydd*, 19 Chwefror 1916, t. 5.

11. Gw. *Gwae Fi Fy Myw*, tt. 185-91; *Y Rhedegydd*, 22 Ebrill 1916, t. 8.

12. J D Davies, 'Y Meirw Anfarwol', *Cymru*, cyf. 58, rhif 346, Mai 1920.

13. William Morris, *Hedd Wyn*, tt. 95-6.

14. Llsg. Bangor 23331; *Gwae Fi Fy Myw*, tt. 326-7.

15. *Hedd Wyn*, t.53. Sylwodd Alan Llwyd fod esgyll yr englyn hwn wedi'i gynnwys hefyd, bron air am air, yn awdl 'Yr Arwr'. Gw. *Gwae Fi Fy Myw*, t. 400.

16. Gw. *Gwae Fi Fy Myw*, t. 328; Llsg. LlGC 4628 C.

17. *Gwae Fi Fy Myw*, t. 161.

18. Llsg. LlGC 4628 C: Casgliad J R Jones.

19. *ibid.*

20. 'Y Meirw Anfarwol', *Cymru*, cyf. 58, rhif 336, Mai 1920, t. 140.

21. Gw. J D Richards, 'Hedd Wyn', *Y Geninen*, cyf. 36, rhif 1, Ionawr 1918, t. 56.

22. *Gwae Fi Fy Myw*, t. 8. Gw. hefyd Jacob Jones, tâp AWC 1705.

23. *Gwae Fi Fy Myw*, tt. 164-5.

24. Am lawer o wybodaeth werthfawr bellach, gw. *Gwae Fi Fy Myw*, tt. 83-95, 255-6.

25. *ibid.*, tt. 86-7.

26. 'Un doniol a llawen ydoedd Hedd Wyn', *Y Cymro*, 26 Rhagfyr 1957, t. 19.

27. *Gwae Fi Fy Myw*, tt. 88-9.

28. *Y Glorian*, 22 Mehefin 1916, t. 5; *Cerddi'r Bugail*, arg. 1994 (Atodiad), t. 122.

29. Gw. *Y Rhedegydd*, 17 Mehefin 1916, t. 8.

30. *Gwae Fi Fy Myw*, t. 86.

31. *ibid.*, tt. 89-95, 255-6.

32. 'Cariad y Bardd', *Y Cymro*, 10 Awst 1967, t. 5.

33. 'Hedd Wyn a'i Gariad: ei Gerddi Serch i'w Sian', *Yr Herald Cymraeg*, 29 Ionawr 1918, t. 2.

34. William Morris, *Hedd Wyn*, 1969, t. 27.

35. *Gwae Fi Fy Myw*, tt. 89-95, 255-6.

36. 'Hedd Wyn a'i Gariad ...', *Yr Herald Cymraeg*, 29 Ionawr 1918, t. 2.

37. 'Cofio Hedd Wyn', *Yr Herald Cymraeg*, 25 Rhagfyr 1917, t. 4.

38. Gw. 'Hedd Wyn a'i Gariad ...', *Yr Herald Cymraeg*, 29 Ionawr 1918, t. 2; 'Cariad y Bardd', *Y Cymro*, 10 Awst 1967, t.5.

39. 'Hedd Wyn a'i Gariad ...', t. 2.

40. *Y Rhedegydd*, 13 Ionawr 1917, t. 7. Gw. hefyd *Gwae Fi Fy Myw*, t. 117, a thudalennau 116-18 am ragor o enghreifftiau o gerddi cyfarch gan Hedd Wyn mewn cyngherddau.

41. Llsg. LlGC 4628 C: Casgliad J R Jones.

42. *Y Rhedegydd*, 8 Ionawr 1916, t. 6.

43. *Y Glorian*, 9 Medi 1916, t. 5; *Y Geninen*, cyf. 36, rhif 3, Gorffennaf 1918, t. 146.

44. *Y Rhedegydd*, 17 Gorffennaf 1915, t. 5.

45. *ibid.*, 31 Gorffennaf 1915, t. 3. Am gefndir pellach y cerddi sy'n dymuno'n dda i bersonau, gw. hefyd *Gwae Fi Fy Myw*, tt. 123-5, 129.

46. *ibid.*, 17 Hydref 1914, t. 6.

47. t. 3. Gw. hefyd 'Adlais am Hedd Wyn', *Cymru*, cyf. 62, rhif 369, Ebrill 1922, t. 145.

48. 'Adlais am Hedd Wyn', t. 145. Gw. hefyd tâp AWC 5069.

49. Llsg. LlGC 4628 C: Casgliad J R Jones.

50. *Y Rhedegydd*, 5 Chwefror 1916, t. 3. Gw. hefyd *Gwae Fi Fy Myw*, tt. 169-70. 'Ac hudol' – sy'n ramadegol anghywir – oedd y gair cyrch gan Hedd Wyn. Sylwn hefyd fod y gynghanedd yn y drydedd linell, fel y mae hi ar hyn o bryd, yn anghywir: 'Gyrraf, er iddo'm curo'. Byddai'n gywir, wrth gwrs, pe sgrifennid y llinell hon fel hyn: 'Gyrraf, er iti guro'. Derbyniodd Alan Llwyd hanes diddorol gan Stephen Jones, Ponciau, Rhosllannerchrugog, nai J D Davies, fel y bu i Hedd Wyn a rhai o'i ffrindiau ddeffro'r bardd buddugol 'yn oriau mân y bore' i'w longyfarch.

51. *Y Glorian*, 17 Awst 1916, t. 5.

52. 'Adlais am Hedd Wyn', t. 144; *Yr Herald Cymraeg*, 18 Medi 1917, t. 3.

53. Gw. *Gwae Fi Fy Myw*, tt. 119-23.

54. *Cerddi'r Bugail*, arg. 1918, tt. 110-11.

55. Llsg. LlGC 17914 C, t. 6: 'Casgliad o Ysgrifau, Barddoniaeth, Darluniau,

a Manylion Eraill yn Dwyn Perthynas â'r Prifardd 'Hedd Wyn', 1934', gan J R Jones.

56. *Y Rhedegydd*, 18 Tachwedd 1916, t. 5.

57. Morris Davies, 'Casgliad o gerddi Hedd Wyn ...', Llsg. Bangor 15096.

58. *Y Rhedegydd*, 18 Medi 1915, t. 5.

59. *ibid.*, 2 Chwefror 1916, t. 3; *Y Glorian*, 2 Chwefror 1916, t. 5.

60. 'Cerddi'r Bugail', *Yr Herald Cymraeg*, 3 Medi 1918, t. 3.

61. *Y Rhedegydd*, 13 Mawrth 1915, t. 3.

62. *Yr Herald Cymraeg*, 3 Medi 1918, t. 3. Gw. hefyd *Gwae Fi Fy Myw*, tt. 293-4.

63. William Morris, 'Hedd Wyn', *Cymru*, cyf. 54, rhif 318, Ionawr 1918, t. 36.

64. *Cerddi'r Bugail,* arg. 1994, t. 29.

65. 'Hedd Wyn', *Ceninen Gwyl Dewi*, 1 Mawrth 1918, t. 20.

66. J D Davies, 'Y Meirw Anfarwol', *Cymru*, cyf. 58, rhif 346, Mai 1920.

67. Arg. 1994, t. 29.

68. *Y Genedl Gymreig*, 24 Awst 1915, tud. gefn, heb rif.

69. Llsg. LlGC 17914 C: Morris Davies, 'Diliau fy Mro: Gweithiau Rhai o Feirdd Trawsfynydd', 1957, t. 5. Gw. hefyd *Gwae Fi Fy Myw*, tt. 131, 137, 143.

70. *Cerddi'r Bugail,* arg. 1994, t. 10.

71. Llsg. LlGC 4628 C: Casgliad J R Jones o gerddi Hedd Wyn.

72. *Cerddi'r Bugail,* arg. 1994, t. 26. Gw. hefyd *Gwae Fi Fy Myw*, t. 134.

73. *Cerddi'r Bugail,* arg. 1994, t. 26.

74. *ibid.*, t. 28.

75. 'Cwympo Blaenor' yw'r pennawd yn *Cerddi'r Bugail,* arg. 1994, t. 31. Telir teyrnged hael i John Richard yn *Y Glorian*, 11 Gorffennaf 1914, t. 5. Dyfynnir yn *Gwae Fi Fy Myw*, t. 137.

76. *Y Rhedegydd*, 2 Ionawr 1915, t. 6.

77. *ibid.*, 15 Ebrill 1911, t. 6.

78. Rolant Wyn, *Cofeb fy Mrawd*, 1914, t. 7. Gw. hefyd *Gwae Fi Fy Myw*, tt. 44-9.

79. *Cerddi'r Bugail,* arg. 1994, t. 31.

80. Llsg. LlGC 17914 C: Morris Davies, 'Diliau fy Mro ...', t. 15.

81. *Cerddi'r Bugail,* arg. 1994, t. 32. 'Beddrod Dafydd' yw pennawd yr englynion hyn yno.

82. William Morris, 'Hedd Wyn', *Cymru*, cyf. 54, rhif 318, Ionawr 1918, tt. 35-6.

83. Llsg. LlGC 4628 C: Casgliad o gerddi Hedd Wyn, gan J R Jones. Da y gwnaeth Alan Llwyd i gynnwys y gyfres hon o englynion yn ei Atodiad i argraffiad 1994 o *Cerddi'r Bugail* (t. 121).

84. *Y Rhedegydd*, 17 Medi 1910, t. 7. 'Gado'r Fainc' yw'r pennawd a roddwyd i'r englynion hyn yn *Cerddi'r Bugail*, ond ni chynhwyswyd yno yr ail englyn a gyhoeddir yn awr. Gw. *Gwae Fi Fy Myw*, t. 134.

85. 'Er Serchus Gof am John G Owen', *Cymru*, cyf. 61, rhif 364, Tachwedd 1921, t. 150.

86. Llsg. LlGC 17914 C: Morris Davies, 'Diliau fy Mro ...', t. 4.

87. *Cerddi'r Bugail,* arg. 1994, t. 3.

88. *Y Rhedegydd*, 25 Medi 1915, t. 6; *Gwae Fi Fy Myw*, tt. 125-6.

89. Mary Puw Rowlands, 'Elis 'Rysgwrn', *Y Cymro*, 11 Awst 1967, t. 14.

90. Mary Puw Rowlands, *Hen Bethau Anghofiedig*; Gwasg Gee, Dinbych, 1963, t. 23.

91. *Y Geninen*, cyf. 36, Ionawr 1918, t. 58.

92. Gw. *Gwae Fi Fy Myw*, tt. 125-30.

93. *Y Rhedegydd*, 4 Mawrth 1911, t. 6.

94. *Cerddi'r Bugail,* arg. 1994, t. 25.

95. 'Hedd Wyn', *Cymru*, cyf. 54, rhif 318, Ionawr 1918, t. 35.

96. *Cerddi'r Bugail,* arg. 1994, t. 28.

97. *Gwae Fi Fy Myw*, t. 129.

98. *Hedd Wyn*, t. 29.

99. *Y Rhedegydd*, 31 Gorffennaf 1915, t. 3; *Gwae Fi Fy Myw*, t. 129.

100. *Cerddi'r Bugail,* arg. 1994, t. 26; *Gwae Fi Fy Myw*, t. 129.

101. *Gwae Fi Fy Myw*, tt. 129-30.

102. Llsg. LlGC 4628 C: Casgliad J R Jones.

103. *Y Rhedegydd*, 20 Ionawr 1917, t. 7. Gw. hefyd *Cymru*, cyf. 61, rhif 361, Awst 1921, t. 65; *Gwae Fi Fy Myw*, t. 130.

104. *Cerddi'r Bugail,* arg. 1994, t. 25.

105. *ibid.*, t. 28.

106. Gw. pennod 2 y gyfrol hon a Llsg. Bangor 1547, t. 41.

107. William Morris, *Hedd Wyn*, t. 27.

108. 'Y Fainc Sglodion', *Y Cymro*, 3 Mai 1946; *Gwae Fi Fy Myw*, tt. 80–81.

109. 'Hedd Wyn', *Cymru*, cyf. 54, rhif 318, Ionawr 1918, t. 36.

110. Llsg. LlGC 4628 C: Casgliad J R Jones.

111. Llsg. LlGC 17877 D: 'Llyfr Coffa Hedd Wyn: Hanes a Thraddodiadau Plwyf Trawsfynydd', Llyfr 35, casglwyd gan Morris Davies, 1944.

112. Llsg. Bangor 11640: Llyfr nodiadau J W Jones.

113. *Gwae Fi Fy Myw*, t. 82. Adroddwyd yr hanesyn hwn wrth Alan Llwyd gan Derwyn Jones, Llyfrgellydd Cymraeg Coleg Prifysgol Cymru, Bangor, gynt.

114. William Morris, *Hedd Wyn*, t. 27.

115. Llsg. LlGC 4628 C: Casgliad J R Jones.

116. William Morris, *Hedd Wyn*, t. 27.

117. *Cerddi'r Bugail*, arg. 1994, t. 16.

118. *Hedd Wyn*, t. 28.

119. John Buckland Thomas, 'Hedd Wyn – a Minnau', *Y Drysorfa*, llyfr 109, rhif 1238, Rhagfyr 1939, t. 466.

120. *Gwae Fi Fy Myw*, tt. 27–30, 210–17. O'r gyfrol hon y dyfynnir yr englynion sy'n gysylltiedig â'r gwersyll yn Litherland.

121. 'Hedd Wyn', *Ceninen Gwyl Dewi*, 1 Mawrth 1918, t. 19.

122. *Barddas*, rhif 25, Rhagfyr 1978, t. 4.

123. John Buckland Thomas, 'Hedd Wyn – a Minnau', *Y Drysorfa*, Rhagfyr 1939, t. 465.

124. *ibid.*

125. Llsg. LlGC 1791 C, t. 6; *Gwae Fi Fy Myw*, tt. 124–5.

126. Llsg. LlGC 4628 C: Casgliad J R Jones.

127. 'Un doniol a llawen ydoedd Hedd Wyn', *Y Cymro*, 26 Rhagfyr 1957, t. 19.

128. *ibid.*

129. *ibid.*

130. Llsg. LlGC 4628 C: Casgliad J R Jones.

131. 'Welsh Gossip', *South Wales Daily News*, 11 Medi 1917, t. 4. Gw. hefyd *Gwae Fi Fy Myw*, tt. 64–5.

132. *Y Rhedegydd*, 19 Tachwedd 1910, t. 5. Gw. hefyd 'Ffair y Llan (Hedd Wyn)', J Ellis Williams, *Yr Herald Cymraeg*, 21 Tachwedd 1960, t. 4, a *Gwae Fi Fy Myw*, t. 139.

133. *Cerddi'r Bugail,* arg. 1994, t. 116.

134. Beryl: benthyciad o'r Saesneg Canol: *beryl.*

135. Gw. Robin Gwyndaf, 'Crystal Streams of Paradise: Yunus Emre and the Welsh Poetic Tradition', *IV Milletlerasi Türk Halk Kültürü Kongresí Bíldírílerí*, Ankara, 1991, tt. 71–80.

136. *Cerddi'r Bugail,* arg. 1994, t. 54.

137. *ibid.* tt. 61–6.

138. *ibid.* t. 75.

139. Y cyflwyniad cryno diweddar gorau i'r Kalevala yn Saesneg yw cyfrol Dr Irma-Riitta Järvinen, *Kalevala Guide*; Suomalaisen Kirjallisuuden Seura (SKS) (Cymdeithas Lenyddiaeth y Ffindir), Helsinki, 2010. (Yn cynnwys llyfryddiaeth bellach.) Gw. hefyd wefan y Gymdeithas: www. finlit.fi/kalevala/english. Ar gadw gan y Gymdeithas ceir *c.* 1.4 miliwn o linellau'r Kalevala wedi'u digideiddio.

   Am gyfieithiad ardderchog i'r Saesneg o gyfrol Elias Lönnrot, gan Keith Bosley, gw. *The Kalevala. An Epic Poem After Oral Tradition by Elias Lönnrot*; Oxford World's Classics; Gwasg Prifysgol Rhydychen, 1998.

   Am gyflwyniad safonol i gefndir mytholegol y Kalevala, gw. Juha Y Pentikäinen, *Kalevala Mythology*; Bloomington, Gwasg Prifysgol Indiana, 1999.

   Am gyflwyniad byr yn Gymraeg, gw. Robin Gwyndaf, 'Y Kalevala', *Taliesin*, cyf. 55, Ebrill 1986, tt. 37–48.

140. *Cerddi'r Bugail,* arg. 1994, t. 26.

141. *ibid.,* t. 75.

142. *ibid.,* t. 77.

143. *ibid.,* t. 73.

144. *ibid.,* t. 115.

145. *ibid.,* tt. 112–13.

146. T Gwynn Jones, *Caniadau*; Hughes a'i Fab, Wrecsam, 1934, t. 30.

147. 'Hedd Wyn', *Cymru*, cyf. 54, rhif 318, Ionawr 1918, t. 34.

148. *Caniadau*, tt. 30–4.

13. 'Ar ei Ôl Mae Hir Alar': Cerddi i Gofio Hedd Wyn

1. Mary Puw Rowlands, *Hen Bethau Anghofiedig, 1963*, t. 23.

2. J Ellis Williams, *Moi Plas*; Llyfrau'r Dryw, Llandybïe, 1969, t. 22.

3. Am wybodaeth bellach parthed y cerddi a'r llythyrau a ysgrifennwyd yn dilyn marwolaeth Hedd Wyn, gw. pennod Alan Llwyd: 'Flodyn Meirionnydd, mor bur oedd dy sawr', *Gwae Fi Fy Myw*, tt. 255-83. Carwn nodi fy niolch iddo. Bu'r bennod yn gymorth imi nodi ffynhonnell nifer o'r cerddi y cyfeirir atynt.

4. David Thomas, *Silyn*, 1956, t. 116.

5. 'Gŵyl Fawr y Genedl', *Y Brython*, 13 Medi 1917, t. 5.

6. *Hedd Wyn*, 1969, tt. 15-16.

7. Eifion Wyn, *O Drum i Draeth*, 1929, tt. 61-2.

8. 'Teyrnged Trawsfynydd', *Y Brython*, 20 Medi 1917, t. 2.

9. *ibid.* Cefais wybodaeth am Barlwydon gan Steffan ab Owain, ac rwy'n ddiolchgar iawn iddo.

10. Llsg. LlGC 17969 C.

11. *Yr Ymwelydd*, cyf. 41, rhif 9, Medi 1917, tt. 141-2.

12. Eifion Wyn, *O Drum i Draeth*, t. 62.

13. *Y Geninen*, cyf. 36, Ionawr 1918, t. 48.

14. Ioan Brothen, *Llinell neu Ddwy*, 1942, t. 47.

15. Llsg. LlGC 17914 C (Atodiad): Casgliad J R Jones.

16. *ibid.*, t. 33.

17. *Y Geninen*, cyf. 45, rhif 4, Tachwedd 1927, t. 206.

18. 'Hedd Wyn: Pererinion o Gymru uwchben ei Fedd: Anerchiad Cynan', *Y Genedl*, 17 Medi 1934, t. 5.

19. 'Cadair Ddu Birkenhead', *Eisteddfod Genedlaethol Frenhinol Cymru, 1926, Abertawe: Awdl y Gadair a Darnau Buddugol Eraill*, t. 105.

20. Llsg. LlGC 17914 C, t. 38: Casgliad J R Jones.

21. Llsg. LlGC 17912 C, t. 41: 'Diliau fy Mro ...'.

22. William Morris, gol. Glennys Roberts, *Canu Oes*; Gwasg Gwynedd, Caernarfon, 1981, t. 170.

23. Alan Llwyd, golygydd, *Morus Cyfannedd, y Friog*, 1978, t. 48.

24. *Barddas*, rhif 145, Mai 1989, t. 3.

25. Gw. *Gwae Fi Fy Myw*, tt. 281-3.

26. William Evans, *Songs of the Heather Heights*, 1921, tt. 15-16.
27. O gasgliad Yr Ysgwrn, gyda diolch arbennig i staff Parc Cenedlaethol Eryri. Cyhoeddwyd hefyd yn *Gwae Fi Fy Myw*, tt. 60-1.
28. *ibid.*

Mynegai

1. Personau

ab Owain, Steffan, Blaenau Ffestiniog, 24

Alan Llwyd, 5, 12, 13, 21, 48, 63, 98, 183-6, 217, 218, 257, 281, 324, 352 (englyn i'r Ysgwrn). Gw. hefyd gyfeiriadau pellach yn y nodiadau i'r penodau.

ap Gwynfor, y Parchg Guto Prys, 24, 160

Arthur, y Brenin, 16, 324-6

Arwel, Fflur, Y Lolfa, 26

Baines, Enid Wyn, Penygroes, 24

Bardd Glas, Y (John Davies), 31

Barlwydon (Robert John Davies), 336 (englyn coffa i Hedd Wyn)

Blake, Menna Wyn, Cwmlline, wyres Simon Jones, Blaen Plwyf Uchaf, 21

Brooke, Rupert, 140, 329

Browning, 140

Caerwyn (O Ellis Roberts), 345 (annerch y cwmni ar y bererindod at fedd Hedd Wyn, 1934)

Carneddog (Richard Griffith), 217, 282

Cenech (T Cenech Davies), 344-5 (adroddiad: 'Hedd Wyn')

Cybi (Robert Evans, Llangybi), 15, 304

2. Pynciau a Lleoedd

3. Cerddi

i. Cerddi Hedd Wyn

ii. Teulu Hedd Wyn

iii. Amryw feirdd

Darllen Ychwanegol

Alan Llwyd, *Gwae Fi Fy Myw: Cofiant i Hedd Wyn*; Barddas, Llandybïe, 1991.

Stori Hedd Wyn: Bardd y Gadair Ddu. The Story of Hedd Wyn: The Poet of the Black Chair; Barddas, 2009, 2015.

Stori Waldo: Bardd Heddwch. Story of Waldo Williams: Poet of Peace; Barddas, 2010.

Cofiant Hedd Wyn, 1887-1917; Y Lolfa, Talybont, 2014.

Gwenallt. Cofiant D Gwenallt Jones, 1899-1968; Y Lolfa, Talybont, 2016.

Alan Llwyd ac Elwyn Edwards, *Gwaedd y Bechgyn. Blodeugerdd Barddas o Gerddi'r Rhyfel Mawr, 1914-1918*; Barddas, 1989.

Y Bardd a Gollwyd: Cofiant David Ellis; Barddas, 1992.

Gwaedd y Lleiddiad. Blodeugerdd Barddas o Gerddi'r Ail Ryfel Byd, 1939-1945; Barddas, 1995

Ap Gwynfor, Guto Prys, *Gweddïau Heddwch a Chyfiawnder*; Cyhoeddiadau'r Gair, Chwilog, 2012.

Cerddi'r Bugail: Cyfrol Goffa Hedd Wyn, gol. J J Williams; Trawsfynydd, 1918.

Argraffiad, gyda rhagair gan William Morris; Hughes a'i Fab, Wrecsam, 1931.

Argraffiad, gyda rhagymadrodd ac Atodiad, gan Alan Llwyd; Hughes a'i Fab, Caerdydd, 1994.

Argraffiad (detholiad) mewn pedair iaith: Cymraeg, Saesneg, Ffrangeg, ac Iseldireg. Cyflwyniad gan Gruffudd Antur; cyfieithydd y farddoniaeth i Saesneg: Howard Huws; lluniau yn adran y farddoniaeth, gan Keith O'Brien. Cyfres Celc Cymru – Compact Wales, Gwasg Carreg Gwalch, Llanrwst, 2017.

1. *Cerddi'r Bugail: Hedd Wyn (Ellis H Evans, 1887-1917)*.
2. *The Shepherd War Poet.*

3. *Le Berger Poéte Combattant.*

4. *Een Herder-Oorlogsdichter – Een Selectie Van Hedd Wyns Gedichten in Het Welsh Met Vertalingen.*

Emyr, John, gol*., Lewis Valentine: Dyddiadur Milwr a Gweithiau Eraill*; Gwasg Gomer, Llandysul, 1988.

Evans, Gwynfor, *Heddychiaeth Gristnogol yng Nghymru*; Cymdeithas y Cymod, 1991.

Griffiths, Robert H, *Stories of Welsh Soldiers, Civilians and Eisteddfodau in WW1*; Gwasg Carreg Gwalch, Llanrwst, 2016.

The Story of Kinmel Park Military Training Camp, 1914 to 1918; Gwasg Carreg Gwalch, Llanrwst, 1914.

Gwyndaf, Robin, *Rhyfel a Heddwch a Sancteiddrwydd Bywyd*; cyhoeddwyd gan yr awdur, ar ran Cymdeithas Heddwch Bedyddwyr Cymru, 2008.

Taliesin o Eifion a'i Oes. Bardd y Gadair Ddu Gyntaf: Eisteddfod Wrecsam, 1876; Y Lolfa, Talybont, 2012.

Hart, Basil Henry Liddell, *History of the First World War*; arg. 1af 1930; Cassell, arg. 1970.

Hicks, Jonathan, *The Welsh at Passchendaele*; Y Lolfa, Talybont, 2017.

Hughes, Clive, *'I'r Fyddin Fechgyn Gwalia!' Recriwtio i'r Fyddin yng Ngogledd-Orllewin Cymru, 1914-1916*; Gwasg Carreg Gwalch, Llanrwst, 2014.

Arm to Save your Native Land. Army Recruiting in North-West Wales, 1914-1916; Gwasg Carreg Gwalch, Llanrwst, 2015.

Hughes, Myfanwy, gol., *Hanes Bro Trawsfynydd*; Merched y Wawr, Cangen Trawsfynydd a Traws-Newid, 2012.

Ifor ap Glyn, *Lleisiau'r Rhyfel Mawr*, addasiad Lyn Ebenezer; Gwasg Carreg Gwalch, Llanrwst, 2008.

Canrif yn Cofio Hedd Wyn, 1917-2017 [cerddi yn cofio'r bardd]; Gwasg Carreg Gwalch, Llanrwst, 2017.

James, Gerwyn, *Y Rhwyg. Hanes y Rhyfel Mawr yn Ardal Llanfair Pwllgwyngyll, 1914-1932*; Gwasg Carreg Gwalch, Llanrwst, 2013.

Jenkins, Gwyn, *Cymry'r Rhyfel Byd Cyntaf*; Y Lolfa, Talybont, 2014.

Jenkins, Nigel, a Menna Elfyn, gol., *Glas-Nos: Cerddi dros Heddwch / Poems for Peace*; Machynlleth, 1987.

Lewis, Garffild Lloyd, gol., Lyn Ebenezer, *Adref o Uffern. Dau Wyneb Ellis Williams*; Gwasg Carreg Gwalch, Llanrwst, 2016.

gol., Lyn Ebenezer, *Faced with Mametz. The Transformation of a Welsh Soldier after Mametz*; Gwasg Carreg Gwalch, 2017.

Llewelyn, Haf, *Diffodd y Sêr: Hanes Hedd Wyn*; Y Lolfa, Talybont, 2013.

I Wyneb y Ddrycin. Hedd Wyn, Yr Ysgwrn, a'r Rhyfel Mawr; Barddas, 2017.

Matthews, Gethin, gol., *Creithiau: Dylanwad y Rhyfel Mawr ar Gymdeithas a Diwylliant yng Nghymru*. Cyfres y Meddwl a'r Dychymyg Cymreig. Gwasg Prifysgol Cymru, Caerdydd, 2016.

Morris, Robert M, *Hanes Colli'r Hogiau* [1914–18]; Gwasg Prifysgol Cymru, 1984.

Morris, William, *Hedd Wyn*; Llyfrfa'r Methodistiaid Calfinaidd, Caernarfon, 1969.

Myrddin ap Dafydd, gol., *Beirdd Ffosydd y Gwledydd Celtaidd: 1914-1918*; Gwasg Carreg Gwalch, Llanrwst, 2014.

Parri, Harri, *O Bencilan i Bombay* [Stori David Jones, gwas fferm o Fynytho]; Gwasg y Bwthyn, Caernarfon, 2016.

Rees, D Ben, gol., *Dilyn Ffordd Tangnefedd. Canmlwyddiant Cymdeithas y Cymod: 1914-2014*; Cyhoeddiadau Modern Cymreig, mewn Cydweithrediad â Chymdeithas y Cymod yng Nghymru, Lerpwl, 2015. [Y mae'r gyfrol hon yn cynnwys llyfryddiaeth gynhwysfawr a gwerthfawr gan y Golygydd o gyhoeddiadau yn ymwneud â chyfiawnder a heddwch.]

[Roberts, Heulwen, casglwyd gan], *Bro Cernyw a'r Rhyfel Mawr. Bro Cernyw and the Great War*; Ymddiriedolwyr Amgueddfa Syr Henry Jones, Llangernyw [2017].

Traws-Olwg. Trawsfynydd a'r Ardal fel y Bu; rhagair gan Dewi Prysor a chyflwyniad gan Keith O'Brien; Y Lolfa, Talybont, 2017.

Williams, Gerwyn, *Arolwg o Farddoniaeth Gymraeg Ynghylch y Rhyfel Byd Cyntaf*; Gwasg Gomer, Llandysul, 1993.

Tir Neb. Rhyddiaith Gymraeg a'r Rhyfel Byd Cyntaf. Cyfres y Meddwl a'r Dychymyg Cymreig. Gwasg Prifysgol Cymru, Caerdydd, 1996.

Noddwyr

Gyda diolch o waelod calon

Siân a'r Parchg Guto Prys ap Gwynfor, Llandysul, ac er cof am Rhiannon (1920-2006) a Gwynfor Evans (1912-2005)

Catherine a Howard Bennett, Llangadfan, er cof am Blodwen (1914-2015), Pentre Bach, Y Foel, Dyffryn Banw, a Trevor Morris (1915-2015), Cyrchynan Uchaf, Llanarmon Dyffryn Ceiriog

Margaret a Hefin Bennett, Yr Hen Neuadd, Llanidloes

Bethan Wyn ac Iwan Edgar, Aber-erch, Pwllheli

Dr Gwyneth E Carey, Bontuchel, Rhuthun

Lynn a'r Parchg Peter Cutts, Caerfyrddin

Cymdeithas y Cymod yng Nghymru

Llinos a Cynog Dafis, Llandre

Ann ac Emlyn Davies, Pentyrch, Caerdydd

Eunice a'r Parchg Ieuan Davies, Waunarlwydd, Abertawe

Geraint Dyfnallt (ŵyr y Parchg John Dyfnallt Owen, 'Dyfnallt'), Amwythig

Helen a'r Parchg Olaf Davies, Llandegfan, Ynys Môn

John Davies, Llanwrtyd

Marie a Gwynfor Davies, Pencader

Sian ac Eurfryn Davies, Llandegfan, Ynys Môn

Dienw. Rhodd, 'er cof, gan un o'i deulu, am Griffith Jones, Pandy, Rhydygwystl, Y Ffôr, a laddwyd ym Mrwydr Mametz, 11 Gorffennaf 1916'

Fiona a Penri Edwards, Llanilar, Ceredigion, a Tina a Cerith Edwards, Wolverhampton, er cof am Gwilym Lloyd Edwards (1922-2014), Llanuwchllyn

Huw Edwards, Llundain

Dr Prydwen Elfed-Owens, Wrecsam

Dr Osian Ellis, Pwllheli

Valerie Ellis, Bangor, er cof am Tecwyn Ellis (1918-2012), Llandderfel

Dr David Enoch, Caerdydd

Aled Eurig, Caerdydd, ac er cof am y Parchg Athro Dewi Eurig Davies (1922-1997)

Y Parchg Emyr Gwyn Evans, Y Tymbl, Sir Gâr

Jill Evans, ASE, Llwynypia, Rhondda

J Stanley Evans, Caerdydd (cyn-gydweithiwr yn Amgueddfa Werin Cymru)

Mair Evans, Dinas Powys, De Morgannwg

Y Parchg Ddr Owen E Evans, Llanfairpwllgwyngyll, Ynys Môn, er cof am ei briod, Margaret Evans (1928-2017)

Pat a'r Prifardd Ddr Donald Evans, Talgarreg, Ceredigion

Patricia Evans, Caerdydd

Phyllis Kinney ac Eluned Evans, Cwmystwyth, Ceredigion, er cof am Merêd (Dr Meredydd Evans, 1919-2015)

Y Parchg Ddr R Alun Evans, Caerdydd, er cof am ei dad, y Parchg Robert Evans (1895-1957), a'i frawd, Ifan Wynn Evans (1929-2007), hyrwyddwyr heddwch

Rhian Evans, Caerfyrddin

Dr W Brian L Evans, Aberystwyth

Maureen ac Eirwyn George, Maenclochog, Sir Benfro

Jill Gough, Glynarthen, Llandysul, Ysgrifennydd Cyffredinol CND Cymru, a chyn-Olygydd y cylchgrawn Heddwch

Jon Gower, Caerdydd

Rhiannon Gregory, Caerdydd

Olwen a Robin Griffith, Creigiau, Caerdydd

Catherine Grace ac R J H Griffiths, 'Machraeth', Bodffordd, Ynys Môn. Bu Machraeth unwaith yn sefyll ger yr union fan lle clwyfwyd Hedd Wyn yn angheuol, a bu wrth ei fedd. Dyma'r englyn a luniodd bryd hynny.

> Darn o galon Meirionnydd – a impiwyd
> Ar fan cwympo'r prydydd;
> Hon a ddeil, tra gwelwn ddydd,
> Yn garreg llawn o gerydd.

Gwen a Gwyn Griffiths, Pontypridd

Elfed Gruffydd, Pwllheli

Luned Gruffydd, Aberystwyth, er cof am R Geraint Gruffydd (1928-2015)

Y Barchg Eirlys Gruffydd-Evans, Yr Wyddgrug

Syr Deian Hopkin, Bromley, Caint

Annette a'r Parchg Dewi Myrddin Hughes, Clydach, Llanelli

Jane a Gwyn Hughes, Bethel, Llandderfel, er cof am Ywain Llŷr Hughes (1981-1992), eu mab annwyl

Bethan a Dafydd Iwan, Caeathro, Caernarfon, 'er cof am Cis a Gerallt, Nefina a William Huw, tangnefeddwyr wrth reddf'

Y Parchg Beti-Wyn James, Abergwili, Caerfyrddin

Hawys Glyn James, Glynrhedynog, Rhondda

Gwyneth a Hywel Jeffreys, Caerdydd

Siân a'r Parchg Denzil John, Caerffili

Ann M Jones, Gwenfô, Caerdydd, er cof am Islwyn Jones (1931-2015)

Y Fonesig Ann a Syr Roger Jones, Y Fatel, Aberhonddu

Berwyn Swift Jones, Cricieth

Brian Jones, Llanarthne, Caerfyrddin (Bwydydd Castell Howell)

Dr Dafydd Alun Jones, Talwrn, Ynys Môn

Eleri a Dafydd Jones, Blaenau Ffestiniog

Ella Wynn Jones, Llandecwyn, Talsarnau

Elwyn Ashford Jones, Pwll-glas, Rhuthun (gynt o Gynwyd, Meirionnydd)

Emily a Trefor Lloyd Jones, Aberystwyth

Eurwen Jones a'r teulu, Blaen Plwyf Uchaf, Aberangell, Machynlleth

Glenys Elizabeth Jones, Prenton, Penbedw (Birkenhead). Er cof am Robert John Jones, 'Bob' (1926-2015), ei phriod: 'Bob Fron Lwyd', Cerrigydrudion gynt

Gwladys a Huw Elfryn Jones, Penrhyndeudraeth

Magdalen a Dewi Jones, Benllech, Ynys Môn

Mair a Dyfri Jones, Caerdydd

Margied Jones, Llanuwchllyn

Sheila a Dr John Elfed Jones, Coety, Pen-y-bont ar Ogwr

Stephanie a Dr Brinley Jones, Porth-y-rhyd, Llanwrda

Tecwyn Vaughan Jones, Bae Colwyn a Llan Ffestiniog

Y Diweddar William Owen Jones (1936-2017), Y Barri (gynt o
Nefyn). Buom yn gydweithwyr yn Amgueddfa Werin Cymru
am dros 30 mlynedd. Yr oedd ei dad yn Rhyfel 1914-18 ac yn
adnabod Hedd Wyn (gw. pennod 10). Rhodd trwy garedigrwydd
Margaret a Glan Williams, Y Barri, er cof am William Owen
Jones

Miriam a'r Parchg Trefor Lewis, Hen Golwyn

Helga Martin, Ysbyty Ifan

Y Parchg D Hugh Matthews, Caerdydd, er cof am Verina Matthews
(1941-2012)

David Wyn Meredith, Cwm Cynllwyd, Llanuwchllyn

Dr Wyn Morgan, Llangefni, a'r teulu: Eirian Williams ac Alwyn
Morgan, er cof am eu rhieni: Doris Morgan (1916-2012), a'r
Parchg Gwylfa Morgan (1910-2012)

Y Parchedigion Judith a Wyn Morris, Penrhyn-coch, Aberystwyth

Gwyn Neale, Nefyn

Ann Owen, Cyffordd Llandudno

Iris Owen, Caerfyrddin

Y Parchg John Owen, Rhuthun

Dr Lilian Parry-Jones, Aberaeron

Eluned Mai Porter, Llangadfan, Maldwyn

Gwennant Pyrs, Bangor. Er cof am ei nain, Grace Williams, Bryn-
moel, Llanycil, Y Bala. [Gw. ei llun ar dudalen 176 y gyfrol hon.
Bu'n briod yn gyntaf â David Thomas Jones, 'Dei Bach', Ty'n-
cae, Cwm Cynllwyd, a fu farw yn Ffrainc, 8 Ionawr 1918.]

Meinwen a'r Parchg Ddr D Ben Rees, Lerpwl

Non a Gwenallt Rees, Caerdydd

Eirlys a'r Parchg J Gwyndaf Richards, Llwydiarth, Maldwyn

Y Parchg Emlyn Richards, Cemaes, Ynys Môn

Eurwen Richards, Coety, Pen-y-bont ar Ogwr

Heulwen Richards, Trearddur, Ynys Môn

Mair a'r Parchg Peter Dewi Richards, Caerdydd

Alwena Roberts a'r teulu, Cricieth

Enid a Dr David Roberts, Bangor

Lona a Huw Roberts, Caerdydd

Marian Roberts, Manod, Blaenau Ffestiniog, a Gwennan Jones, Yr Ala, Pwllheli, er cof am eu tad, Emrys Evans (1917-2008), Manod, Blaenau Ffestiniog

Beti Rowlands, Plas Hafan, Nefyn, gynt o'r Ffôr, ger Pwllheli, a John Rowlands, ar ran teulu Murcyplau, Pencaenewydd

Mali Rowlands, Caerdydd [wyres y Parchg William Morris, 1889-1979]

Nia Rhosier, Hen Gapel John Hughes, Pontrobert

Delwyn Tibbott, Caerdydd

Joan M Thomas, Llangynnwr, Caerfyrddin

John Thomas, Caer, er cof am ei dad, Rheinallt Thomas (1928-2016), Yr Wyddgrug, gynt o Uwchaled

Mary a Graham Thomas, Caerdydd

Ann ac Idwal Vaughan, Llangernyw, Abergele

Beryl Vaughan, Llanerfyl, Maldwyn

Y Parchg Wynn Vittle, Llangynnwr, Caerfyrddin

Dr Llion Wigley, Caerdydd

Buddug Haf Williams, Brynaman

Cynthia a Thomas William Cecil Williams, Pantycelyn, Pentre Tŷ Gwyn, Llanymddyfri

Ethel Williams a'i merch, Janet Sutton, Penparcau, Aberystwyth, er cof am Lilian Rees, Y Tymbl (1914-2004) [chwaer Ethel Williams]

Gerald Williams, Yr Ysgwrn, Trawsfynydd

Ifanwy Williams, Y Garth, Porthmadog

Yr Athro Mari Lloyd Williams a Derrick Jones, Y Waun, Llanelwy

Nesta Williams, Penrhiw-llan, Llandysul

Helen Williams-Ellis, Pencaenewydd, Pwllheli

TALIESIN O EIFION A'I OES:
BARDD Y GADAIR DDU GYNTAF
EISTEDDFOD WRECSAM, 1876

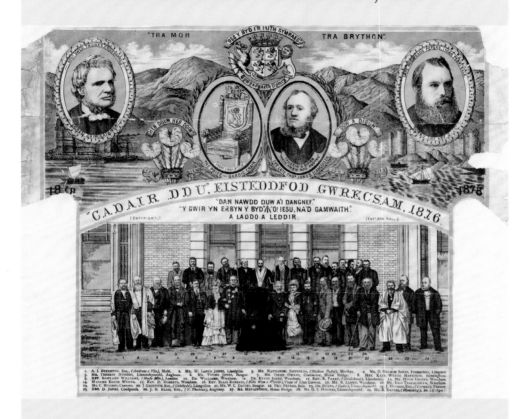

Robin Gwyndaf

y Lolfa

Am restr gyflawn o lyfrau'r Lolfa, mynnwch
gopi am ddim o'n catalog
neu hwyliwch i mewn i'n gwefan

www.ylolfa.com

lle gallwch archebu llyfrau ar-lein.

TALYBONT CEREDIGION CYMRU SY24 5HE
ebost ylolfa@ylolfa.com
gwefan www.ylolfa.com
ffôn 01970 832 304
ffacs 832 782